Allen Dulles
Richard Helms
William Colby
William Casey

多诺万的门徒

"二战"时期美国四大间谍

★★★★

〔美〕道格拉斯·沃勒 著
白文革 译

重庆出版集团 重庆出版社

Disciples: The World War II Missions of the CIA
Directors Who Fought for Wild Bill Donovan
Copyright © 2015 by Douglas Waller
All rights reserved.

This translation published by arrangement of Random House,
a division of Penguin Random House LLC

版贸核渝字（2020）第001号

图书在版编目（CIP）数据

多诺万的门徒："二战"时期美国四大间谍 /（美）道格拉斯·沃勒著；白文革译. —重庆：重庆出版社，2021.4
书名原文：Disciples: The World War II Missions of the CIA Directors Who Fought for Wild Bill Donovan
ISBN 978-7-229-14293-3

Ⅰ.①多… Ⅱ.①道… ②白… Ⅲ.①第二次世界大战－间谍－生平事迹－美国 Ⅳ.①K837.127=52

中国版本图书馆CIP数据核字（2020）第113833号

多诺万的门徒："二战"时期美国四大间谍
DUONUOWAN DE MENTU: "ERZHAN" SHIQI MEIGUO SIDA JIANDIE
〔美〕道格拉斯·沃勒 著 白文革 译

图书策划：李柯成 刘天祺
责任编辑：曾祥志 吴向阳 陈 婷
责任校对：廖应碧
封面设计：火山石

重庆出版集团 出版
重庆出版社

重庆市南岸区南滨路162号1幢 邮政编码：400061 http://www.cqph.com
重庆市鹏程印务有限公司印刷
重庆出版集团图书发行有限公司发行
全国新华书店经销

开本：720mm×1000mm 1/16 印张：28 字数：450千
2021年5月第1版 2021年5月第1次印刷
ISBN：978-7-229-14293-3
定价：78.00元

如有印装质量问题，请向本集团图书发行公司调换：023-61520678

版权所有 侵权必究

"二战"谍报战中
谍战之王多诺万手下有四位杰出的间谍
他们在战后都担任过中央情报局局长,他们是
艾伦·杜勒斯
理查德·赫尔姆斯
威廉·科尔比
威廉·凯西

献给亚历克斯、安娜贝尔和纳森

目　录

人物简介　　　　　　　　　　　　　001
前言　　　　　　　　　　　　　　　001

第一部分　准备

第一章　艾伦·韦尔什·杜勒斯　　　003
第二章　威廉·约瑟夫·凯西　　　　011
第三章　理查德·麦加拉·赫尔姆斯　021
第四章　威廉·伊根·科尔比　　　　037
第五章　战争的乌云　　　　　　　　046

第二部分　二战

第六章　华盛顿　　　　　　　　　　063
第七章　杰德堡计划　　　　　　　　070
第八章　谍报技术　　　　　　　　　086
第九章　瑞士　　　　　　　　　　　099
第十章　伦敦　　　　　　　　　　　133
第十一章　密尔顿大厅　　　　　　　143
第十二章　诺曼底登陆日　　　　　　154

第十三章 法国	164
第十四章 哗变者	171
第十五章 瓦尔基里行动	182
第十六章 法国约纳省	196
第十七章 攻坚德国	225
第十八章 挪威	233
第十九章 欧洲任务	239
第二十章 凯西的间谍	248
第二十一章 进入德国	267
第二十二章 "日出行动"	275
第二十三章 挪威之"赖普行动"	297
第二十四章 胜利	316

第三部分 冷战

第二十五章 家	335
第二十六章 柏林	342
第二十七章 中情局局长	363

尾声 391

鸣谢 411

照片版权 417

人物简介

特伦斯·艾雷（Terence Airey）：英国陆军元帅哈罗德·亚历山大的首席情报官，在意大利北部执行"日出计划"的谈判代表，与德国谈判德军投降事宜。

哈罗德·R. L. G. 亚历山大（Harold R. L. G. Alexander）：英国驻意大利盟军总司令。

玛丽·班克罗夫特（Mary Bancroft）："二战"期间在瑞士为艾伦·杜勒斯工作，并成为其情妇。

罗歇·巴尔代（Roger Bardet）：亨利·弗拉热的重要助手，法国登克曼抵抗组织领袖。巴尔代向纳粹德国军事情报机构——阿勃维尔告密，出卖了弗拉热。

路德维希·贝克（Ludwig Beck）：退役的德国将军，前陆军参谋长，在密谋推翻阿道夫·希特勒的行动中充当了首脑角色。

胡戈·布莱谢尔（Hugo Bleicher）：纳粹德国军事情报机构——阿勃维尔在法国的情报官，最老奸巨猾的特务之一，通过罗歇·巴尔代等线人渗透到了登克曼抵抗组织"电阻网"。

阿方斯·布朗托克（Alphonse Blonttrock）：美国战略情报局"医生"特工队的无线电报务员，别名为让·丹尼斯（Jean Denis）。

大卫·K. E. 布鲁斯（David K. E. Bruce）：美国战略情报局伦敦站站长。

威廉·卡纳里斯（Wilhelm Canaris）：领导纳粹德国军事情报机构——阿勃维尔的海军上将。卡纳里斯支持了密谋推翻希特勒的行动。

富兰克林·坎菲尔德（Franklin Canfield）：美国战略情报局负责招

001

聘和训练杰德堡突击队的军官。

威廉·约瑟夫·凯西（William Joseph Casey）：美国战略情报局伦敦站秘书处处长，之后负责该机构在欧洲的秘密情报工作。1981年至1987年，凯西任美国中央情报局局长。

索菲亚·库尔茨·凯西（Sophia Kurz Casey）：威廉·凯西的妻子。

沃利·卡斯特尔巴科（Wally Castelbarco）：意大利伯爵夫人，阿尔图罗·托斯卡尼尼（Arturo Toscanini）之女。她曾资助意大利游击队，并与艾伦·杜勒斯有染。

利奥·彻恩（Leo Cherne）：美国研究院院长，威廉·凯西曾在其手下任分析员。

谢弗里耶上校（Colonel Chevrier）：阿德里安·萨杜尔（Adrien Sadoul）的代号，法国约纳省抵抗组织的一名指挥官。

威廉·伊根·科尔比（William Egan Colby）：空降到法国的战略情报局杰德堡突击队员，之后领导挪威特别行动组渗透到挪威的行动。1973年至1976年，科尔比任美国中央情报局局长。

芭芭拉·海因岑·科尔比（Barbara Heinzen Colby）：威廉·科尔比的第一任妻子。

萨莉·谢尔顿·科尔比（Sally Shelton Colby）：威廉·科尔比的第二任妻子。

克劳德·丹西（Claude Dansey）：英国秘密情报局（军情六处MI6）副局长，在伦敦监督瑞士的情报行动。

安德烈·德瓦弗兰（André Dewavrin）：夏尔·戴高乐（Charles de Gaulle）的情报机构负责人，代号为"帕西"。

小奥托·多林（Otto Doering Jr.）：多诺万的高级助手，威廉·凯西在战略情报局工作的面试官。

"野蛮比尔"——威廉·约瑟夫·多诺万（William Joseph Donovan）："二战"期间任美国战略情报局局长。

艾伦·韦尔什·杜勒斯（Allen Welsh Dulles）："二战"期间任战略情报局瑞士伯尔尼站站长。1953年至1961年，艾伦·杜勒斯任美国中央情报局局长。

克洛弗·托德·杜勒斯（Clover Todd Dulles）：艾伦·杜勒斯的妻子。

约翰·福斯特·杜勒斯（John Foster Dulles）：艾伦·杜勒斯的兄长，艾森豪威尔政府的国务卿。

埃里克·费尔吉贝尔（Erich Fellgiebel）：德国陆军通信局局长，密谋推翻阿道夫·希特勒的秘密组织成员之一。

弗朗索瓦·弗卢尔（François Flour）：美国战略情报局"画家"特工队的无线电报务员，别名为弗朗索瓦·福沃盖特（François Fouget）。

亨利·弗拉热（Henri Frager）：法国登克曼抵抗组织"电阻网"领袖，后被纳粹抓捕并杀害。

弗里德里希·弗罗姆（Friedrich Fromm）：指挥德国预备军的将军。

格罗·冯·舒尔策－盖沃尼兹（Gero von Schulze-Gaevernitz）：国际金融家，魏玛共和国立法委员之子，"二战"期间成为艾伦·杜勒斯在伯尔尼得力而关键的特工。

汉斯·贝恩德·吉泽菲乌斯（Hans Bernd Gisevius）：纳粹德国军事情报机构——阿勃维尔官员，向艾伦·杜勒斯透露情报并成为德国密谋推翻阿道夫·希特勒的秘密组织的一个通道。

卡尔·格德勒（Carl Goerdeler）：纳粹德国物价专员兼莱比锡市市长，密谋推翻希特勒的秘密组织成员之一。

阿瑟·戈德堡（Arthur Goldberg）：曾通过欧洲工会为艾伦·杜勒斯

组织美国战略情报局间谍行动，之后在伦敦站组织向德国渗透间谍的行动。

弗朗茨·哈尔德（Franz Halder）：在路德维希·贝克之后继任陆军参谋长的德国将军，参与了推翻希特勒的秘密行动。

查尔斯·汉布罗（Charles Hambro）："二战"期间任大不列颠特别行动处处长。

格奥尔格·汉森（Georg Hansen）：海军上将卡纳里斯被革职之后，汉森负责纳粹德国军事情报机构——阿勃维尔的军事情报工作，同时也是密谋刺杀希特勒行动的支持者。

利兰·哈里森（Leland Harrison）："二战"期间担任伯尔尼的美国公使馆负责人。

沃尔夫–海因里希·格拉夫·冯·赫尔多夫（Wolf-Heinrich Graf von Helldorf）：柏林警察局局长，密谋推翻希特勒的秘密组织成员之一。

理查德·麦加拉·赫尔姆斯（Richard McGarrah Helms）：威廉·凯西在伦敦站的助理，"二战"结束后，立即就任柏林间谍基地负责人。1966年至1973年，赫尔姆斯任美国中央情报局局长。

茱莉亚·赫尔姆斯（Julia Helms）：理查德·赫尔姆斯的第一任妻子。

辛西娅·赫尔姆斯（Cynthia Helms）：理查德·赫尔姆斯的第二任妻子。

马克斯·埃贡·霍恩洛厄·冯·拉亨斯伯格（Max Egon Hohenlohe von Lagensberg）：列支敦士登国籍，海因里希·希姆莱的间谍，曾试图与艾伦·杜勒斯建立联系。

约翰·埃德加·胡佛（John Edgar Hoover）：美国联邦调查局局长，"二战"期间是威廉·多诺万的竞争对手。

马克斯·胡斯曼（Max Husmann）：瑞士卢塞恩附近一所私立学校的

校长，"日出行动"谈判中，意大利北部德国军队投降谈判的中间人。

亨利·海德（Henry Hyde）：美国战略情报局特工，先后往返于法国南部和德国渗透特工。

恩斯特·卡尔滕布鲁纳（Ernst Kaltenbrunner）：纳粹德国党卫队将军，纳粹德国国家安全部部长，党卫队第二号有权势的人物。

米尔顿·卡茨（Milton Katz）：威廉·凯西担任欧洲秘密情报处处长时的副手。

阿尔贝特·凯塞林（Albert Kesselring）：意大利北部纳粹德国占领军空军元帅。

恩斯特·科赫尔塔勒尔（Ernst Kocherthaler）：德裔西班牙人，作为中间人将弗里茨·科尔贝介绍给在伯尔尼的美国人。

弗里茨·科尔贝（Fritz Kolbe）：纳粹德国外交部官员，曾为艾伦·杜勒斯提供德国情报。杜勒斯给他的代号为乔治·伍德（George Wood）。

卡米耶·勒隆（Camille Lelong）：法国杰德堡特工，威廉·科尔比"布鲁斯"特工队成员。其代号为雅克·法韦尔（Jacques Favel）。

莱曼·莱姆尼策（Lyman Lemnitzer）：美国将军，英国陆军元帅哈罗德·亚历山大的副参谋长兼意大利北部德军投降谈判的代表。

保罗·林德纳（Paul Lindner）：美国战略情报局安排在柏林的代号为"铁锤"的特工队队员之一。

安德烈·马尔萨克（André Marsac）：法国登克曼抵抗组织"电阻网"的特工，后被德国人逮捕。

费迪南德·迈尔（Ferdinand Mayer）：美国战略情报局德国办事处负责人，负责监督艾伦·杜勒斯从伯尔尼向德国进行的渗透行动。他的代号是"加勒比"（Carib）。

杰拉尔德·迈耶（Gerald Mayer）：美国驻瑞士伯尔尼公使馆战争信息办公室代表，与艾伦·杜勒斯有过密切合作。

约翰·麦卡弗里（John McCaffrey）："二战"期间在伯尔尼活动的英国特别行动处代表。

斯图尔特·孟席斯（Stewart Menzies）："二战"期间英国情报机构军情六处（MI6）处长。

杰拉尔德·米勒（Gerald Miller）：美国战略情报局伦敦站特别行动处负责人，曾任命威廉·科尔比为挪威特别行动组组长。

赫尔穆特·詹姆斯·格拉夫·冯·莫尔特克（Helmuth James Graf von Moltke）：西里西亚伯爵兼克莱稍集团领袖，该集团是密谋推翻希特勒的德国反对派组织。

乔治·理查德·马斯格雷夫（George Richard Musgrave）：负责在密尔顿大厅训练杰德堡特工的第二任英国指挥官。

弗雷德里克·厄克斯纳（Fredrick Oechsner）：20世纪30年代中期，美国合众社柏林分社社长，理查德·赫尔姆斯的上司。厄克斯纳之后为美国战略情报局效力。

弗里德里希·奥尔布里希特（Friederich Olbricht）：这位将军曾是弗里德里希·弗罗姆（纳粹德国预备军总司令）的副手，参与了密谋推翻希特勒的行动。

汉斯·奥斯特（Hans Oster）：纳粹德国军事情报机构——阿勃维尔第二号人物，密谋推翻希特勒的秘密组织成员之一。

路易吉·帕里利（Luigi Parrilli）：意大利男爵，纳粹德国党卫军卡尔·沃尔夫与艾伦·杜勒斯谈判时的中间人。

乔治·普拉特（George Pratt）：曾在美国战略情报局纽约办事处阿瑟·戈德堡手下效力，之后成为威廉·凯西伦敦站情报采购部负责人。

鲁道夫·拉恩（Rudolf Rahn）：1943年墨索里尼下台后，任纳粹德国在意大利北部所建立的傀儡政权的德国大使。

卡尔·里特尔（Karl Ritter）：德国外交部政治军事事务部部长，弗里茨·科尔贝的上司。

安东·鲁（Anton Ruh）：美国战略情报局安排在柏林的代号为"铁锤"的特工队队员之一。

小亚瑟·施莱辛格（Arthur Schlesinger Jr.）：美国战略情报局伦敦站研究分析师，之后参加了该机构在战后德国的特派团。施莱辛格后来在肯尼迪政府任职，并成为了著名的历史学家。

惠特尼·谢泼德森（Whitney Shepardson）：多诺万华盛顿秘密情报处处长，代号为"头彩"（Jackpot）。

彼得·西谢尔（Peter Sichel）：美国战略情报局官员，负责在战后的柏林为理查德·赫尔姆斯管理一个特工队，并清理特工队中的腐败现象。

约翰·辛洛布（John Singlaub）：杰德堡突击队员，在美国战略情报局与威廉·科尔比共事。

汉斯·斯卡伯（Hans Skabo）：美国战略情报局中校，威廉·科尔比挪威特别行动组的直接上司。

扬·斯梅茨（Jan Smets）：美国战略情报局"医生"特工队的情报特工，别名为扬·布洛赫（Jan Bloch）。

弗兰克·斯普纳（Frank Spooner）：负责在密尔顿大厅训练杰德堡特工的第一任英国指挥官。

克劳斯·申克·格拉夫·冯·施陶芬伯格（Claus Schenk Graf von Stauffenberg）：德国国防军上校，1944年7月20日秘密刺杀希特勒行动的主要执行者之一。

威廉·斯蒂芬森（William Stephenson）：驻美国的英国情报官员，向威廉·多诺万提出了成立战略情报局的建议。

亨宁·冯·特雷斯科（Henning von Tresckow）：东线的一名纳粹德国将军，曾密谋推翻希特勒。

格哈德·范·阿克尔（Gerhard Van Arkel）：美国战略情报局纽约办事处阿瑟·戈德堡手下的一名劳工律师，后来协助伯尔尼的艾伦·杜勒斯向德国渗透间谍。

埃米尔·让·范·戴克（Emil Jean Van Dyck）：美国战略情报局"画家"特工队的情报特工。

伊德斯·范·德·格拉赫特（Ides Van der Gracht）：中校，理查德·赫尔姆斯的上司，负责战后德国特派团的情报生产部门。

海因里希·冯·菲廷霍夫（Heinrich von Vietinghoff）：接替阿尔贝特·凯塞林任意大利北部纳粹德国军队指挥官的将军。

罗歇·维勒布瓦（Roger Villebois）：威廉·科尔比"布鲁斯"特工队中的法国无线电操作员，代号为"刘易斯·吉瑞"（Louis Giry）。

爱德华·魏特简（Eduard Waetjen）：在瑞士工作的德国律师，艾伦·杜勒斯与德国抵抗运动之间的信息渠道。

马克斯·魏贝尔（Max Waibel）：瑞士军事情报局上校，在"日出行动"中，帮助艾伦·杜勒斯促成了意大利北部德国军队投降的谈判。

弗兰克·威斯纳（Frank Wisner）：美国战略情报局海军指挥官，在战后德国特派团中是艾伦·杜勒斯秘密情报团团长。

埃尔温·冯·维茨莱本（Erwin von Witzleben）：柏林军区的德国将军，密谋推翻希特勒的秘密组织成员之一。

卡尔·沃尔夫（Karl Wolff）：意大利北部纳粹德国党卫军将军，曾参与德军在意大利北部的投降谈判。

你们若常常遵守我的道,就真是我的门徒。

你们必晓得真理,真理必叫你们得以自由。

——《约翰福音》

前言

圣马修大教堂，位于罗得岛大道上，是美国首都华盛顿最漂亮的教堂之一。其造型为拉丁十字式，内墙上到处都是微光闪烁的意大利文艺复兴时期风格的壁画，教堂中心顶端高达 200 英尺的大型铜质穹顶形似一个八面灯笼。该教堂非常适合华盛顿特区，因为"圣马修"是公务员的守护神。该教堂的中殿可容纳大约 1000 人，是美国政府高级别政要中的天主教徒举行葬礼、弥撒和庆典活动的重要场所。

1959年2月11日，星期三，当天早晨天气非常寒冷，阳光透过半透明的云石窗户洒入教堂，靠背长凳上几乎座无虚席。在场的有两次世界大战中的退伍军人、纽约金融界的头目、华盛顿电力公司的律师、出版界的大亨、总教区的高级神职人员、乔治城和弗吉尼亚马场的妇女、五角大楼的高级官员、白宫的代表和间谍——许许多多的间谍。

"野蛮比尔"——威廉·约瑟夫·多诺万将军（William Joseph Donovan）的遗体就停放在圣殿中摆放圣餐的白色大理石桌前的棺材里，棺材上面覆盖着美国国旗。殡仪馆的人员给他穿上了定制的军装，上面别着一排排军功绶带。有篇社论写道，多诺万将军的一生是"中世纪传奇"的一生：这个爱尔兰小男孩摆脱了水牛城第一区的贫困，参加了校橄榄球队，担任四分卫；与富兰克林·罗斯福一起毕业于哥伦比亚大学法学院；在第一次世界大战中被授予英雄荣誉勋章；也曾在华尔街做律师挣得金钵满满。在美国加入第二次世界大战前夕，罗斯福任命其为间谍首领，也就是后来的美国战略情报局局长。多诺万作为第一次世界大战中强硬的指挥官赢得了"野蛮比尔"的绰号，他为美国参加第二次世界大战组建了一个上万人的间谍机构，包括准军事部队、宣传员、研究分析师,他们分散在世界各地的间谍站里,暗中与轴心国展开斗争。这是一个非常了不起的成就,因为他单枪匹马地建立起了自己的情报组织,号称了不起的"野蛮比尔"。

天主教大学的合唱团唱完了歌曲,会场上窃窃私语的声音也慢慢安静下来。此时,约翰·卡特赖特(John Cartwright)阁下登上台阶,来到了讲道台致悼词,他浑厚洪亮的声音在教堂的中殿回响:

"今天我们要告别的这位公民和战士,在许多人的生命中都举足轻重,到场的人数和人物充分证明了他的重要性。"

艾伦·韦尔什·杜勒斯(Allen Welsh Dulles)坐在前排左侧,在其周围的长凳上坐着的是他的一支秘密特遣队的军官们。这位中央情报局局长喜欢故作神秘,即便是显而易见的小事,他也能表现得令人抓狂。"你只是问外面有没有下雨,他会以嘲讽的方式回答你",有人这样说道。但是特工们都很尊敬他,杜勒斯有本事让所有人都为他冒险,且不顾生死。1959年,他已经蜚声全球,中央情报局也受到美国人的欢迎,并成为美国外交政策中所向披靡的工具。杜勒斯可以拿起电话打给世界各地的领袖和秘密特工头目,其中许多人与他有多年的私交(尽管如此,在技术层面,他却略显笨拙,总是对防窃听电话机手柄上的开关感到纠结——因为讲话的时候要推上去,然后又要松开来听对方的声音)。杜勒斯深谙权力之道,他擅长并且也爱玩权力游戏。一个非常崇拜他的中央情报局分析师撰写了一首关于这位局长的蹩脚的诗:

> 杜勒斯先生
> 他曾穿越海陆空
> 纵横五湖四海
> 他才干卓著
> 从华彬的直升机

> 到三角帆展开的游艇
>
> 他人享乐之时
>
> 杜勒斯先生却在辛勤工作
>
> 任劳任怨
>
> 在他的旗下大家万众一心
>
> 无比欢欣，无上骄傲

在朋友们看来，杜勒斯看上去像是英国上层阶级寄宿学校的校长。他打着领结，身穿粗花呢运动外套，细细的灰色发丝稍显凌乱，胡子打理得有型有款，一支烟斗几乎整日叼在嘴边（有时候，人们会怀疑，烟斗用来装扮的作用多过吸烟），透过钢框眼镜可以看到他灰蓝色的眼睛闪烁光芒。杜勒斯讲话柔声细语，让人忍不住想向他倾诉心声，他总是爽朗地笑着，偶尔会因特别逗乐的事情而异常热情，但当他试图讨好一个陌生人或回避他不想回答的问题时，通常都报以"呵呵"的笑声。然而，在这样一副风度翩翩的绅士面孔下，隐藏着一个彪悍的对手，一个在网球场上不愿意放弃一分的"街角斗士"，对男人和女人的评估完全看他们是否能被自己所用的颇有心计的人，一个心底内向、总是将深不可测的意图掩盖在不露声色的外表之下的人。

在第二次世界大战期间，杜勒斯曾是多诺万麾下的瑞士站站长，同很多人一样，他与这位将军的关系非常微妙和复杂。杜勒斯永远不会公开否认多诺万是一个杰出的情报员。战后，多诺万曾称赞杜勒斯是他的顶级间谍，而事实正是如此，但多诺万一直对杜勒斯心存芥蒂，怀疑杜勒斯认为自己可以更好地管理战略情报局，并且想抢了他的"饭碗"，而事实也是如此。杜勒斯私下对多诺万的领导手段很是不屑，但事实上，他管理的中央情报局跟多诺万管理的并无两样。像多诺万一样，杜勒斯认为，关起门来，谦谦君子也可以干些令人讨厌的勾当，为了更高的事业可以违反道德规范。他为自己的中央情报局招兵买马，就像当年多诺万为自己的战略情报局招徕人才一样。美国最聪明、最有理想、最爱冒险和充满自信的男男女女走向世界，他们活动范围广阔，从总部到世界各地。像多诺万一样，杜勒斯喜欢在现场与他的间谍交换故事，微观管理他所感兴趣的秘密行动，而对那些他不感兴趣的行动却从不上心。他更乐意去执行别人不愿接受的秘密任务，即便失败，也一样会处变不惊、无所畏惧。杜勒斯还说："如果某天你因为某件事进展不顺利就停止搜集情报，那你将一事无成。"换作是多诺万也会这么说。回望第二次世界大战，杜勒斯将那几年看作是他一生中最好的时光。虽然他从未明确声明过，但他在战略情报局的经历彻底塑造了他的性格。

"我们所处的这个世纪，两次世界大战占据了很大的篇章，而多诺万将军在其中发挥了杰出的作用。他在这个动荡不安、令人焦虑的年代为我们所做的贡献影响深远……"

与中央情报局特遣队坐在一起的还有理查德·麦加拉·赫尔姆斯（Richard McGarrah Helms），一个接近中年的情报员，他在情报局的所作所为也值得尊敬。尽管杜勒斯更加重视和欣赏那些勇猛之人，因而使赫尔姆斯显得默默无闻，但赫尔姆斯出色的行政管理技能使得他与众不同，杜勒斯评价其能力看似无趣实则非常有用（他常常以此来形容赫尔姆斯）。赫尔姆斯曾在多诺万的战略情报局任职，而在中央情报局就是一个纯粹的情报交易员，相比在暗处与敌人展开实地较量，他对暗中搜集和保存敌人的秘密更感兴趣。与多诺万和杜勒斯不同，他对那些局长们可能在事后会矢口否认的秘密行动充满质疑，认为这样的事情可能引发更大的错误。那些不可告人的秘密战术，如暗杀，让他犹豫不决。这并非出于道德约束，而是因为他觉得这些伎俩低级且往往无效。

赫尔姆斯总是面带着蒙娜丽莎般的微笑，梳着锃亮的背头，但他性情冷傲脱俗。他从不轻易交友，即便交朋友也一直很谨慎，也总是很克制，极少放松对自己的约束。赫尔姆斯常常对自己的孩子说："要想搜集信息，最好少说多听。"中央情报局流传着许多各色人物的故事，但人们怎么也想不出关于赫尔姆斯的风流韵事。这个尽善尽美的情报特工，做事一向不留痕迹。男人们得绞尽脑汁寻找关于他的话题，因为大家对他几乎没有什么印象。女人们认为他高大英俊，事实也是如此，但也仅此而已。他讨厌引起他人的注意，甚至连亲人透露了一丁点儿与其工作有关的细节，也会令他火冒三丈。他会在聚会上翩翩起舞，也很健谈，说话风趣迷人，但为了保持头脑清晰，几乎每次只喝一杯马提尼。他总是第一个打道回府，以便次日上班时精神饱满。如果在他家里聚会，快到睡觉时间时，他会下逐客令。

然而，家庭成员可以察觉到他眼中闪烁的光芒。他对家人的调侃欣然接受，并且乐享生活中有趣的嘲弄；他对自己的孩子关怀备至，他们长大成人后可以跟他进行同层面的交流；在向家人敬酒致辞的时候，他会变得多愁善感，而且泪眼汪汪；他总是亲手写感谢信，并期望得到同样的反馈；他记忆力惊人，痴迷于在脑海中积累非常细微的事情（比如在聚会上，谁镶着金牙，谁爱啃指甲）；他的法语和德语都很流利，而且他对报告中的拼写是否正确和标点符号是否得当都会非常在意。每当读到《华盛顿邮报》有关情报的报道时，他就会与妻子玩"猜猜看是谁泄露了秘密"的游戏。他很喜欢看间谍小说，但不喜欢约翰·勒·卡雷（John le Carré）的作品，认为其对间谍职业的描述太过阴暗而显得愤世嫉俗。

当你仔细观察时，你会发现赫尔姆斯也有一些非常明显的个性特征。他几乎每天都要抽两包切斯特菲尔德香烟。尽管他在其他方面非常吝啬，但在着装上却总是很讲究——他从华盛顿的路易斯和托马斯·萨尔兹男装店购买昂贵的西装；因为脚偏小且脚窝很深，他专门从伦敦顶级手工鞋铺——皮尔鞋业定制价值700美元一双的皮鞋；他的皮带扣通常系在腰侧，而不是正前方；每次出门之前，都会在领带底部别上领带针，再将白色手帕整齐地塞入上衣口袋里；他总是身穿白色长裤，大摇大摆出现在网球场。

与他处理所有事情时的态度一样，对于年轻时曾任战略情报局海军中尉一事，赫尔姆斯的看法客观淡然，从无怀念之情。他倒是常与社会名人录中的特立独行者、厌倦了华尔街想寻求战斗的商人在一起，他们被多诺万将军称之为"绅士联盟"。赫尔姆斯很清楚，他们中的许多人在中央情报局很受欢迎。但他认为战略情报局对"二战"的结局产生的影响微乎其微。他曾言:"没有战略情报局,'二战'也能胜利。"赫尔姆斯认为,尽管多诺万的工作作风稍显杂乱无章,仍是当之无愧的有远见卓识的情报界领袖人物。多诺万将军把五角大楼和美国人引入了在全球范围内进行的非常规战争。也是在战略情报局,赫尔姆斯学会了如何成为一个合格的间谍。

"自他去世之日起,有关他的功绩和荣誉的记录将受到广泛的关注,并将永远铭刻于我们的历史篇章。但是他用以战斗、领导、服务和树立榜样的生命,现在宣告结束……"

威廉·约瑟夫·凯西(William Joseph Casey)坐在教堂的后面,中心的圣马修肖像自高处俯视着他。他悲痛欲绝,如同孝子痛失慈父。对他而言,多诺万不仅是上司,更是导师。战争期间,年仅31岁的凯西就已经在多诺万的麾下担任整个欧洲区域的秘密情报主管。两个人出身背景相似:都是贫穷的爱尔兰天主教移民的后裔,都曾靠打工读完法学院。战争爆发后,凯西就开始追随多诺万的脚步,走上了权力角逐之路,爬上了共和党政治的阶梯,凭借在华尔街赚取的财富来资助其热衷的国际事务。"二战"后时隔14年,凯西正如曾经的多诺万一样,已经是一个百万富翁。他对将军的个人魅力、开拓精神和才能智慧甚是敬佩。在其长岛豪宅的书房中,他保存着多诺万的一个小型铜像和数张照片。战后,两人一直保持着密切的联系,经常一起在外就餐,通过书信交流对外交政策问题的看法,并一起分享喜爱的图书。多诺万看书时会在书上做标记和批注,然后将看过的几卷书寄给凯西。凯西也会回赠他自己最喜欢的图书,但却极少在空白处写下只言片语。

凯西没有耐心对内容进行批注。他曾就如何"省时省力"啃下一本纪实类小说写了一篇冗长的文章。他习惯从后向前倒着读书,先通过索引和引用注释来选择他认为需要了解的内容,其他则一带而过。凭借过目不忘的记忆力,他几乎可以一字不差地记住那些快速浏览过的期刊文章。在会议中,如果下属们重复数月前已经提交过的冗长的备忘录内容而浪费了时间时，他会怒不可遏。

凯西留给别人的第一印象总是很糟糕。中年之后更是如此——他身材高大粗壮，双下巴、厚嘴唇、金鱼眼睛，已经秃顶的头上只剩几根灰白的头发；身上的西装价格不菲，却总是皱皱巴巴，领带经常带着午餐后留下的污渍；说话时就像嘴里含着弹珠一样叽里咕噜。与他结交的人，要么成为他终身的朋友，对他崇拜有加，要么认为他是商场或政治交易中那个诡计多端的操纵者——对他唯恐避之不及。

然而，邋遢的外表下隐藏的是一个雷厉风行的实干家，他从不会安静地坐下来，边品酒边长时间地交谈。他有着近乎贪得无厌的好奇心。即便是与家人到欧洲度假，他都会在车站收揽所有的时刻表，晚上在宾馆的房间里研究，次日一早便对同伴们背诵行程："如果你在星期二下午2点想从尼斯到阿维尼翁，却耽误了火车，那么想坐下一班的话，就必须在车站等待三个小时。"似乎就没有他不感兴趣的事。对于那些与他的日常生活毫不相干的话题，他也会打破砂锅问到底。一个世交的儿子詹姆斯·朱利记得这么一件事：有一次，凯西突然出现在一家夜总会，当时朱利的摇滚乐队正在那里演出。听完一组演奏后，凯西径直走向后台盘问他。"这支乐队是怎么工作的？"朱利细数他的问题，接着他问道，"'你如何得到报酬？你们如何存放乐器？'不到五分钟，他就将如何打理一支摇滚乐队了解得比我还清楚了。"

与多诺万一样，对凯西而言，在纽约赚得盆满钵满远不及那几年在战略情报局的战斗来得刺激和有成就感。他也绝没有料到自己能在而立之年就肩负重任，全权负责将几十个谍报人员渗透进第三帝国。也是在多诺万将军的组织体系中，他结交了一生中最珍视的朋友。在战略情报局的岁月是他最自豪的时光，也是他人生的巅峰。

"他已从成功的荣光中离去，走向了他最终的审判，最后的荣耀和最终的命运……"

2月8日，多诺万去世当天，也是越南庆祝农历新年的第一天。威廉·伊根·科尔比（William Egan Colby）从降落在西贡新山机场的泛美航空客机"同温层巡航者"（Stratocruiser）上走了下来，火炉般的热浪扑面而来。没一会儿，身上被汗水浸湿又晒干的西装、脖颈上扎着的领结、脚上锃亮的皮鞋让人更加难以忍受，科尔比完全蔫了下来。但是面对越南"永远炽热的太阳"，他所做出的让步只是在踏入越南的当天以及未来的三年中脱掉了外套，其领结从未摘下。妻子芭芭拉就在他后面，一直在照看他们的孩子，长途飞行令她疲惫不堪。中央情报局西贡站的一位情报员领着这家人在肮脏破败的航站楼里过了海关，把他们安顿在一辆公务车上。科尔比是新上任的美国中央情报局西贡站的副站长，该站当时仅有一个"40"的编号，主要负责搜集共产主义越南独立同盟会（越盟）的情报。

汽车在吴廷可公路上飞速向南行驶，芭芭拉和孩子们透过车窗凝视着道路两旁，一排排肮脏污秽的棚屋，间或穿插着富人的别墅，别墅四周是用于隔离自己而建造的高墙。在西贡的边界线，这条路的名字被改为"公理路"，代表着"正义"，沿路出现了更多为富人所建的纯白和米白的热带住宅。戒备森严的住宅让科尔比想起了他在法国南部看到的别墅，但他只是匆匆地抬头瞥了一眼，大腿上冗长的秘密电报此刻不容他分心。刚到机场，他就接到了这一紧急消息，现在不得不面对他的首次危机——中央情报局安插在诺罗敦·西哈努克（Norodom Sihanouk）亲王军队中的线人遭到逮捕，这位柬埔寨领袖对这个情报机构和美国都大为恼火。

穿过原来的法国总督府（现在是南越铁腕人物吴庭艳的住所），中央情报局的司机驾车拐进了科尔比新住所的庭院——挺拔的绿树掩映下是那种天花板极高的法国殖民风格的别墅。走进去，房子里站满了双手合十好像在祈祷一样鞠着躬的佣人。入口大厅的桌子上摆着另一份电报，那是杜勒斯向所有情报站发出的多诺万的讣告。

芭芭拉看到一向喜怒不形于色的科尔比此时极度悲伤。在华盛顿踏上飞往东南亚的飞机之前，他们曾去沃尔特里德陆军医疗中心探望过多诺万，离开时极度难过。多诺万人生中的最后17个月是在医院里度过的，他所患的是脑动脉硬化和脑萎缩，一种严重的痴呆症。科尔比曾在战略情报局担任多诺万的突击队员。多诺万将军爱才如命，特别是特种作战的游击队——像科尔比这样空降到敌人的领土与纳粹斗争的人。科尔比从法学院毕业后的第一份工作就是到多诺万的律师事务所担任他的助理。多诺万经常在周末下午邀请他们夫妻二人到纽约看职业橄榄球比赛，并喜欢在各种聚会上与芭芭拉"调情"。科尔比最终烦透了律师行业，加入了美国战略情报局，并以秘密特工的身份与芭芭拉和孩子们周游世界。科尔比在海外就职期间，多诺万偶尔会去拜访他们，他是科尔比一直梦想成为的那种智勇双全的"斗士"。在敌后的时候，作为准军事部队的特工与敌人斗智斗勇的经历令科尔比很是振奋。自然而然地，他被中央情报局的秘密行动所吸引，他坚信反对共产主义的行为是为着正义而战的事业。在科尔比进行间谍活动和蓄意破坏的秘密世界里，那些为人所不齿的肮脏勾当在他的心目中都是纯洁无瑕的。

有一次，有人让他给最好的间谍下定义，科尔比毫不隐晦地说："神出鬼没的间谍。"他的形象不怎么引人注目——个头不高，角质镜架的眼镜后面，一双眼睛苍白呆滞，侧分的头发总是那么整洁利索。尽管他性格内向，但对身边的朋友和陌生人却热情友好。他一向彬彬有礼，举止高雅。聚会上，他总是会为别人端酒，几乎从不酒后失言，也很少动怒。他持重而不轻浮，但不太注重穿着打扮，喜欢在家中修理管道，做点木工活儿。然而，他也拥有属于自己的"罪恶般的快感"，他喜欢品尝一瓶上好的"长相思"（白苏维翁酒），周末开一辆红色菲亚特跑车，也喜欢驾驶帆船，欣赏漂亮的女人（尽管没有证据表明他对自己所关注的女人采取过任何行动）。科尔比对古希腊和古罗马的英雄若痴若狂，最喜欢的三部电影分别是：《阿拉伯的劳伦斯》（彼德·奥图饰演他心目中的大英雄 T. E. 劳伦斯）、《桂河大桥》（关于一位英国上校错位的忠诚）和《第三人》（格雷厄姆·格林所描写的一个扑朔迷离的故事）。他曾对一个家庭成员说过自己从来没有做过噩梦——甚至没有做过一个像样的梦。

科尔比的儿子们——他总是叫他们"小伙伴"——发现父亲内心的动力和勇气令人生畏。他从不吹嘘自己在战略情报局目睹过的战斗，只有偶尔让他们知道战斗有时会非常紧张。事实上，科尔比曾冷静地分析过战争的危险性，而且非常愿意接受自己所做的"风险预期"。他小心翼翼地建立了一堵墙将自己的秘密世界与家人隔离开来。曾在战略情报局和后来的中央情报局内部共事的同事回忆威廉·科尔比的时候，都把他比作为富有献身精神的"战斗神父"，但同时，他也是一个他们并不真正了解的独行侠。据说曾经有一个针对中央情报局60名退休官员所做的非正式调查，其中涉及两个问题。第一个问题：如果你在一个风景优美的荒岛上遇险，有充足的食物和白酒，"而且有船只经过的可能性很大"，你会选择与谁在一起？答案中，杜勒斯轻松赢了科尔比，因为陷入困境时，有杜勒斯做伴会好得多。第二个问题：如果你被困在一个荒芜的孤岛上，既没有什么食物也没有什么生存的希望，而你非常想逃离，你会选择和谁在一起？在这个问题上，科尔比却轻松领先杜勒斯，因为他知道如何建造一艘船带他们离开孤岛。一个参与调查的人甚至指出，他一定会确保船足够大，能容下两个人。

> "我们每个人都有各自的使命，在地球上实现，但却由上帝为我们计划，去履行一个人的牧师之职。他能够很好地服待上帝，能够寻求上帝的赏赐。"

尽管他们性情迥异，但艾伦·杜勒斯、理查德·赫尔姆斯、威廉·凯西和威廉·科尔比却有一个共同的特点：他们都很聪明——从某种意义上说，他们都是博览群书的知识分子，有思想、有见地、有好奇心，且都是极富理性的生物，而不是那种只会长期坐在象牙塔里自我怀疑和自我反省的人。他们是强大的、坚定的、果断的、极端自信的实干家和践行者。他们相信自己可以创造历史，而不是让历史控制自己。

从第二次世界大战中归来之后，他们并没有因其经历而显得伤痕累累、激情耗尽，反而精力充沛，随时准备展开下一场战斗。战略情报局一度扰乱了他们的生活，现在又将他们联系在一起。他们成了多诺万机构战后聚会的常客，但很少谈及在战略情报局的经历，不愿意沉湎于过去。他们对未来的兴趣总是要远远超过对当下正在做的事情或以前做过的事情的兴趣。

赫尔姆斯、科尔比、凯西会同此时的杜勒斯一样，成为美国中央情报局局长。最终，由于各种争议"吞噬"了他们的机构，这四个人都将离职。中央情报局组织力量在古巴的猪湾登陆反对菲德尔·卡斯特罗（Fidel Castro）政权行动失败后，杜勒斯垮台；秘密的忠实守护者赫尔姆斯因为对国会隐瞒中央情报局在智利推翻其总统萨尔瓦多·阿连德政变中的作用被判有罪；科尔比因为向国会提交了所谓的"家丑"报告，披露了中央情报局在上世纪五六十年代至七十年代初所犯下的罪行（赫尔姆斯对科尔比甚为厌恶，因为科尔比向美国司法部递交了他作伪证的证据），遭到中央情报局前辈的遗弃而沦落为贱民；凯西几乎搞垮中央情报局，甚至差点把里根从总统位置上拉下来，因为他密谋策划了与伊朗的武器交易，以换取伊朗对贝鲁特美国人质事件的支持，并从中赚取回扣，还用这些钱暗中资助尼加拉瓜反叛武装。

但那都是后话。在1959年2月这个寒冷的早晨，他们的思绪都沉浸在安息圣马修大教堂的逝者身上，以及他们为他而战的斗争中。

"愿他的灵魂在上帝那里安息。愿他所爱之人和为他效力的诸多人在'诸圣通功'（指所有教会成员在天主圣三的生命和幸福上相互依赖，相互援助——译者注）中再次认识他。"

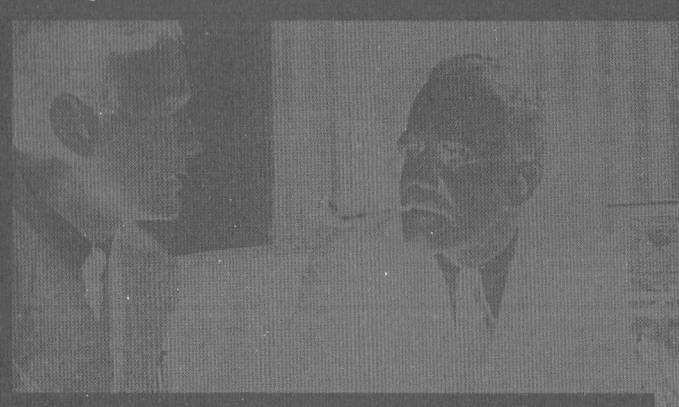

894, he built a red clapboard cottage for the clan with a circular porch reached over the shore of Lake Ontario at a cove called Henderson Har- "Underbluff," his name for this simple house, had a large living room kitchen with wood-burning stove, a tin bathtub for scrubbing the chil- , kerosene lamps for light, and a hand pump for water because it had no bing or electricity. Allie and the other kids loved this summer retreat, e they swam, sailed, and fished for smallmouth bass in the lake and ded around John Watson along a long wooden bench at night to listen s Civil War stories. The General doted on Allen Macy's children and rowed" each one of them to enjoy a winter season with him in Wash- n, when he could give the child a more sophisticated education than he ght his son-in-law could provide. He brought in tutors and governesses llowed each grandchild to eavesdrop on the salons he hosted with the al's powerful at his stately town house on 18th Street near other foreign ssies. Allen Macy came to resent these abductions, but Allie could not been more excited when it was his turn. General Foster introduced o foreign affairs.

age eight, Allie made his grandfather a proud man. Listening to the es in the General's dining room, the youngster had become interested at was then a hot foreign policy topic in Washington circles—the d Boer War. It had erupted two years earlier when the British Empire pted to wrest control of the pastoral Orange Free State and gold-rich vaal, two Boer republics in South Africa held by rebellious Dutch set- Britain's brutal tactics included a scorched-earth campaign to starve errillas and the herding of civilians into concentration camps where nds of women and children perished. The United States government ned neutral, but Americans became keenly interested in the far-off t with many joining each side to fight. Though his family backed the Kingdom, Allie thought the British were taking unfair advantage of ers. Without telling the General he began clipping news articles, jot- own notes from what he heard at his grandfather's dinner table, and wrote in his childish scrawl a short book titled *The Boer War: A His-* It was not right for the british to come in and get the land because the came first and they had the first right to the land," Allie wrote, laying case for the settlers in seven chapters.

John Watson Foster sent the manuscript to ly a few of the misspelled words and printed rty-one-page book, which was sold for 50- e $1,000 he earned to the Boer Widows an rs around the country published stories on ost interesting little book," noted *The Washin* use, who had seen a review in a Chicago pap static—"We are very proud of our dear little l ld five copies to her friends. A more subdue ed the Boers "a noble, if perhaps mistaken, p o sympathized with the British, not to argue other. Foster dutifully congratulated Allie on er family members he thought the volume w

Two years after the publication of Allie's bo is family eighty miles south in 1904 to assur Apologetics at Auburn Theological Seminary. ing the education of his children up to the C School, which Allie attended. He hired a live them properly in Greek and Latin. Rather th grammar he wanted their hours of homework to soak up its style. And if he had to go hun money to send them abroad for their finishin history the most, was sent to live with family f land, to learn French (he broke away briefly v climb the Diablerets in the Bernese Alps) and la Alsacienne on the Rue Notre-Dames-des-Char for the 1908–09 trimester noted that he had moral disposition," though he averaged no bet grade in French composition.

In the fall of 1910, Allie enrolled in his fathe deeply discouraged president, Woodrow Wilson trustees to resign as he ran for governor of New he had instituted to make the New Jersey schoo vard and Yale. Because of Wilson's energy, the seen its administration reorganized, the dead

第一部分　准备

PART 1
PREPARATION

第一章

艾伦·韦尔什·杜勒斯

艾伦·韦尔什·杜勒斯1893年4月7日上午出生于纽约沃特敦，生下来便患有先天性马蹄内翻足，俗称畸形足。自希波克拉底时代起，医学界就采用机械慢压的治疗手段来矫正这种症状。19世纪60年代后期，随着麻醉药的出现，医生开始通过外科手术来矫正这种脚部损伤。当时，艾伦的父母寻到了费城的一名骨科医师，并且成功地给小婴儿进行了手术。尽管如此，这家人仍把艾伦出生时的残疾视为一个不可告人的秘密。

伊迪丝·福斯特·杜勒斯一直对生第三个孩子忧心忡忡。她曾两次难产，1888年生约翰·福斯特和15个月后生玛格丽特的时候，医生都曾警告她，再生孩子可能会要了她的命。然而伊迪丝无法忍受禁欲的生活，生下艾伦之后，1895年和1898年又添了两个女儿，分别是埃莉诺和娜塔莉。尽管生育让伊迪丝的身体变得虚弱，而且让她饱受偏头痛和抑郁症的痛苦，但她依然是个果断而强势的女人。她在社会工作中非常活跃，讲一口流利的法语和西班牙语。埃莉诺回忆道："她是这样一个人，总会说：'现在不要瞎忙一气了，让我们尽快把这件事做好。'"

伊迪丝·福斯特在美国南北战争时期出生于上层社会的外交官家庭。她的父亲约翰·沃森·福斯特从印第安纳州志愿军第二十五军的少校荣升到了夏伊洛战役的战地指挥官，之后晋升为联邦部队的将军直至退役。南北战争结束后，这位高大挺拔的军官，留着波浪般的白络腮胡，带着哈佛法学院的学位，成为了尤利西斯·辛普森·格兰特总统驻墨西哥的全权公使，并由此获得更多的外交职位。1880年，他出任驻沙皇亚历山大二世圣彼得堡冬宫的大使；1883年，出任驻西班牙特使。全家陪同他一起在海外就职，其间伊迪丝游遍了拉丁美洲、欧洲甚至亚洲。本杰明·哈里森当政的最后几个月，福斯特已经是众所周知的"美国国务院中的名人"，1892年成为美国国务卿，仕途达到了巅峰。而他并不是家族中唯一一个从政之人。伊迪丝的妹妹埃莉诺嫁给了罗伯特·兰辛，一个面孔英俊、皮肤黝黑的法务方面的外交官，讲一口正宗的英式英语，穿得像个花花公子。1915年，罗伯特成为了伍德罗·威尔逊的国务卿。

1881年，在一次巴黎的社交晚会上，伊迪丝第一次遇到艾伦·梅西·杜勒斯，他那玉树临风的气质和浓眉大眼又略显稚嫩的娃娃脸给她留下了特别深刻的印象。当时，杜勒斯刚参加完普林斯顿大学橄榄球队的比赛，接着从普林斯顿大学神学院毕业。26岁的年轻人对这位18岁的女孩也是一见钟情，毅然决然地发起追求。直到五年后，也就是1886年，她才同意嫁给他。杜勒斯也算是出身于名门望族。1629年，"五月花号"进行第二次航行时，他母亲的家族乘船来到了普利茅斯的英属殖民地。父亲的祖辈，牧师约翰·韦尔什·杜勒斯参加过美国独立战争。艾伦·梅西作为杜勒斯家庭中七个孩子之一，曾在费城黑斯廷斯学院求学，该校校规十分严苛，他的兄弟颇担心他会因此"窒息"而死。但艾伦·梅西坚持了下来，最后在普林斯顿大显身手。他除了参加被认为极为残酷的橄榄球比赛之外，还在合唱团里唱男高音；他擅长哲学，成为了"纳索（Nassau）圣经协会"的主席。1875年毕业后，他曾在普林斯顿的预备学校做了短暂的教学工作，然后考进了神学院。毕业后，在去往欧洲和中东的旅途中遇到了伊迪丝。

艾伦·梅西·杜勒斯回到美国后，被底特律长老会任命为牧师，同时兼任底特律的特朗布尔大街教堂的牧师。婚后一年，他搬到了纽约北部靠近安大略湖的沃特敦——一个快速增长的贸易和工业中心，升任为底特律第一长老会教堂的牧师。起先，他将自己人数渐增的家人安置在了克林顿街附近的一座白色隔板搭建的牧师住所，之后在教堂边上的马林斯街修建了一个十分宽敞的带长廊的牧师住宅。杜勒斯善于冥想，富有想象力，算是那个时代里比较自由开放的牧师。他会花数小时在三楼的书房精心研究书写得密密麻麻的布道文，好让宣道的时间最多不超过20分钟，因为他不相信人们的灵魂会在听完布道后得以救赎。有两次他差点被驱逐出教会：一次是为一个离婚的女人举行正式的婚姻仪式，另一次是公开质疑童贞玛丽亚得子。虽然他一年的收入从未超过3500美元，还要支撑一个七口之家，但却出手阔绰，经常宴请宾客，即便遇上时运不济也能安稳地在房间里睡大觉。

他有个幸福的家庭。教会中其他家庭的孩子们乐意到这个热心的牧师家里来玩，因为这个家庭让人感觉很温馨。他自己的孩子们经常比赛，看谁能唱出最多的赞美诗。杜勒斯要求孩子们每个礼拜日去教堂时，带上笔和纸为他的布道做笔记。而孩子们也乐得这么做，并不觉得是什么繁重的活儿。礼拜日吃晚饭的时候，他们拿着书写潦草的笔记对当天的布道进行讨论。如果他们写得含含糊糊，艾伦·梅西就会责备自己未能很好地传达自己的意思。

有位家族成员称杜勒斯的孩子们个个"生龙活虎"。戴着镶边眼镜的女儿埃莉诺总是爱埋头读书，是一个精力充沛的知识分子；长子约翰·福斯特，家人们都叫他为福斯特，个性最强，从儿时起看起来就是那么盛气凌人，家中四个弟妹都听他的；被家人们叫作艾力的弟弟对福斯特更是忠心耿耿，小时候总是跟在哥哥的后面。

艾力，也就是艾伦·韦尔什·杜勒斯，他继承了父亲的眼睛和温柔的性情，总是对周遭的人充满好奇。孩提时代，他就对大人们所谈及的国内外时事很感兴趣，总会全神贯注地倾听。刚学会写字的时候，他就开始记录所见所闻。幼年起，他便养成了讨人喜欢的习性。只有埃莉诺注意到她这个哥哥身上那种不可抗拒的魅力有时会因暴怒而中断。

约翰·沃森·福斯特，即使在就任国务卿后，仍喜欢人们称他为"将军"。在杜勒斯家族中，他一直占据着主导性的地位。1894年，他为家族建造了一座红色的隔板小屋，圆形的门廊一直延伸到安大略湖岸边一个叫亨德森港的小海湾。他将这个简单的房子命名为"海崖之下"，房子里有一间大客厅和一间大厨房。厨房内配置了可烧木柴的炉灶，一个供孩子们洗澡的马口铁浴缸，用来照明的煤油灯，还有取水用的手压泵，因为那里既没有管道也没有电。艾力和其他孩子都很喜欢这个避暑胜地，他们可以在这里游泳、航行、捕捞湖中的小口黑鲈，夜晚的时候还可以围坐在约翰·沃森身边的长凳上，听他讲美国南北战争的故事。将军很疼爱艾伦·梅西的孩子们，轮流"借"他们去华盛顿与他享受冬季，届时他还可以让孩子博学广闻，而这种教育他认为是女婿做不到的。他常把导师与家庭教师带到家中，那是一栋位于第十八街很有气派的城市别墅，周围都是外国大使馆。他会在家中举办首都政要们都会参加的沙龙，并允许每个外孙或外孙女偷听。艾伦·梅西开始厌恶这些"绑架"。但每当轮到艾力的时候，他总是兴奋不已，因为福斯特将军会教他了解外交事务。

艾力八岁时就令外祖父深感自豪。在将军的餐厅里，关于时下华盛顿热门的外交政策话题，即第二次布尔战争（Second Boer War）的辩论，让这个少年听众非常着迷。该战争爆发于两年前，当时大英帝国试图夺取南非奥兰治自由邦的田园和德兰士瓦的遍地黄金，而这两个共和国正被叛逆的荷兰移民后裔所掌控。英国采取了焦土策略等残酷战术来消灭布尔人的游击队，甚至将布尔的老百姓赶到集中营，令成千上万的妇女、儿童丧生。美国政府对此保持中立，但美国人对远在非洲的这次冲突仍产生了浓厚的兴趣，并分成两派，加入了各自阵营的战斗。尽管家人们都站在大英帝国一边，但是艾力却认为英国人是在掠夺布尔人的财富。他在将军并不知晓的情况下，开始把有关新闻做成剪报，并将在外祖父餐桌听到的讨论做成笔记，最后用稚嫩而潦草的字迹写成一本题为《布尔战争：一段历史》的短篇书稿。艾力写道："英国人进入南非夺取土地是不对的，因为最先来到这片土地上的是布尔人，他们拥有对土地的第一权力。"他还用长达七章的篇幅针对这些移民进行了阐述。

约翰·沃森·福斯特把手稿寄给了出版商，他们仅对其中几处拼写错误进行了更正，就印刷出版了。该书一共30页，印刷了700本，每本定价50美分（艾力将1000美元捐赠给了布尔鳏寡和孤儿基金会）。全国各地的报纸争相报道有关这位八岁小作家的故事。"一本最有趣的小书。"《华盛顿邮报》评论道。众议院议长在芝加哥的一份报纸上看到了一篇书评，也去买了一本。伊迪丝欣喜若狂，在给儿子的信中写道："为我们亲爱的小儿子感到骄傲。"她还买了五本给她的朋友们。性情温和的艾伦·梅西认为，书中视布尔人为"一个高尚的族群，也许是错的"。但他要求站在英国一方的大儿子福斯特不要与弟弟就此问题展开争执。福斯特义务式地祝贺了艾力写书成功，但却对其他家庭成员说，他认为那本书"稚气十足"。

艾力的书出版两年后，也就是1904年，因牧师杜勒斯就任奥本神学院有神论和护教学的教授，举家南迁80英里。艾伦·梅西不打算将孩子们的教育拱手让给将军岳父，也不想让艾力就读奥本高中，他雇了一名家庭女教师给孩子们辅导希腊语和拉丁语。他不希望自己的孩子死记硬背语法规则，想让他们把完成家庭作业的时间花在阅读精美的文学作品上，去学习和吸收这些作品的风格。他省吃俭用地攒钱供孩子们到国外读书。他把最喜欢历史的艾力送到瑞士洛桑的一个家族朋友那里学习法语（暂时不受父亲和福斯特约束的艾力径自去伯尔尼阿尔卑斯山攀登了迪亚布勒雷峰），后来又去了巴黎圣母院、香榭丽舍大道、时尚前锋的阿尔萨斯学校。1908年到1909年三学期制的学校成绩单评语是："智慧与品性兼优"，但平均成绩却没有超过B——因为法语作文的分数太低。

1910年秋天，艾力被父亲的母校普林斯顿大学录取。彼时，该大学校长伍德罗·威尔逊恰好在竞选新泽西州州长之职，校方受托人要求他辞去校长职务，此事令他很是沮丧——要知道威尔逊校长对这个新泽西的学校进行了一系列的体制改革，令其跻身全国名校，与哈佛大学和耶鲁大学比肩而立。正是因为威尔逊的改革，当时艾力所就读的普林斯顿大学行政管理焕然一新，师资队伍中的老朽已经被年轻的"学术明星"替代，课程也进行了改造，入学标准有所提升，通过行政管理方的融资筹款，焕然一新的新哥特式风格的教室拔地而起。但这位17岁的小伙子起初对他能够接受改革后的教育并无感激之情。身高将近六英尺，开始长胡子的艾力只喜欢打网球、追求女孩子、在宿舍里掷骰子，周末到纽约享受音乐喜剧和香槟，学习成绩一塌糊涂，他父亲看到儿子带回的报告单后怒不可遏。大学四年级的时候,艾力终于有所收敛,并奋起直追,成绩大大提升,最后入选斐陶斐荣誉学会(美国大学优等生荣誉学会),在全班94名学生中以第九名的成绩毕业。

后来,艾伦·韦尔什·杜勒斯回顾往昔岁月时,将1914年6月视为他最终踏上情报职业生涯的起点。他们班是最后一届毕业于和平世界的班级,至少在数年内是如此。那时,普林斯顿大学为艾力提供了一份奖学金,让他可以留校到1915年。但他在给父亲的信中写道:"在这里继续等待一年毫无意义。"当他收到了一份去印度教书的工作邀请时,便决定接受这份工作,从欧洲乘船到东方,沿途看看世界风光。

6月20日,他登上了奥林匹克号邮船。这艘船有七层甲板、四部电梯,有一个带壁球场的健身房,还有一家名叫丽兹的优雅餐厅。船上有一大帮女大学生,不久就与他熟络了。6月28日,他抵达巴黎,入住在巴黎歌剧院酒店。一个懒散的星期日下午,在香榭丽舍大道的露天咖啡馆里,他与普林斯顿大学的朋友坐着闲聊时,突然被街上叫卖"号外"的报童打断,报纸的标题是弗朗茨·斐迪南大公夫妇在萨拉热窝遭到塞尔维亚民族主义者刺杀身亡。

欧洲战争一触即发,艾力只得乘火车先到威尼斯,接着坐船到的里雅斯特,又从那里登上轮船穿过苏伊士运河和红海进入阿拉伯海。7月20日,他抵达孟买,住进了高雅气派的泰姬陵皇宫酒店(此时,年轻杜勒斯已经习惯了高雅的旅行风格,而且一生都保持了这种品味)。之后乘坐了三天舒适的火车头等舱,艾力身穿他在孟买新买的奶白色丝绸西装,帅气十足地到达了目的地——位于印度东北、尘土飞扬的阿拉哈巴德,开始在尤因基督教大学担任英语教师。

在这里,他偶尔会发现一只眼镜蛇蜷缩在公寓的浴室里,一只大猴子躲在餐桌下面。室内闷热压抑,他经常会在户外支起一个防蚊虫的帐篷来睡觉。在靠近亚穆纳河与恒河交汇处的岸边那所教会学校教书,对艾力来说非常轻松。他每天早上6点起床,吃点儿吐司,喝杯茶,开始学习印度语直到上午10点,然后吃早午餐。接着从上午11点到下午4点,他给印度青少年上英语课,所用的课本就是柏拉图和莎士比亚的著作。下午茶过后,他去网球场与传教士打几局网球。晚上8点半，佣人会准时给他备好晚餐，他每月只需付给佣人2.5美元。

艾力发现阿拉哈巴德的英文报是他曾读过的最好的报纸。到了秋天，该报每天印刷两版，用来及时报道日渐失控的欧洲战事。就在他到达印度后一周，奥匈帝国向塞尔维亚宣战。8月1日，德国对俄国宣战，两天后，对法国宣战。德国入侵比利时后，8月4日，英国成为交战国。1913年就任总统的伍德罗·威尔逊宣布美国将保持中立。9月初，首场战役即马恩河战役打响，之后交战双方进入了长达四年的拉锯战。其间数以百万计的平民惨遭屠杀，而最终能争夺到的地盘却非常之小。艾力采访了一个在西线受伤后回到阿拉哈巴德的锡克族士兵，并写信告诉他的母亲："德国人的射击技术烂得要命，可是他们却拥有最现代的机械设备。"在给她的另一封信中，他担心如果英国把太多的殖民地军队从印度转移到欧洲战场，这个殖民地"可能会有麻烦"，因为印度民族主义者正在鼓动脱离大英帝国而寻求独立。另一方面，他很快就发现，此时战争对他造成的唯一影响就是来自美国的信件被加尔各答的英国检查员打开查阅了，而且这些审查人员的审阅速度太慢，导致他的信件比往常推后了一个星期到达。不过，这件事情并没有给他造成特别大的困扰。

1914年12月，艾力计划缩短他在尤因基督教大学的任期并于次年年初回到家中。他其实很羡慕传教士在大学的体面工作，但又觉得自己并不擅长教授英语，对这门学科也没什么兴趣。而且他一直不确定学生们到底能听明白多少自己所讲的柏拉图的《苏格拉底的申辩》，在给母亲的一封信中，他承认："我对英语句法和句法分析并不比他们知道的多。"1915年3月中旬，艾力离开了印度，手提箱中装了价值160美元的美国和英国金币，300美元的美国运通支票，200两白银的中国银票。他决定向东完成自己的环球航行，在新加坡、香港、上海、南京、北京、汉城、神户、京都、横滨和东京等地逗留观光。他给母亲寄回了长长的旅行游记，将所见所闻描述得淋漓尽致，这一点情报官员可能会大为赞赏。他还让外祖父给沿途的美国大使馆发电报介绍信，期望与那些大使会面。他乘坐"满洲里号"轮船在太平洋上一路航行，终于在7月底踏上了旧金山的美国国土。

艾力作为研究生返回普林斯顿大学学习了一年的国际事务,但他并没有用功准备学术功课,而是花了大部分时间来纠结自己以后做什么。他参加了摩根大通公司的员工选拔测试。第一天上班后,他才意识到这家投资银行是想让他作为荣誉店员翻译法文合同。当天下班之前,公司主管发现这个求职者打字还需要看着键盘,便告诉他第二天不要再来上班了。后来,他在法律界谋了一份差事,但在给父亲的信中说:"我一直很纠结,因为我不喜欢那些专业术语和模棱两可的说法,而这些似乎都与法律工作密不可分。"父亲艾伦·梅西则毫不掩饰地希望儿子能继承他的衣钵进入牧师会。福斯特将军和"姨夫伯特"(艾力对罗伯特·兰辛的称呼,其刚刚成为威尔逊的国务卿)却给他做思想工作,劝说他不要做神职人员而要想办法进国务院谋得一官半职。他父亲气急败坏地说,外交服务最多就是一种爱好,算不上是受尊敬的职业。

艾力并不完全认同父亲的意见,他对父亲说,参加外交部考试也没什么害处。只要通过了考试,他就可以在国务院工作上一年半载。1916年4月,艾力参加了考试,不费吹灰之力就过了关。此刻他得考虑一下是否要进入外交部门工作,只要做好了这个选择,一切都会容易许多。只是在普林斯顿大学期间,他还报名参加了新泽西州国民警卫队。没料到的是他竟同时收到了两封通知书:第一封是通知他已经通过外交部的考试;第二封是说他的警卫连被部署到了墨西哥边境,加入了"黑杰克"约翰·潘兴将军(John Pershing)率领的远征军,去讨伐袭击美国人的墨西哥农民军领袖潘乔·比利亚(Pancho Villa)。最终,艾力选择去说服当地的征兵局,说他去当外交官会比当地面士兵对国家更有价值。5月22日,他进入了美国国务院。

第二章

威廉·约瑟夫·凯西

威廉·约瑟夫·凯西祖先们的经历与威廉·约瑟夫·多诺万祖辈的经历如出一辙，多年来，凯西为此甚是自豪。1849年，那时年仅两岁的祖父乔治·C.凯西踏入了纽约皇后区，曾祖父是名鞋匠，为了摆脱贫困，从爱尔兰奥法利郡的多尼戈尔来到了美国。大约在同一时期，多诺万的祖父提摩西，当年20来岁，作为一个难民从爱尔兰科克郡的斯基伯林来到了美国纽约的水牛城。

两人都是好战分子。美国南北战争期间，乔治·凯西作为一艘炮艇的水兵为北方联邦作战。战争结束后，他在皇后区自治镇的阿斯托利亚开了间酒吧，起名为"凯西酒吧"。提摩西则当了一名铲工，负责在水牛城伊利湖港口和铁路站场铲卸运来的粮食。每到周五晚上，人们总能在酒吧的角落里看到他的身影，但他只会喝上一杯姜汁汽水，因为他是一个禁酒主义者。

乔治·凯西有三个孩子，长子威廉·约瑟夫生于1882年。就像提摩西·多诺万那个从铁路站场逃出来，当上了水牛城公墓的管理员，摇身一变又成了"爱尔兰中产阶级"的儿子小提摩西一样，威廉·约瑟夫·凯西也无意打理父亲的酒吧。他一路打拼，挤入了民主党的政治机器——坦慕尼协会，最终晋升为自治镇街道清洁部门的主管。他还是一个自学成才的钢琴家，周末会去给剧院里放映的无声电影弹钢琴伴奏来赚取零用钱。

布兰奇·A.勒维涅比威廉·约瑟夫小六岁。其父亲是法裔加拿大人，在安大略做厨师，她从安大略来到了纽约。布兰奇性格腼腆，待人礼貌恭敬，平素里衣着时尚，爱好旅行。因为对流行时尚所知甚广，她很快便从五月百货公司的售货员晋升为该公司的商品价格情报搜集员。一次，布兰奇在纽约各大百货商店边逛游边比较五月百货公司的价格是否具有竞争力的时候遇到了威廉·约瑟夫。两人于1910年结婚，并从阿斯托利亚搬到了皇后区更高档的艾姆赫斯特社区，那里除了少数是凯西这样的爱尔兰"擅入者"外，其余基本上是犹太人和意大利人。

婚后第三年，也就是1913年3月13日，布兰奇生下了第一个孩子，这个孩子创造了家族的纪录，尽管她认为这个纪录没有也罢。这个男孩生下来足足重14磅，让所有人都瞠目结舌。夫妻俩以孩子父亲的名字给他起名为威廉·约瑟夫（无论是家庭成员还是儿子本人，从未在名字的后面署名"小"字，而是习惯于叫他比尔）。半个多月过后，长着一双明亮的蓝眼睛的小威廉就在科罗纳附近的七苦圣母教堂接受了洗礼。

杜勒斯家族一直围绕着长老会制和共和党，而凯西家族的中心则是罗马天主教和民主党。在接下来的五年中，布兰奇生下了多萝西，然后是乔治。第四个孩子仅活了一天就夭折了。正如杜勒斯兄弟姐妹依仗福斯特一样，多萝西和乔治也都依赖着比尔，乔治后来上大学的费用也是比尔支付的。1920年，父亲威廉·约瑟夫在坦慕尼协会中的地位得到了一个重要提升，受命负责组织和协助管理纽约市的养老保险。他买了一辆福特T型小轿车，而且再次举家搬迁至皇后区的南海岸，住进了米德伍德大道上贝尔摩社区更加漂亮的荷兰式住宅。少年比尔乘公共汽车去洛克维尔中心西边的圣爱格尼斯学校上学，由于水平测试成绩非常好，12岁的他直接跳级进入了八年级。每逢星期天，早上10点做弥撒的时候，由比尔担任协助神父的侍者，这让父母很是骄傲。

比尔天资聪颖，早些时候就下定决心要以合适的方式进行自我教育。他讨厌圣爱格尼斯学校的那些修女老师，她们也常因比尔的自作聪明而恼羞成怒。有一回，一个教拉丁文的老师以为自己逮到他上课开小差，突然停下讲课，大声说道："凯西先生，我刚才讲什么了？"结果，凯西站了起来，将她所讲的内容几乎一字不差地背了出来。每周六，比尔可以得到一块钱去看电影，但他通常会去书店买书。他说，比起看一个小时的电影，读书能给他带来更多的乐趣。书店老板也开始抱怨，每个星期六比尔总是泡在书店里遍览群书，搜寻到最后才决定到底买哪一本。回到家后，他会仔细品味自己购买的书籍，这个时候，布兰奇会给他备上面包和黄油作点心。凯西保留了买书的习惯，却对曾经无数个周六下午都会吃的面包和黄油厌恶至极。

圣爱格尼斯学校没有体育项目，所以凯西的父母同意让他转到鲍德温中学，那是一所有体育项目的公立学校。凯西迷恋上了棒球，但相比打棒球来说，他更善于记住那些职业球员的统计数据。16岁那年，他已有六英尺高，但这个身高跟那麻秆似的瘦长身材完全不搭，他并不具备运动天赋，所有的只是坚定的决心。在防守、投掷、击球的能力上他有所欠缺，但因精力充沛、速度一流，队友们都叫他"旋风凯西"。他生性腼腆，在女孩面前总是支支吾吾地说不出一句话来。朋友们发现凯西脾气还有点暴躁。有一次，在自助餐厅，他暴打了一个称他为"爱尔兰书呆子"的意大利男孩。还有17岁那年，他利用暑期到长岛州立公园委员会打零工，结果因斥责一名在那里工作的护士而被炒了鱿鱼。人们对于凯西说话含含糊糊、结结巴巴的起因众说纷纭。有人称，他是在一次拳击比赛中被击中了脖子，伤害了喉咙的肌肉，因此口齿不清；有人说他是被棒球击中导致的喉咙受损；还有人说是1941年，医生采用烧灼的方式治疗他鼻子里长的东西，可能影响到了他的嗓子。

福特汉姆大学的前身是圣约翰大学，1841年由布朗克斯的天主教纽约总教区创建。该校是美国东北部第一个天主教高等学府，其建校宗旨主要是培养神职人员。埃德加·爱伦·坡曾住在广场大街上，与福特汉姆大学仅隔几个街区。他与开办这所学校的耶稣会教士建立了友谊，据说1845年创作诗歌《钟声》的灵感就来自于大学教堂的钟声。1930年9月，席卷美国大学的宣扬共产主义、社会主义以及其他一些主义的知识分子"骚动"并未波及福特汉姆大学。那是一所校门紧闭的大学，有着浅浅的草坪、砖砌的校园小径、灰色的大卵石建筑和正直清廉的耶稣会。这里很适合比尔·凯西，自从那年9月份入学以来，他发现福特汉姆大学耶稣会教士对天主教的自信和理性成为了周遭道德动荡的避风港。凯西是整个家族中第一个上大学的人,而且享有奖学金。他乘公车往返于学校与家之间,自己做兼职工作来支付其他的学习费用。其中的一个赚钱的工作不大符合伦理道德,那就是他为其他学生撰写学期论文。

他原本设想当一名医生,在第一学期的生物差点不及格,尤其是在他解剖了一只猫之后,便打消了这个念头。就这样,凯西选择了哲学和科学专业,但是事实上他将精力都花在了派对而不是学业上。尽管当时美国还在实行禁酒令,但他还是设法找到了酒。他周末喝得酩酊大醉,次日早上醒来对自己头天晚上的所作所为全然不知。大学的前三年,他的成绩飘忽不定——物理和宗教都是A,但英语和法语却是D。他还参加了田径和越野赛,但大学二年级末就放弃了。在那之后,他唯一一次参加体育运动是大学毕业的那一年,在颇具影响力的体育协会赢得了一席之地,那就是负责制定学生参加体育运动的规则。不过他承认在竞选该职位时,"使用过真正的高压手段"。

大学一年级的时候,凯西遇上了一个女孩,最终他被"驯服"成了一名负责任的学生,尽管做到这一点花费了她三年多的时间。索菲亚·库尔茨(她总自称索菲阿)是家中的长女,下面有七个弟弟妹妹。她的父亲亨利·库尔茨是居住在阿尔萨斯的美国人,曾一度在长岛做建筑商,本来很成功,但在1929年的股票崩盘中,亏损了所有的钱。她的母亲玛丽·迈克卡顿,来自布鲁克林区,其父母早先从爱尔兰的拉索文移民到了美国。索菲亚出生于布鲁克林区,比凯西大一岁。1930年,她正在长岛做电话接线员。一个周末,两个从福特汉姆大学来的人突然光临了她在西亨普斯特德的家。凯西从他父亲那里借了辆福特T型小轿车和同学一起开车来到了库尔茨家。当时那个同学正在和索菲亚的妹妹洛蕾塔约会,这个哥们儿向凯西保证他们家还有其他女孩。

凯西看到索菲亚的第一眼,就好像什么东西卡在了喉咙里,连一句完整的话也说不出来。她身材娇小,有着天使般的面孔,褐色短发,卷曲的刘海儿垂在额头上。温柔大方的她令许多追求者不出几分钟就在她面前敞开心扉。没过多久,凯西就成了西亨普斯特德的常客。他几乎每个周末都来参加扑克派对——与索菲亚在客厅里喝茶,吃加了糖的面包,偶尔与她的父亲亨利·库尔茨来到地下室——他在那里有个小酒厂,品尝一口他新酿的白酒。

到大三时,凯西对索菲亚的爱慕已经到了崇拜的地步。他请求她周六向电话公司告假,到福特汉姆大学来跟他在一起。他叫她"宝贝儿",在她的鼓励下,他的称呼更加亲昵。他在给索菲亚的信中写道:"我所有的行为,归根到底,都是为了你。"凯西时刻担心自己过多的关注会让索菲亚喘不过气来,但她的温文尔雅和羞涩让他懂得含蓄和退避。当看到她正在跟别人交谈时,他会尽量不去打断,免得显得自己占有欲太强。他写道:"你真是太好了,我觉得自己像一条狗一样在利用你的善良。"到大四秋季学期的时候,比尔·凯西陷入恋爱不能自拔。在另一封情书中,他用生硬的散文写道:"我越是想你,就越是仰慕你。宝贝儿,我爱慕你美丽的脸庞,不是因为那和谐的五官组合,尽管那是事实,还因为你的脸上总是闪耀着一种悲悯的、善解人意的、圣洁的光芒。"

他们谈恋爱的过程也并非一帆风顺。索菲亚每天早上都去做弥撒。她的确是一个善良而温柔的人,但骨子里却有钢铁般的意志。她不欣赏放荡的追求者,尤其厌恶那种到了约会时间却喝醉酒跟跟跄跄地出现在她家前廊的行为,而凯西有一次就是这样。不过,如果是他喝酒太多,或忽视、冷落了她,或与她发生了争执——就算他觉得索菲亚"过于敏感",也会左一个"对不起",右一个"抱歉"地先认错。每次争吵,凯西都会在一小段时间的无精打采过后,卑躬屈膝地请求索菲亚的宽恕。在他众多的道歉信中,有一封这样写道:"宝贝儿,每当我与你有丝毫意见不同时,我都会痛苦好几天。我深刻地意识到肯定是我的错,如果有人跟你这样和蔼可亲、性情随和的人相处不好,那肯定是那个人有什么地方出了问题。这些打击对我来说,比任何我能想象的体罚还要剧烈。"

大四的时候,凯西的成绩提升到了A和B。他参加了辩论队,收集事实支持论点的能力给教练留下了深刻的印象,但吞吞吐吐的发言却让人大跌眼镜。他经常跟自己的室友、酒肉朋友"红猪头"科尼利厄斯·卡西迪——一个自由主义者进行辩论,凯西认为卡西迪常常凭借雕琢过的演说术而非事实胜自己一筹。他跟索菲亚抱怨道："'红猪头'是我见过的最愚蠢的人，他对任何事情都能发表意见，但事实上狗屁不懂。"1934年6月，凯西以优异的成绩于福特汉姆大学毕业。

毫无疑问，受其父亲在纽约的工作影响，凯西对社会科学逐渐产生了兴趣，并且在福特汉姆大学大四的最后一学期修了四门与教育学和心理学有关的课程。那段时期，他被爱德华·M.豪斯的回忆录深深地迷住。他告诉一个朋友，说希望自己有一天能够成为白宫的关键助手，就像豪斯上校对伍德罗·威尔逊那样，在幕后悄悄地对总统耳语，就公共政策提供建议。毕业后，凯西鼓起勇气对父亲说他恐怕要让家人失望了，因为他不想留在城里找工作，准备搬到华盛顿特区，用他从美国天主教大学获得的奖学金攻读社会工作硕士学位。他还向索菲亚宣称："我要用毕生的精力来挽救社会盲目的经济并改变令人难以容忍的不公正的社会制度。"

1934年秋，凯西抵达了哥伦比亚特区。他脑海中存在着某种种族主义的错觉，认为首都里的人种都跟他一样。而且那里"有华丽的白色建筑，外围起伏的草坪上栽有几株日本樱花树"，他在信中对索菲亚这样描述。他从未想到首都竟是这样一幅景象：这个城市仍然保持着大萧条后的衰败，到处都是非洲裔美国人，一排排经济公寓住宅和杜松子酒馆。尽管如此，凯西相信他会喜欢天主教大学的新社会工作学院。这里所招收的学生来自全国各地，其中大部分都是传教士。该学院的新院长约翰·奥格雷迪神父就住在华盛顿东北部的密歇根大道边上，他撰写了很多有关社会工作的书籍，凯西认为他是个博学多识的绅士。即便如此，凯西仍然觉得，如果纽约的朋友得知他在学校学习社会工作专业，多少会有点尴尬，毕竟这一科目听起来不怎么有"气势"，所以他只会说自己正在研修社会学硕士学位。

第一学期所修的课程让凯西感到失望，他觉得很多课程都是"婆婆妈妈的东西"，诸如社会调查和儿童福利等。他更感兴趣的课程是与改善工作环境相关的工业职业道德，或"扶贫、增加人口、清除贫民窟"之类的旧区改造课程。不过没多久，他在华盛顿就找到了其他乐子，比如花费10美分喝一大杯廉价啤酒，或者在大学的网球场学习打网球（刚上了几节网球课之后，他觉得自己已经可以反手扣杀了）。

凯西非常想念索菲亚。他给她写长长的信，事无巨细地汇报身边的一切，而她的回信都很简短，这令他感到特别沮丧。周末闲暇时，他都会在周五连夜搭乘巴士赶往纽约去找他的女朋友。周六早晨到达时，他虽然一夜未合眼仍神采奕奕。他们总是分秒必争地共享好时光。据凯西说，有一次他们在一家夜总会跳舞，享受着盖伊·隆巴多乐队的伴奏，度过了"无比美好的夜晚"。有时他们手拉手，坐在电影院里看一整天电影。凯西把自己当成了一个电影评论家，他如此评价好莱坞："他们以为随便弄上一些淫秽的调侃和一两个卧室场景就能满足大众，却忽略了作品的戏剧性。"到了星期日早上，他又依依不舍地爬上长途巴士，返回特区。

奥格雷迪神父针对新学院开展了一系列的创新项目，其中包括让研究生住在华盛顿的公共福利机构，去切身体会穷人的困境，但这对凯西产生了相反的效果。他被分配到布莱登斯堡路上的国家劳教学校，里面关押的是联邦刑事案件的少年犯。凯西觉得他们算不上少年，而是一帮"年轻的暴徒"，他这样给索菲亚写道。他甚至调侃，自此以后，在给她的信中会充斥着关于"黑鬼、侦探猎犬、警卫、警报器等""绝佳的"新闻。

1935年伊始，凯西开始厌恶华盛顿，痛恨与索菲亚遥遥相隔这一事实。除了繁重的课业，还不得不抽出时间与国家劳教学校里的那些"小鬼"在一起。他去纽约探望索菲亚的时间变成六到八周一次。他开始酗酒，常常独自一人泡在华盛顿的酒吧里。同时，他对于天主教大学的幻想也开始破灭。他开始阅读全国经济大萧条时期，250万无家可归到处流浪的未成年人的资料，并且采访了很多现在已经成年的从华盛顿路过的流浪汉。他们"生活得极其凄凉和绝望"，他这样给索菲亚写道："他们现在就是行尸走肉，所能看到的未来不过就是一瓶16美分的一品脱朗姆酒……一个允许这些情况发生的社会经济体制绝对是违背道德的而且是不可原谅的。"但是他拒绝选择共产主义、社会主义作为替代品，他还反对自由主义的乌托邦概念——所谓建立一个福利国家，对穷人,特别是不值得帮助的贫困人士进行收入再分配。但他不反对美国的阶级制度,因为在这种制度中贫富的划分是以辛苦劳动所得为基础的。他在信中阐明了这样的见解:"也许经济大萧条也并不完全是坏事,它们唤醒了一个轻浮的世界。"

凯西努力保持着对课业的认真态度,因为他真的很佩服奥格雷迪神父,神父设立研究生课程,招募和培养学术精英。但是到1935年底,为了能跟索菲亚在纽约一起度过更长的周末,他开始翘课,成绩也开始下降。他还花大量的下午时光看国会会议研讨,认为那简直就是"暴乱";或者去看最高法院的审判,他发现其中有更多"才思敏捷的头脑"。凯西数次前去奥格雷迪神父的办公室,直到最后一刻才鼓足勇气告诉这位院长秋季学期他不会再来上学的决定,他打算搬回纽约,到市福利局找一份工作。

从7月份开始,凯西作为调查员开始了纽约的调查任务,年薪为1620美元。他的工作是审计案卷,进行实地走访,保证受助家庭有资格得到财政补助。没过多久,凯西就厌倦了这份工作。即使文书工作没有任何纰漏,他也认为纽约正在浪费其福利资金。他意识到最贫穷的人大多都是骗子和懒汉,并鄙视罗斯福是一个滥发善心的自由主义者,而其新政注定会失去控制。秋天,他加入了贝尔摩共和党俱乐部,紧接着参加了反对罗斯福连任的活动。凯西的父亲老威廉·约瑟夫是罗斯福新政的铁杆支持者,53岁时死于心脏病,未能在短暂的有生之年看到儿子唾弃了自己的政治信仰而投入了共和党保守主义的怀抱。

与最高法院的接触给凯西留下了深刻的印象。他觉得拥有法律学位可以无所不能,可以打开更多职业的大门,而且要比福利调查员更有趣,薪水更高。因此,就在进入纽约福利局的同时,他报名参加了布鲁克林区圣约翰大学法学院的夜校课程。他尽量合理安排自己的时间,白天在福利局上班,晚上和周末上课或学习。尽管他学会了快速阅读法律书籍,但在圣约翰大学的成绩一般。他的分数从未超过B,甚至抵押贷款科目在班上只获得了一个D。不过,他还是设法用两年多一点的时间顺利从学校毕业了。

凯西先是在纽约一家律师事务所做了七个月的办事员,学习如何建立合伙关系。之后他组建了自己的律师事务所，聘用了三个年轻律师，他们主要承接税务和劳资关系的案件。凯西的年收入高达6000美元——这可不是一笔小数目，这份兼职工作也很快转成了全职工作，他的年薪也翻了一番，达到了12000美元。

当时，罗斯福新政推出了数以百计的政策，其中之一便是成立美国研究院帮助商人做出大量分析报告并落地为联邦合同。该研究院成立于1936年，因为其报告分析精准，并且能够掌握诸如社会保障和工程进度管理局等项目相关的内部消息，很快就声名鹊起。他们的客户认为美国研究院就是罗斯福政府的一个秘密武器，但事实并非如此。美国研究院只是笼络了那些在联邦项目研究中颇有成就的调查员，凭借他们做出思路清晰的预测，找到利润丰厚的合同所在。

该研究院院长是利奥·彻恩，其父母是俄罗斯移民。他以全班最好的成绩毕业于纽约法学院，比凯西大了不到一岁。当时研究院人手不够，彻恩在一个法律杂志刊登了一则招聘帮手的广告。凯西来到学院参加面试，给彻恩留下了深刻的印象。彻恩留意到了凯西浓重的纽约口音中掩盖的知识分子气质，决定雇佣他作为一名美国研究院出版物的税收分析师。凯西对这个课题知之甚少，但实践证明他学得很快，而且善于将复杂的税法代码转化为简明易读的文字，让商人们一目了然。彻恩的运营范围很快扩展到纽约和华盛顿两地，研究人员多达400人。在政治倾向上，这些人中有左翼的社会主义者，也有像凯西一样的右翼共和党人。凯西与美国研究院中的自由党人在办公室辩论，通常都会演变成"嘶喊的比赛"。凯西是1940年总统大选中温德尔·威尔基的支持者，他经常与罗斯福的崇拜者彻恩展开激烈的辩论。凯西一直坚持说："我可能会赢得辩论，但利奥肯定能赢得大选。"

1939年春，彻恩和美国研究院其他管理者相信欧洲会爆发战争，美国将不可避免地被卷入其中。华尔街知名律师威廉·多诺万是共和党国际主义者中直言不讳的成员，对此持有同样的观点，并支持罗斯福启动国防建设计划。彻恩派凯西到华盛顿开设美国研究院办事处，开始搜集关于利用工业生产满足军用需求方面的资料。不久，凯西召集了60名分析师，开始编辑《商业与国防协调者》一书。这是一部美国研究院出版的关于武器计划的一系列密密麻麻的合同

威廉·约瑟夫·凯西

条款的书籍，其中有"如何向军队出售"和"医疗队购买什么"等章节。凯西很快成为一个能够建立商业机会的至关重要的财务统计人员，他在华盛顿日益增长的军事工业团体中建立了广泛的人脉关系。政府官员也开始给他打电话请教如何简化复杂的武器采购规则，使之更利于商界运作并促使装配线的武器尽快交付。凯西的《商业与国防协调者》一书引起了多诺万的关注。多诺万是彻恩在纽约的一个朋友，不久便成为了罗斯福关于大不列颠所需美国战争物资的幕后顾问。

　　凯西所做的工作可能有点故弄玄虚，其主要目的是帮助企业发战争财，但对国家同样重要。1939年9月1日，德国入侵波兰，这天也恰巧是凯西的《商业与国防协调者》一书的发行日。当时的美国军队在世界排名中居于第17位，在罗马尼亚之后。战争爆发，华盛顿，甚至几乎整个美国的经济很快就面临着巨大的变革和重组，他们开始组织生产更多的坦克、飞机、军舰，而不是洗衣机、缝纫机、雪佛兰汽车。动员全美经济，将所有企业整合起来形成一个强大高效的战争物资生产机器，这对盟军最终取得胜利至关重要，也是凯西正在进行的工作。但如果美国加入欧洲战争，威廉·凯西打算走出华盛顿的办公室，奔向战场。

第三章

理查德·麦加拉·赫尔姆斯

理查德·麦加拉·赫尔姆斯出生于宾夕法尼亚州的圣戴维斯城，这个小城市位于费城24公里外的主干线上。1913年3月30日午后，他呱呱坠地，比凯西晚出生大约半个月。如果说这两个男孩早年有什么相似之处的话，也就仅此而已。

这个婴儿的中间名字取自他的外祖父盖茨·麦加拉，其地位在赫尔姆斯家族中非常显赫，如同约翰·沃森·福斯特在杜勒斯家族中一样。外祖父麦加拉个头不矮，身材圆胖，蓄着小胡子，鹅蛋脸，18岁时是纽约歌珊国家银行的职员。1883年，他移居到纽约城，在产品交易国家银行担任柜员。30多岁的时候，麦加拉就升职为皮革制造商国家银行的经理——美国主要金融机构之一的最年轻的首席执行官。他在科德角西南端靠近马撒葡萄园岛的地方建了一处豪宅，不久又被任命为纽约联邦储备银行的第一主席。《时代》杂志称他为"了不起的麦加拉"。从那时起，家人开始称他为"总督"。

麦加拉有两个女儿。1910年初，20岁的小女儿玛丽恩宣布接受了年长她六岁的赫尔曼·赫尔姆斯的求婚，这令她的父亲很是不悦，这位大亨怀疑这个年轻男人是贪图他的钱财。年轻人全名为赫尔曼·海因里希·阿道夫·赫尔姆斯，出身于德国路德教会中产阶级家庭，移居美国之前，该家族居住在德国不来梅附近的一个村庄。20世纪30年代，赫尔曼将名字中的海因里希英化为亨利，并去掉了"阿道夫"，那时因为纳粹独裁者这个名字变成了一个污秽的词。赫尔曼生性简朴，喜欢歌剧，对理查德关怀备至，同时也是位严厉的父亲。他对秩序和结构持有日耳曼式的痴迷，甚至在吃饭时，坚持将所吃的蔬菜、土豆和肉类分别放在不同的盘子里。赫尔曼还是个躁郁症患者，他会独自躺在房间里，拉上窗帘，然后给他长子写一封封"内省"的信。父亲死后，理查德并未去参加他的葬礼，只是说了句："他是一个正直的人。"

赫尔曼，作为一名机械工程师，其婚姻显然是高攀了。玛丽恩·麦加拉是个热情风趣、喜欢享乐、善于交际的女人，但养尊处优的家庭背景并没有宠坏她，她天性温柔体贴，总是关心他人。虽然她也患有躁郁症，但她尽力避免让自己的孩子看到她的抑郁，偶尔会去康涅狄格州的银丘精神病院检查和治疗精神崩溃的状况。理查德跟母亲玛丽恩要比跟父亲赫尔曼亲近得多。孩提时代，家人对这种神秘的疾病闭口不谈，除了母亲动不动就失踪一段时间外，他所知甚少。

理查德两岁那年，赫尔曼全家搬到了梅里恩附近。第一次世界大战期间，赫尔曼参军任陆军上尉。随着战争接近尾声，他们再次搬家，来到了纽约城。理查德就是在这里的私立劳伦斯史密斯学校上的一年级。在此期间，家里还添了两个弟妹：1915年，伊丽莎白出生，家人称她为"贝茨"；1917年，皮尔索尔出生，他的昵称是"皮尔"。1924年，玛丽恩生下了第四个孩子——盖茨，以她父亲的名字命名，但哥哥姐姐都管他叫"伍兹"。迪克（家人对理查德的称呼）和他的弟弟妹妹们个性相同，而且许多怪癖也一样（比如，他们看书的时候都用手捂着脸），好像他们是四胞胎一样。随着孩子们慢慢长大，他们也越来越亲近。这也是不得已，因为一直不停地搬家，他们外面的朋友很少。

1919年，赫尔曼又一次举家搬迁。这次他们搬到了南奥兰治，新泽西州的一个小村庄。这里土地广阔、房屋宽敞，是纽约人逃离狭窄公寓的好去处。赫尔曼搬来后，距离纽瓦克的美国铝业公司更近，他在此担任该公司的区域经理。不过，他更多的收入来源于股票市场。这要归功于妻子的财产，使他有足够的资金用于投资，并在其岳父的帮助下进行收益颇丰的股票交易。

后来描述自己的生活时，理查德·赫尔姆斯说，童年时代的生活将他打造成了一个间谍。也许吧。少年时期他经常独来独往，也喜欢做些古怪的事情。比如，坐火车去参加狗展——虽然他从来都不想自己养狗。他尊重自己的父亲，但他更崇拜外祖父。每到夏天，外祖父就邀请他们全家到科德角的伍兹霍尔避暑胜地度假，而隔壁就是梅隆家的豪宅。实际上迪克十来岁的时候，盖茨·麦加拉就以平等方式待他，对其在国际事务方面的兴趣大加鼓励。

迪克在劳伦斯史密斯学校的那一年为他进入第二个私立学校打下了基础，新学校是位于西奥兰治的卡特雷特学院，从缇楼路的家骑自行车到学校需要半小时。学校允许迪克跳级，直接升入这家私立学校的三年级。他在卡特雷特学院一直上到高二，除拉丁语外，各科成绩十分优秀。由于身材过于纤瘦不适合打橄榄球，而当曲棍球守门员又很可能会被误伤甚至死在曲棍球下，所以他决定做球队经理。

1929年春，赫尔曼辞去了他在"美铝"的工作，并在股市崩盘五个月前变现了自己的股票。这与其说是预见，不如说是运气。赫尔曼携全家登上拉普兰号轮船到了欧洲，在那里待了一年。这位父亲认为，为了获得上等的教育，孩子们必须接触国外的文化，具备坚实的法语和德语基础。那年秋天，迪克进入萝实学院。该校成立于1880年，坐落于瑞士罗勒附近的一家中世纪酒庄，是一所前卫且昂贵的寄宿学校，专为全世界的富家子弟提供全方位的学术、艺术和体育教育。1930年6月，年轻的赫尔姆斯就读于该校，为了能跟上其他学生，他不得不恶补学业。他虽然德语和法语成绩良好，可几何分数却很低。室友是一个名叫雅克·马勒的瑞士人，后来做了瑞士的外交官。他会帮助赫尔姆斯学习法语，作为回报，赫尔姆斯则辅导他学习英语。赫尔姆斯还在足球队担任守门员，同时参加了日内瓦湖的一个四人赛艇小组。冬季，学校会搬迁到伯尔尼一个时髦的格施塔德度假村，方便迪克和其他学生来完善他们的滑雪技能。

他在萝实学院的时光令他成为了一个更加国际化的年轻人。在那里，他与许多男生建立了亲密的友谊，而他们将继承的财富远远大于他所拥有的财富。在给弟弟伍兹的信中，他写道："在一种不同的环境中生活，与其他国家的人打交道，可以发掘常常被忽视或得不到发展的个性的另一面，也可以说是另一种视角。"萝实学院的经历也使迪克与"总督"外祖父的关系更加亲密。1930年，盖茨·麦加拉被任命为国际清算银行的总裁，这个神秘的金融机构不久就搬到了巴塞尔一栋原先是酒店的大楼里。第一次世界大战之后成立国际清算银行主要是为了管理向德国强制收取的巨额战争赔款，但没过多久就调整成了一个清算公司。全世界的中央银行在国际收支结算中都可以通过清算公司储蓄黄金并兑换成货币，而无须在国家之间转移资金。中央银行的银行家们同时还打算为日益增长的国际金融危机规范秩序。但事实证明，这两方面都未成功：纳粹德国将成功地破坏国际清算银行以逃避支付赔款，而这个银行规模太小，根本无法在经济大萧条中起到稳定世界金融的作用。在萝实学院就读期间，迪克与麦加拉的通讯开始变得非常活跃。麦加拉跟他分享了国际清算银行运作的绝密细节，同时还透露了他个人对该机构能成功完成其使命所持有的怀疑态度（麦加拉逐渐对新纳粹政权产生兴趣，在他看来这个政权在恢复德国金融纪律方面"非常聪明"）。麦加拉非常信任迪克，相信他会对自己的秘密守口如瓶；而迪克也为外祖父感到十分骄傲，经常把他看到的有关"总督"的新闻做成剪报收集起来邮寄给他。麦加拉的信件引发了迪克对世界金融的兴趣，而这种兴趣与他终身相伴。

1930年夏，赫尔曼举家迁回美国，但很快发现经济大萧条已经使得就业希望非常渺茫，所以他们又都回到了欧洲。这次定居在了布赖斯高地区的弗莱堡，这是一座德国南部黑森林风景区西部边缘的大学城。同年秋，赫尔姆斯作为一个高中二年级的旁听生在实科中学就读。后来他写道："魏玛共和国的教育是一项不折不扣的严肃事项。"在学校，几乎没有进行体育活动或课外活动的时间，学生们每天从早晨开始不停地上课，直到傍晚，而且傍晚和夜间还要为第二天的课程预习。课业对这位年轻的美国小伙子来讲太高深了，但至少赫尔姆斯在这一年里掌握了德语。赫尔曼还聘请了一位和蔼可亲的弗莱堡院士辅导儿子拉丁语，如果要回美国上大学，这是一门必修语言。这位老教授总是穿着很正式的燕尾服，他的英语一般，仅能看懂理查德翻译的维吉尔的《埃涅伊德》。因此，他会用法语对文章进行更正，因为两人都熟通法语。

1931年复活节休假期间，全家去意大利旅行时，理查德感染了病毒性水痘。这种病在当时被视为严重疾病，为了保护家人的安全，他被"打包"送到了巴塞尔——"总督"的家中，并特设了一间与外界隔离的卧室，卧室的窗户外面对着花园的地方安置了一个梯子，避免他经过外祖父和外祖母身边时传染给他们，又可以从上面出来透透气。赫尔姆斯计划把自己卧床和挠痒的时间加以利用，来阅读欧洲历史考试教材，因为秋天入大学考试时要考这门课程。

赫尔曼和玛丽恩想让理查德上普林斯顿大学，但他觉得那所大学离他们又一次搬迁到新泽西的家太近了。赫尔姆斯最终选择了从未去过的威廉姆斯学院，这是一所"小常春藤学校"，坐落于马萨诸塞州西北部伯克郡的威廉斯敦村。这位小学时期的独行侠，现在已是精心打扮的高大魁梧、英俊潇洒的帅小伙了，不久就成为了"校园里无可争议的尊主"，成天被女孩子围绕。一篇大学杂志的文章这样描述他：在威廉姆斯学院的四年时间里，赫尔姆斯是大学报纸和年鉴的编辑、班级演说家、学生会主席、大学生联谊兄弟会的领袖和学校滴水兽精英社团的领军人物，还是斐陶斐荣誉学会成员。

同学们对赫尔姆斯的全面素质都赞叹不已。后来，他自己也发现这些素质对成为一名间谍非常有用——"无与伦比的才能。"该校杂志的文章中这样称赞道，"他从不激怒任何人。对于同盟好友，他只会从背后拍一下来给予对方精神鼓励，绝不会提高嗓门大喊大叫；而对待那些总是愤愤不满的'对手'，他则像医生对待病人一样耐心，安抚他们，使他们冷静下来。"赫尔姆斯对校方管理者也施展其魅力，说服他们让自己学习英美文学与历史合并的专业，而这在当时闻所未闻。他从 T. C. 史密斯——一位很受欢迎的历史学教授兼詹姆斯·A. 加菲尔德总统的传记作家身上学到的则是后来称之为走向情报职业生涯的"第一小步"。史密斯采用赫尔姆斯所称的"问题方法"来教导学生，即选择一段"历史事件"，让他们成群结队到图书馆阅读关于该议题的"敌我双方资料"，从而来确定他们自己的最佳答案。

作为同学们公认的"最受尊敬的""最有望成功的""班级政治家"和"对威廉姆斯学院贡献最大的"优等毕业生，赫尔姆斯头脑一热，申请了罗德奖学金。他想着自己已经稳操胜券，索性不去费心准备面试。结果，该奖学金与他擦肩而过。这对他来说是一个宝贵的教训，从此之后他再也没有打过无准备之仗。

在申请罗德奖学金被拒之后，他考虑了两条出路：一是上哈佛法学院（凭着以优异成绩毕业于威廉姆斯学院这一点，被录取不成问题）；二是从事新闻工作。他选择了后者，觉得有一天拥有一份报纸应该不错。他对新闻业的兴趣源于大学生联谊会中一位兄弟的父亲，当时是斯克利普斯·霍华德的顶头上司。合众社为赫尔姆斯提供了一份伦敦分社的工作，但是要他自行支付去英国的旅费。赫尔曼为他支付了船票的费用作为给他的毕业礼物。

1935年9月17日，赫尔姆斯抵达伦敦，入住上贝德福德郡的拉哥兰斯大厦酒店。就在十来条街区以外的布弗里大街上，世界新闻报大楼里的合众社办公室一派繁忙景象。赫尔姆斯立即投入工作——更新名人的讣告、快速浏览伦敦各大报纸找出"亮点"（对感觉良好的故事进行压缩来填补美国报纸小新闻空当）、在新闻台即时接听欧洲通讯记者的电话。一天早上，他接起电话，一名在罗马通讯社的意大利职员脱口而出："新闻快报！来自韦伯·米勒的报道，意大利军队今天入侵阿比西尼亚。"他想，这就是新闻业令人心动的时候。

但在伦敦，这种兴奋他没有持续太久。英国内政部对外国人抢本国公民的饭碗并不友善，11月下旬就下令让赫尔姆斯三天后离境。合众社决定将他们这位一腔热血的年轻记者转移到柏林，每周的工资提高到35美元，来弥补兑换马克的工资差额。伦敦的上司这样对他讲："这一切听起来很残酷，但本意并非如此。你是一名真正的合众社新闻人，如果你持之以恒，你将永远有一席之地。"柏林分社迫不及待地想拥有这个帮手，他的上司问道："顺便问一下，你德语怎样？"

在整个"咆哮"的20世纪20年代末到30年代初（这一时期，北美地区发生的激动人心的事件数不胜数，有人称这是"历史上最为多彩的年代"——译者注），柏林是欧洲文化、艺术、音乐会、夜生活、电影、戏剧的中心，是艳情荟萃的大都市。城中有16000个酒吧、咖啡馆、舞厅，900多个舞厅乐队，800多位剧作家和作家，149家报纸和400份杂志。卡巴莱歌舞表演遍地开花，花园剧院人满为患，到处都是烟客。一时间，飞机飞行比赛成为流行时尚，裸体日光浴风靡一时，许多最高档的俱乐部都上演半裸表演。

阿道夫·希特勒同柏林当地精通世故的煽动者一样，对城市自由的方式嗤之以鼻。1933年1月30日，在被任命为德国总理后，他对城里的最佳演员、电影技术人员、电影制片人、编剧和导演进行了大清理。博物馆被关闭、书籍被烧毁、149家报纸停业。纳粹审查了各种形式的娱乐活动，取缔了犹太作曲家，并对爵士乐表示极为不满。柏林成了一个"精神分裂"的城市。那些追随纳粹党，或是绝不质疑的人仍然享受着荣华富贵。餐厅还是宾客满座，电影院因宣传片而人气爆棚，电影、轻喜剧和部分轻歌剧还尚未被取缔。大饭店为纳粹分子举办时髦的聚会，悬挂着政府认可的小明星照，卡巴莱歌舞表演因没有侮辱国家民族主义而继续繁荣。而那些不符合纳粹规范的人面临的则是恐怖镇压。

外国外交官和神志清醒的德国人以为希特勒及其党羽的日子不会长久，但这完全是一厢情愿。1933年，百分之四十以上的德国人选举了一个无法无天的煽动家。这一事实表明，国家大部分人都受到了狂热的民族主义感染。在其后的两年间，德国工业生产翻了一番。由于大规模的公共工程项目，全国庞大的失业率下降；消费品生产迅速上升，令人深恶痛绝的第一次世界大战赔款终止；军备生产加速进行，德国人恢复了昔日的骄傲。希特勒肃清了全国所有的其他独立政党、俱乐部和社会团体，并对自己队伍中持不同政见者也采取了雷霆手段。1934年6月30日的"长剑之夜"，"冲锋队"遭受了一场血腥肃清，至少1000名纳粹党冲锋队员和各种各样的其他持不同政见者惨遭谋杀。

1935年感恩节前夕，赫尔姆斯抵达德国。那时阿道夫·希特勒已经是民心所向，所到之处被人群包围，柏林市有400多万人口，几乎所有的市民都冲向了两边的人行道，个个情绪激动，女人们像青少年一样欢呼尖叫。赫尔姆斯发现由于欧洲的混战，这个告别了五年再次见到的大都市里，那些纵横交错的河流、湖泊、公园和森林已经了无生机；柏林的工业区，到处都是工人们所居住的陈旧公寓街区，不到五层楼高的建筑将雄伟的城市中心围成一圈；蒂尔加滕动物园与纽约中央公园规模不相上下，雄伟的勃兰登堡大门，一条宽阔的一英里长的大街两旁，在菩提树下林立着专卖店、咖啡馆、豪华酒店、企业总部和有上百年历史的巴洛克式建筑。但希特勒认为，柏林"就是杂乱无章的建筑堆积"，并打算将其建成世界上首屈一指的首都。他任命年轻的建筑师阿尔贝特·施佩尔对城市进行改建，建筑蓝图相当宏伟且冠以新的名称"日耳曼尼亚"。

赫尔姆斯在维滕贝格广场附近的贝鲁特大街34号找到了一间一居室公寓，房租每月65马克。维滕贝格广场是柏林西部的大型购物广场，有一座巨大的西方百货大楼。他差不多每天晚上都要到一家名为"塔韦尔纳"的意大利餐馆就餐，很多记者同仁们都喜欢那里的饭菜，或者去公寓拐角的一家咖啡馆，那里的啤酒和罗宋汤都很便宜。维滕贝格广场有个柏林最古老的地铁站，赫尔姆斯每天早晨乘地铁到菩提树下大街的合众社办事处上班。

该办事处处长弗雷德里克·厄克斯纳是来自新奥尔良的新闻老手。年仅33岁，图兰大学法律系毕业。最近十年，他一直在欧洲做新闻报道，除德语外，还会讲三种语言。厄克斯纳手下的人个个与众不同，令赫尔姆斯非常着迷。其中包括外国通讯员爱德华·比蒂，他体格魁梧，玩世不恭，垂涎美食和名贵佳酿；保罗·克奇克梅提是个匈牙利犹太人，个头矮小带点驼背，翻译天才，翻译的速度能跟上希特勒演讲的语速，而且一有空就写关于数理逻辑的论文。

厄克斯纳起初给赫尔姆斯布置的都是零星的小任务：翻译德语演讲和文件，发电报给合众社拉丁美洲的重要客户；如果纳粹控制下的媒体内容包含重要的政策声明，就对文章进行改写；或者报道各种颁奖典礼和德国将军的葬礼……赫尔姆斯需要历练。他天真地认为，现在的柏林与他五年前在这里读书时差异不大。渐渐地，他才开始注意到德国人对外国人冷若冰霜，甚至都不愿意和他闲扯。因此，他的社交生活就被局限在了身在柏林的美国人的圈子内，诸如美国大使馆的外交官和其他报道希特勒的美国记者。

新闻业的精英纷纷来到了柏林，像《纽约晚邮报》精明能干的"红色" H. R. 尼克博克，《纽约先驱论坛报》见多识广的拉尔夫·巴恩斯，还有美联社分社社长兼柏林外国记者团团长路易斯·洛克纳。年轻的赫尔姆斯作为其中一分子，激动万分。哥伦比亚广播公司激进派记者威廉·夏姆尔有时显得有些急躁易怒，至少赫尔姆斯这么认为。但夏姆尔对这位合众社新人倒是颇为欣赏，因为他与之前的那些初出茅庐的记者不同，似乎在欧洲历史和德语方面都训练有素。《芝加哥每日新闻报》驻柏林记者华莱士·德尔与其结下了终身的友谊，大学期间他就曾为赫尔姆斯施展的那种魅力和智慧所倾倒。《芝加哥论坛报》西格丽德·舒尔茨是一个天不怕地不怕的记者，曾对纳粹暴行进行了披露而触怒了当权者。圣诞节的时候，她请赫尔姆斯吃过饭。他们最喜欢的去处，也是赫尔姆斯现在经常光顾的地方——菩提树下大街豪华的阿德隆饭店的酒吧。素有宫殿之称的阿德隆饭店有宽敞的前厅、室内花园和大型宴会厅，侍者身穿蓝色束腰外衣，戴着白色手套。这里是外国新闻记者和政府官员的社交中心，位置就在总理府和帝国政府部门的旁边。希特勒的宾客都下榻在阿德隆饭店，以便盖世太保监听。外国记者协会在该酒店举办年度晚宴和舞会，而纳粹高官想到一晚上都要与记者们推杯换盏的时候，都不屑一顾。

美国大使威廉·陶德经常在其蒂尔加滕动物园的官邸主持英美两国的记者招待会，赫尔姆斯成了受邀的常客。这位满腹经纶的大使有个27岁的女儿玛莎，性感迷人但严重纵欲过度，很快赫尔姆斯被她迷得神魂颠倒。他请她吃了一顿晚餐，在那之后她再也没有理会过赫尔姆斯。也难怪，因为她已经有足够多稳定的情人了，无法再容纳一个新手。与玛莎同床共枕的男人，根据不同时期，分别包括希特勒的新闻助理、法国大使馆的第三秘书、盖世太保头目和后来被发现是人民内务委员会间谍的苏联外交官等。曾经一度，希特勒的新闻助理甚至想让她勾引元首，但是没有成功。

美国记者中有少数纳粹同情者，但大多数都很勇敢地报道了希特勒备战的情况，以及其政权对犹太人、共产党人和政治对手的残酷暴行。想不报道这些都难：准军事部队团伙例行公事般地在柏林大街上游逛，光天化日之下挟持德国人认为的不良分子，或袭击那些不举起右手向纳粹敬礼的外国人。记者离开弗里德里希夜总会时，总能听到附近纳粹党冲锋队大厦传来正在遭受严刑拷打的受害者发出的尖叫声。保罗·约瑟夫·戈培尔设立了巨大宣传机构来吸引美国游客和拉拢记者。对于那些被视为过于敌对的记者，德国政权毫不心慈手软，驱逐了24个人。而那些被批准留下来的记者，如果纳粹认为他们的报道有所冒犯，就会在德国政府的报纸上对他们进行猛烈抨击，或者直接将报道者一顿毒打。那些记者甚至会被政府暴徒绑架，直到美国大使馆与德国官方交涉后，才会被释放，合众社的克奇克梅提就是鲜活的例子。

令人感到奇怪的是，数年后赫尔姆斯却说自己从未亲眼见过柏林"这些可怕的方面"。有一次他被传唤到宣传部，一位新闻"裁判员"指责他署名的一篇无关紧要的报道。那是一篇关于德国电影业的文章，被很多地方转载，甚至出现在委内瑞拉首都加拉加斯的一家报纸上。赫尔姆斯并没有因为这一段小插曲而感到惊慌。但和当时许多美国人一样，他发现希特勒和他领导下的德国让人很难理解。而且赫尔姆斯对眼前的事实非常清楚，正如他在1938年离开德国后所写的文章中描述的那样："希特勒已经'粉碎'了他的反对者，操纵了他的连任。现在是一匹'战狼'，热衷于两大'妖怪'——犹太人和布尔什维克分子。"但他却认为希特勒是一个冷静而精明的政客，而不是"疯子"。赫尔姆斯此时对这位独裁者表现得更多的是好奇，而不是像他的同事们所感觉到的那种道德义愤。

1936年3月7日，赫尔姆斯的首篇大报道出炉。那次是被派去采访希特勒中午在德国国会上的讲话。与会的600名国会代表都是由元首亲自挑选的，聚会地点是在克罗尔歌剧院（三年前一场神秘的大火烧毁了附近的德国国会大厦。希特勒指责是共产党人所为，但许多人怀疑是纳粹分子有意纵火以发动对反对党的镇压）。在歌剧院的门口，许多猎犬在狂吠，两旁站着党卫队准军事部队，他们身穿黑色制服。赫尔姆斯一进去，就能明显地感觉到里面紧张的气氛。代表们对希特勒要讲的内容事先毫无所知。赫尔姆斯与大约50个新闻同行坐在楼厅上。会议开始，希特勒的声音低沉嘶哑，接着变成慷慨激昂的尖叫。他用了一个多小时对听众滔滔不绝大谈《凡尔赛条约》的不公正性和布尔什维克主义的危险。他尖叫道："我决不会让令人憎恶的共产国际独裁统治降临到德国人身上！"整个过程，赫尔姆斯都在尽量快速地一字不漏地记下他所说的每句话。要知道，记者们事先从未收到过希特勒演讲稿的副本。而且赫尔姆斯觉得，希特勒情绪激愤时，唾液腺分泌太过旺盛导致讲话时含糊不清，让人更加难以理解。

赫尔姆斯注意到，开放的讲台下面，希特勒的双手不停地倒腾着手帕。他的脸色变得非常苍白，身体稍向前探，语速开始放缓。接着，他的声音变得轻柔，不久又雷霆万钧地宣称："从今天起，在非军事区，德国政府已经重新建立起绝对无限制的帝国主权……就在此时此刻，德国军队已经穿过了莱茵河大桥并占领了莱茵！"第一次世界大战后所签署的《凡尔赛条约》和《罗加诺公约》规定德国莱茵西部区域为永久性非军事区，希特勒现在的做法显然违反了这些协定。演讲结束，场上的代表们开始欢呼雀跃，连连高呼"胜利！"夏姆尔在笔记本中写道："他们的眼睛里燃烧着狂热，目不转睛地凝视着这位新神，这位救世主。"赫尔姆斯呆坐在那里，完全被这个人演讲的力量震撼到了。

赫尔姆斯还被选派去报道其他方面的新闻。比如1936年在德国举行的冬季和夏季奥运会。希特勒刚开始不太愿意举办他称之为"受犹太人启发的"奥运比赛，而后他却意识到了其宣传价值，可以借机向世人粉饰他的首都。于是，一个巨大的新体育中心落成，菩提树下大街挂满了纳粹旗帜，迎来了约120万外国来宾，并为其中的很多人举办了奢华的派对。纳粹还批准大约7000人的高价应召女郎走上街头，反犹太人的恐怖活动因此而暂停了下来。

美丽而优雅的挪威人索尼娅·海妮在女子花样滑冰中的表现令赫尔姆斯倾倒，而当瑞典大师乌尔里希·萨霍夫即兴教他花样滑冰的时候，他感到激动万分。在黑人运动员杰西·欧文斯赢得了200米赛跑冠军的那天，赫尔姆斯坐在奥林匹克体育场内的记者席上。体育场容纳了12万观众，比赛期间，兴登堡飞艇一直在场上飘浮。他注视着坐在政府包厢里的希特勒，他身体前倾靠在围栏上，每当德国运动员赢得比赛的时候就高兴得忘乎所以，而当非裔美国人在场上取得胜利时，脸色就变得铁青冷漠。赫尔姆斯后来发现并非只有德国人有种族歧视。在采访中，当他问及一位美国教练认为美国队的表现如何时，教练脑海中闪过欧文斯，答道："我们在'耍猴'比赛中表现不俗。"

奥运会结束后，厄克斯纳让爱德华·比蒂在9月份第二周去报道纽伦堡的纳粹党大会，但比蒂因为家庭问题在最后时刻递交了辞呈。赫尔姆斯取代他前去采访，事实证明他真是红运当头。9月12日，星期六，当他穿过纽伦堡的沃藤伯格酒店大厅时，一个年轻的党卫队军官一本正经地走到他面前，递给了他一个信封。信封中的字条上写着，一辆指挥车将在第二天早上7点去接他，开车将他送到路易波德竞技场出席星期日的集会。集会结束后，他会被带到城外山顶上的纽伦堡城堡与元首吃个"清淡的午餐"。赫尔姆斯立即打电话给办事处报告了这一消息。事实上，希特勒很少接待外国记者，在此之前，他一直与海外报纸的记者们保持着"健康"的距离。

次日清晨，按照约定的时间，一辆黑色敞篷奔驰车停在了沃藤伯格酒店门口。前一年纽伦堡集会时，纳粹党所宣布的种族法的制定者阿尔弗雷德·罗森堡与一名波兰记者坐在后座上。赫尔姆斯进了车里，坐到了党卫队司机的旁边。车到达路易波德竞技场时，眼前的景象让他大吃一惊。这个竞技场实际上是一大片开阔的草地，有一个巨大的石头讲台，以三面长长的卐字旗为背景，一边是挤得满满的纳粹死党，另一边是成千上万的整齐立正的党卫队准军事部队队列。赫尔姆斯看到元首希特勒像往常一样精神矍铄，对着人群大声说道："这个时代的奇迹就是你们在千千万万大众中发现了我，一个默默无闻的人。"人群中爆发了雷鸣般的"胜利"的呼喊。演讲接近尾声的时候，茫茫的人海突然沉寂无声，只听到鸟儿飞过叽叽喳喳的叫声和党卫队乐队低沉的鼓声。伴随着长筒靴后跟在石头上的踩踏声，希特勒慢慢地走下了演讲台的台阶，在下面驻足鞠躬。然后，对着23根黑色桅杆行了两个纳粹军礼，每根桅杆都代表一个在1923年啤酒馆暴动中牺牲的纳粹党突击队员。赫尔姆斯后来写道："这是一场刻意安排并执行完美的政治盛会。"

随后，赫尔姆斯与其他六名记者，夹在副元首鲁道夫·赫斯、大使阿希姆·冯·里宾特洛甫和其他纳粹高官中间，立于中世纪城堡的防护墙上，伴随着秋日的和煦，他们注视着这个城市的红色屋顶以及远处弗兰哥尼阶平原。一个沙哑的声音从后面传来:"那的确是一道亮丽的风景。"赫尔姆斯和其他人转身,看到希特勒踏上了防护墙。记者们围成了一个半圆,由一个党卫队助手——为独裁者介绍。握手的时候,赫尔姆斯发现元首的手柔软细腻,手指纤细,像是整日舞文弄墨的文人之手,而非工人之手。在明亮的阳光下,他的头发闪着黄褐色的光泽,仔细看来那双人人所称颂的具有催眠作用的蓝眼睛实际上是从眼部凸出的呆滞的青蓝色,没有任何特别之处。客观地说,在赫尔姆斯看来,近距离所看到的希特勒是那么普普通通,从他略带灰色斑点的棕色胡子到那苍白略带粉色的脸,再到满口的金牙,一切都平平常常。赫尔姆斯发现,这个在那天早晨迷惑了成千上万人的独裁者,面对这个小小的团体时竟然有几分局促不安,说话的时候膝盖朝左右晃来晃去。但赫尔姆斯依然被他那平和的语气所撼动,他对自己所说的话似乎有十足的把握——直截了当、不带情感,所讲的内容是笃定的而非提出意见,他从不在句子的开头用"我相信"或"我认为"。在长达一小时的记者见面会上,希特勒对问题的回答简洁却经过深思熟虑。他对事实的掌控和对自己所统治的人民的坦率的见解给赫尔姆斯留下了深刻的印象,尽管那些事实都是他的自以为是。希特勒在谈到某一点的时候说:"我对德国官僚的工作作风很了解。如果需要他早上8点来上班,他会在8点准时到。到后,他先将外套、帽子挂起来,然后把手洗干净,再东瞧瞧西看看,真正着手工作的时候已经是8点20分以后了。在一天即将结束的时候,也就是下午4点40分,他会把早上所做的事情倒过来做一遍,以便下午5点准时下班。如果人人都像这样工作,德国将永远没有希望。"

一个小时后,希特勒开始对记者感到不耐烦,似乎急着要去吃午饭。餐厅里,元首的桌子上已经摆好了一盘牛奶巧克力。就在他们动身去餐厅之前,赫尔姆斯的一个同事问道:"你为什么每年都要举行纳粹党集会?"希特勒的脸上第一次掠过一丝笑容,他回答说:"全德国党政单位一整年都在为我和这个事业辛勤工作,我该怎么办?颁发奖金会让财政部破产。所以我请几位最有影响力的领导人在这里待上几天,让他们观看这样的节目,并提供大家相互见面的机会。费用由他们自己承担,如果他们负担不起,当地的党组织就会帮助他们。集会结束后,他们兴高采烈地回到家中,准备继续为我工作。"稍微停顿后,他用一种理所当然的口气补充道:"此外,输送数以万计的党卫队士兵和党务工作者到纽伦堡集会,正是德国铁路运输所需要的锻炼,万一战争爆发,他们需要懂得如何运输。"

赫尔姆斯后来写道:"最后那个词——'战争'悬在空中。"午餐中,两件事让他铭记在心。希特勒后来也许变得很疯狂,但在赫尔姆斯的眼中,那个星期日的下午,希特勒显得淡然理性——"一个头脑很清楚,知道自己在做什么,也知道自己在朝哪里走的人。"但显而易见地,希特勒正在走向战争。

赫尔姆斯在柏林的任务中已经学会了如何抢先得到每日新闻。他准确无误、注重细节、简明扼要地报道他的发现——所有这些技能都在日后的情报工作中发挥了很大的作用。纽伦堡集会一个月后,赫尔姆斯写信给他的父亲,说自己准备离开德国,离开合众社。其实,赫尔曼从3月份以来一直在劝儿子回到美国,收到信后,他很高兴。他认为新闻报道,尤其是在海外,看不到又摸不着,是职业生涯的死胡同。如果要留在报纸行业,应该成为一名编辑或出版商。赫尔姆斯接受了父亲的建议。作为一个在柏林合众社的新闻人,他从事的工作比威廉姆斯学院的任何一个同学所做的事情都有意思,但他给父亲写信说:"我在这里也差不多待够了。现在我只想'尽早赚钱'。"

1937年6月,赫尔姆斯设法离开柏林的前夕,合众社的主管不忍舍去这个有望成为一名一流的驻外通讯员的好苗子,还劝他再留一段时间。然而,赫尔姆斯还是抱着雄心勃勃的发家致富计划抵达了纽约。可惜的是,因为大萧条经济依然疲软,他的这些计划都纷纷触礁。为了能在求职期间填饱肚子,他为《老爷》月刊和《柯梦波丹》杂志撰文投稿,但他们发现他文采平平。《芝加哥每日新闻报》的沃利·德尔敦促自己的老板们对其柏林的同事给予关照,但他们没有放在心上,而赫尔姆斯祖父讨厌用他的人脉帮助家人找工作,因此也没有出手帮忙。最后,通过动用他大学联谊会兄弟的父亲在斯克利普斯·霍华德做高管的关系,赫尔姆斯为自己在印第安纳连锁报纸《印第安纳波利斯星报》的广告部门找到了一份初级工作。

赫尔姆斯自此开启了追求拥有一家报纸这一目标的漫长征程。其办公室在印第安纳波利斯马里兰街，他要么在那间破旧办公室给当地的零售商打电话，要么挨个走访努力说服他们在报纸上刊登小广告。这是他经历过的最艰难的工作。赫尔姆斯并不是一个天生的推销员或太过热情的人，他还为此买了一些关于如何展现迷人魅力和成功着装的自助书籍。

六个月后，他开始对是否重返合众社犹豫不决，因为他们很迫切地希望他回去。但斯克利普斯·霍华德的主管鼓励他坚持到底，理由是即便在这个糟糕的经济环境中没有哪个广告人能做得很好，但事情一定会慢慢好转的。赫尔姆斯坚持了下来，到1938年底，他的广告销售超额完成。经过两年半在零售广告业的摸爬滚打，他晋升为报纸的行政人员，并就任《纽约时报》的全国广告经理。如同他在大学期间一样，赫尔姆斯成了印第安纳波利斯的顶梁柱，活跃在各种俱乐部，如体育俱乐部、伍德斯托克俱乐部、现代俱乐部、商会狩猎俱乐部和文艺俱乐部（他曾在那里与大家分享了与希特勒会面的情况）。他每年都会去参加印第安纳波利斯500英里汽车大奖赛，被盛赞为城中最英俊潇洒的黄金单身汉之一。

漂亮、时尚、讲究的茱莉亚·布雷兹曼·希尔兹住在印第安纳波利斯，离异，有两个孩子和一小笔离婚费。她也曾是该城巴特勒大学的斐陶斐荣誉会员，后来师从全国知名的艺术家，成为一个颇有造诣的雕刻家。她的父亲查尔斯·布雷兹曼在世纪之交从德国移民到了美国。一帮埃利斯岛"抓丁团"曾把他劫持到了堪萨斯的一个牧羊场，他最终偷了一匹马逃出来，来到了印第安纳波利斯，并在那里成立了一个颇为成功的摄影工作室。茱莉亚与人交往时热情、挑剔又直接，后来与大她五岁的弗兰克·希尔兹结婚。希尔兹是个百万富翁，一手将巴巴索公司打造成了一家全国知名企业。茱莉亚被他安置在一处有养马场和观马场的富庶庄园，后来她才发现他竟是一个沉迷于酒色的犬马之徒。

茱莉亚办完离婚手续从法院出来，律师就给她介绍一位刚从欧洲来到印第安纳波利斯的英姿飒爽的青年。尽管茱莉亚对姐弟恋没什么兴趣，但还是勉强同意和他一起共进晚餐。餐桌上，她发现比她年轻六岁的理查德·赫尔姆斯的确英俊潇洒、文质彬彬。而且赫尔姆斯是她所见过的最坚定的人。两个舞艺超群的人成了印第安纳波利斯上流社会的热门人物，他们很快坠入爱河。1939年9月9日，两人结婚。蜜月很短暂，他们也就是在密歇根南部的一个湖边小屋度过了一个长周末。之后，赫尔姆斯就与茱莉亚安顿下来组建了家庭。他在茱莉亚的小儿子詹姆斯和女儿朱迪思面前经常不知所措，因为那时他对孩子没什么兴趣。三年后，他与茱莉亚生了个男孩，取名丹尼斯，也未能让他爱上孩子。

虽然赫尔姆斯在印第安纳波利斯已经算是一个显赫人物，但他还在考虑向外发展。合众社的同事给他发来了长信，诉说他们在欧洲的所见所闻。那些消息越来越令人沮丧。就在他和茱莉亚结婚前一个多星期，德国入侵了波兰。两天后，英国和法国向第三帝国宣战。以他在与希特勒共进午餐时的观察来看，赫尔姆斯确定冲突必将升级。

第四章

威廉·伊根·科尔比

强烈的美国个人主义像DNA一样渗入到埃尔布里奇·科尔比的骨髓。他总是自豪地将自己的血统追溯到1630年清教徒律师约翰·温斯罗普所指挥的11艘航船,船上有700多名逃离英国宗教迫害的移民。4月8日温斯罗普指挥的"阿贝拉号"船从怀特岛启航,在潮湿、寒冷的船舱中,安东尼和苏珊娜·科尔比缩成一团。安东尼大约于1605年出生在塞姆普灵汉姆附近的林肯郡——林肯伯爵的领地,当地人的名册记载着他的名字。苏珊娜·哈顿·科尔比,踏上旅程的时候年仅22岁,是被列为"索尔兹伯里古老家庭"中的女儿之一。

6月13日,"阿贝拉号"船在塞勒姆登陆。温斯罗普在肖马特半岛建立了他的马萨诸塞湾殖民地,这是继詹姆士顿和普利茅斯后,英国的第三个殖民地,也就是后来的波士顿。安东尼作为第一教会的成员,一个自由人,与他的妻子在波士顿生活了三年,然后向西迁移到了剑桥的布拉图街,并在那里拥有了两所房屋和六英亩的土地。1639年,他卖掉了在剑桥的产业,搬到了东北部,在靠近马萨诸塞州海岸的索尔兹伯里和埃姆斯伯里开办种植庄园并获得成功。1660年去世后,他给妻子和七个孩子留下了一笔较为丰厚的遗产。

科尔比的后代一直居住在马萨诸塞州,从事的行业也是三教九流,包括几个种植园主、一名酒吧老板、一名铁匠、一名印第安斗士、数名参加过美国独立战争的军人、几名造船商、几名废奴主义者和一名银行家。根据家谱记载,还有一名"欺凌良家少女"的败家子。科尔比家族在第四代的时候出现了第一个知识分子，出生于1855年的查尔斯·爱德华兹·科尔比。小时候是个神童，对电学和化学有着浓厚的兴趣，曾留学海外，最终在纽约哥伦比亚学院成为著名的有机化学专家。他的学术生涯前途可谓一片光明，却不幸患了肾病而英年早逝，享年42岁。身后留下了妻子艾米丽·琳恩·卡林顿·科尔比和一个儿子、两个女儿。这位年轻的寡妇是位强悍的新英格兰人，在纽约亨特学院的招生办公室找到一份工作，精打细算地将孩子们抚养成人并让他们接受了教育。

1891年，在他们的儿子出生九个月后，查尔斯和艾米丽才决定给他取名为埃尔布里奇·阿瑟顿·科尔比。父亲去世时，埃尔布里奇刚刚六岁，他上面有两个姐姐萨布拉和多萝西，都是聪慧伶俐的孩子。这位少年很快就痛苦地意识到自己的母亲一直过着拮据的日子（其后一生，这种穷困的幽灵一直折磨着他）。虽然埃尔布里奇在家庭中最为年幼，但很快成了家中的顶梁柱。他上高中后，就开始打零工来补贴母亲微薄的工资。此后，他通过刻苦用功考上了哥伦比亚大学。在学校，他的英语专业成绩优异，获得过跨栏冠军，还是长距离游泳运动员。1912年，埃尔布里奇以优异的成绩和斐陶斐荣誉学会主要成员的身份毕业，之后留校一年攻读硕士学位。大学期间，他成为了一个亲英派人士，如饥似渴地阅读鲁德亚德·吉卜林的书籍和诗歌，对罗伯特·贝登堡（英国现代童子军的创始人）崇拜有加，并成为了一个天主教教徒（受到当时英国知识阶层皈依运动的影响）。他皈依天主教一事激怒了信奉公理教派的母亲和姐姐。更令她们气愤的是，如同其他皈依者一样——埃尔布里奇对天主教的狂热甚至超越了那些天生就是天主教信徒的人。

结束哥伦比亚大学的学业之后，1914年，埃尔布里奇搬到了圣保罗，一边在明尼苏达大学做教员，一边攻读英语博士学位。不到一年，同美国许多年轻的进步人士一样，欧洲战争的爆发转移了他的注意力。他自愿加入了塞尔维亚救济远征军，负责在巴尔干地区驾驶救护车，为难民运送救援物资，还因此而荣获了塞尔维亚红十字会金质奖章。1916年，他返回明尼苏达大学，恢复教学工作。

出征之前，他认识了一名美丽天真的英语专业的女学生，归来后与她重续旧缘。玛格丽特·玛丽·伊根是圣保罗一个富裕的爱尔兰天主教家庭的女儿。她父亲威廉·H. 伊根早年离开了爱尔兰故土，在北达科他州和南达科他州与苏族印第安人做贸易，并最终成为了一名成功的圣保罗咖啡商，在萨米特大道购买了一处小豪宅。伊根不是那种墨守成规的天主教徒，他鼓励玛格丽特和她的兄弟们去世俗大学而不是宗教学校接受教育。即便如此，1917年，当他的女儿嫁给皈依天主教的埃尔布里奇时，他依然很不悦。信奉公理教派的科尔比家族对这桩婚姻也不满意。

美国参战的时候，埃尔布里奇报名参了军，希望能同美国远征军一起被派往法国。但他却收到了前往巴拿马的命令，令他倍感失望。他在巴拿马的任务只是身穿潇洒的白色制服，做一名看似光荣的警卫勤务员。其间，玛格丽特身怀六甲，埃尔布里奇将她送回了圣保罗林肯大街的家中待产。1920年1月4日晚上，她在圣卢克医院生下一名男婴。夫妻俩给儿子起名为威廉·伊根·科尔比，这是他们的独生子。

休战后，埃尔布里奇回到明尼苏达大学，继续他的教学工作。虽然他并不缺钱，但是童年贫穷的恐惧一直困扰着他，不久他就开始担心作为一个苦苦挣扎的作家和报酬过低的教授所赚取的工资不足以养家糊口。埃尔布里奇想，虽然经历了第一次世界大战的美国军队并不富有，但至少可以为在役的军人提供经济保障。所以，他申请重回美国陆军，由于具有高等教育学历，这次被授予少尉军衔。他在军队一待就是28年，最终晋升为陆军上校。但对军队来说，他的学识和才华有点不太适合。部队服役期间，他撰写了六七本书，内容可谓是五花八门，其中有《英国天主教诗人》（从乔叟到德莱顿）、《西奥多·温斯罗普传》（第一位死于美国南北战争的联军战士），还有关于军队士兵的俚语交谈的字典《军队行话》，以及众多的学术文章和书评。他在给编辑热情洋溢的信函中，通常都是晦涩难懂的语句。他还曾发表过长篇文章强烈呼吁政府恢复佛蒙特州汤普森角拼写中欠缺的单引号。

对待自己的独生子，埃尔布里奇是一个严厉而迂腐的父亲。他恪守着维多利亚时期的规矩，威严挺拔，注重仪容仪表，对比尔（家人对威廉的称呼）要求很严格，有点近似军事化的管理。在他的孙子孙女眼中，他是个脾气暴躁性情乖戾之人，他们总是称呼他"上校"，跟他在一起的时候很不自在。玛格丽特给了比尔·科尔比全部的母爱和情感的支持。她是一个极具风韵、心地善良的爱尔兰女人，在美丽的艺术品和家具上独具慧眼。与埃尔布里奇的性格截然相反，她对儿子的爱远远胜过对丈夫的爱。即便在情感上更亲近母亲，但在理性方面，比尔与父亲更为接近。埃尔布里奇有着浓烈的爱国情怀，是民主党的铁杆拥护者。他经常给自己的儿子灌输独立的、非正统的思想，让他对身边及周围的一切事物充满好奇心，要求他做事要像军人一样一丝不苟，要始终坚守"老洋基"（美国独立战争以前，人们把服役于美国殖民地军队里的新英格兰人称为"洋基人"。——译者注）的那种正直。比尔不仅从他母亲那里继承了与人为善的性格，也传承了父亲对世界严厉的看法，不太愿意别人过于接近他。

作为一名军人的子弟，比尔在生活中学到了很多东西。由于父亲的岗位不断变换，他们每隔几年就要搬家，这让他很难融入社区或学校之中，但他已经习以为常。1923年，美国陆军派埃尔布里奇前往佐治亚州哥伦布市附近训练步兵的本宁堡军事基地。埃尔布里奇担任新闻官员，任职两年后，煽动了一个公共宣传事件，令他的指挥官们非常不满。事件的原委是一名在岗的黑人士兵在阿梅里克斯附近因拒绝离开人行道给一个白人让路，被那个白人枪杀了。结果全部由白人组成的陪审团宣布凶手无罪。埃尔布里奇是坚决主张取消种族隔离的狂热分子（他把儿子送到了基地的一所小学，而不是哥伦布市的种族隔离学校），为此事感到义愤填膺，他给《华盛顿邮报》写了一封慷慨激昂的信（被自由派《国家》杂志转载），谴责这场谋杀和判决。黑人媒体对他的抗议表示大加赞赏，而佐治亚州各大报纸和国会议员都纷纷指责他。当时的美国陆军同该州一样，是个种族主义"组织"。埃尔布里奇便被调离岗位，下派到了一个全部由黑人组成的第二十四步兵团，这对许多白人军官来说无异于死路一条。埃尔布里奇却认为这是一种荣誉，虽然他的军事生涯因仗义执言而一蹶不振。不过，在后来的岁月里，他的儿子为此事感到无比的骄傲。

1929年，埃尔布里奇·科尔比又被派到了美国陆军第十五步兵团，该团驻地在中国天津，这是美国军官视为充满异国情调的兵役。这一委派对于这家人来说，简直太令人兴奋了。自1899年到1901年的中国义和团运动以来，美国陆军第十五步兵团就同七国联军一起占领了北京东南部的门户城市——天津。

当科尔比一家抵达天津时，步兵团的许多家庭都居住于现在的租界区，那是第一次世界大战后德国人空出来的区域。此时，蒋介石领导的国民党和毛泽东引领的共产党之间的"内战"一触即发，美国陆军第十五步兵团被派来保护美国的利益。科尔比上尉在日本公使馆附近的马场道租界区租下了一间大房子，配了六名低薪佣人，其中一个是他儿子的保姆。比尔当时九岁，身穿制服，腰系皮带，银质的皮带扣上还印有一条蛇的图案。他就读于天津英国文法学校，但他对那里严格的体制深恶痛绝。按照要求，埃尔布里奇作为一名美国军官需要学习中文，也是为了帮助儿子就学，他聘请了一位家庭教师到家中教授比尔和玛格丽特汉语。

年轻的比尔是个傲慢且爱冒险的孩子，这使他常常陷入麻烦。有一次他击掌呼唤佣人，埃尔布里奇认为这样很无礼，于是给了他一巴掌。一旦保姆不在比尔身边，他会独自走向露天市场和街头，在这个充满异国情调的城市进行探险，去看装饰着黄铜灯的黄包车、有轨电车和汽车。他还在租界交了个女朋友，晚上的时候，他顺着自己房间外面的排水管滑下来去看她。有一次，他不顾父亲让他每天放学后直接回家的严格要求，独自一人晃悠到了渤海湾港，在那里他遇见了一个正在码头拴绳的美国潜艇船员，还坐他的船在海上兜了一圈。结果就是埃尔布里奇将给儿子准备的圣诞礼物（一支从美国订购的步枪）扣押了长达三个月作为惩罚。后来，威廉·科尔比声称，在中国的这些经历让自己感受到了"亚洲异国风情"，为他日后重返这一地区埋下了伏笔。这种说法可能有点牵强，毕竟那时的科尔比还不到11岁。但三年的天津生活，与以往不同的经历的确为他打开了一扇通往另一个世界的窗口。

重返本宁堡军事基地执行了一个临时任务之后，1933年8月，埃尔布里奇被调任到佛蒙特大学后备军官训练团分遣队作教员。尽管陆军同僚视该职为不尽如人意的工作，但对埃尔布里奇和他的家人来说，是对他们新英格兰根基的一种回归。他们如同驻守天津时一样享受着在此地的生活。埃尔布里奇在伯灵顿的枫树街买了一处黄色的维多利亚建筑风格的房子。伯灵顿是尚普兰湖东岸的一个乡村小镇,当时的名气远远超过佛蒙特大学。埃尔布里奇除了教授军事科学课程外,还在那所大学里教英语。每逢夏日周末,这一家人就驱车到湖边宽敞豁亮的小别墅度假,这栋别墅是埃尔布里奇与母亲、姐姐所共有的财产。对比尔来说,佛蒙特州是其一生的避风港。少年时期,比尔个头矮小,身高5.7英尺,骨瘦如柴,只有135磅。但他酷爱户外活动,用一个冬天学会了滑雪。夏天,他乘独木舟在尚普兰湖上连续泛舟九天,每天晚上还在岸边露营。15岁时,他经历了一场冒险,和朋友骑着自行车旅行长达753英里,穿越了新英格兰的五个州。

比尔在伯灵顿高中读书,这是一所公立学校,学生都是出类拔萃的精英,他们中的大多数人都考上了名牌大学。他在班级里学习也是游刃有余,成绩常常领先。在毕业年鉴中,同学们给他的绰号是"智囊",用来形容他非常贴切。1936年6月,16岁的他高中毕业,比原计划提前了一年。

早期,年轻的科尔比以为自己会同父亲一样从军。但眼睛近视又才满16岁的事实,阻挡了他进军第一志愿——美国陆军军官学校(西点军校)的步伐。他的第二志愿是达特茅斯大学,因为冬天可以滑雪。但埃尔布里奇不赞成把滑雪作为一个上大学的理由,近乎命令地让比尔报考了普林斯顿大学。这所大学已成为专收富家子弟的昂贵机构,甚至离这个注重形象的校园不远的普林斯顿郊区的小镇也变成了时尚高档的消费区。大学的餐饮俱乐部已然成为了出手阔绰的学生们的势力"堡垒",伍德罗·威尔逊任大学校长期间曾大费周章也未能将之解散。但这些在经济大萧条时期与科尔比一同进入普林斯顿大学的学生与"咆哮的20年代"那些前辈截然不同,他们热心政治,对学业也是认真负责。科尔比班上有四分之一的同学因父亲是该校的校友而被录取,超过四分之三的同学来自精英私立学校或昂贵的大学预科学院。科尔比在这里显得格格不入。他毕业于一所中产阶级的公立学校,依靠大学奖学金攻读学位;在大学餐饮俱乐部中当服务生而不是加入其中;在占绝对优势的新教徒学生中,他却是一个天主教徒；他个子瘦小、性格腼腆、戴着眼镜，看上去比一年级新生要小得多。

然而科尔比对于自己在普林斯顿大学的我行我素并没有什么不满意。他没有参加餐饮俱乐部，而是加入了一所天主教教堂成为了祭坛侍者。他还加入了后备军官训练队学习，最终升任学员队长。知识的温床令他的很多同学感到厌倦，却激励了他的学习欲望。大学一年级选修的人类学课程令他更加兴致满满。他如饥似渴地听取知名教授爱德华·S.科温和阿尔斐俄斯·T.梅森的宪法课。在新的国际与公共事务学院，他独立研究了黑人教育状况、古巴食糖贸易以及新泽西战争中的公民自由等问题。当他第一次看到阿尔伯特·爱因斯坦身穿皱皱巴巴的黑色学袍步履蹒跚地穿过校园时，一个同学推了他一下，指着那位老科学家说道："那就是这个星球上最聪明的人。"这让他激动万分。

正如赫尔姆斯的父亲赫尔曼一样，埃尔布里奇同样认为，一个绅士只有到国外花时间学习了法语，他所受的教育才算完整。于是，1939年8月，他把儿子送到法国卢瓦尔河谷中部的布洛瓦城，在戈瓦尔家中住了一个月。科尔比又一次骑上自行车，穿行了该区域的各大酒庄和葡萄园，在沿途的村庄中走走停停，在咖啡馆品尝当地的葡萄酒。有一次，他与一个在卢瓦尔河认识的朋友长途骑行，一路向南到达了西班牙边界的比利牛斯山脉，在那里他采访了全身污泥的左派难民。

科尔比爱上了法国。然而，一个月田园诗般的生活宣告结束。在他起身离开法国的时候，德国入侵了波兰。他横渡英吉利海峡到达英国，旅行包中装了两张准备返校后挂在大学宿舍里的法国军队运动员的海报。然后他登上了一艘英国武装船，在北大西洋中七绕八绕地躲避德国潜艇。

科尔比回到普林斯顿大学度过在校的最后一年，那时他已下定决心做一名干涉主义者：对内致力于支持罗斯福新政自由主义理想，对外支持反纳粹主义和法西斯主义的战争。他在大学毕业论文中运用了在比利牛斯山时所做的采访笔记，谴责了法国和其他西方民主国家所支持的英勇的西班牙共和党抗击佛朗哥的失败行动。他的论文因与支持西班牙共和国的苏联观点一致而被突然终止。但事实上，科尔比同样憎恨共产主义。

科尔比以优异的成绩从普林斯顿大学毕业后，与被调到了美国陆军总部的父亲住在一起，他们在华盛顿度过了1940年的夏天。科尔比在第二十一街和M街附近的一个加油站找到了一份工作，不久就开始帮助当地的石油工会组织动员加油站的员工加入工会。他的老板约翰·哈迪对此并不十分欣赏，但是科尔比已经被劳工运动所感染。此外，科尔比担心因一岁的年龄之差而无法得到陆军后备军官训练队的工作，他毅然决定先报考哥伦比亚大学法学院，期望成为一名劳工律师，之后也许可以进军自由党政界。在校期间，他会在夜间帮助当地的民主党候选人参加竞选。

科尔比在哥伦比亚大学的第一年，法学院一个叫斯坦·特姆科的朋友在学校附近百老汇的黄金轨道酒吧为他安排了一次相亲。那个姑娘是特姆科认识的一名巴纳德学院的大学生，聪明伶俐，很有人缘，是那种并不需要与男孩相亲的女孩，但她同意与科尔比见上一面。科尔比走进酒吧，看到芭芭拉·海因岑的时候，一下子就被吸引住了。在他眼中，她简直像极了电影明星芭芭拉·斯坦威克。这个巴纳德学院大四的女学生在他们的初次约会中发现，科尔比与好莱坞影星丝毫不沾边，个头比她高不了多少，瘦瘦的样子与她也不相上下，并不是那种令女孩神魂颠倒的类型，但这个法学院的学生的确是个不错的交谈对象。他们两人都是罗马天主教徒，而且，她认为他们在政治和社会问题上有相同的见解，两人都想走出来拯救世界。

芭芭拉比科尔比小差不多11个月，生于俄亥俄州的斯普林菲尔德。父亲卡尔·海因岑最早在斯普林菲尔德做新闻记者，后来辗转到公共关系与广告行业，最终来到了纽约州斯卡斯代尔，做了斯特林药业公司拜耳阿司匹林部门的总经理。芭芭拉跟科尔比一样，在高中时性格开朗的她于1938年获得了威尔斯利学院的奖学金，这是一所位于马萨诸塞州的久负盛名的女子文理学院。恰逢那年父亲卡尔做了阑尾炎手术，芭芭拉便调换到纽约的巴纳德学院，就近照顾在纽约养病的父亲。芭芭拉在巴纳德学院读大一的时候，卡尔因冠状动脉血栓症过世。其母亲安妮特·凯莫利兹基·海因岑的父母是居于美国纽约的奥地利移民。安妮特在蒙哥马利沃德公司做时装顾问，负责为该公司的产品目录编排运动鞋模特的照片，并靠着这份薪水供女儿上大学。

自1940年开年至1941年上半年，科尔比和芭芭拉的约会都相当稳定。"参加纽约全城赛车、跳舞和派对，与朋友们无休止地争论政治。"科尔比后来写道。这对恋人满脸厌恶地看着哥伦比亚大学里的共产主义分子在校园里示威游行（当时德国和苏联仍然是盟友），扛着假棺材抗议罗斯福于1941年3月批准的美国对英国的借贷援助。从1940年春德国入侵法国起，科尔比就认为美国需要加强军事建设来对抗希特勒。他认为美国与德国的战争迫在眉睫，或者至少他希望迫在眉睫。

第五章

战争的乌云

1940年6月14日早晨，艾伦·杜勒斯坐在扶手椅上，身旁的收音机里传来德国军队开进巴黎的消息，当时他双手掩面哭泣。20年来，他一直在担忧这一天的来临。他也丝毫不惊讶第二次世界大战的爆发和法国的失利。

*

1916年5月，杜勒斯进入了美国国务院。一个月后，他搭乘"费城号"商船前往欧洲，到维也纳执行第一项任务。他因放弃国民警卫队的工作而感到内疚，但国务院阻止了美国陆军试图挽留他的计划，坚持认为他作为一个外交官比扛枪当士兵对国家更有价值。可国务院仅仅为这位新上任的外交秘书开出了1500美元的年薪。他的外祖父得从自己的支票簿中每月给他划拨200美元，补贴他那微薄的薪水。

7月18日，杜勒斯抵达维也纳，并迅速投入了繁重的工作，同他一起到达的还有另外五名外交秘书。维也纳曾是一个沉睡的"前哨"城市，但由于第一次世界大战的爆发，现在这里突然成了一个繁忙的任务集中地。杜勒斯负责处理护照申请，翻译加密的外交电报，但这些工作对于因战争困在那里又身无分文的美国人来说，几乎算不上帮助。

第一眼见到弗雷德里克·考特兰·彭菲尔德时，杜勒斯就对他没有什么好感。此人来自康涅狄格州，曾是一个和蔼可亲的新闻工作者，但是作为驻奥匈帝国的美国大使却有些力所不及。有一天，彭菲尔德让他的初级办事员送衣服去干洗，杜勒斯傲慢地回答说："我可能是你的三等秘书，但不是你的贴身男仆。"杜勒斯有资格不听话，但彭菲尔德却不能报复"老大的外甥"。一年前，罗伯特·兰辛取代了威廉·詹宁斯·布赖恩成为了威尔逊的国务卿。杜勒斯并不羞于使用这种人脉关系。他在国务院任职的整个过程中，一直通过秘密渠道为"姨夫伯特"（伯特是罗伯特的昵称——译者注）提供自认为不能通过正规渠道简报获得的个人备忘录或诋毁像彭菲尔德这样表现不佳的外交官的信息。

在维也纳的日子里，杜勒斯抽空欣赏了维也纳举世闻名的交响乐。他发现这座城市的歌剧和剧院质量都属上乘，而且餐馆里的精美餐饮比巴黎要便宜得多。他还练习了此生所钟爱的网球，参加了当地举行的网球赛。尽管到晚上已经疲惫不堪，他还是腾出时间去上德语课（他从小就精通法语，但一生中都在为德语纠结）。杜勒斯并不满足于整日处理琐碎的文书，因彭菲尔德对情报搜集并不上心，杜勒斯开始涉足情报工作。他与奥匈官员和其他外国外交官建立了友谊，将从他们身上获取的信息发往华盛顿。

1917年4月中旬，身在巴黎的杜勒斯已经有些急不可待。伍德罗·威尔逊终于放弃了美国的中立立场，尽管在1916年的连任竞选中，他提出"让我们远离战争"的口号，但美国商船和客船一再遭到德国U型潜艇的袭击。4月6日经国会通过后，美国正式向德国宣战。一直到12月7日，美国才正式对奥匈帝国（联合了德国、土耳其、保加利亚的同盟国）宣战。早在4月6日晚上，国务院就责令美国使馆从维也纳撤离。杜勒斯在从巴黎给母亲发出的信中写道："如果能在军队得到一个真正可以发挥作用的职位，我认为参军会更好一些。"这时候，"姨夫伯特"伸出了援助之手，他发函给外甥令其乘火车到中立国瑞士，加入位于伯尔尼的美国公使馆。

瑞士的首都伯尔尼位于该国中心的西部高原，阿勒河蜿蜒着绕过老城区，如今城中涌入了成千上万从战区逃出来的难民。杜勒斯看到他称之为"不断变化的名流望族们"疲惫地前行：希腊皇室成员、西班牙公爵夫人、荷兰王妃、霍恩洛厄亲王……风景如画的城市里，传统的伯尔尼家族和贵族依然保留着中世纪的思维。"非常傲慢、非常自大，根本不屑于和我们这样的外国人有任何瓜葛。"他这样写道。在他看来，最令人着迷且让人愉快的是来自英国、法国、西班牙甚至俄国的外交官们。不到一年时间，25岁的杜勒斯就被提升为二等秘书，他的工资也增加到了年薪3555美元。但他发现即使加上由父亲帮忙打理的美国股票的利润，目前的生活仍然有些拮据。伯尔尼正在面临食物，尤其是黄油、奶酪和食糖等短缺的困境，而且物价极其昂贵；住房供应也极其紧张，租金高到根本负担不起。杜勒斯不得不在昂贵的贝耶乌尔宫酒店住了长达一年时间，后来终于在老城区找到了一间七居室的公寓与公使馆的武官一起合住。

美国在伯尔尼的"前哨"位于老城区的鄂斯康格拉本，一间简陋的房屋便是指定的公使馆。更糟糕的是，一开始，美国政府只派了小团队驻留，工作人员的数量远远少于一个大使馆。因为美国已经参战，处于欧洲交战国旋涡之中的伯尔尼公使馆，已经变成比维也纳的大使馆更加忙碌紧张的地方。杜勒斯所在的团队中都是一些没有太多经验的年轻人。他们当中有几个人，如休·威尔逊（公使馆中排名第二的高效率办事人员）和弗雷德里克·多比埃尔（同杜勒斯一起从维也纳调来的人员）——将在第二次世界大战中成为杜勒斯在战略情报局的同事。公使馆的头号人物普莱曾特·斯托瓦尔，是另一位"讨人喜欢"的新闻工作者，他与威尔逊总统有政治裙带关系，但其能力还不如维也纳的彭菲尔德。杜勒斯很快就给"姨夫伯特"寄信把斯托瓦尔贬得一无是处。

随着后援的到来，公使馆在老城区租下了第二间宽敞的房屋。房内有一间木质装饰的富丽堂皇的餐厅，现在里面放满了办公桌，杜勒斯就在那里办公。他每天工作12个小时，基本上没有时间参加无休止的外交巡游派对。但他仍设法在周末挤出时间去打网球和高尔夫，或者攀登芬斯特腊尔霍恩峰（伯尔尼阿尔卑斯山区最高的山），还会去追求女孩子。杜勒斯开始在社交场合中变得有些像花花公子，试图通过时髦的衣服和高雅的举止给人留下深刻的印象。

因为没有什么得力人手，杜勒斯就成了大家默认的公使馆情报官员。他发现伯尔尼到处是兜售信息的"各种稀奇古怪的外国人"，他给家人的信中这样写道："捷克人、南斯拉夫人、阿尔巴尼亚人、黑山人、乌克兰人、立陶宛人、波兰人、不同教派的俄国人、自由的奥地利人和变节的德国人，在城里的街道上走着，几乎随时都有可能碰到其中一个'可疑人物'；他们还会突然出现在公使馆的办公室想要寻求帮助，这时候我们可以从他们那里获取信息。"其他公使馆的办事人员比美国的多得多，杜勒斯估计，德国大使馆有"好几百人"，其中大部分人都把时间用在清理情报上。杜勒斯第一年所住的贝耶乌尔宫酒店里，外国使节雇佣的女佣和旅馆侍者会例行公事地搜查客人房间，抢夺文件为他们的秘密雇主所用。在酒店的宴会厅里，来自交战国的外交官们一边吃饭，一边伸着耳朵偷听邻桌的谈话。

斯托瓦尔任命休·威尔逊主管外交运作，后者则分配杜勒斯作为公使馆的侦察兵报告奥匈帝国和巴尔干地区事务。对于这位年轻的二等秘书，在伯尔尼的这项任务算得上是最好的工作了。瑞士的报纸到处都是关于奥地利和德国的花边新闻。西班牙在整个"一战"中都保持中立，在西班牙公使馆的协助下，他可以秘密地获得一些有关同盟国的情报。

杜勒斯的一天通常都是这样度过的：与一位能够给他带来有关奥地利"内部情况"的冗长备忘录的波兰线人共进早餐；之后在办公室花一个小时与一位欧洲南部的熟人讨论匈牙利反对党的情况；再利用剩余的时间编辑一份由"秘密线人"提供的关于"德国控制瑞士商业和政治计划"的报告发回华盛顿。

在伯尔尼执行过的那些任务将杜勒斯锻炼成了一名合格的间谍。他同时还培养了其他情报官员，尤其是与他分享了德国防御情况预估这一重要信息的瑞士情报官员。他发现了当地新闻记者们从未报道过的个人见解很有价值；他掌握了如何利用中介机构——间谍贸易中所称的"中人"——从一些线人那里获得信息，但线人们并不知道这些信息会落入美国人之手；他学会了用"表现力强的英语"撰写准确而清晰的情报报告，这样可以让国务院官员一目了然。杜勒斯还发现作为一名间谍必须灵活机动且具有创造性，他开始将情报搜集与度假相结合。例如，周末他到日内瓦湖北岸的沃韦打高尔夫球的同时约见附近的波兰线人，此人掌握着关于德国进军俄国的政治和军事方面的有用情报。他还让哥哥每周从美国给他邮寄网球，然后他将这些球赠送给像他一样痴迷于这项运动的瑞士官员。在网球非常紧俏的伯尔尼，这样做对信息交换非常有用，以至于当一个奥地利外交官申请加入本市最好的网球俱乐部时，那些瑞士军官会因担心失去杜勒斯的供应而集体排斥他。

针对德国进行的秘密行动让杜勒斯十分兴奋。"我们可以从各个角度窥探德国佬，偶尔还能糊弄糊弄他们；同时还能发现他们的一些习惯，常去的地方和他们做的计划。"杜勒斯在给友人的信中写道，"我之前从未做过这么有意思的工作，或接触过这么多有趣的人。"但很快杜勒斯就意识到，一个好的情报员必须能够应对来自情报的"冲击"且具有与兜售情报之人斡旋的能力。他在给母亲的信中写道："我们常被各种传闻和故事所围绕，什么即将到来的德国军事袭击、什么同盟国的政治阴谋、什么来自敌对国家的和平试探，等等。我们必须进行筛选调查，并竭尽所能地接近真相。"他怀疑在多达几百人的德国、奥地利和土耳其持不同政见者中，有些接近他并提供消息的人可能是双面间谍，他们也会将所获得的情报报告回自己的间谍机构。事实上，杜勒斯也曾有过沉痛的教训：那就是作为一个优秀的情报员，必须能够从大量的信息中理清线索，不仅如此，还得做到永远都不要拒绝潜在的情报来源。

美国公使馆之前有个不成文的规定，那就是对来访的俄国共产党人可以避而不见。这也许可以作为那一次杜勒斯不打算放弃与一个漂亮的法国女孩的网球约会，而拒绝与一个致电美国公使馆的俄国共产党人会面的理由。刚到伯尔尼不久的杜勒斯对那天下午的来访有点应接不暇，因为只有他一人在当班，其他人早就下班了。此时，一个德语中带有浓重俄国口音的人突然来电，坚持说他务必要与有关人员谈话。杜勒斯对电话那头的人说，请在次日早晨公使馆开门的时候来访。那俄国人不依不饶地说，明天就来不及了，他必须在当天下午跟美国人谈谈。"对不起！"杜勒斯生硬地回答道，"只能等到明天了。"随即挂断了电话。而那位打电话的俄国人竟是流亡到瑞士的弗拉基米尔·伊里奇·列宁。次日早晨，列宁便在迫切希望通过这些共产党人让俄国停战的德国官员帮助下，从伯尔尼登上了返回俄国的列车。列宁很可能有意提醒美国人他正打算那么做。自此以后，杜勒斯在中央情报局的每届迎新大会上作为训诫强调这件轶事：永远不要拒绝任何一次约见——哪怕是最为可疑的人。

杜勒斯同时还发现，与女人的私情同样存在危害。在得知自己开始约会的一个在美国公使馆工作的捷克女人居然是一名德国特工时，他震惊无比。接到上级的指示，最后一次晚餐后，杜勒斯可以步行送她回家，但得在街角停下来。这时，两名英国大使馆的官员突然冒了出来，他们似乎与那名间谍也有未了事宜，迅速地把她带走了。杜勒斯一直都不清楚在那个女人身上发生了些什么。接着是拉斯穆斯·拉斯穆森，1917年秋天，此人来到了公使馆，声称他刚刚抵达欧洲，所乘的船上搭载着从美国遣返的德国战俘。他还告诉杜勒斯和休·威尔逊，伯尔尼的德国特工招募他返回美国为柏林充当间谍。他们相信了拉斯穆森的故事，以为他痛恨德国人，很可能是一个理想的双面间谍，便付给了他酬金，让他弄清楚敌方想让他在美国做些什么，并把他送回了美国。没想到拉斯穆森竟然精神出现了问题，这点在他登陆后不久就被埃利斯岛移民局发现了，他们把他关在了精神病院里。拉斯穆森怀疑是伯尔尼公使馆给他设了局，想方设法地说服了精神病院里的看护得以逃脱，还发誓自己要穷追杜勒斯和威尔逊，还要买手枪杀死他们。杜勒斯对这位"狂人"（他在备忘录中对拉斯穆森的称呼）感到害怕，要求美国国务院确保永远不要给他签发任何靠近瑞士的护照。

杜勒斯每天早晨都要在公寓里边读《法兰克福日报》，边喝咖啡。1918年11月第一周，德国报纸上的新闻令他震惊，其中有大量关于德国皇帝威廉二世的负面报道。而他浏览过的其他报纸上有关的新闻都是正面的。在长达一个月的默兹-阿尔贡战役中，美国人已经看到了胜利的曙光。奥匈帝国、土耳其和保加利亚已经分别签署了休战协议。杜勒斯11月5日写信给母亲说："战争已经胜利。"六天之后，德国签署了停战协议，他知道在伯尔尼的工作又将回归到无足轻重的外交事务中。

1918年，一场席卷整个世界的流感使杜勒斯的身体也日渐虚弱。他鼓足了所有的力气游说"姨夫伯特"让他加入威尔逊总统率领的大约由400个美国人组成的代表团，一起参加几日后的巴黎和会。罗伯特同意让杜勒斯作为他的助手之一参会，还批准了现今纽约著名的沙利文-克伦威尔律师事务所里冉冉升起的律师新秀福斯特加入他的团队，主要讨论战后德国的赔款问题。

没过多久，杜勒斯就成为了在法国首都的美国代表团中不可或缺的人物。他帮助像捷克斯洛伐克这样的国家划定新的边界，配合向美国代表团的所有成员分发成千上万的情报报告，并在全体会议期间给总统递纸条提建议。到1919年11月，他所监管的事务范围更加广泛，杜勒斯被他的代表团称为"百事通专家"，但此时他却准备离开巴黎。过去一年中，他亲眼目睹了各国总理之间台前幕后的权力之争，这一切令他身心疲惫。而且他认为对德国要求的战争赔偿很不现实。在给一位友人的信中他提到，自己帮助欧洲中部所划定的"新边界"，让那里的人们像商店里的"蔬菜"一样被移来移去。另外，美国参议院内对《凡尔赛条约》和国际联盟的反对意见正在形成，也让他对自己的国家颇为失望。

11月末的时候，虽然很想家，杜勒斯还是接受了一个在柏林执行的为期三个月的任务。"巴黎和会之后，我要吃一堑长一智。"他给一位同事写道。为与新德国魏玛政府部门建立关系而成立的美国委员会就设立在威廉广场7号一个庄严却有些破旧的房子内。杜勒斯很快就发现这是最具挑战性的外交职位之一。但他很高兴能与曾在伯尔尼一起共事的同事休·威尔逊和弗雷德里克·多比埃尔等再次团聚。柏林食物短缺，盗贼几乎无所不偷，漫步在街头的人日日惨遭抢劫。好在杜勒斯可以支付得起城市里的奢侈品和佣人了，不仅一美元能换到100马克，而且每月仅需支付两美元给佣人就能享受到无微不至的照顾。

杜勒斯是这次任务的副手，也再一次成为了事实上的情报官。他驱车游历了整个德国，仔细了解了这里的工业生产情况、农作物种植情况和城市的现状（如他指出，莱比锡不像柏林一样肮脏凌乱）等，并将观察所得记录下来，通过电报发回了华盛顿。他参加了共产党人的秘密会议，采访了慕尼黑（"比柏林更易相处的地方"）的政府官员，与激进的社会党人（"可能是德国人中精神上最诚实的人"）讨论政治问题。他与一位极具洞察力的弗赖贝格的经济学家和魏玛共和国立法委员格哈特·冯·舒尔策–盖沃尼兹建立了友谊。盖沃尼兹总对他说："你什么时候见见我的儿子格罗就好了，他现在不在家，在大学学习国际金融。"杜勒斯将此事记在了心中并决定有机会一定要见一见盖沃尼兹的儿子。

1918年停战后没几周，一种不安的感觉开始侵袭着杜勒斯，许多美国高级军事官员也有同样的感觉：德国人不愿承担这场战争的责任，也不会接受这场战争的失败。此时漫步在柏林的街道上，杜勒斯对此更加肯定。他亲眼目睹了人们对巴黎和会的愤怒和抗议，要求把德国的战争领导人，如总参谋长保罗·冯·兴登堡作为战犯交出来。在他看来，德国工人愿意追求和平，但军方显然并非如此。杜勒斯看到几千士兵在柏林游行企图推翻魏玛共和国，即人们所称的"卡普政变"，但没有成功。他了解到，在柏林一家豪华酒店中，好战的德国国防军军官将那些在乐队演奏《德意志高于一切》时拒绝起立的法国官员们从舞厅里扔了出去。1920年4月底，杜勒斯离开了德国，他确信德国国民已经意识到自己被欺骗了。

25岁的克洛弗·托德认为，在巴黎基督教青年会的食堂为美国代表团服务的工作过于乏味。但能够趁机溜进克里翁酒店，瞥一眼急匆匆走向巴黎和会的忙碌的代表，让她多了几分兴致。克洛弗——人们都这么叫她，从未偶遇杜勒斯（他已是蒙帕纳斯的豪华斯芬克斯妓院的常客）。要知道，任何漂亮的女士都逃不过他的眼睛，所以他如果见到过克洛弗，就一定会注意到这位身材苗条、穿着时尚、美丽得摄人心魄的纽约姑娘。她颧骨很高，一双又黑又大的眼睛在相片上看起来总是很深邃。克洛弗声音轻柔优雅，又有极高的鉴赏力，总是散发出一种超凡脱俗的品质。她的家族有抑郁症史，在未知和神秘事物的诱导下，克洛弗会突然失控。1920年夏天杜勒斯返回美国后，在沃特敦的一个家庭派对上遇见了她，两人立即坠入爱河，三天后他便向她求婚。他们旋风般的罗曼史震惊了双方的家庭。克洛弗的父亲，亨利·托德是哥伦比亚大学学术领域的领军人物，一个自命不凡的势利眼。他废寝忘食地审查了杜勒斯的背景资料，当他在哥伦比亚大学图书馆的卡片目录中找到这个年轻人所写的《布尔战争》一书时，心中生起一丝敬佩。（他从未意识到作者当时只有八岁。）即便如此，杜勒斯还是要历尽千辛万苦来说服托德家族，尤其是他未来的岳母，他会成为一个好丈夫。但克洛弗早有察觉，情况可能并非如此。有一次，杜勒斯带她去普林斯顿度周末时，曾把她晾在一边，自己去跟福斯特打网球。

托德家极不情愿地在8月4日的纽约报纸上宣布了两人订婚的消息。两个多月后，克洛弗和杜勒斯在她祖母的巴尔的摩公馆举行了婚礼。婚后不到一个月，这对新婚夫妇便登上了"奥林匹克号"去了法国，又从那里悠闲地乘坐东方快车前往杜勒斯的下一个外交驻地——现在被英国、法国和意大利军队占领的君士坦丁堡。杜勒斯被任命为美国大使馆高级专员的副手，主要任务就是在奥斯曼帝国为美国寻求石油利益，另一份更重要的工作是监视大约13万名涌入土耳其境内的俄罗斯难民，以及高加索边境外的布尔什维克武装力量。

在杜勒斯的监管下，大使馆设立了一个无线电台，用以拦截布尔什维克党从莫斯科发往其他各地的电报。大使馆还专门组建一个团队，每天花数个小时破译电文。克洛弗的美丽优雅已经传遍了整个君士坦丁堡，因为杜勒斯总在使馆的派对上炫耀自己的妻子。他们的住所是一所带小花园的乡间庭院，可以眺望蓝宝石一样的博斯普鲁斯海峡美景。克洛弗给家里添置了新的家具和波斯地毯，还利用下午时间给在苏俄"内战"中受伤的白俄罗斯士兵上英语课。

克洛弗在君士坦丁堡的第一年非常幸福，但他们婚姻中的紧张气氛在她怀第一个孩子的时候显露了出来。杜勒斯是一个性格外向的人，享受与权贵过从甚密，但内向的克洛弗对此毫无兴趣。杜勒斯外出工作的时间总是很长，当他和妻子一起旅行时，他常常抛开她去追求自己的情趣，令她黯然泪下。还有，他的红颜知己可谓是数不胜数。他与贝蒂·卡普，一个能干的高级委员会秘书关系亲密，擅长"斡旋"，还与君士坦丁堡的一个美国传教士范妮·比林斯之间有着柏拉图式的恋爱关系。因为她们两个也是克洛弗的好友，克洛弗也没有多想，但其他的女人她就不能肯定了。艾伦每次离开时都给她写长长的情书，答应回来后做个更好的丈夫。但克洛弗很快意识到情况并非如此。

他们于1922年3月返回了华盛顿，杜勒斯成为国务院近东事务部的负责人。他和克洛弗的生活交集越来越少，他经常到国外旅行。他们分开后，他经常写信给克洛弗说自己夜晚参加镇上的派对，和其他女人跳舞，克洛弗对此不予理会，她正忙着照料长女（克洛弗·托德，他们叫她托蒂），而且又怀上了第二胎。杜勒斯在家中时，总是埋头研读课本，因为在福斯特劝说下，他报名参加乔治华盛顿大学法学院的夜校。杜勒斯在给克洛弗的一封信中承认，在结婚四年后，"我变得越来越糟"。他感到很内疚，但却不足以让他改变自己的生活方式。克洛弗将更多的精力都用在孩子们身上，而杜勒斯却觉得她的行为越来越稀奇古怪——有时喜怒无常不可预测，有时大吃大喝浪费金钱，或是离家漫无目的地闲逛。

1926年9月，福斯特说服了他已经获得法律学位的弟弟，放弃驻外事务处那种窘迫的生活，到沙利文-克伦威尔律师事务所就职，那是一家总部位于华尔街49号世界上最有影响力的律师事务所之一，目前拥有55名律师。不久，杜勒斯的薪水就达到了六位数，他凭借着自己的国际人脉为事务所招揽了大量的生意。这笔钱足够他在长岛北岸的劳埃德奈克购买富丽堂皇的避暑别墅，更不用担心他的妻子会花光他的银行存款了。

杜勒斯一直怀揣梦想，希望某天可以像他的外祖父和姨夫那样登上国务卿高位，于是他继续涉足外交事务。他加入了美国对外关系委员会，为《外交事务》杂志撰写短文，成为"高级密室"的常客，这是一间位于东第六十二街的公寓，纽约顶级金融人物聚集在一起畅谈和分享他们在海外旅行中的所见所闻和情报信息。1927年，国务院还聘用他作为代表团团员兼法律顾问，参加限制世界海军强国战舰数量的国际会议。现在，杜勒斯作为一名国务院的顾问，又是一家私人律师事务所的律师，尤其是拥有众多国外客户的律师，显然会面临很多利益冲突。当时，八卦专栏作家德鲁·皮尔逊还曾质疑身兼两职的杜勒斯其工作的正当性。他的外交工作很快引起了约翰·埃德加·胡佛手下特工们的注意，尤其是他与被联邦调查局怀疑是共产党或从事间谍活动的人来往。经过调查，特工们最终断定杜勒斯没有任何不法行为。尽管如此，在杜勒斯此后的生活里，胡佛为这名年轻律师建立了档案，并不断地添加特工报告。然而，人手不足的国务院需要依靠杜勒斯这样的外交专家，沙利文-克伦威尔律师事务所也意识到，杜勒斯的外交事宜为事务所打开了新的大门，所以非常乐意给杜勒斯批假，让他与美国裁军代表团一起游览欧洲。

1933年，在一次陪同任务中，杜勒斯与阿道夫·希特勒共度了一个半小时。当时，富兰克林·罗斯福派遣华尔街银行家兼外交官诺曼·戴维斯前往欧洲各国首都，再次尝试阻止迄今为止都无法遏制的欧洲大陆军备竞赛。4月8日下午，杜勒斯陪同戴维斯在威廉大街总理府会谈，其间他安静地坐着记笔记。与此同时，德国新领导人向这两个美国人慷慨激昂地陈述了《凡尔赛条约》对德国的种种压迫。"德国信任裁军，"希特勒说道，"但无意让我国像现在这样毫无防备。"杜勒斯在他的笔记中写下这样的记录。散会时戴维斯在公众面前很乐观，他对记者公开说，元首是一种"动力"，但私底下他很担心"纳粹革命"所具有的危险性。此后，杜勒斯对此事表现得出奇的缄默。相比赫尔姆斯经常谈到他与希特勒的午餐，杜勒斯却不太一样。在后来岁月中，几乎只字未提他与独裁者的会面。柏林访问后的第三天，他在给克洛弗的信中只是说道，这是一次"有趣的采访"，并指出，这一个半小时的会面使他确信德国的裁军进程将"比以前困难得多"。1933年10月下旬，在他从欧洲回到美国后，希特勒宣布德国退出国际联盟。直到那时，杜勒斯开始担心纳粹对欧洲和平构成了严重的威胁。德国不会立即发动战争，但"此后几年很有可能"，他在一份备忘录中写道。

1933年10月，当杜勒斯与戴维斯一起执行完任务返回家时，他已经与克洛弗和三个孩子分别有九个月。在托蒂之后，1923年琼出生，1930年艾伦·梅西降生。他们的住宅温馨怡人，家里有佣人和保姆照料，他们也从来不在孩子们面前争吵。可对孩子们来说，父爱是缺失的。杜勒斯很少在家，就算在家，他对孩子们也没有什么兴趣。只是偶尔一边阅读报纸，一边敷衍地问一下他们这些天过得怎么样。琼后来认为他至少应该对艾伦·梅西亲近些，因为他学业拔尖，与杜勒斯的聪明才智不相上下，但他同样不太理会"桑尼"（他对这个儿子的昵称）。大约在1930年，克洛弗就得知丈夫有许多风流韵事。尽管如此，杜勒斯依然称自己是爱妻子的，他们两人都没有考虑过离婚。但他曾在一封信中承认,"我很喜欢有其他女士相伴"(除了这些暗示外,他从不详述他的婚外情)。直到20世纪30年代,这个问题一下子严重了。克洛弗得知杜勒斯正与他的网球双打伙伴,一个北欧的金发女郎打得火热,孩子们也发现了这个事情。克洛弗一气之下,不惜一切地外出狂购商品让他付出代价。更严重的是,她和托蒂的抑郁症轮番发作,艾伦·梅西也因父爱的缺失深感困扰。

*

在得知了德国入侵法国这个令人沮丧的消息后两个星期,杜勒斯坐在一家位于第三十四街和云杉大街费城会议厅附近的旅馆酒吧里。当时共和党正在为1940年的总统大选提名候选人来对抗已经连任两届,并前所未有的还要参加第三届总统竞选的富兰克林·罗斯福。一向滴酒不沾的"野蛮比尔"多诺万,与他一起喝了杯鸡尾酒。20世纪20年代,两人在华盛顿相识,当时杜勒斯在国务院任职,多诺万是卡尔文·库利奇政府司法部长助理。在纽约的法律界他们也曾不期而遇,偶尔会一起打打网球,但关系并不亲密。

多诺万发现杜勒斯在网球场内外都是一名强大的竞争对手,这往往会令他不悦。只有当谈到这样的话题——欧洲战争爆发和美国如果一旦卷入战争一定会措手不及时,两人的看法还算一致。多诺万是"大老党"(共和党的别称)国际主义者的一个重要成员,却暗中支持纽约的工业主义分子温德尔·威尔基——总统竞选中的一匹黑马,赞同美国援助英国。杜勒斯也很赞赏威尔基,但福斯特曾迫使他支持曼哈顿地区检察官、孤立主义分子托马斯·E. 杜威。最终,杜威压倒了威尔基而赢得了提名。

杜勒斯在政治方面一直举棋不定。作为一位阔绰的华尔街律师,他希望能像福斯特那样成为一名共和党人。在大多数情况下他算是"大老党"的坚定分子,一直为纽约共和党尽职尽责,甚至还作为共和党人参加了1938年的曼哈顿国会席位竞选,不过没有成功。但他也曾为民主党人伍德罗·威尔逊工作,对这位民主党总统也充满敬意;同时,他也支持罗斯福增加国防开支并向大不列颠提供武器的措施。到20世纪30年代末,杜勒斯已经成为了一个坚定的国际主义者,呼吁美国抗击威胁民主的"独裁"。他强迫沙利文-克伦威尔律师事务所关闭其在柏林与旧普鲁士法律事务所联合开办的办事处，因为希特勒对犹太人横加迫害，而沙利文-克伦威尔律师事务所的客户中很多赫赫有名的金融家庭都是犹太人，但是福斯特对此并不赞同，他斥责自己这个持国际主义者言论的弟弟危言耸听，仍相信德国的生意将源源不断。

虽然在纽约政局中，罗斯福与多诺万多有摩擦，但这位总统还是看到了他与多诺万在外交政策方面的共同点，于是派遣这位富有的律师，共和党人眼中未来的总统候选人，于1940年夏至1941年期间前往欧洲调查事实真相。多诺万报告说，如果美国加大援助力度，大不列颠就能经受住德国的袭击。他还建议美国应该设立一个对外情报机构。罗斯福因为没有值得一提的情报机构，便同意这一提议。陆军和海军中的小型对外情报机构往往都是垃圾情报员的集中地。1941年7月，罗斯福签署了一份措辞含糊的行政命令，指定多诺万为情报协调局的负责人，该机构一年后被更名为战略情报局。杜勒斯不经意间听到了这样的"谣言"——罗斯福运用白宫所控制的来路不明的资金，任命多诺万负责某个邪恶的间谍组织，而该事件在华盛顿官僚中间掀起了轩然大波。但谣言即真相，约翰·埃德加·胡佛对多诺万是恨之入骨，而多诺万对他更是鄙视有加。约翰·埃德加·胡佛将这个新机构视作联邦调查局情报搜集的威胁，而陆军参谋长乔治·卡特莱特·马歇尔将军也担心多诺万是想将自己打造成一名控制海陆两军情报的"沙皇"。杜勒斯则决定对情报协调局敬而远之，再看看如果美国参战，自己会不会有什么其他出路。然而，他的确注意到自己的一些朋友已经开始为多诺万效力，如伯尔尼的费雷德里克·多比埃尔和大卫·K. E. 布鲁斯——一个与梅隆家族联姻的弗吉尼亚贵族。

多诺万常常说，他的情报机构属于白手起家，此话一点不假。刚开始他身边只有一些亲信顾问，特工和机关人员基本上都是从大街上招揽来的。1941年9月，多诺万在华盛顿总部翻阅着一些个人备忘录，一位已是情报协调局一员的纽约银行家詹姆斯·沃伯格的一份卷宗引起了他的兴趣，其中记录了杜勒斯兄弟。福斯特倒是想要为情报协调局服务，但多诺万和他的高级助手们却很谨慎。在沃伯格的备忘录中指出福斯特"更倾向于做一个和事佬"，而杜勒斯在伯尔尼的成绩斐然，特别是在与德国人进行的心理斗争活动中表现出色。"他可能会是个非常有用的顾问"，沃伯格在备忘录中这样写道。

就在日本六艘航空母舰向东驶近夏威夷群岛时，情报协调局依然还未争取到杜勒斯。偶尔与杜勒斯在华盛顿打打网球的布鲁斯对他加入情报协调局已不抱太大希望。但在一份1941年12月的备忘录中，他还是告诉多诺万，杜勒斯已经在前国务院外交官的考察中"因为某种原因被淘汰"，这一点可能会对他们的间谍机构有所帮助。

...in, guarded by machine-gun-toting SS men, passed through. Four
...d motorcades were positioned at different places in Germany to drive
...ays in his own car with his personal chauffeur rather than ones the
...ovided. Twenty-four hours before a public event, Gestapo and the
...wept the site of suspicious persons, placed all approach routes to it
...rveillance, and had technicians search the venue for explosives. So
...sassination attempts had been tried and failed, it seemed as if Hitler
...ell danger. He would suddenly change his motorcade route or the
...showed up at an event or left it.
...fenberg and the other conspirators eventually decided the military
...heir coup would be the nearly two million men of the Replacement
...mmanded by Friedrich Fromm. The colonel general had been
...out whose side he was on. If he did not join the plotters, his deputy,
Friedrich Olbricht, who was part of the conspiracy, promised to
...mm to act. Stauffenberg fortuitously was now in a position to help
...appen; in October 1943, Olbricht made him his staff chief with
..."Valkyrie."
...the code word for a highly secret mission the Replacement Army
...ies supplying field commanders with fresh troops—suppressing
...evolt in Germany among its citizens, millions of foreign workers...

It was no secret to Hitler that he was in constant danger of assassinatio...
...that any plot would likely have generals behind it. All told, more than
...dozen attempts would be made on his life, seven of which he knew of.
1939, a lone communist assassin planted a bomb set to go off in Munich's
...gerbräukeller during the führer's speech; Hitler left the room minutes
...re it detonated. With General Tresckow's help, on March 7, 1943, offi-
...s placed British-designed bombs disguised as two Cointreau bottles in a
...partment of Hitler's plane, but they failed to go off while he was aboard.
...rtnight later Tresckow enlisted a despondent army colonel to stand next
...Hitler during a Heroes Memorial Day ceremony in Berlin and detonate
...xplosive hidden in his large overcoat. But the suicide bomber could
...er get close to the dictator, who practically ran through the event.
...Hitler—often wearing a bulletproof waistcoat and cap, the conspirators
...ight—always surrounded himself with SS bodyguards in addition to a
...de of trusted Wehrmacht aides. Nearby rail traffic halted when his pri-
...train, guarded by machine-gun-toting SS men, passed through. Four
...ored motorcades were positioned at different places in Germany to d...

or saboteurs the Allies infiltrated
the Replacement Army's military
...tivated to quell any disturbance a...
oversaw Valkyrie for Olbricht, rea...
troops in Berlin and other key citi...
but to topple him. As the staff chi...
at all times. All the conspirators r...
...ders under Valkyrie. If Fromm w...
and do it himself. Stauffenberg se...
the Valkyrie directives that would

What to do with Hitler? The co...
whether he should be killed or ca...
vored killing him. So did Stauffe...
be an explosive device rather than
...teed a clean shot. Stauffenberg loo...
conspirators had not considered
and did not have access to Hitler.
kill Hitler, perhaps in his Wolf's L...
in Berlin. But he could find no on...
more importantly, in June 1944, St...
Fromm had taken him from Olbric...
gave the colonel access to the dicta...
Stauffenberg decided he would be t...

The conspirators planned for
at Wolf's Lair in East Prussia, wh...
few hours so the Berlin cabal cou...
government without Hitler's ento...
quarters interfering. For the job of
...fearless and highly educated chief
...Fellgiebel. It was impossible to cu...
compound. But Fellgiebel, who tho...
intended to disrupt its communica...
off repeater stations in East Prussi...
and teleprinter traffic. At the same t...
other parts of the country to allow t...

第二部分 二战

PART 2
WORLDWAR II

第六章

华盛顿

夏威夷时间12月7日，将近早晨8点，第一拨由181架日本剑鱼式攻击机、俯冲轰炸机、高空轰炸机和歼击机组成的机群云集在瓦胡岛上空。第二拨170架敌方战机机群也会在早晨9点之前到达。大约90艘美国战列舰、巡洋舰、驱逐舰和一些小型舰船正静悄悄地停泊在夏威夷珍珠港码头。睡眼惺忪的执勤水手刚刚醒来，准备参加星期日早晨的礼拜。美国大部分飞机都齐头并肩地停放在离港口不到六英里的附近机场，这无疑将成为最容易攻击的目标。日军两小时的珍珠港偷袭使得美国太平洋舰队21艘舰船与超过347架飞机被炸毁或报废，2403名美国人死亡。美国情报协调局，因为成立还不到五个月，有幸逃脱了在珍珠港偷袭事件后对其情报工作的指责。但对于海军和陆军情报工作，珍珠港偷袭则是史无前例的惨败。

多诺万当时正在纽约的马球场观看星期日下午的一场职业橄榄球比赛，直到球场的扬声器召唤他去接听电话时才得知偷袭事件，一位助手告诉他总统要求他立刻返回白宫。此时，威廉·凯西与索菲亚正在贝尔莫尔附近他母亲的家中度周末，他从收音机中得知了珍珠港被偷袭事件。当时他正在为美国研究院利奥·彻恩所撰写的题为《你的企业走向战争》的文章润色和收尾。1941年初，凯西一直在组建美国研究院华盛顿办事处，他在第一C大街的卡罗尔阿姆斯酒店租了一个房间，这几乎就是首都城市可以找到的唯一体面的住宿了。由于政府在做战备工作，华盛顿变得越来越拥挤了。索菲亚几乎每个周末都乘火车从纽约到这里来看他。在工作日，凯西设立了一个编号系统来查找他与索菲亚之间的来往信件。2月22日，他俩终于结婚了，索菲亚搬到了华盛顿，比尔也不用时刻跟踪邮件了。他们本来可以早些时候结婚的，但他们决定要等经济大萧条过去，或者至少要等到凯西的收入能够保证在经济慢慢复苏时期养活自己的妻子。这对年轻的新婚夫妇在华盛顿西北部的Q街2500号找到了一个城区住宅。不久，索菲亚就怀孕了。他们唯一的孩子伯纳黛特，于1943年呱呱坠地。

凯西不顾一切地想参战，而他所在的长岛征兵局也同意他参军，但将他列为1-A类（在不涉及战斗或武器的军事领域里服役）。而彻恩对凯西想参军的想法失望透顶，为了将他继续留在美国研究院工作，甚至上书给政府，试图不让凯西加入陆军。虽然他在美国研究院的工作并没有重要到需要"延期"的程度，但彻恩考虑到参军离去可能会导致其家庭生活陷入困境，便设法将凯西列入了3-A类（指因极度贫困或要抚养他人而延期征集的人），将他留在了华盛顿。凯西接受了"延期"，但觉得很羞愧；他的弟弟和妹夫都是现役军人，而且应征入伍的其他男人也有拖家带口的。此后，在长达一年多的时间里，他继续为彻恩撰写工业动员报告，还帮助美国研究院为战时生产委员会提供美国制造商优先顺序的咨询，并担任战时经济委员会的顾问（试图压制轴心国经济体而设立的机构）。但在1943年的春天，凯西再也无法忍受待在美国了。他运用自己的游说能力说服了彻恩，而这次是为了让自己参军。

然而，在军队的印象中，凯西并不是做军官的料。他参加了体格检查，申请在美国陆军航空队服役，相信自己会对飞机生产有所裨益。但军方认为他30来岁年龄太大了，也许只能让他作为生产线的一名士兵参军。海军对他印象也不怎么样。面试凯西的军官发现他做研究工作资质不错，但衣冠邋遢，没有军人威风凛凛的气派，而且说话结结巴巴，很难听懂他在说什么。此外，海军军医还裁定他身体不适合执行海上勤务，说他双眼散光，有"明显的脊柱后凸"（脊柱弯曲，俗称驼背）。凯西不停地为自己申辩，来自朋友的推荐信淹没了海军部门。海军最终为他在采购器材局安排了一个职位，该局很看重其在美国研究院参与造船项目的经历，责令人事官员忽略他生理上的缺陷，并立即任命他为军官。凯西得寸进尺,要求跳过两个级别,直接将他晋升为海军上尉。当局认为这个要求有点过分,只同意让他于1943年4月26日以比最低军衔少尉高一等级的海军中尉入伍。

身穿袖子上缀有一条半金边的崭新的海军制服,使凯西看上去精神抖擞。但他很快就发现,坐在位于宪法大道上的海军采购器材局办公桌前工作与此前在美国研究院没有太大差别。他也没有意识到日常所做的解决登陆艇生产中的瓶颈这种工作的重要性。尽管同盟国急需更多的小型两栖舰艇来反攻被德国占领的法国,凯西仍觉得这工作很无聊。他声称自己"很渴望战斗行动",这个听上去更像是空洞的自吹自擂。毕竟,他体格根本不适合战斗。但他认为,战争中肯定有比他目前所从事的更刺激的工作。

凯西注意到,许多通过各种门路参军的富家子弟都加入了一个秘密组织,位于海军山第二十五E大街由公共卫生署改建的大楼中,一名前华尔街律师开办的机构。多诺万的战略情报局确实吸引了那些美国顶级名门望族的军官,而且这一事实还被新闻媒体爆料,记者们有时在他们的专栏中打趣地称OSS(战略情报局)代表的是"Oh So Social(全是关系户)"。该机构在海军山的总部是"视障兵团",因为他们当中大多数人员都佩戴眼镜或因体格问题不适合作战。凯西除了就纳粹如何解决他们的军事工业问题采访过一些在美国研究院任职的德国犹太人之外,对情报搜集工作知之甚少。他还听到了一些传闻,说战略情报局是罗斯福的专宠项目,但他暂时撇开了对罗斯福的厌恶,开始寻找加入进来的敲门砖。

凯西能够找到的与战略情报局唯一有关的人脉就是杰罗姆·多兰,而且两人来往并不多。多兰是多诺万在华尔街律师事务所的一名律师。大学时候的一个夏天,凯西曾与他一起在琼斯海滩的停车场打工。多兰同意与多诺万律师事务所前合伙人小奥托·多林联系一下,此人现在是战略情报局的高级助理,看看他是否会同意给凯西一个面试的机会。1943年8月底,凯西穿过突击队员正在练习肉搏战的前院草坪,登上台阶,绕过大理石柱,来到了被战略情报局情报员调侃为"克里姆林宫"的总部大楼门口。门卫先是让他出示证件,然后录入来访名单，再打电话叫人护送凯西到多诺万战略情报局大厅一楼的一间小办公室。走廊中，手持印有"绝密"印章文件的男男女女步履匆匆，几乎将他撞到，他们彼此之间的交谈也像是窃窃私语。

陪同人员将凯西领进去，他看到多林身穿陆军少校的制服坐在办公桌的后面，看上去兴致勃勃而且没有任何架子。一副随和的模样掩盖着的是一个法律顾问无情且高效的个性。此人曾帮助多诺万汇编和整理律师事务所复杂的反垄断案件中的大量信息和资料，而现在又为战略情报局处理琐碎的行政事务，同时还兼顾料理多诺万背后无数试图破坏其组织的官僚仇敌。在最简短的寒暄问候之后，多林很快切入正题。他说，多诺万在华盛顿总部已经组建了一个秘书处，正在寻找去伦敦组建战略情报局秘书处的人选。凯西猜测少校是不是在准备邀请他加入这项工作。多林解释说，秘书处是参谋长联席会议效法英国并敦促类似多诺万在华盛顿总部这样的复杂机构设立的综合部门。它是战略情报局局长身边堪称左膀右臂的行政"小团体"，其职责是理顺情报局与其他军事组织之间的关系，并作为多诺万的耳目，负责详查其指挥下无数大大小小的单位，确保间谍组织中的普通士兵都能忠实地执行他诸多的命令。多林需要一个像凯西一样精力充沛的年轻人到目前由大卫·布鲁斯领导的伦敦站去组建这个秘书处。他告诉凯西，次日，也就是9月1日上午10点来总部报到，进行下一轮面试。

正如他之前在很多求职面试中所表现的那样，凯西在次日的面试中给面试官留下了非常糟糕的第一印象。尽管索菲亚特意把他的夏季卡其色制服浆洗烫平，让他穿在身上的时候，不会因为华盛顿每年9月时节令人窒息的热气使其出汗而显得皱皱巴巴。第一位面试官认为凯西很聪明，资质很高，而且非常渴望加入间谍机构参加冒险，但同时在这位面试官看来，凯西的外表和形象太过逊色，不具备军人风范，显然不适合在该领域担任领导。但第二位面试官查尔斯·范德布鲁上校完全看好他。上校之前是一位纽约生产制造商，现在担任多诺万的猎头。范德布鲁认为，凯西在美国研究院所掌握的分析和组织能力足以让他成为理想的秘书处负责人。他开诚布公地向这位中尉坦白，伦敦站现在的情况一塌糊涂。布鲁斯是一个有全局观的好人，但作为一个行政管理者跟多诺万一样行事古怪。多林需要安排一个秘书处去收拾布鲁斯在任期间所留下的官僚作风盛行的烂摊子，就如华盛顿的秘书处为多诺万所做的一样。凯西对出国的前景充满了向往，但他意识到自己并不是这项工作独一无二的人选，所以他又准备了一拨推荐信，直接递给多林和范德布鲁之后，开始静候通知。

多林和其他人花了一个月的时间才下定决心，由战略情报局向海军发出将凯西调动到间谍机构总部的申请，需要他为伦敦的一个"紧急"任务做准备。海军对多诺万对其军官的偷猎行为早就反感至极，只同意可以暂时借调。10月13日，凯西被派到了"克里姆林宫"。彻恩非常大方地同意，在其担任战略情报局职务期间继续支付他在美国研究院12000美元的年薪，这意味着凯西和索菲亚的生活可以无忧无虑。

在对他进行了简单的背景政审之后，凯西在接下来的两个月里，在华盛顿总部的办公室之间默默地穿梭着，就多诺万远程操控的间谍机构应如何运作做了详尽的记录。为了探清秘书处的内部运作情况，凯西做了很多琐碎、具体的事情。他还游历了战略情报局在马里兰州南部的秘密营地，观察情报机构如何训练其间谍和突击队。在列席无数次会议之后，凯西很快就意识到，1943年秋，尽管美国参战已经接近两年，但多诺万和他的高级助理们还需要花"大量时间"来抵御来自五角大楼、国务院和联邦调查局等官僚敌人的破坏。他还观察到，大部分的日子，混乱都笼罩在海军山山顶之上——凯西永远无法说清那种混乱是特意安排的还是无意之间形成的——总部大楼里总是人头攒动。

凯西对多诺万为间谍组织所招揽的各色人才惊叹不已——他们是来自学术界、科学界、金融界、法律界、新闻行业和体育界的最顶尖和最聪明的人，还有职业五花八门的人员，有杂技明星、车赛选手、保险箱窃贼、开锁高手、造假者和入室行窃的艺术家等，偶尔还有黑手党的暴徒。而他们当中的大多数人似乎在间谍活动和破坏活动上都跟他一样，没有太多的经验。但其中最令他着迷的是那个60多岁、大腹便便、鬓发斑白的律师，这个人才济济的组织的领导人——多诺万。

多林在多诺万办公室所在楼层的埃德文·普策尔的办公室里放了一张小办公桌给凯西办公。多诺万的另一个律师同事现在负责管理他的日程和备忘录流程，并向其报告情报信息。凯西可以从这个有利位置亲眼看到多诺万日常办公室的情况。早上9点，多诺万召集高级职员开半小时的会议，回顾昨天夜间送来的情报，或处理海外突然出现的紧急情况。接下来的一个小时内，多诺万快速浏览邮件、海外电报，以及堆放在他办公桌上的备忘录，用铅笔简要地批注和纠正其中的错误，并从快速浏览的文件中搜索更多的信息。上午10点30分，他应接不暇地与下列人物会面，如军事将领、外交官、内阁官员、情报局分管领导、探亲回家的间谍和突击队员，偶尔会召开非正式的记者招待会。凯西注意到，无论是早餐、午餐或晚餐，他几乎总是一边狼吞虎咽地吃着饭，一边听取助理向他做的简报。多诺万一天的工作通常是在晚上11点结束，就在凯西锁上保险柜，准备回到索菲亚和他的宝贝女儿身边时，多诺万已走向轿车，司机早已候在那里。而且他通常会带着一个装满其研究和分析部门所做出的关于轴心国军事能力报告的公文包回到乔治敦的家中。

时不时，多诺万在经过的时候，会向凯西招手，让凯西到他的办公室小叙家常。这位局长对谁都是如此，他确实具有打造战略情报局的领导天赋。哪怕是像凯西这样的小角色，多诺万都会让他觉得自己是组织中最重要的人，是其亲密的朋友和顾问，尽管多诺万实际上并没有多少朋友。凯西对他佩服得五体投地。他从来没有亲身面对过这样一个人，声音温柔、举止高雅，浑身散发出如此强大的力量和领导魅力。他还发现多诺万具有超常的学习能力，能迅速了解问题的本质并快速做出决定。凯西极尽细致地研究了多诺万的管理风格，这通常会让他的分局领导发疯。多诺万在总部授权给下属，但是自己却"染指一切"，凯西后来写道。他无视组织结构和分工，而且从不遵循逐级汇报的规则，总是越过高级官员，直接给下属打电话索要信息。他给海外站长独立管理的权力，但往往会"乘虚而入"，直接决定某间谍的任务。凯西写道："他的口号是'完美是优秀的敌人'，他常常即兴发起并布置行动，而这在美国任何战争机构中都需要数月的研究、辩论和审查。"如果有机会的话，凯西也想实践做这样的领导。

到10月底，多林终于确信自己为伦敦秘书处的组建选择了合适的人。他认为，凯西具有非凡的管理才能。这个海军中尉能够写出清晰简洁的报告，并能把事情做好。多诺万对他的印象也很好，所以同意将这位美国研究院前分析师送到伦敦布鲁斯那里去。1943年11月初，凯西接到命令飞往伦敦。海军最终只能将他完全转交给了战略情报局。然而，凯西并不像杜勒斯那样对长期离家在外乐此不疲，他有些害怕离开他心爱的索菲亚和伯纳黛特，但是华盛顿总部已经为他办理好了所有手续。一想到伦敦是海外情报工作真正的发生地，也是多诺万日渐壮大的间谍帝国中最重要的布点，凯西对于前往那里依然充满了渴望。

第七章

杰德堡计划

威廉·科尔比喜欢引用拿破仑对其部队发出的作战命令："向炮声冲去。"但自从日军偷袭珍珠港以来，他觉得自己好像是在向相反的方向前进，离那炮声越来越远。一年后，科尔比从哥伦比亚大学法学院辍学。1941年8月，他的年龄终于到了21岁，可以作为少尉加入后备军官训练队了。美国陆军把他分配到了北卡罗来纳州的费耶特维尔城外闷热潮湿的布拉格堡训练营，他在那里的兵源补充单位等候了六个月。1942年2月，他终于接到了前往锡尔堡的命令，那是另外一个位于俄克拉荷马州劳顿附近荒凉的"哨所"，在那里开始他作为一个炮兵军官的训练。科尔比认为这是对一个优等生的惩罚，或者至少他认为很倒霉的事情是，在毕业后被选定留在"哨所"作为教员教授学生如何使用榴弹炮，而无法与作战部队一起被送往前线。他开始担心他会像父亲错过第一次世界大战那样错过这次大战。

在完成四个月枯燥的工作后，有一天他瞥见了公告牌上的一个通知：美国陆军需要志愿者来测试陆军部新近批准的想法——那就是训练重炮和炮手如何从飞机上跳伞。通知还指出，锡尔堡的指挥官不得阻止任何想加入空降炮兵营的军官。科尔比将其视为逃离俄克拉荷马州并参加战斗的最佳机会，于是自告奋勇地报了名。视力差成了唯一的拦路虎，他曾因此无法进入西点军校，所以担心这次也会阻碍自己成为一名伞兵。等到做体格检查的时候，他暗自下定决心要坐在视力表旁边脱衣服，并趁机将上面一行行的字母背下来。在视力测试期间，他竟然真的一字不差地说了出来。

结果，医生怀疑他在作弊，命令道："现在倒着再来。"

科尔比却结结巴巴说不出答案。

医生问道："你真想成为一名伞兵？"科尔比回答："一点儿没错，真想。"

医生咯咯地笑道："我觉得你从飞机上跳下来之后，还是可以看到地面的。"于是同意了他的申请。

本宁堡军事基地位于佐治亚州西部的查塔胡奇河沿岸，占地18万余英亩，山峦起伏，松树叠嶂，是步兵的训练中心。这里自我标榜为"美国大陆最完整的陆军驻地"，每周培养约1000个新中尉，他们会被迅速送往前线的作战排。1942年9月，科尔比抵达此处，因为训练伞兵的帐篷城就建在亚拉巴马州查塔胡奇河西岸的本宁堡军事基地。他越是学习，越是觉得组建空降炮兵营这一想法可笑至极。九门75毫米的重型榴弹炮分装在九个降落伞包里，将它们猛推出运输机后，到达地面时落在不同的地方，或者说压根不会落在本宁堡基地预设的隐匿点。无一例外，炮手们只能找到九个降落包中的八个。尽管如此，科尔比还是迫切地希望做一下尝试，好让他能够更接近战场。四周以来，他快速奔跑去上每一堂课，从实体模拟飞机上往下跳，身体悬挂在降落伞背带上，模拟飘浮降落，伞衣鼓起后从250英尺高的塔上自由落下，学习翻滚以减弱撞击地表的冲力。

然而，天不遂人愿。在第二次从飞机上跳下的练习中，科尔比扭伤了自己的右踝。踝关节需要六个月的时间才能愈合，所以他只能在1943年4月完成降落伞训练，并作为一个作战军官助理被分配到了空降营。但就在该营准备同陆军82空降师一同被运往北非的时候，其乏善可陈的指挥官被解除职务，而接替他的中校带来了自己的工作人员，包括一名作战军官助理来替换科尔比的工作。美国陆军再一次将他分流到兵源补充池，这次到了麦克尔兵营，这是一个位于布拉格堡西部的曾是荒野地带的"前哨"。但自开战以来，1750幢建筑物拔地而起。在此，他只能又一次地等待，眼睁睁地、充满羡慕地看着兵营的其他官兵奉命加入伞兵部队。

10月中旬的某一天，科尔比发现营地公告板上贴着一张盖有战略情报局公章的广告字条，上面写道，如果你会讲法语，并寻求海外冒险，请拨打这个号码。初中毕业后的暑假，科尔比曾到法国待了一个月，他会讲法语，虽然不算完美（如果他不知道某个词怎么说，他就编一个，朋友称之为"创造性法语"）。科尔比根本不了解战略情报局意味着什么，但相比寻找地上散落的九门榴弹炮，这个听起来更加有趣。于是，他拨通了广告上的电话。

*

在战略情报局中，很少有人知道绝密计划的细节。就连代号名称也有分类。一名多诺万的高级助手下令招聘官在全美国撒网，寻找适合的人才。夹着带有规定的秘密备忘录，招聘官们分头来到了本宁堡、布拉格堡、麦克尔兵营和其他陆军驻地。他们冲着一脸困惑的部队指挥官出示了自己的安全证章，以便可以对人事档案翻个底朝天，他们的目标是招募100名会讲法语的军官。招聘官想从兵源补充地挑选50名最可靠的"突击队"队长，军衔最好是中尉和上尉，但如果少校很年轻，他们也会考虑。另外50个名额将分配给"该项目"的一般工作人员。

招聘官还希望招收50名无线电操作员，他们最有可能在密苏里州西南部的克劳德军营或新泽西海岸附近的蒙默思堡找到这些军人，因为那里是陆军无线电接收训练基地。在克劳德军营，战略情报局的特工们将自己锁在一个空荡荡的办公室里，从1200份档案中进行筛选。无线电操作员的要求不像对军官的要求那么高，他们只需要具备良好的用法语工作的能力。即便如此，陆军通信兵教练依然告诉这些神秘的战略情报局特工说，就算他们拍摩斯电码的速度稍慢，如果接受会讲法语的人，将来培养起来可能会更轻松一些。招聘官最终挑选了62名士兵，每个人的发报速度至少在一分钟15字以上。到11月底，他们已经找到了109名军官，许多来自伞兵团。

10月20日，科尔比走进了麦克尔兵营一个空荡荡的房间，只有一张桌子和两把金属椅子。一个自称谢利的军官手持笔和记事本坐在桌子的后面。科尔比不记得谢利是否提到过自己的名字，反正他没听见。招聘官曾在餐厅和酒店前厅与潜在人员直接交谈，或将他们聚集在会议室进行自我展示。有时房间除了少数留下来登记报名的人外，会被彻底清空。公告板上的广告也吸引了一批可疑的人，如寻求刺激的人、有精神障碍的人或从不幸婚姻中逃脱出来的人，但战略情报局对他们不感兴趣。招聘官凭直觉写下简短的笔记，评语可能非常残酷："呆瓜——我认为。挑剔批判一切，除了他自己。"一个招聘官匆匆对一名上尉草草写道。"斐陶斐荣誉学会的天才生。"对一位上校评注道，"但属于无法执行任务的疑问类型，屁话太多。"

海外出生、精通欧洲语言和文化的军官被看作是最有价值的，但他们往往有复杂的历史，要更加仔细地审查。在一份招聘官的备忘录中提到：纳粹上台后，一个被从小学赶出的德国犹太人辗转来到了美国，现在是"满腔的复仇情绪"，迫切希望"不顾自身安全破坏希特勒的体系"，他们认为他是个不错的候选人。备忘录中还提到：一个奥地利流亡者，其母亲有过三次婚姻，他在面试中表现得很"拘谨"，声称对纳粹"充满仇恨"，并出示了未经查证的证据。"我对此毫不怀疑，"战略情报局的面试官写道，"但我觉得一个相当聪明的演员应该记住他给我的解释。"

谢利警告科尔比避免在面试中重复任何东西。他说，战略情报局正在寻找大胆的能被证明具有领导技能的年轻人，那种可以熟练运用小武器，能懂法语（但"学者般的流利程度和完美的口音"并不是"必须的"）且具有超强体魄的人。这些军官还必须具有与士兵打交道的经验，最好之前参加过战斗，还要做好随时跳伞空降敌军后方的思想准备，然后能在"高度危险的任务中"独立作战。科尔比点点头，基本上没问什么问题，但谢利还是稍微指点了他关于其所在间谍机构的一些基本情况。谢利接到命令，不能告诉科尔比他要加入的战略情报局部队的番号、任务和他要空降的国家。

科尔比没有战斗经验，更鲜有时间指挥部队。但谢利在笔记中说，年轻的上尉看上去智商很高、很敏锐，确定无疑有"军人风范"，给人留下的印象是个做事主动、有能力的领导。科尔比不是因为报复、金钱或任何其他可疑的原因参军。他只是想"投入战斗"，面试官在报告中指出。谢利还写道，如果他是科尔比的指挥官，那么选择他的理由很简单：他看起来"很可靠"。

科尔比一直认为，英雄主义不是在枪林弹雨中练就的，如果仅仅是为了培养一名士兵，那当然足够了。他是为了生存而战，为了保护他的战友而战，出于愤怒或因为不愿意做胆小鬼而战。真正的勇气是在远离炮声隆隆的平静小屋里决胜千里之外的胆识和魄力。正如他现在一样，具有暗下决心、不惜冒生命危险的气度。他对谢利说，自己想加入。

科尔比次日接到密令，指示他在10月22日到10月24日之间前往华盛顿的战略情报局总部报到。同时还命他准备好去欧洲的行李。同样的指令和电报还发给了其他108名军官，即使招聘官只对他们当中的50人最终能抵达海外抱有希望。科尔比决定不再返回麦克尔兵营。他很聪明，能从谢利对他法语熟练程度的兴趣推断出自己可能要参加空降到法国的神秘部队。从那年夏天到海外起，他就迷恋上了法国。但现在这个国家动荡不安。

*

1940年5月10日，德国的入侵迅猛而高效，德国国防军仅仅用六周时间就闪电般地征服了法国，法军的惨败在很大程度上对德军闪电战起到了"推波助澜"的作用。这次灾难性的失败，令法国举国上下瞠目结舌。备受屈辱的西线军队唯一的"成功"就是，超过33万英、法士兵的"敦刻尔克大撤退"。留在他们身后的法国开始了人们所称的"黑暗年代"。

6月22日，希特勒的特使与法国代表签署的停战协定对德国人来讲那么简单、那么苛刻、那么轻而易举。"敦刻尔克大撤退"后只留下十万法国士兵来维持法国内部秩序。海军的舰队停在了码头。德军占领了包括巴黎在内的北部地区。考虑到德国国防军的人力资源不足，希特勒认为不占领南部而扶持听命于德国占领军的菲利普·贝当元帅组建的政府来管理南部地区对他更为有利。

1942年11月，当美国和英国军队成功进入北非的时候，一个满嘴脏话、亲纳粹的名为弗朗索瓦·达尔朗的海军上将同意转换立场，命其在该地区的法国军队加入盟军。希特勒一怒之下，派德军占领了法国的其他地区，只留下了贝当做一个更加有名无实的傀儡，负责管理宁静的避暑胜地维希——法国南部的半壁江山。

贝当认为，德国之所以打败法国，是因为法国很软弱，被无能的政客弄得千疮百孔，而此时又面临被共产党夺权的危险。这位84岁的元帅虚荣而狡猾。由于他在第一次世界大战中的凡尔登战役的非凡表现，而深受法国同胞的尊敬。他认为法国的敌人是英国而不是德国，并发誓要给自己的国家带来一个"新秩序"。令人唾弃的皮埃尔·赖伐尔，作为贝当的"伪国"首相，成了他的打手。他不仅醉心于纳粹的"表面平静"，甚至公开宣称他们在战争中取得了胜利。

希特勒的占领政策以恐怖镇压为主。法国游击队每击毙一个德国人，盖世太保或纳粹党卫队都要枪决50名法国平民。法国制造业总计约有65万工人被征召用于军用车辆、飞机、火车、武器和香槟等的生产，以供给纳粹战争机器。法西斯的维希政府通过可恶的准军事部队，即维希民警，像纳粹一样疯狂镇压法国人民。他们协助纳粹枪杀了3万法国抵抗军，将7.5万犹太人驱逐到奥斯威辛集中营，使之丧身营中。大约3万维希民警还得到了大约22万法国通敌卖国者的帮助，其中有卖国告密者、右翼极端分子、贪婪的商人、投机取巧的企业家、名声恶劣的中间商、不折不扣的罪犯、妓女……

法国沦陷后，英国首相温斯顿·丘吉尔采取了三管齐下的战略：派空军轰炸德国城市、启动强大的英国海军隔离敌军、在希特勒征服的国家发动叛乱。为了让被占领的欧洲"熊熊燃烧"，多诺万积极支持这一战略。丘吉尔建立了英国特别行动处，一个由突击队员和破坏者组成的非常规战争组织，总部设在伦敦贝克大街几个戒备森严的城区住宅中，后来得到"老公司"和"球拍"绰号。在英国特别行动处内，有一个叫作F的部门是专门为了在法国鼓动破坏行动而设立的。

F部门起步缓慢。至少在起初的一年半时间里，大多数法国民众只想着如何生存下来。他们以为德国人会赢得这场战争，因此对德军占领区现状持被动态度，宁愿静观其变。德军占领区中零散的攻击时有发生，如数名敌占区官员被暗杀、满载物资运送给第三帝国的货车受到阻击、一个敌军的武器仓库遭到突袭、时而有英国轰炸机空投英国特别行动处带着无线电与炸药的特工等。但相比85万驻扎在法国的德军，这些蓄意破坏不过是小打小闹罢了。大多数法国公民认为这种攻击是徒劳的。

自从1940年6月贝当与纳粹德国讲和后，一个并不著名的、没有什么显赫军事战绩的法国将军开始崭露头角。此人长着"菠萝般的脑袋、女人一样的屁股"（某位英国外交官如此描述），他在白金汉宫附近成立了法国流亡办公室，宣称自己是法国临时政府的领袖，此人便是戴高乐将军。杜勒斯认为戴高乐将军是未来法国抵抗运动的唯一可行的领袖，但这明显只是少数人的观点。丘吉尔觉得戴高乐一定是疯了，为他保留了一份"青蛙档案"；罗斯福总统在其任职期间一直对这位法国将军不太信任，对他的能力始终持有怀疑态度；德怀特·艾森豪威尔——欧洲盟军最高司令，认为他有"圣女贞德情结"。

在戴高乐临时总部聚集的各种各样的人物中，情报头目、陆军上校安德烈·德瓦弗兰，代号"帕西上校"混迹其中。多诺万认为可以与这位对英国忧虑重重的上校情报人员合作。但美国陆军情报处却认为他是一个右翼暴徒。后来，帕西被指控在其伦敦总部的地下室虐待被抓获的敌军特务。

然而很快，不断升温的德国暴行和维希警察的压迫唤醒了冷漠的法国公民。到1943年春，暗中行事的法国游击队网——英国特别行动处称他们为"电阻网"，如雨后春笋般地在法国遍地开花，其队员增长到数万。成千上万的法国年轻人逃到法国的阿尔卑斯山麓，躲避被德国征召去服苦役。因为这些抵抗组织生活在法国偏远的乡村，他们组成的武装部队便取名"马基群落"——当地对生存在科西嘉岛山间硬叶灌丛的称呼。在英国特别行动处的帮助下，破坏者切断电话线、捣毁铁轨、破坏电力变压器、炸毁供应第三帝国军需的工厂、伏击德国士兵和暗杀充当盖世太保走狗的内奸。1943年，占领区司令——陆军元帅格尔德·冯·伦德施泰特，在一份备忘录中写道：法国到了"严峻的转折点，没有武装保护，单一地派遣国防军成员、救护车、通讯员或供应物资专列是无法得到安全保障的"。

但是，法国抵抗组织其实是由三股装备很差的松散的武装队伍组成的，包括共产党的游击队员、愤愤不平的维希士兵和戴高乐的法国内部武装力量。在与德军的斗争中，他们各自为政，彼此不配合。多诺万认为，这是喜忧参半的事。艾森豪威尔的参谋们认为他们缺乏协调，常常互相误解。最初，戴高乐与游击队之间彼此猜忌，直到1943年底，游击队被成功地收入法国内部武装力量的麾下。但这三个派别在整个"二战"期间一直互相提防，政治上有"雄心壮志"的戴高乐所谓的权威也就捆绑了一团"散沙"，耍耍"花腔"而已。据战略情报局报道，"只有少数法国成人"认同戴高乐。很少有人认为他是"未来政府的首脑"。

抵抗组织早期在战场上的胜利也是很短暂的。德国人认识到打击叛乱最有效的办法就是对组织进行渗透。对于这一任务，除了利用维希民警外，他们在法国还拥有一个庞大的安全机构：军事情报部门（阿勃维尔）、纳粹反间谍机构（盖世太保）、帝国保安部（与盖世太保来往密切的间谍组织）和一系列五花八门的军事警察部队。被阿勃维尔和盖世太保称为"V-人"的法国告密者混入了许多"电阻网"的指挥层。1943年6月，纳粹间谍组织启动了他们的"收网行动"，展开了大规模搜捕，数百名抵抗运动领导人被押送到刑讯室或被残忍地杀害。全国范围的袭击摧毁了抵抗组织，抵抗组织的武器库被发现，但没有被彻底毁灭，因为德国人并没有发现所有的武器库。一位法国抵抗者的渗透为英国特别行动处提供了德军所掌握的有关"电阻网"的有价值的情报，这样就可以堵住安全防卫的漏洞。"电阻网"又重新建立起来。到1943年底，坚韧的法国抵抗组织重新扩大，阿勃维尔、盖世太保和帝国保安部此时的信息资源显得捉襟见肘。但英国特别行动处的指挥官承认，即使德国人没有能力进行反扑，要想法国抵抗组织对盟军反攻法国做出任何有意义的贡献，仍需要注入伦敦的领导。

*

1943年3月3日深夜，富兰克林·坎菲尔德，战略情报局新上任的上尉（曾是杜勒斯所在的沙利文-克伦威尔律师事务所巴黎办事处的合伙人），静静地坐在伦敦的英国指挥中心，看着英国特别行动处的员工回答无线电呼叫，在大型地图上用彩色大头针标注突击队的位置。关于邀请坎菲尔德加入英国特别行动处，其目的是为了让他在自己并不知晓的情况下，得到"适当的灌输"，英国的一份绝密备忘录如是说。

坎菲尔德欣然地接受了邀请,并前往伦敦。但在其组织战略情报局的突击队进入被占领欧洲的前两个月,特别行动处的官员基本上不理会他。其实这位30岁的美国陆军上尉根本不需要什么"灌输",他一直在观察这场全国性的"战争游戏",数十万英国和加拿大军队代号为"斯巴达行动"的进军练习正在展开。英国特别行动处正在测试登陆欧洲大陆之前,由11个三人组合的跳伞突击队,如何与没有领导人的抵抗组织(此次参加演习的部队是皇家威尔士燧发枪团)取得联系。

随着英国军队向北行进,穿过英格兰索尔兹伯里平原南部的白垩高原,这些三人小组(由一名英国特别行动处情报员,一名外国向导和一名无线电操作员组成)的任务是领导地方游击队模拟袭击,如炸毁目标、攻击敌人的总部和切断电话线等。坎菲尔德与其他几名法国以及比利时军官应邀到指挥中心去做说服工作,因为英国特别行动处没有足够的三人突击小组空降到法国,而被占领的比利时和荷兰可能需要至少70个三人小组。英方需要母语是法语的人当向导,如果美国人能提供三人团队的领导军官和无线电操作员,他们很愿意在此行动中与战略情报局合作。

自1942春季以来,英国特别行动处对三人小组行动进行过数次"头脑风暴"。由一名英国或美国军官、一名目的地国家的外国军官和一名无线电报人员组成的三人小组,空降到法国敌后或刚刚被德军占领的地区。他们将成为盟军最高统帅部与法国抵抗组织之间的联络人,向"电阻网"传达伦敦的命令,安排武器及空降物资。英国特别行动处认为,身穿英国制服将提振法国士气,增强一种意识——那就是当地游击队是盟军广泛战争策略的一部分。而突击队员将协助领导法国抵抗组织的各种袭击,如破坏铁路、切断电话线、伏击汽车上的德国军官、袭击德军的补给站、捣毁纳粹德国空军飞机场和德国国防军使用的发电厂、破坏敌军车队运输桥梁和给盟军轰炸机发回有关德军聚集区的情报等。

自从1941年7月组建间谍机构以来,多诺万就喜欢让突击队成为该组织的一部分。事实上,如果罗斯福不反对,多诺万准备自己带领这些非常规"斗士"

参加战斗。乔治·马歇尔拒绝考虑这样的决定，罗斯福也尊重他的意见，但这位美国陆军总参谋长的确同意让多诺万组建了所谓的特别行动组。一个由2000名熟悉游击战术的人组成的突击队，其军官的年龄要比他在敌后领导的那些人年轻很多。"斯巴达计划"的演练于3月11日结束，行动展示了这些团队在关键时刻空降，可以组织那些散漫的法国抵抗组织战士对常规军队发动有效的袭击。

一些高级助手认为多诺万的机构应专注于间谍任务，游击战争是军方的事情；而另一些对战略情报局突击队别有用心的人，则赞同与英国一起加入此类危险的行动。事实上，在1943年，这算是一个大胆的计划。因为当时欧洲战争的结果尚不明朗，盟军不知道德国军队是否会在他们登陆法国海岸后，把他们扔回大海。但多诺万喜欢这种多国团队渗透的想法，并游说参谋长联席会议和在欧洲的美国指挥官批准这一想法。在"斯巴达计划"演练了五个月后，他们终于同意了多诺万的计划。英国特别行动处给这项计划取了一个随机生成的代号——杰德堡，而这恰巧是苏格兰一个小镇的名字。

坎菲尔德晋升为少校，负责招聘和培训战略情报局承诺的100名参加军事行动的突击队员。9月初，他得到多诺万优先级命令，急匆匆赶回美国，去军队中搜罗可造之才。

*

根据美国和英国指挥官的命令，科尔比和其他新招收的队员不能得知有关杰德堡行动的计划，保密高于一切。10月下旬，科尔比徘徊在位于华盛顿宪法大道的军需大楼大厅寻找1048室。他到这个房间后，向里面一个矮矮胖胖的陆军少校行了个军礼，少校要做的就是核实科尔比的身份与放在他面前的人事档案是否一致。核实无误之后，这位有些不耐烦的少校只是在纸条上写下了位于海军山的战略情报局总部建筑群的Q大楼的地址，递给了他，并告诉他第二天早上去那里报到，便继续埋头工作。

科尔比按照地址来到了海军山，Q大楼入口处的警卫核对了坎菲尔德之前提供的名单之后，让人带领他前往特别行动组。在剩下的时间里，科尔比再一次接受了体格检查，填写了冗长的个人信息表，回答了关于财政状况等私密问题，其中的相关信息，战略情报局官员会让邓白氏信用管理公司进行核查。之后，又是一轮坎菲尔德和其他负责杰德堡计划的官员进行的面试。面试官告诉他，"一战"大英雄威廉·多诺万是战略情报局局长，该机构直接为美国总统工作。在投入危险的战斗之前，科尔比需要接受广泛的训练，他不得对外讲在军队中所干的事情，即使是朋友和家人。但他们没有提到杰德堡计划名称或科尔比将要去哪个国家作战。在一天结束的时候，只是告诉他去清理干净战略情报局在迈尔堡附近提供的临时宿舍，次日清晨收拾好行李在Q大楼门口列队等候。

2.5吨重的带帆布车顶的卡车依次在Q大楼排开，科尔比第二天早上到达的时候，数十名年轻官员笑逐颜开。他把背包扔到一辆卡车的后面，自己爬了进去。紧跟着科尔比爬进来的是加利福尼亚人约翰·辛格劳，他曾在加州大学洛杉矶分校学过法语和日语，当战略情报局面试官找到他时，他正在本宁堡一个伞兵团服役。

"我们要去哪儿啊？"辛格劳冲着前面的司机喊道。司机应声道："国会乡村俱乐部。"

辛格劳、科尔比和其他挤在后车厢长凳上的军官大笑起来，认为司机是在开玩笑。一个二等兵把后面的帆布门帘摞下，避免他们向外看。

经过半个小时的颠簸后，卡车停了下来。司机走到车后面，打开了门帘。令人吃惊的是，当科尔比和其他人眯着眼睛看着亮晃晃的外面时，发现他并没有开玩笑。他们从后车厢爬出，来到了国会乡村俱乐部的环形车道。

俱乐部位于马里兰州贝塞斯达哥伦比亚特区沿线的西北河道边上，占地面积400英亩，1943年时已经陷入了困境，会员在经济大萧条时期过后急剧缩水。多诺万同意以每月4000美元的价格租用该俱乐部并在战争结束后进行修复补偿。这无疑将俱乐部老板从丧失抵押品赎回权的困境中解救了出来；俱乐部开阔的球道、溪流和茂密的森林是训练间谍和破坏分子的完美场地；再加上该地与首都相隔不远，他可以驱车带国会议员和政府高级官员来参观战略情报局，看看他是如何训练这些秘密战士的。该情报局在俱乐部会馆周围都搭上了帐篷，指定其为训练员的F区，一排排帐篷看上去就像是一个红瓦屋顶的大庄园,墙壁上安装了扬声器,这样每日早晨吹响的号声可以把他们从行军床上唤醒;会馆里面,一度豪华的主餐厅被改造成了一个沉闷的军用食堂,天花板上悬挂着水晶吊灯,宽敞的舞厅被隔断作为教室,木板房成了长官的休息室,室内游泳池被抽干,铺上了木板,上面放置了课桌;在第一发球台区附近,建造了超越障碍训练场。一架货运飞机机身和六个悬空吊带被放置在果岭区,伞兵可以练习从高空跳入沙坑,射击场、爆破坑、模拟雷区星星点点布满了其他球道。大学二年级辍学的年轻无线电操作员罗伯特·基欧,称F区为"豪华级冲击"。

接下来的两个星期,科尔比和其他新兵接受了通常从凌晨到午夜的突击队训练,教官告诉他们说一切才刚刚开始。但这只是一种托词,测试人员可以就此淘汰那些不具备突击队所需素质的人。他们忍受了数英里的越野跑,数小时的超越障碍训练来测试身体状况;他们被派去参加游击战的头天晚上,通常不让他们睡觉,以测试他们在高压下的反应。教官把培训员分成六人小组,任命一人队长。派给他们模拟任务,如悄悄接近警卫,在球道的水障碍区炸毁一座桥梁,或简单地从一个地方到另一个地方移动重物考验他们的智慧。而在所有过程中,都有心理学家潜伏在附近,询问新兵看似单纯的问题,并在剪贴板上做标记。

有时,教官会将故意表现得懒惰或过于放肆的陌生人渗透到他们的小组中,以观察他们如何应对那些不尽职尽责或咄咄逼人的人。或者,为了测试他们快速做出决定的能力,他们被锁在一个黑暗的地下室,外面的警卫从门缝塞进一张纸条,指示他们如何逃生,他们必须快速决定是冒险逃走还是继续被关押。他们还得接受不可能完成的任务。在一次演习中,教官命令科尔比和一名队友爬上涂过润滑油的绳索。那个战友爬得较高,但很快松开了绳子说:"我做不到。"他被淘汰出局,而科尔比一直坚持到最后。科尔比认为就是因为他的队友过早地放弃,没有达到教官的预期才被淘汰。

许多新兵开始鄙视这两周的筛选,特别是在心理学家们不断地监视和干涉之下,他们会被一些令人毛骨悚然的问题引入歧途,一旦这些心理学家对答案不满意，他们就得打包回家。科尔比发现，在乡村俱乐部的逗留愉快有趣。他经常会跟辛格劳分到一个测试组，只要一张口说话，辛格劳就会打趣他的新英格兰口音。像辛格劳这样的空降步兵基本属于喧闹型，而科尔比则是一个安静的人。这个视力很差的火炮军官居然有资格作为一名伞兵，这让辛格劳对他刮目相看。后来他才得知，科尔比毕业于普林斯顿大学，虽然他的制服袖子上并没有戴着"常春藤联盟"的标记。

两周后，一辆巴士把所有人带回了"克里姆林宫"，参加多诺万本人的面试。科尔比紧张地走到位于109房间拐角处的局长办公室（109是多诺万在战略情报局文件中的代号）。他一边敬礼一边生硬地说："陆军少校科尔比报到。"当时已经是11月初，天气已经变得寒冷，但多诺万还是一如既往地开着窗户，眺望波托马克河的景色。尽管人到中年，他那双明亮的蓝眼睛、迷人的爱尔兰风采仍然让女人们无法抵挡他的魅力。他在八个月前晋升为准将，纽约威泽尔为他精心特制的崭新制服上缀着荣誉勋章丝带，在与挂满一条条丝带的其他官员开会时，他这唯一有分量的奖章并不特别醒目。多诺万招手让他坐在自己桌前的硬靠背椅上，他的办公桌一角有两部电话，可直接连线到白宫和五角大楼，另一个角上有个收文篮，里面堆满了绝密文件。

多诺万几乎对所有杰德堡计划中的候选人提出了同样的问题："你为什么觉得自己有资格为该部队效力？"当候选人如科尔比背诵在部队接受的训练和工作时，多诺万总是打断话头："对，这些我都知道。"他的确是一清二楚。多诺万会仔细阅读每一位前来面试的候选人的人事档案。科尔比不得不回答一个难度更大的问题，"在你的灵魂深处，是什么让你愿意冒着生命危险参加一项对细节一无所知的行动？"科尔比结结巴巴地回答说，他想为国效力并体验冒险。虽然科尔比的口才并不好，但足以让多诺万同意他继续进行下一阶段的训练。

卡车将科尔比和其他在国会俱乐部晋级的候选人带到了马里兰州瑟蒙特附近的凯托克廷山脉的一个营地。美国陆军煞费苦心想找到大城市附近的训练区，于是占用了9000多英亩的美国国家公园管理局在那里的游憩用地。1942年秋，将其中的一部分，也就是前绿顶残疾儿童训练营，转交给了战略情报局。多诺万创建了三所学校来训练突击队员如何进行游击战和心理战。在这些焕然一新的战略情报局建筑中，有一个"鬼屋"，培训员手持手枪进去，朝在黑暗中竖起的有纳粹标识的硬纸板边角料射击。

绿顶营现在改称B区，周围的居民自愿充当"侦察兵"侦察敌人的飞机。B区最著名的邻居就是富兰克林·罗斯福。由于德国U型潜艇此刻在大西洋海岸巡逻，总统乘坐游艇外出旅行就变得过于危险。罗斯福在佐治亚州的温泉疗养院与战时的华盛顿又相隔太远，无法周末去度假。公园管理局为白宫在凯托克廷山脉辟出了一块地，那里有建好的小木屋和一个游泳池。这个被罗斯福命名为"香格里拉"的度假胜地（之后德怀特·艾森豪威尔总统根据其父亲和孙子的名字，将其改名为戴维营），于1942年7月完工。因担心轴心国的飞机袭击或破坏者突袭，一直对公众保密。罗斯福在那里欣赏他的集邮，偶尔多诺万会带着他的游击队战士去向总统展示他们的准军事技能。有时这些秘密勇士会不请自来，但对于那些不小心晃悠到"香格里拉"院子里的战略情报局的学员们，海军陆战队保安不会提前勒令他们停下，只会毫不迟疑地对着他们的脑袋开枪射击。

那些被该计划筛选上的无线电操作员现在加入了科尔比和其他军官当中，他们很高兴能住在有水道设施的松木嵌板的小屋里，而不用在寒冷的冬季待在脏乱的帐篷里。那些发报员士兵当中有的文化程度跟军官一样高，同样也很喜欢B区的平等气氛。军官们都接受过教导，要照顾自己的手下，所以他们不期待士兵们行军礼，而且在食堂总是排队排在二等兵和下士的后面，先让他们吃饭。周末，当这些官兵打橄榄球的时候，抢截球的动作会变得很粗暴。事实上，教官将所有杰德堡计划的候选人都视为有价值的士兵，级别要在正规军之上。科尔比和其他人都因当志愿者而自豪。

在接下来的六个星期里，他们需要加强自信。B区的训练很严格，教官中很多是英国和法国军官，训练士兵练习射击，熟悉在战场上可能遇到的外国武器，包括德国武器。他们冒着真枪实弹，附近还会引爆的炸药，爬过危险障碍训练场。他们还练习近距离杀人、手枪快速三枪连击、用短剑刺入肾脏或赤手空拳勒死敌人。他们要学会在必要的情况下就地取材，维持生命；学会如何闯入大楼、如何从办公室窃取或拍摄文件、如何用代码向总部发送信息，并破译电台截获的电报。他们发动了游击战，对闪着亮光的小屋进行夜袭，然后开展打一枪就跑的伏击，还往树上、混凝土板和钢梁上拍打塑料爆炸材料来测量引爆后的威力。科尔比以前学的是重炮射击，现在运用小型武器打游击战，他需要学习的东西很多。辛格劳对这位新英格兰朋友的快速学习能力钦佩不已。

值得庆幸的是，教官很慷慨，还给这些杰德堡计划的学生放假。11月6日，科尔比跳上北行的列车，在纽约与芭芭拉度过了"灿烂"的九天。当他到达她和她母亲所在的华盛顿广场上第九街三层步行街时，他只字未提有关战略情报局训练的事。两人当时还没有订婚，芭芭拉是巴纳德大学四年级学生，并没有停止与别的男人交往。但是，当科尔比到纽约休假时，他们开始正式交往，他甚至还带她去佛蒙特州面见了他的父母。

感恩节的时候，B区的厨师在食堂的餐桌上摆上了烤火鸡及所有配料。之前那109名为杰德堡计划挑选的军官此时已削减到了50名，而科尔比就是这五十分之一。同时留下来的还有相同数量的发报员。科尔比从未见过这样稀奇古怪人物的集合，他们包括前好莱坞特技演员、作家、公关代理和各种各样的冒险家。除了辛格劳外，科尔比还结交了很多亲密朋友，如英国流亡者、曾在西班牙内战中受伤的剑桥古典主义者伯纳德·诺克斯、富甲天下的红发士兵道格拉斯·巴扎塔，此人差点被招聘官拒之门外，因为他们无法查清他的外国背景，而且他还轻蔑地称所有上校"宝贝儿"。其他"潜在"的突击队员对科尔比的感觉也很好。他们认为他不是那种高傲自大的东海岸精英，更像是一个职业学校类型的人。

如果说科尔比与B区其他军官有什么共同特质的话，那就是他们都成了领导者。他们彼此尊重，但对局外人保持警惕；他们讨厌那些吹嘘自己英勇战绩的军人，他们每个人都是"一个完整的健康的动物"；他们鄙视反省（某项心理研究这样描述他们），他们讨厌等待或别人浪费自己的时间。越来越多的贵宾陆续到来，以毫无价值的视察中断他们的培训，或发表听腻了的关于赢得战争的自吹自擂的演讲。在大佬们面前，他们发明了一种奇怪的歌谣，让他们的教官很难堪。"四十八。"一个人喊道，"四十九。"另外两个回应，"五十。"六人齐声，然后所有人一起咆哮："有点意思！"

12月，凯托克廷山白雪皑皑。随着圣诞节的临近，B区整洁的房间里一遍又一遍地播放着宾·克罗斯比的歌曲《我要回家过圣诞节》，直到一名中尉闯进房间，中断了留声机，打碎了唱片，科尔比和其他人才不再起哄了。这些人还没有被告知他们要去哪里，但他们现在都确定是法国。令坎菲尔德烦恼的是，所有的军官都已经成为熟练游击战术的斗士，但仍有人无法用法语在战地上进行有效沟通。他希望他们能利用诺曼底登陆日之前的这段时间掌握这门语言。

12月中旬的凌晨2点，坎菲尔德的助手把科尔比和其他军官从床上唤醒，命令他们收拾自己的行装。他们登上了卡车，然后踏上了北行之路，车厢外被帘子遮盖着。火车把他们运到了纽约中央车站。在那里，这50名突击队员背着背包行进在第四十二街，然后登上另一队卡车，来到了附近的一个军营准备航行到欧洲的登船驻地——汉弥尔顿堡。在寒冷的12月13日夜晚，他们乘渡轮沿着哈德逊河到了曼哈顿西区的客运码头。次日早晨，他们登上了英国卡纳德轮船公司的超级客轮"伊丽莎白王后号"。英国人把这个83637吨吨位的客轮重新涂成了伪装灰色，拆掉了内部的豪华装备，里面放上了一排排钢制双层铺，可以运载15000名美国士兵。无线电操作员九天后到达港口，登上了她的姐妹船——"玛丽王后号"。

科尔比与12名来自B区的军官挤在一个特等舱中，他们从制服上摘掉了降落伞徽章和突击队勋章，看起来同其他普通的美国兵一样。"伊丽莎白王后号"以30码的巡航速度在大西洋上曲折行进，躲避着德国U型潜艇，科尔比和其他人觉得此次航行实在令人生厌。"玛丽王后号"在恶劣的暴风雨中艰难前行，使得那些无线电人员纷纷晕船，不停地对着桶呕吐，在满是丢弃食物、海水覆盖的甲板上站立不稳。

第八章

谍报技术

理查德和茱莉亚·赫尔姆斯在印第安纳波利斯著名的律师休伯特·希卡姆家中用完午餐后来到客厅，刚坐在沙发上，准备通过广播欣赏纽约爱乐交响乐团的周末音乐会。就在此时，插播了一条报道，珍珠港被袭。休伯特对这对夫妇说，多么可悲的巧合啊。日本战斗机轰炸扫射的希卡姆机场，是以休伯特的哥哥——陆军航空兵团中校贺拉斯的名字命名的。而他已在七年前的一次飞机失事中不幸去世。

赫尔姆斯密切关注着欧洲的战事。但他从未关注过亚洲战场，也从未考虑过日本将美国拖入这场战争的可能性。赫尔姆斯像一名棋手一样，总是三思而后行。此时，在他们穿好外衣准备离开时，他的大脑开始快速运转，思忖着日本偷袭后他该做些什么。

1942年3月，赫尔姆斯做出了决定。他向《印第安纳波利斯星报》告假，收拾了他们的家庭用品，把茱莉亚和孩子们从印第安纳波利斯安顿到了他父母所居住的新泽西州的南奥兰治，以便能够从纽约通勤往返。之后他便在纽约的海军陆战队救济协会的公共关系办公室当了名志愿者。该协会在为珍珠港事件中牺牲的水手家属募捐，赫尔姆斯希望这份工作可以提升自己的资质，以便在海军谋得一官半职。3月12日，在提交给海军部门的申请中，除了曾在某个湖中泛过舟之外，他的航海技术乏善可陈。做事总是小心谨慎、面面俱到的赫尔姆斯在申请书后附加了六封推荐信，它们来自《印第安纳波利斯星报》高管、市参议员、救济协会官员和前合众社同事。

海军并没有被打动。递交申请后次日，赫尔姆斯的体格检查没过关。他患有高血压、心率过快、身高6英尺、胸部扁平、体重差31磅，不适合在军舰上服役。

赫尔姆斯对此不依不饶。他找了一名高级军官——纽约城的美国海军东部海域前线总部的指挥官，让他介入此事，说服海军人事处官员忽略他的身体缺陷。他们不愿意伤害这名年轻人，因此考虑让他在东部海域前线总部工作，在大苹果城（纽约）的办公室绘制德国潜艇在东海岸活动的海图。三个月后海军进行了重新考虑，批准他作为一名副官（像凯西一样跳过少尉军衔）服役。后来他体重增加了，但血压一直没有降下来。

7月1日，就在茱莉亚生下他们的儿子丹尼斯仅仅24个小时后，赫尔姆斯登上了一列到马萨诸塞州坎布里奇的火车，到哈佛大学海军培训学校参加为期60天的军官教化培训。茱莉亚从产后恢复过来后，带着孩子们去了哈佛大学。但她几乎看不到自己的丈夫，而且在接下来的四年里也很少看到他，因为他为工作鞠躬尽瘁。海军免除了他进一步的训练，以便他能更快地加入部队，投身潜艇追踪。

在纽约东部海域前线总指挥部，赫尔姆斯坐在船舶图标部的办公桌旁，缩头弓身在看导航图，标注美国船只到英国的航行路线，避免德国U型潜艇的狼群战术，对其位置也想方设法进行最好的预测。偶尔他还有机会审问被俘的德国潜艇人员，查出他们的船只运作的线索，这让他首次尝试了如何从敌人口中诱供情报的滋味。这项工作很乏味，但赫尔姆斯表现却很好。在效率报告中，他的上司给了最高分，不到一年，他晋升为中尉——尽管在报告中他们注明，他应该做一名更具威严的军官。赫尔姆斯请求调入太平洋的战列舰，他认为那里才是海军真正的战场。上司没有理会他的请求。

1942年12月的一天，他办公桌上的电话响了，对方是他在合众社的老上司费雷德里克·厄克斯纳。他约赫尔姆斯下班后在城里的海外记者俱乐部碰面小酌。一周前，厄克斯纳快满40周岁的时候，加入了战略情报局。《芝加哥每日新闻报》的记者瓦莱士·德尔，赫尔姆斯之前在柏林的同事，在厄克斯纳之前已经加入多诺万的麾下，充当巡回政治和宣传顾问。他劝说厄克斯纳加入了自己的阵营，从事同样的工作。其实厄克斯纳无须费力劝说——将近半年来，在为合众社工作的同时，这位处长就一直从柏林报道中给战略情报局递纸条。厄克斯纳因病带薪休假，目前正在为多诺万组建一个名为"心理战"的宣传和心理战活动部门。心理战术要追溯到特洛伊木马传说，关于希腊人如何说服特洛伊的市民把木马拉入城中。但厄克斯纳很快就发现，要想说服现代化的美国军队采用心理战术简直比登天还难。甚至，在战略情报局的怀疑论者也质疑一个情报搜集机构涉足这种"歪门邪道又有什么用"。然而，多诺万却对心理战活动部的建设热情高涨。厄克斯纳认为，他在柏林的得意门生赫尔姆斯是这一任务的最佳人选。

两人点了鸡尾酒，在记者俱乐部吧台的尽头找到了两张隐秘的椅子坐下。厄克斯纳直接切入正题。他近乎耳语般地说道："战略情报局局长多诺万将军让我组建一个名为心理战活动部的新部门。这是高度机密，我现在说的话你不能对任何人讲。"

赫尔姆斯从来没有听说过多诺万或战略情报局，但他答应会保守秘密。他等着厄克斯纳继续说下去。

"心理战活动部将负责黑色宣传。"这位前上司一边说道，一边注意到赫尔姆斯一脸的茫然。很显然，他不明白厄克斯纳在说什么。

"黑色宣传，就是虚假情报，"厄克斯纳抬高了嗓门，"蒙蔽敌人，迷惑敌人的戏法。"

赫尔姆斯似懂非懂地点了点头。这个战略情报局还做什么？他最后问道。厄克斯纳低头看了一眼吧台，看看是否有人在偷听。"破坏活动、间谍活动、建立准军事游击队、组织抵抗活动、反间谍，"他俯身靠近赫尔姆斯，小声说道，"但我想让你加入我们的黑色宣传，加入心理战活动部。"厄克斯纳对他说："你天生就是这块料。"因为赫尔姆斯了解德国文化，讲一口流利的德语。

赫尔姆斯对此倒不是那么肯定，他开始喜欢与德国U型潜艇玩"猫捉老鼠"的游戏。在柏林工作的岁月里，赫尔姆斯与厄克斯纳并不是特别的亲近，他不知道现在他编织的间谍故事是否可信。但有一点他很清楚，那就是，美国海军已经有150年的历史了，而战略情报局成立刚一年多。赫尔姆斯脑中一片混乱，他告诉他的前任老板，他对此不感兴趣。之后他把厄克斯纳所说的工作忘了个一干二净。直到1943年8月一个星期天的早晨，当他慢悠悠地走到东部海域前线总部办公室进行周末值班的时候，遇到了怒气冲冲的指挥官，他粗暴地将赫尔姆斯传唤到了他的办公室。

"这是什么鬼东西？"海军上校尖叫道，冲办公桌对面的赫尔姆斯扔过去一份电报，"决定你能否待在这里的是我，而不是你！"电报说，华盛顿的战略情报局总部急需赫尔姆斯"立刻"就任一个"特殊职位"。

"你为什么想离开这个岗位？"上校百思不得其解地问道。

赫尔姆斯气急败坏地说："可我并不想离开。"

但在这件事情上，中尉和他的长官谁说了都不算。后来赫尔姆斯才发现，他成了海军人事办公室IBM计算机的受害者。一位加入厄克斯纳心理战活动部的前麦迪逊大道广告高管向海军发出了一份招募的请求，要求被招募人会讲德语和法语，并在欧洲担任过记者。计算机打印出了三张穿孔卡片。其中，两名军官已被派驻海外，第三张卡片上是身在美国的赫尔姆斯的名字，他成了唯一的人选。

8月的第二个周末，赫尔姆斯拖着行李，登上了宾夕法尼亚铁路公司去华盛顿的火车。之后一年半的时间里，周末一有闲暇，他就回到新泽西的家中，在频繁的往返中，赫尔姆斯对这段路轨的每一个转弯都了如指掌。

战略情报局指示赫尔姆斯8月16日星期一早上到海军山，准备开始隐姓埋名的新生活。他接到命令，只能穿素净的商务便装，不能穿军装。在他离开新泽西之前，茱莉亚仔细检查了他的西服、衬衫、袜子、内衣，去掉了商标、洗涤标签、交织文字印章，或干洗标志和任何可能识别服装所有者或来自何处的标记，她对他为何让自己这样做迷惑不解。

赫尔姆斯接到的战略情报局电报，命令他不要告诉家人或朋友他被调到了战略情报局。只需要说他要在华盛顿开始一份新工作，他"尚不知任何细节"。情报局给了他华盛顿特区的一个邮箱，茱莉亚可以按此地址写信。所有印有他名字首字母或刻有个性化的铭文的手表、戒指、袖扣和其他的东西，赫尔姆斯都留在了家中。

坐在战略情报局总部一个不伦不类的培训办公室里，赫尔姆斯听着桌子后面一个情报官员为他慢慢地读一份三页长的《教化备忘》。

"你要开始为期两周的战略情报局基础培训课程，"该官员满脸严肃地说，"学校会检查登记你的衣服，将发给你劳动服和军鞋。"他还给了赫尔姆斯在校填表或与他人交谈时使用的学生名，就是简简单单的"迪克"。他解释说："没必要让学校的教官或其他学生知道你的全名、你的家乡、职业或其他有关你的任何事情。""相反，如果你和你的同学彼此知道这样的事实，对组织本身可能会很危险。"

"在这两周期间你要克制，避免谈论你自己和你的个人经历，"长官说道，"记住，如果你用'我'或者'我的'这个词，下面就会跟出一些关于你自己的事实。例如，一个男人说，'我女儿告诉我'，他已经向你透露了几个关于他自己的事实——不管他是否意识到了这一点。你也不要因为不说话而引人注目，要友好，甚至要善于沟通，只不过在开口之前多动动脑筋。""为自己创造一个封面故事——你希望别人认为你曾经怎样或现在怎样。但是你不能一下子就给别人留下一个上来就一通胡编的印象，那就没人会相信你。如果你有一双细皮嫩肉的文人的手，千万不要说你是一个泥瓦匠或渔夫。选择一个你离现实生活相差不太多的个性，通过慢慢地'留下暗示'创建你的故事。"

培训官说，学校将开始一场"事关生死"的"游戏"。每个学生都会向其他人隐瞒自己的身份，但每个学生都要尽全力探明别人的身份。可能会有人在日常聊天中试探你，或去你的房间里寻找线索，甚至偷你的钱包。两周结束的时候，赫尔姆斯和他的同学们将在毕业晚宴上宣布他们从彼此身上了解到了什么。

教化课结束后，培训官问赫尔姆斯是否都听懂了。赫尔姆斯回复听懂了。教官告诉他，车道上的一辆指挥车会把他送到学校。

汽车飞驰，将赫尔姆斯带到了巴尔的摩北面的乡下。星期一下午的傍晚时分，汽车终于停在了离主道八分之一英里的格伦科镇附近幽静的诺尔廷庄园，战略情报局每年用4000美元租下了这一闲置的物业。在一片树林和石头农舍中有八间卧室，相邻隔壁的房子也有八间卧室，一个可停放四辆车的车库。这片四英亩风景如画的院落就掩映在周围的森林中，是一个训练间谍和破坏者的理想地。培训官还在庄园搭起了帐篷，以便可以在任何时候容纳24名学员。授课地点可能是在室外、六间起居室、餐厅或两栋楼中改装成教室的一楼大会客室。

被指定为E区的诺尔廷庄园部分建筑群，是战略情报局分布在马里兰州、弗吉尼亚州、宾夕法尼亚州、伊利诺斯和加利福尼亚20来个秘密训练点之一。就在珍珠港偷袭事件的前一个月，多诺万仓促地为他的秘密特工制订了一个训练计划，派遣了一个战略情报局的长官到英国秘密情报局——军情六处的间谍学校观摩学习。这位助手回来后，对军情六处为学生设置的三个月的课程印象深刻，诸如如何跟踪德国人、如何破坏工厂、如何使用"静音杀人"等阴暗战术。

军情六处为多诺万提供了课程设置、谍战手册、讲义笔记，并允许战略情报局教官参加在多伦多附近间谍学校的学习。多诺万在很大程度上采用了英国的训练体系。只有一点不同，那就是战略情报局获得的诺尔廷庄园和其他乡间庄园一穷二白。多诺万为了锻炼他的特工，给他们安排了简朴的农舍或帐篷来训练，而不是像培训英国学员那样提供豪华庄园。

在诺尔廷庄园负责接待的军官发给了赫尔姆斯一套劳动服、一双靴子、一堆两英寸厚的关于基础间谍情报技术、战略情报局的组织机构、化装技巧和德国军队编制的说明书（全部加盖"秘密"印章）。赫尔姆斯取出现金，上交了装有驾驶执照和证件卡的钱包。接待官又对赫尔姆斯做出了更多的说明：一天伙食费60美分，外加给每日照顾他的服务员和勤务员的小费10美分，不要与服务人员交谈或给他们更多的小费。"酒吧里有白酒和啤酒，"军官说道，"但必须严格遵守卖售时间。"对外打电话或发电报必须控制在"绝对最低限度"，而且只有在紧急情况下才可以。他说："在你整个逗留期间，手头都会有各种各样的工作。所以你很难有时间来计划夜间或周末离开营地。"

接待官员告诉他可以开始背诵说明书上的内容，并把他带到二楼的一间卧室，那是他此后两个星期睡觉的地方。在楼上的走廊里，赫尔姆斯注意到了另一名新成员——很明显属于养尊处优的类型，很严肃地对待战略情报局的关于隐姓埋名的命令。从他身边走过的时候，看到他左胸定制衬衫撕开了一个洞。那人解释说，衬衫上有交织的文字。

第二天早上8点，准时上课。接下来的两周，时间排得满满当当，甚至直到深夜。E区教官寻找的就是赫尔姆斯这样具有明确品质的新兵，他们详细准备了一份长达十页的秘密备忘录。战略情报局的特工情绪必须稳定，没有"制造麻烦的特性、无法控制的弱点（白酒、女色）、恐惧症、严重的利己主义、缺乏情感控制、无法控制的压倒性偏见和显而易见的怪癖"，备忘录如是说。间谍必须能够自我激励，准备长时间在没有朋友、邻居或同事轻拍他们后背的情况下工作。换句话说，间谍必须愿意"独自地几乎完全隐姓埋名地过艰难的生活"。他们必须用非正统的方法解决问题，但却不能是"粗心大意、草率判断的类型"。备忘录中写道，对细节的关注和一丝不苟被看作是最有价值的。秘密特工必须善于交际，善于融入派对，自信并懂得识人、阅人，"具有明察秋毫的观察力"，最重要的是要谨慎。"真正的绅士也应具备相当程度的勇气"，备忘录最后说道。

赫尔姆斯现在懂得了很多足以让多诺万特工能够横扫欧洲和亚洲，去颠覆战争的基本知识。他上过的课程包括：如何编造一个虚假故事来掩饰自己的身份，如何规避房屋突袭、搜索和如何尾随盖世太保特工，以及被捕或被审问时如何应对；他还学会了如何招募线人获得情报，研究了如何敲诈勒索外国官员获得秘密，练习了如何开锁以及如何单独闯进办公室盗取文件；教官还教他如何在电话中安装窃听装置、在国外如何读地图找到自己所处的位置、如何编码和解码信息以及如何细致绘制敌人的军事设施草图为美国陆军所用。多诺万研究办公室的技术人员也来到这里，向学生们展示了他们研发的间谍配件样品：装有消音器的手枪、引爆炸药的燃烧铅笔、绰号为"黑乔"的像煤块形状一样的小型炸弹、名为"詹米玛大婶"的爆炸面粉、可以揉成面团做面包的炸弹、各种各样书写秘密情报的隐形墨水、一种可以溶化在饮品中的K药片、一种名为"L药丸"的可以迅速咀嚼吞咽的自杀药丸。

一天下午，在农舍外面的帐篷里，赫尔姆斯等24名新兵站成一圈，中间站着一个个头不高、略微消瘦、头发斑白的中年男子，戴着黑框眼镜、嘴巴细得像条缝、讲话有浓重的英国口音。他看上去更像一个乡村牧师，而不是要教他们在打斗中如何使阴招的教官。但威廉·尤尔特·费尔贝恩对他的行当可谓是游刃有余。间谍同事所熟知的 W. E. 费尔贝恩少校，从1925—1940年间一直是上海市警察局的局长助理。在此期间，他追捕毒品走私犯、捣毁犯罪集团、枪击绑架犯和武装劫匪，率防暴队在上海英租界的街道上平息暴乱2000余次。自1940年以来，他开始在英国陆军中教授突击部队近身搏斗。直到多诺万与英国特别行动处接洽，让他们同意战略情报局借用他，指导他的间谍和突击队如何在"阴沟"战中使用手枪、短刀和柔道。这位低调而彬彬有礼的费尔贝恩，展现了近距离病态般的杀伤手段，他走遍了美国战略情报局所有的训练营，教授令人恐怖的课程。

费尔贝恩对赫尔姆斯和其他 E 区的学员说道："这是战争，你们必须在瞬间抓住并进攻对手。如果你让他先进攻，你就只能处于防守状态，唯有硬着头皮应对了。"费尔贝恩首先展示了如何用刀子或其他任何可找到的尖锐东西搏斗。他解释说："拿刀的时候刀尖一定要朝前并向前刺伤对方。刀尖朝下藏着，万一你错过了目标，很可能会刺伤自己。"如果在酒吧里打斗，"不要伸手去拿凳子。抄起一个酒瓶，在吧台上敲碎，直接用参差不齐的破口划向对手的脸。"

如果他们蠢到"既没有带手枪也没有带刀"，费尔贝恩还有一系列可造成严重伤害的拳法，如"老虎爪"——去挖眼睛，"推下巴"——用右手掌跟猛推下巴，或"一剑封喉"——一种空手道手法，直接砍喉结下一英寸的地方让其立即毙命。有些动作让赫尔姆斯不寒而栗。要让一个歇斯底里的女人安静下来，"抓住她的下唇。"费尔贝恩建议，"如果那还不能令她噤声，手握住她的嘴，给她脸上来一巴掌。"

每一个动作的演示，费尔贝恩都要一名学员做陪练。他用手指了一下赫尔姆斯，命他来到了临时画圈的中心。赫尔姆斯比教官高几乎一头，但他讨厌这样被单挑出来。他从来都没有做过运动员或拳击手，他曾在威廉姆斯学院设法赢得了一件字母毛衣，但那是大一做足球队守门员的时候，那个不需要太多的体力。

"抓我的私处。"费尔贝恩命令道。

赫尔姆斯试探地伸出手去抓少校的腹股沟，仿佛摸着一个煎锅的"热把"。

"不够好，"费尔贝恩喊道，"冲我来！"

赫尔姆斯抓住了。事情是怎么发生的，他永远搞不懂。但就在那一瞬间，他腰背酸痛地躺在草地上，仰望着满脸堆笑的费尔贝恩。

在第二周快要结束的时候，赫尔姆斯被派出去执行两个"计划"——这是战略情报局训练学员所使用的术语，测试学员新学到的间谍技巧。比如，如何混进一个地方政府机构或国防工厂窃取重要文件或某公司最近的军工生产数字。如果工厂工人或当地警察逮到他们，那就更好了。这样可以给学员们一个机会，看他们如何试图摆脱困境。

然而，这些计划已经成为多诺万间谍机构和受害者之间的"痛点"。当白宫和内阁机构的高层官员得知这些充满进取心的学员试图用假冒的政府文件和伪造其签名的证件混入工厂时，官员们勃然大怒。埃德加·胡佛听说一个战略情报局学生冒充联邦调查局学院的毕业生时，被彻底惹恼了，他威胁要起诉联邦特工抓住的所有"密谋者"。

警察也厌倦了被呼来喝去地解决这些恶作剧。就在赫尔姆斯到达的前一年，巴尔的摩警方向美国陆军投诉：他们抓获了五名试图闯入不同设施区域的E区学生。警察只需用湿毛巾打几下，其中就有"疑犯"坦白了，并给他们提供战略情报局营地的紧急联系电话。多诺万指示教官当学生在某管辖区进行"演练"时，要提醒当地政府，并命令学生不许再使用白宫文件获得通行。但他拒绝强行终止他的训练计划。

赫尔姆斯第一次外出是个全天的任务，他得到了5美元并被送到了巴尔的摩市，他接受的命令是走进一个弹药厂申请工作。他使用的是假名而且口袋里没有携带任何身份证件。他手心冒汗、饥肠辘辘、喉咙干涸，几乎无法说话。赫尔姆斯填写了表格，回答了一家公司人事部门的常规问题，他所有的回答都是谎言。但是这家工厂，如同众多其他美国工厂一样，迫切需要男性雇员。人事处问都没有问赫尔姆斯任何身份信息，就通知他次日报到开始工作。

他的第二个计划持续了三天。一名教官开车把赫尔姆斯送到了匹兹堡，这一次他口袋里装了18美元。他要在这里潜入一家钢厂，窃取其生产的战争物资方面的详细信息，如他们的生产率和运输路线、员工的士气、工厂的安保和容易被破坏的设施等。赫尔姆斯很幸运，尽管当时他并没有意识到这一点。这家工厂的安保工作很薄弱，就如同全国各地大多数国防工厂一样。他没费吹灰之力就进入了工厂，从没人的办公桌上顺手牵羊地拿了一叠公司广告小册子和库存报告，绘制了几张草图，然后从那些心不在焉的、从不搜查他胳肢窝下所夹东西的门卫的眼皮底下溜了出来。

在E区的这两周远远不够让赫尔姆斯成为一个能胜任间谍工作的人。在被派往战场之前，他必须到其他战略情报局营地学习高级课程，而且很可能要到英国的"精修学校"接受美国和英国教官的指导。但这些速成课足以让赫尔姆斯懂得如何作为一名间谍，并在总部领导其他间谍。而这正是战略情报局现在要他做的事，并不是要他充当一名厄克斯纳所设想的宣传者。赫尔姆斯回到了"克里姆林宫"，加入了规划部行列。他们"梦想"着间谍特工和破坏者的行动将在全世界开展。

他对多诺万广揽人才的这个忙碌的总部深深迷恋——甚至有些神魂颠倒。杜克大学教授兼著名经济学家卡尔文·胡佛在管理瑞典特工活动，是赫尔姆斯早期导师之一。赫尔姆斯还与茱莉亚·麦克威廉斯建立了友谊，她是史密斯学院聪慧年轻的毕业生，在多诺万办公室旁边做初级研究员有点大材小用（结婚之后，她成了举世闻名的烹饪爱好者茱莉亚·蔡尔德）。他在规划教研室的办公伙伴是约翰·加德纳，一个海军陆战队中尉，他可以运用一名心理学家的技能来评估新兵（加德纳后来创立了美国共同事业组织）。

在做规划员期间，赫尔姆斯和其他助手策划了各种行动方案，包括削弱德国国防军士气的行动,在德国女性中形成一个名为"母亲组织"的和平团体,通过炸毁桥梁截断斯洛文尼亚敌人的铁路交通,破坏苏门答腊油田和炼油厂来中断东京航空燃料供给,在缅甸的日本士兵中散布流言说战争即将结束。他还听取了局外人的建议,比如利用一个最近从上西里西亚移民到纽约的人,因为他知道如何破坏那里的德国铁路站场。赫尔姆斯的上司就他高效的报告给出了高分。但在规划部门待了七个月后,他开始对头脑风暴感到厌烦。赫尔姆斯同时也意识到,战略情报局分布在世界各地站点的特工需要同时做很多事情,他们对规划部孕育的宏伟计划根本不上心。

1944年3月,费迪南德·莱斯罗普·迈尔向他伸出了援手。自1919年以来,迈尔作为美国外交官曾周游世界各地,先后在伦敦、日内瓦、柏林和北京任职。艾伦·杜勒斯在国务院效力时,两人一直是亲密的朋友。作为与杜勒斯一样的共和党人,迈尔在1940年辞去了驻海地大使的职务,因为他强烈反对罗斯福的新政。他退休之后回到了佛蒙特州的本宁顿。然而在珍珠港被偷袭后,迈尔摈弃了与罗斯福的政治分歧,恳求白宫让他重返工作岗位。

当时他在国务院的人脉关系已经丧失殆尽,但是战略情报局却相信他的外交政策经验对组织间谍行动是有价值的,最终在1942年底雇用了他。情报局给他的代号为"加勒比"。

1943年8月,多诺万秘密情报部的头目、负责全世界间谍的惠特尼·谢泼德森挖到了迈尔。他试图让迈尔将战略情报局分散在各处开展不同的活动,集中于多诺万的首要任务——那就是把特工渗透到德国。迈尔为代号"僵尸"的计划确定了八个城市作为间谍的出发点。它们是斯德哥尔摩、伦敦、里斯本、马德里、丹吉尔、阿尔及尔、伯尔尼和伊斯坦布尔。但是从这些地方派遣男女特工到德国,仍处于战略情报局的尝试阶段。伦敦站还没有派专人负责德国的事务,斯德哥尔摩站还在寻找丹麦难民,走访可能被渗透的欧洲海员。而在马德里的战略情报局,情报员只是在初步摸索如何对那里的德国大使馆进行渗透。

迈尔认识到未来的任务非常艰巨。在"僵尸计划"实施四个月后,他写信给上级说:"德国是一座堡垒,一个水泄不通的堡垒;是一个中心核,外面有一圈卫星。要想渗入德国必须要穿过被占领的国家。"迈尔还认为，他可以为间谍活动提供建议，帮助这些海外站点，让他们了解其他间谍站正在从事的情报任务，并在战略情报局扰乱了外交官们的外交任务时，安抚那些心烦意乱的大使。"加勒比"在他办公室的保险柜里存放着5000美元，准备给放逐的德国人或海外旅行的欧洲人。他希望这些人回到华盛顿时，会带回有关第三帝国的有用情报。

秘密情报部门有36名德语流利的情报员，赫尔姆斯作为其中之一加入了迈尔的队伍。这些情报员实际上是作为迈尔的行动事务员，帮助他协调德国的情报搜集工作。赫尔姆斯后来写道："我终于开始学习一丁点儿现实世界发生的事情了，虽然并不多，但至少与渗透德国有关。"

赫尔姆斯也干其他零工。当他的上司知道他也会讲法语，而且曾做过新闻记者时，就派给了他一份工作。多诺万急于与戴高乐的间谍头目安德烈·德瓦弗兰一起在法国开展活动。于是在艾森豪威尔的"福佑"之下，邀请了这位"臭名昭著"的陆军上校到美国访问，以此来讨好他。战略情报局局长对帕西"臭不可闻"的名声一清二楚。埃德加·胡佛在备忘录中称他为"戴高乐的希姆莱"，对德瓦弗兰的美国之行大动肝火。多诺万不得不亲自向副国务卿小爱德华·斯特蒂纽斯申请签证。斯特蒂纽斯"捂着鼻子"强忍着厌恶同意了他的来访，但是有个条件，美国不得宣传帕西之行。战略情报局指派赫尔姆斯加入护卫队陪同这位法国上校访问美国，任务是避免让新闻界报道他的名字。

1944年11月1日，在纽约市政机场的停机坪上，当帕西的飞机停下的时候，多诺万站在那里迎接，他身后站着赫尔姆斯和战略情报局代表团。赫尔姆斯小心翼翼地走近他的"老板"。

"多诺万将军，与本次访问有关的宣传怎么办？"他问道。

"一概不要。"多诺万咕哝了一声。此时帕西乘坐的飞机登机梯已经落下。

"我知道，但如果有记者问我，'帕西上校'是否真的在我国时，我该怎么办？"赫尔姆斯接着追问。

多诺万微微一笑说："所以才派你来呀，中尉。"他转身去迎接身穿礼服制服、手持轻便手杖正在走下台阶的"帕西上校"。

也就是说，要撒谎。

在接下来的三个星期，战略情报局一行人在全国各地走走停停，招待帕西和他的两名助理。美国陆军航空队的飞机载着这些法国人、赫尔姆斯和其他战略情报局护送人员游览了芝加哥、旧金山、洛杉矶、迈阿密和新奥尔良。在新奥尔良的安东尼餐厅为他们举办了昂贵的晚宴。在好莱坞，电影制片人安排了高价应召女郎在他们的酒店房间"招待"了帕西和他的助理（一位助理次日早晨向赫尔姆斯抱怨，他的妓女"只有一只胳膊"，电影棚的大亨以为法国人会享受那样的夜晚）。赫尔姆斯成功地阻止了新闻界报道那一花边新闻以及任何有关此次访问的消息。

担任迈尔助理三个月后，赫尔姆斯换到了秘密情报部的中欧和斯堪的纳维亚部门。他依然寻找渗透德国的途径，只不过不是在迈尔的直接监督下。赫尔姆斯逐渐意识到，迈尔已经过了巅峰期。对这位年轻的海军中尉来说，用间谍渗透到德国的活动毫无起色。更重要的是，虽然迈尔讲德语，也曾在柏林待过一段时间，但赫尔姆斯认为他并不真正了解德国。

赫尔姆斯很快就通过了最高机密级别的审查，这样他就可以接触到战略情报局对付德国的最敏感的行动。他在Q大楼的办公室里有三个保险柜，里面堆满了关于德国行动的绝密文件。赫尔姆斯很快就开始仔细阅读这些来自艾伦·杜勒斯的电文。此人是迈尔先前在国务院的老友，目前在瑞士站工作。他被迈尔认为是多诺万所有情报站站长里，监视德国人中最为优秀的一员。

第九章

瑞士

星期日一大早，克洛弗和艾伦·杜勒斯为他们的女儿整理好行李，把她送上了挤满士兵的前往剑桥的火车上。她就要开始在拉德克利夫学院学习大一下学期的课程。这对夫妇本打算利用这天剩下的时间慢慢喝酒，却在此时听到收音机里插播了日本偷袭珍珠港的消息。就在前一天晚上，在纽约罕布什尔大楼，克洛弗和艾伦为女儿琼举办了初次进入上流社会的社交舞会，舞会到凌晨才散。珍珠港事件结束了杜勒斯兄弟关于美国是否参战的争论。在随后的几周里，艾伦和克洛弗偶尔会开车去长岛的一个机场观看歼击机起飞，这些飞机最终被运往英国。

1942年2月初，大卫·布鲁斯打电话给杜勒斯，再次询问他是否有兴趣加入情报协调处。多诺万正忙着网罗一个可靠的间谍机构。在日本偷袭后的数天里，他那仅六个月的机构除了研究向敌人开火的报纸和宣传广播外，几乎没有什么有价值的东西。多诺万有100个分析员挤在海军山狭窄办公室里，研究从美国国会图书馆借来的材料；还有一个对外广播情报处，配备的是原来的新闻人员和广播技术员，在旧金山的一个广播站对远东播送宣传信息。他只有通过采访难民和询问回国的旅客，以获取关于国外的零碎的口头情报。他只有少数间谍或破坏者在一线作战，在德国或日本的间谍或破坏者则为零。

在偷袭事件发生两天后，杜勒斯的哥哥福斯特向沙利文-克伦威尔律师事务所的律师发出了一份简短的备忘录，希望爱国热情不要影响到他们中的太多人。他警告说，律师事务所不能保证在他们服役回来后仍为他们保留职位。这个威胁没有吓着杜勒斯。布鲁斯后来又打过几次电话，杜勒斯同意加入情报协调处——成为多诺万机构另一名突出的共和党人（这种共和党人员不断增多的情况，很快令白宫的助手和民主党雇佣文人感到紧张，尽管多诺万坚称他的组织是两党合作的）。杜勒斯迅速而利落地处理了沙利文-克伦威尔律师事务所悬而未决的案件。他只告诉克洛弗他会为多诺万做点事。他从不对家人和朋友谈及自己所从事的工作。直到七个月后，媒体透露他已经加入了间谍组织。

2月4日，杜勒斯开始了间谍工作。律师的从业经历已经让他的腰包鼓胀，他同意不拿政府的薪水。他从布鲁斯处接到的命令是：在纽约组建一个前哨站，主要搜集和分析海外情报，并同时策划可能破坏德国或日本政局稳定的秘密行动。多诺万认为，纽约城地域广阔，而且很多资源尚未开发，他的机构可以大有作为。纽约不仅是美国，甚至也是世界大部分地区的商业、银行和法律中心。对外交事务感兴趣的学者和机构都云集在此。这个城市是未来发展外国特工和破坏者的肥沃的热土。大量移民从埃利斯岛涌入，诸如欧洲流亡者、被废黜的王朝成员、地下运动的代表或至少自称代表，在曼哈顿的沙龙里策划着重返家园的活动。多诺万认为，杜勒斯非常适合纽约的工作。他的律师事务所在全城数一数二，与全世界都有外交关系。杜勒斯认识许多在海外做生意的律师和银行家，而且从他当国务院外交官的那一刻起，他就知道如何谨慎地保守秘密。

珍珠港事件后，纽约人心惶惶，城市居民担心他们可能成为轴心国第二波袭击的目标。多诺万也有此担忧，并在2月17日发给罗斯福的备忘录中提到了一位线人的警告，"纳粹下一步将是对纽约的正面进攻"。

多诺万从白宫收到一笔来路不明的秘密资金。利用这笔钱，杜勒斯前两周先是在沙利文-克伦威尔律师事务所里自己的办公室开展秘密活动，之后又搬到了市中心酒店的公寓。2月16日，他签下了一份租赁合同，租下了第五大道630号洛克菲勒中心的国际大厦第36层一个小套间做办公室。之前的房客是日本政府职员，在珍珠港袭击事件后被驱逐。这里的地价很贵，每平方英尺3.25美元，战略情报局员工不想对外界透露这个租金价格，就算不是出于其他原因，至少也是为了不让纳税人发现,否则他们会嗷嗷叫个不停。

杜勒斯还接手了多诺万已经在纽约城中开展的一些项目,如口头情报部,该部门已经开始会见数千涌入纽约的战争难民;一个代号为"乔治"的高度机密项目,负责搜集德国公司在拉丁美洲和海外的商业情报。杜勒斯大刀阔斧地迅速扩大纽约业务,使其成为可以与多诺万华盛顿机构比肩的情报机关。仅仅几个月,他已经搜集并分析了从海外涌入城市的大量信息。他与有国外业务的纽约的一些公司建立了联系,并派联络员到纽约现有的联邦调查局、陆军和海军等情报处工作,安排邮政局通知他近来的可疑信件,并接触了总部在纽约的英国、法国、波兰、捷克、比利时和荷兰情报机构。他同时还开始组织所谓的"特殊项目",将自己的特工派往轴心国或被轴心国占领的国家。

1942年底,多诺万的纽约办公室工作人员有69人,超过一半的人直接向杜勒斯所在的秘密情报处报告。杜勒斯在世界各地聘请了律师、商人、前外交官和年龄太大不能入伍却有专长的学者。他把精通多种语言的年轻助手们和他们混在一起。一位前国务院的同事斯宾塞·菲尼克斯成了他中欧的执行官;曾担任美国检察长助理的穆瑞·古尔芬,负责处理瑞士和巴尔干地区的情报工作;曾担任柏林美国大使馆三等秘书的纽约州保守党专员利思戈·奥斯本,负责监督斯堪的纳维亚的情报活动。贝蒂·卡普——来自土耳其大使馆的杜勒斯的协调员,加入了进来,并很快与苏联大使的秘书建立了友谊,开始散布关于对莫斯科的不利言论;亚历山大·利普塞特是一个曾在德国接受过教育的多才多艺的律师、经济学家和大学教授,他为办公室带来了海量的关于全球课题的研究论文;汉斯·西蒙是杜勒斯的妹妹埃莉诺推荐的前奥匈帝国官员,他对德国公务员的性格进行了分析;之前曾在柏林与赫尔姆斯一起工作的《芝加哥论坛报》的激进记者西格丽德·舒尔茨,从她的笔记本中扒出了丑闻,为杜勒斯写出了揭露纳粹高官如希特勒副手赫尔曼·戈林腐败的长篇大论。

杜勒斯的工作室最终又扩大了三层,31层、35层和38层,也就意味着要影响更多的租户,如波兰领事馆和人才猎头米隆·塞尔兹尼克的纽约办事处不得不被驱逐(多诺万的情报机构,在1942年6月改名为战略情报局,支付了塞尔兹尼克的搬家费来堵住他的嘴，不让他公开抱怨）。35层的公共入口，日夜有人看守，这层也是口述情报部门的所在。38层有一个间谍设备的工程实验室。办公室、大型金库和一家为特工印制假文件的复制工厂占据了31层和36层。纽约行动部还安装了有加密装置的两条专用电话线来抢占先机，以便纽约可以与华盛顿的战略情报局总部及时联系。其中的一条线路就安装在36层角落的杜勒斯办公室，可以让他随时直线连接多诺万的办公室。

起初，他们对外声称纽约办公室是被一群金融顾问所使用，但这个伎俩很快就行不通了。外界注意到，只有洛克菲勒家族在中心占用的空间比这些神秘的金融顾问所占的地方大。随着记者开始探头探脑地打探消息，杜勒斯将掩护名称改为"情报协调局统计研究办公室"，虽然这样听起来足够平淡，但他依然没有将办公室列入电话簿和大楼指南中。

杜勒斯在国际大厦的扩展中，有一家房客没有被踢开，那就是英国政府。1940年夏，丘吉尔派遣了加拿大出生的百万富翁企业家，曾在第一次世界大战中任英国战斗机飞行员的威廉·史蒂芬森，到美国负责指挥情报行动。在日军进攻之前，史蒂芬森有三重使命：开展隐蔽行动，抹黑反对援助英国的美国孤立主义者；确保战争物资在被运往海外之前，不被在美国的纳粹特工破坏；更重要的是帮助丘吉尔的外交活动，让美国加入战争。史蒂芬森很快就意识到，直言不讳的干涉主义分子多诺万可以为第三项使命所用，所以开始着手培养这位纽约律师。1941年夏天，当罗斯福签署情报协调局的行政命令时，史蒂芬森和其他英国安全官员为多诺万提供了源源不断的情报，以及如何组织其情报机构的建议。然而，史蒂芬森很快与胡佛和国务院高级官员起了冲突。后者发现了他在美国从事间谍活动的证据后，更加怒不可遏。他们想把史蒂芬森关起来。多诺万知道，这样的举动会叫停英国对其行动至关重要的援助，他找到了罗斯福进行干涉，让史蒂芬森继续从事商业活动，现在正与杜勒斯密切合作。这个友善的加拿大间谍组织使用了一个听上去无伤大雅的伪装名称——英国安全协调办公室，同样也坐落在国际大厦36层的套房中，与杜勒斯的办公室相邻。多诺万的纽约间谍头目分秒必争地为他的英国邻居建立了一条管道，以便可以源源不断地接收"最绝密"的报告。

　　杜勒斯手下最有活力的情报人员之一，是一位劳工律师。他身材瘦小，有一头黝黑的卷发，他是多诺万在芝加哥多沙西区物色的人物，名叫阿瑟·戈德堡。他的父亲是一个犹太小贩，51岁就过世了。少年的阿瑟·戈德堡常被邻居欺凌，嘲笑他是一个"犹太佬"。父亲死后，一家子七口人无人照料。但是，戈德堡在学生时代就出类拔萃，高中时就立志做一名律师。1929年，他以优异的成绩毕业于西北大学法学院，并最终成为一名自由党劳工律师，致力于罗斯福的新政。希特勒入侵法国时，戈德堡担心纳粹对犹太人和其他人类的威胁，加入了干预小组并为罗斯福的连任竞选活动效力。

　　珍珠港事件后，戈德堡决心加入海军或陆军，尽管他已婚并有两个年幼的孩子，且他的视力又很差，美国陆军依然同意接收他做一些案头工作。戈德堡曾在密尔沃基反垄断案中与多诺万有过交集，他写信给多诺万，阐述如何在欧洲被占领地区动员被围困的劳工运动组织做间谍和搞破坏等一系列想法。1942年3月，多诺万将他派到纽约，为杜勒斯的秘密战争组织海外工会。

　　纳粹德国占领的欧洲国家的工会运动组织并没有被野蛮肃清至完全消灭。希特勒的国防军无法运行所有的列车或运营所有的工厂。无论是在德国还是在被征服的国家都必须使用工人，而他们当中很多人对纳粹主义和法西斯主义心怀仇恨。依然从事地下活动的工会残余势力，急于破坏轴心国的战争机器，并随时准备向同盟国提供有价值的情报。戈德堡认为多诺万的机构比联邦调查局、美国陆军和海军的情报机构更适合去接触这些"左倾"的组织，因为工会领导人大多都不信任前者。来自华尔街的多诺万高级助手，对新政或大多数工会没有好感，开始怀疑戈德堡以及他为自由党卖命的律师背景，一些强硬派甚至认为他在对共产主义暗送秋波。但是，杜勒斯同戈德堡一样，认为欧洲劳工运动组织"可能是我们反对纳粹的最可靠的盟友"，他写信给多诺万说。在杜勒斯的庇佑下，位于36层角落的老板办公室隔壁的戈德堡的劳工部，展开了广泛与地下劳工组织接触的计划，并开始为他们提供金钱、收音机和破坏装置。

　　戈德堡雇用了劳工活动者和律师，这些人更加让多诺万的共和党助手惴惴不安，但这位芝加哥律师知道，这些人最适合与工会打交道。乔治·普拉特，一个叼着烟斗的耶鲁法学院毕业生，前美国国家劳资关系委员会首席审判官，成了该部门的第二把手。戈德堡还聘用了另外两个美国国家劳资关系委员会的律师：毕业于哈佛法学院的大卫·肖和曾是劳工部的法律总顾问助理的格哈德·范·阿凯尔。

这个团队开始与美国劳工总会所属产业劳工组织合作。该组织与国外工会有着广泛的联系，包括国际运输工人联盟（战前，该组织就在德国和其他54个国家有分支机构）、德国的新开始集团（仍然保持与欧洲和美国的工党活跃分子的联系）、波兰地下劳工运动（欧洲最好的组织）以及犹太劳工委员会（与欧洲服装工人有联系）。在百老汇大街42号的一个不起眼的商店里，戈德堡还建立了船舶观测项目部门，那些情报员遍布在纽约的码头，采访在中立商船上工作的水手，搜罗有关他们曾到过的军事港口，或在海上发现的敌军船只的情报。一个年轻的瑞典水手叙述了他亲眼目睹的易北河汉堡港口荒凉的情况；一艘瑞士船上的波兰水手，为戈德堡勾画了纳粹意大利在热那亚的海岸防御。

通过经常与中间人和中间机构的合作，杜勒斯构建了一个广泛的特工和线人网络。他们当中大多数都是非专业人士，他所得到的结果也是鱼龙混杂。他招募了一个一只眼睛有问题的、古怪的、不谨慎的大学教授，让他去走访专业研究的爱尔兰，可是这位教授所提供的偏颇的报道毫无价值。杜勒斯招募了《芝加哥太阳报》的一名记者，准备派他前往瑞士或瑞典为纽约的情报机构做兼职间谍，但该计划流产了。因为在间谍训练中发现，他只是一名懒散的学生。到1942年秋，纽约机构已经发展成各种行动的大杂烩，华盛顿总部很难了解所有的人，包括安全人员，甚至多诺万都开始担心杜勒斯这种不经正规背景审核而雇用人的做法。战略情报局的高级官员断定，行政管理显然不是杜勒斯的强项。

他的强项也不是间谍行动，埃德加·胡佛在他的档案中记录道。在签约为多诺万效力一个月后，杜勒斯出现在了联邦调查局纽约办公室的门口，承诺与联邦调查局合作，并为之传递有用的情报。到1942年6月，杜勒斯开始定期向联邦调查局提供情报，如他的特工所发现的轴心国在纽约可能进行的间谍活动线索等。胡佛深受感动，但是还不足以停止对杜勒斯的监视。联邦调查局局长的线人警告说，多诺万利用艾伦作为一个传话筒向他的哥哥福斯特泄露秘密。联邦调查局特工继续调查他们认为可疑的战前与杜勒斯有业务联系的客户。

1942年夏，多诺万通过专线提醒杜勒斯，胡佛的特工正在窥探他的妹妹埃莉诺，他们认为她与一位波兰语翻译员有染。多诺万在联邦调查局安插了一个间谍，定期向他们提醒局长的"鬼把戏"。没过多久，杜勒斯怀疑联邦调查局也在战略情报局纽约办公室安插了密探，并在窃听他们的电话。而胡佛确信杜勒斯雇用了共产主义和纳粹同情分子。

据胡佛所知，为杜勒斯工作的最可疑的人物就是唐纳德·蔡斯·唐斯。此人浪迹欧洲，原来是科德角学院校长，有腰疼病，总是穿一件紧身胸衣，会害怕很多东西，如蛇、流浪狗和黄颜料，等等。1940年，他向陆军和海军的情报机构申请做间谍而遭到拒绝。后来他接近军情六处办公室，他们让他在史蒂芬森手下工作。在美国参战之前，他负责跟踪孤立主义者，探查华盛顿轴心国大使馆情况，以便英国特工可入门行窃。1942年2月，就在杜勒斯把办公室搬到国际大厦前后，刚从阿米巴痢疾和鱼绦虫病中康复的唐斯也出现了。因为他的履历背景，杜勒斯对是否将他送往海外迟疑不决。法律禁止美国公民在美国为外国政府做间谍工作，联邦调查局特工在唐斯为史蒂芬森工作时就已经盯上他了。他们给胡佛的报告中总是称他为"性偏离"。唐斯的传记作者怀疑他是同性恋，但唐斯从未承认。仅凭这一点还不能说他不具备当间谍的资格，唐斯在其他各个方面都是个真正的怪胎。多诺万对这一切并不在意，当唐斯来到华盛顿问他，自己是否可以换到美国队时，多诺万同意了，觉得他可能会有一些价值。他让唐斯校长为杜勒斯工作。杜勒斯把他安顿在国际大厦几个街区外的一间办公室，希望造成一种假象，说明这个怪人与多诺万的机构互不相干。

距离并没有使唐纳德·唐斯打消念头。他钻营到了戈德堡项目中，访谈商船水手并自己策划全套的行动计划，如将一名耶鲁大学教授渗透到伊斯坦布尔，以学术研究者名义从事"图书馆计划"的间谍活动。但唐斯对间谍活动的看法悲观得可笑。他在一份备忘录中写道："做我们这一行的就是在陌生的阴曹地府与难民、激进分子和叛徒为伍。这一行里容不得温文尔雅或外交礼仪，这是一场残酷无情对残酷无情的搏击。"尽管杜勒斯对唐斯充满了戒备心，但却同意这位校长的说法。

他们开始一起深入到纽约的"阴曹地府"，而结果依然是良莠不齐。痛恨希特勒的普鲁士地主贵族和前外交部长沃尔夫冈·冯·昂德·祖·普特利茨男爵，1939年被盖世太保发现与英国情报局合作，险些被抓。普特利茨逃到了纽约，联邦调查局特工很快就开始跟踪他，并对胡佛报告说他"经常出没在性偏离的地方"。唐斯招募男爵主持一个对德国广播宣传的电台节目。杜勒斯认为普特利茨为德国头目如埃尔温·隆美尔将军和间谍头目威廉·卡纳里斯海军上将撰写的小传更有价值。他把那些简介寄给了多诺万。杜勒斯更热衷于唐斯招揽的另一个人——保罗·哈根，一位英俊的奥地利作家。哈根建议将同事们渗透到德国、奥地利和法国，并与地下运动联系起来。但哈根在一次秘密行动中与其他流亡者公开争吵，而且被指控为共产党的唐璜。因此，杜勒斯和唐斯认为要想组织在第三帝国的抵抗运动，最佳人选是戈特弗里德·特雷维拉努斯。此人在希特勒上台前曾是魏玛共和国部长，曾与德意志自由军团（第一次世界大战极端民族主义战士的准军事部队）中的反纳粹恐怖分子有联系。特雷维拉努斯参与的项目被称为T计划。唐斯把特雷维拉努斯和他的家人从加拿大调到了东第63街，自己住所附近的一家公寓，并答应每年给他10000美元去组织暴动。然而纽约的外籍人士背后对他的中伤从未间断，哈根和普特利茨抱怨特雷维拉努斯在德国没有追随者，事实上，他与纳粹勾勾搭搭。特雷维拉努斯很擅长夸夸其谈，他在离开加拿大之前跟自己的朋友吹嘘，他要在德国为美国人发动一场政变。最终总部勒令项目停止，并支付了特雷维拉努斯3750美元的封口费。

纽约办事处的史蒂芬森担心他们的美国老弟正在天真地"落入我们竭力避免的德国的移民陷阱"，一份来自英国的备忘录写道。甚至华盛顿战略情报局的研究分析人士也总结道，纽约的流亡者"不是他们所来自欧洲国家的真实样本"。杜勒斯对这些警告熟视无睹。跟华盛顿总部一样，纽约办事处在情报搜集方面几乎成了一个无所不能的实验室。杜勒斯为法国抵抗组织提供资助，组织了一个伪造敌人货币的计划；他从手下会见的欧洲难民中买了衣服，让渗透到敌区的战略情报局特工穿上以鱼目混珠；他甚至创办了一个秘密单位，负责挖掘美国保险公司战前对轴心国企业客户的记录，这些文件通常包含建筑物的蓝图，盟军空军认为这对确定他们应该如何攻击目标很有用。多诺万不会在某一个想法是否奏效上纠结，杜勒斯更不会。

*

杜勒斯从接管纽约间谍行动的那一刻起就开始瞄准了瑞士。多诺万知道，用特工直接渗透一个像德国一样的极权主义国家可能需要几年的时间，他花不起那个时间。于是决定退而求其次，在欧洲中立国家建立情报机构作为他进入德国的门户。最重要的中立国，同时也是位于欧洲中部与德国、奥地利、意大利和法国接壤的国家就是瑞士。战略情报局高级官员开始在备忘录中称它为"香格里拉"。

尽管杜勒斯和他的人集思广益试图在瑞士建立情报网，但到1942年仍然拿不出像样的东西——除了四个并不完全可靠的线人：其中两名是在美国公使馆以外交为掩护的缺乏想象力的战略情报局情报员。国际商用机器公司和国际电话电报公司等大型国际公司愿意向杜勒斯透露他们主管到瑞士出差的见闻，但杜勒斯认为瑞士太重要，不能交给自由职业者。瑞士需要一位高级别的特工——他本人。多诺万曾跟杜勒斯谈过要他调到伦敦站做大卫·布鲁斯的副手。布鲁斯认为这位纽约战略情报局的人是"地球的选民"，他在日记中写道。杜勒斯可并不这么想布鲁斯，他觉得布鲁斯比自己资质还浅，而且还是潜在的竞争对手。在瑞士，杜勒斯可以大显身手，远离伦敦布鲁斯或从华盛顿多诺万和他手下带来的干扰。杜勒斯在同意继续不领取任何薪水，并向华盛顿呈述他如何在这个中立国开展工作后，多诺万同意了这一调动。

杜勒斯去瑞士并不容易。在瑞士首都伯尔尼，美国公使馆的负责人利兰·哈里森是杜勒斯的老朋友，在巴黎和会期间两人就交好。但国务院，甚至哈里森本人都对杜勒斯的到来感到紧张，担心瑞士当局会比以往更加怀疑美国公使馆。人人都推测瑞士人和德国人都读过杜勒斯加入战略情报局的新闻报道。为平息国务院的担忧，并试图愚弄纳粹情报机构，战略情报局散布了杜勒斯与多诺万闹翻的虚假故事，称他准备回到外交部，做哈里森的特别助理。

11月2日，在纽约市政机场，杜勒斯踏上了一架载得满满当当的泛美航空公司水上飞机，第一站前往百慕大群岛。飞机在那里加油后，穿过大西洋到达里斯本。除了瑞士和葡萄牙，他的外交护照还加盖了法国、爱尔兰、英国和西班牙的签证，他需要随时在别的地方逗留。他的手提箱里装着数十封给瑞士官员的介绍信和长长的通讯录、可能会用到的消息来源、友好的外国间谍和需要避讳的纳粹同情者名单。为了强力推动他的任务，手提箱里还有一张开给瑞士银行的100万美元的信用证。

华盛顿总部的调度人员对所有派遣到海外的秘密特工都用一张《特工审核单》进行审核，杜勒斯出发前也不例外。表单中包含45个项目。审核通过了他的代号为"彭斯"，他发出的电报代号是"110"，比多诺万的"109"多一个数。他需要记住与外国特工的联络暗号以确认他的身份，暗号问题是："你在华盛顿特区的最后一晚去哪里吃的晚餐？"回答是："大都会俱乐部。"调度员最后还问了杜勒斯他身上的标记，以便写入《审核单》做进一步身份认证。他说，左脚内侧有伤疤。

六小时后，水上飞机到达了百慕大群岛，加油后，再次起飞到亚速尔群岛——里斯本前哨站。然而恶劣的天气使这架水陆两用飞机在葡萄牙群岛搁浅了两天。杜勒斯等待着，越来越紧张，因为他知道一个其他乘客都不知道的秘密——美国和英国军队不久将登陆北非进行代号为"火炬计划"的军事行动。一旦计划实施，杜勒斯确信德国人会做出反应，占领维希法国的其余地方，这样会使他穿越该国南部到达瑞士的旅程，要么不可能，要么危险重重。11月5日晚些时候，泛美航空公司的飞机终于抵达里斯本。次日早晨，杜勒斯搭乘了去巴塞罗那的航班，又从那里登上了一列火车，慢慢腾腾沿着西班牙的地中海海岸向靠近法国边境的波尔特沃小镇驶去。这次又因为波尔特沃没完没了的护照检查再次拖延了好长时间。11月8日正午，他正在车站的咖啡馆用午餐的时候，在火车上认识的一名瑞士乘客跑到他的桌旁。他兴奋地说："你听到消息了吗？美国人和英国人正在登陆北非！"杜勒斯面临一个艰难的决定，是留在中立国西班牙，还是继续乘火车穿过法国，他赌了一把，决定继续前行，他认为希特勒的军队需要几天才能开进来。

他留在了火车上。火车咕隆咕隆越过边境进入了法国。杜勒斯决定，只要有德国人在任何时候阻止他们，他就从车窗爬出来，溜进乡下，祈祷上帝让他与法国抵抗组织搭上关系。他怀疑他的外交护照无法让他通过盖世太保的检查站，他们可能会把他带到一个收容集中营直到战争结束。如果他们把他手提箱里的可疑物品拼凑起来，会把他拖入一个拷问室或交给一个行刑队。令他欣慰的是，火车到达第一个常规站韦里埃的时候，迎接他的不是德国安检，而是一名欣喜若狂的法国人，他认为杜勒斯是来解放他们的美国人的先遣队。次日早晨，11月9日，火车抵达了法国的最后一站，靠近瑞士边境的安纳马斯。由于前一天晚上睡眠不足，杜勒斯双眼红肿，同其他乘客一起钻出来，接受法国当局的护照检查，然后中午再次上车到日内瓦。华盛顿已经提前告知杜勒斯，边境检查站可能会有盖世太保的人。在车站，他一眼就认了出来——那个头戴黑色浅顶卷檐软呢帽，身穿量身定制西装的家伙就站在正在检查乘客文件的维希宪兵身后。

杜勒斯是唯一没有被放手通行的乘客。盖世太保军官在笔记本上逐条记下了他的外交护照上的细目，并在宪兵耳边嘀嘀咕咕，杜勒斯听不见说的是什么。几分钟后，宪兵向杜勒斯解释说，维希政府有令，扣留边境上所有的美国人和英国人，并直接向菲利普·贝当元帅报告他们的出现。杜勒斯把这个宪兵拉到一边，用最慷慨激昂的法语恳求这位警官让他通过，借用了潘兴、拉菲特和其他任何能想到的表现法美两国团结的人物。然后他拿出他的钱包，让他看里面塞着的1000瑞士法郎的钞票，并暗示可以给他。宪兵不为所动，径直走过去给维希政府打电话。杜勒斯紧张地在月台上踱步，仔细观察周围的区域。他可以拎起包，穿过车站周围的田地，有希望穿越瑞士边境。但这并不容易。所以他只能静静地等待着。

当车站敲响正午的钟声时，盖世太保军官保留着他的日耳曼习惯，每天准时在那个时间，走进附近的一个酒吧享受他的午餐和啤酒。火车的汽笛响了，表示要发车了。宪兵急忙走向杜勒斯，并示意他上车。警官敷衍了事地给维希政府打了电话，既然那盖世太保特工已经离开，他可以自由行事。警官把护照递给杜勒斯，低声用法语说："请吧，你明白我们的合作是象征性的。"不出几分钟，杜勒斯就越过了边界，进入中立国瑞士。他是最后一个从法国合法离开的美国人，直到两年后法国解放。

次日晚，11月10日，杜勒斯用他的代号"彭斯"从伯尔尼的美国公使馆向"维克多"发送了第一份电报。"维克多"是伦敦西面美国战略情报局无线电中继站的代码。电文中讲述了他在安纳马斯是如何说服当局让他通过的。其中还包含杜勒斯从瑞士发出的第一份情报报告——在车站到维希政府辖区的途中，通过与百姓的交谈获得的信息。两个多星期后，他终于给克洛弗写了一封信。他不能多说什么，只是说："差点到不了这里。"初次见面，杜勒斯和利兰·哈里森使用了《特工审核单》上签署的联络暗号——两个人都觉得是一个愚蠢的形式，因为他们已经认识多年。哈里森真心高兴见到他的老朋友，他把自己住所的一间舒适的房间借给杜勒斯住了一个月，直到他能找到一个长久住处。两人晚上经常在一起吃饭，打桥牌。

瑞士的国土面积大约只有美国缅因州的一半，有28个天然湖泊，美丽壮观的雪山，风景秀丽的阿勒河流经首都。这里的人民专注健身，不错过每一分钟的休闲时间。这个民族还为是世界上最古老的民主国家而无比自豪。公民面临的问题之多，几乎每个星期日都耗费在投票之中，而且为了一己之私不遗余力地捍卫中立国地位，令同盟国和轴心国头疼不已。约瑟夫·斯大林为瑞士在战争中扮演两面派的角色很不愉快，罗斯福对这个阿尔卑斯共和国与纳粹的交易同样愤恨。这个独立的瑞士向第三帝国提供精钢、精密机械零件和安全的银行服务，以换取本国急需的德国煤炭、铁矿和石油。后来，杜勒斯给华盛顿发去了瑞士银行为德国国家银行洗钱、将黄金兑换成瑞士法郎，并向柏林销售重要军用滚珠轴承的证据，愤怒的罗斯福下令国务院设法关闭它。瑞士公众对战争的态度是"精神分裂症"的表现。瑞士有一些德国居民，他们同情希特勒，还有偏向纳粹意识形态的八个右翼政党。但是，反纳粹亲美国的情绪却在公民中盛行，一些瑞士企业想方设法地将一些军用精密仪器走私给盟军。然而，瑞士政府有充分的理由与希特勒达成和解——希特勒的将军们已经列好了入侵这个小国的计划。但他最终还是放弃了这个想法，因为瑞士多山，地势险峻，而且几乎每一个公民都时刻准备拿起武器响应卫国号召，这个被德国人称为"豪猪"的国家很难束手就擒，所以德国国防军只是将侵略计划暂时束之高阁，不代表永远不启动。

从杜勒斯到瑞士的第一次外交派驻到现在已经历时25年了。他发现随着冬季的到来，伯尔尼人因缺乏足够的供暖燃料已经开始瑟瑟发抖，而且因为食品配给减少，人们比之前显得更加消瘦。首都的城市风貌保留了中世纪的特质，那里的市民喜欢举家沿着骑楼老街漫步，欣赏那古老美丽的屋舍，市中心时钟塔里的大钟每小时打钟报时，火车站对面宏伟庄严的施威泽霍夫酒店依然宾客爆满，粮仓广场富丽堂皇的食童（神话中吞食儿童的食人魔）喷泉仍然水流不断。然而，这个一度悠然自得的联邦城市现在人人自危，居民担心德国火箭、炸弹随时倾盆而下。许多年轻人被军队抽调去北部构建防御工事。

瑞士的首都是杜勒斯间谍活动最理想的地方。伯尔尼已经成为一个间谍的避风港，这里有从事家庭手工业的政治难民、寻求庇护者、逃跑的战俘、逃兵、抵抗组织代表、心怀不满的德国官员、被废黜的皇室、商务旅客、形形色色的使馆工作人员，还有三教九流靠在德国、英国和美国之间贩卖情报的专业告密者。通常，同样的秘密会在上午先传给德国人，下午给英国人，晚上给美国人。军情六处已经确定了425名轴心国特务。星期六晚上，许多间谍聚集在贝耶乌尔宫酒店，就像他们在第一次世界大战期间一样饮酒、吃饭、打探消息。坐落在维拉丁维格大街78号一座别墅的德国公使馆已经成为一个主要的间谍站，那里有以从商为名大搞间谍活动的德国阿勃维尔特工和一些冒充犹太难民偷偷越境的盖世太保特工。德国情报员已经严重渗透到了瑞士间谍机构和外交部，纳粹同情分子在其中散布的情报，大多都是从外国使馆往返执行工作中了解到的政治花边新闻。希特勒的特务还被部署在了盟军的前哨站,并经常尾随外交官在市里活动。其他机构也很活跃,英国公使馆密切跟踪德国人,并组织走私集团,鼓励将瑞士军工技术带回伦敦;格勒乌(俄罗斯联邦军队总参谋部情报总局)建立了警方密探网络,向莫斯科传递有关德国人的情报;法国维希政府试图破解美国密码但未遂,至少美国人是这样认为的。

多诺万下达给在伯尔尼的杜勒斯的使命直接明了:渗透德国获取情报,组织残留的反希特勒的地下工作者,正如他在纽约所做的那样。但杜勒斯做的远不止这些,很快他的战略情报局站就变成了独立的中央情报局。他不仅搜集情报,还将数百万瑞士法郎输送给法国和意大利抵抗组织,组织了成百上千特工进行准军事行动,向德国境内发送了数百万的宣传册。杜勒斯还将自己"任命"为外交政策顾问,向华盛顿发送冗长电文,发表针对战争的宏观战略建议。例如,1943年1月,当罗斯福与丘吉尔在卡萨布兰卡会议上宣布盟军只接受敌人"无条件投降"时,杜勒斯向总部发送了海量批判性的电报,警告说戈培尔会利用这个"毫无意义的口号"强化德国士气,血战到底。

在他到达伯尔尼几周之后,一家读者众多的瑞士报纸报道,杜勒斯是作为"罗斯福总统的私人代表"来到瑞士的。朋友们怀疑是杜勒斯泄露了这个消息。他并不秘密地开展工作,反倒在自己的门上公开悬挂招牌,称"欢迎线人前来"。英国特勤局认为杜勒斯作为罗斯福特使的"广告"是骇人听闻的,也违反了保密规定。"这只起到了吸引糟粕的作用。"一份英国特别行动处的报告显示出英国人对此嗤之以鼻。但在杜勒斯离开华盛顿之前,多诺万曾告诉他不必费心潜伏太深,想在纳粹严密监督下的城市秘密行动,是不可能的。杜勒斯也没有时间秘密地建立一个线人网络。他后来写道,最好是"让人们知道你从事情报工作,并告诉他们在哪里能找到你"。

告密者所能找到的杜勒斯所在的地方在绅士街23号的一间敞亮的公寓。它位于伯尔尼老城区的繁忙鹅卵石街道上一座四层楼房的一层,属于晚期巴洛克结构。1942年12月,他租下了这个地方。杜勒斯说服伯尔尼官员晚上关闭楼前的路灯,让轴心国特务难以在夜间识别出来访者。这间公寓后院还有一个线人可用的更隐秘的出口，以及两个葡萄园和一个可以眺望阿勒河和伯尔尼阿尔卑斯山的观景台。前门入口可见一个大的接待室，两侧是客厅、餐厅、厨房、卧室和仆人住所。为了让线人自在放松，杜勒斯会领他们进入一个舒适的木板书房，窗户拉上红色的窗帘，旁边布置了一个可当作吧台的桌子，两把舒适的扶手椅。他把沙发拉到了生着火的壁炉旁，喜欢坐在那儿摆弄些什么。壁炉架上悬挂着一幅银制相框的克洛弗画像。

作为一名公使馆助理，他过着豪华的生活。公寓有一位男管家雅克，一名从伯尔尼最好饭店里请来的一级厨师。他还配备了一辆福特汽车和一名法国司机爱德华·皮尼亚尔，由于石油限量配给，其他公使馆职员只能工作期间使用车辆，而他周末也可以使用。

利兰·哈里森同杜勒斯一样也是社会名流，公使馆的办公室分散在3个私人住宅中。他住所里的水晶高脚玻璃杯上刻着猪头图案，那是他作为时尚的哈佛大学坡斯廉俱乐部会员所信奉的图案。这位大使本人也是一个间谍狂热分子，自己组织了一个激进特工队搜集轴心国的情报。杜勒斯迅速笼络了为哈里森涉猎情报的工作人员——财务主任查尔斯·戴尔和哈里森的武官、海军陆战队准将巴恩韦尔·莱格。他在公使馆最重要的合作者是很快学会讲几国语言的杰拉尔德·迈耶。杰拉尔德是一个衣冠楚楚的德裔美国人，留着一撮小胡须，八个月前他来到伯尔尼就任战争信息办公室的代表。战争信息办公室是一家与多诺万的心理战行动队并驾齐驱的宣传机构。为了保持公使馆助理的假象，杜勒斯一直在杜佛斯托拉斯大街24号的杰拉尔德战争信息办公室保留了一张办公桌。

杜勒斯一到伯尔尼马上开始网罗欧洲难民和居住在伯尔尼的美国人为自己所用。他在战争信息办公室隔壁——杜佛斯托拉斯大街26号租了一个地方，作为他手下十来个人的办公地点。贝蒂·帕森斯，一个从意大利调到伯尔尼的纽约人，做了他的首席秘书。杜勒斯还找到了罗耶尔·泰勒，一位来自马萨诸塞州的历史学家和巴黎和会的同事，作匈牙利和东欧事务专家。沙利文-克伦威尔律师事务所巴黎办事处的前律师马克斯·舒坡也加入了阵营，杜勒斯给他支付了丰厚的薪金，让他负责为抵抗组织输送资金，并处理他们传送回来的军事情报，因为杜勒斯不太懂什么消息对陆军最有价值。一名前英国男管家亨利·鲍德温成了杜勒斯的协调员，负责打通瑞士官僚的关节，战略情报局推测他也是军情六处的间谍。由于杜勒斯缺乏文书方面的人手，当大约1500名美国飞行员被迫在瑞士紧急降落或因为在敌占区被击落而逃到了这里（瑞士当局了解情况之后，将他们拘禁直到战争结束）时，他便从中挑选了六个人加入他的团队，从事信息编码和解码的繁重工作。

在到达伯尔尼后的日子里，杜勒斯开始在城市里到处转悠寻找线人，并将他们的花边新闻发往伦敦的维克多站，从那里即时传达给华盛顿总部的战略情报局。虽然他的法语和德语很蹩脚，但他尽力让他们听懂。他询问了瑞士人、德国来往于伯尔尼和柏林的销售商，还有与母国教堂有联系的新教和天主教教会的代表。他还在匈牙利大使馆、意大利、波兰和法国的情报员中间发现了友好的线人。喜怒无常的英国记者和历史学家伊丽莎白·威斯克曼就是其中之一，她是英国公使馆的一名新闻宣传专员，在德国有一批老线人。杜勒斯用鲜花、调情的字条和他厨师准备的佳肴来诱惑她，让她提供情报。

然而，花束对其他英国老哥并不怎么奏效。英国秘密情报局的二号人物克劳德·爱德华·马乔里班克斯·丹西爵士，从伦敦遥控瑞士的间谍行动，不加掩饰地表示他对战略情报局的蔑视。杜勒斯抱怨英国特别行动处伯尔尼的代表乔克·约翰·麦卡弗里是"狗娘养的"。乔克和"克劳德伯伯"（对丹西敬畏的或憎恶的人对他的称呼）对杜勒斯开始招聘他们认为属于英国特别行动处和军情六处的线人的行为急得直跳脚。一份英国特别行动处的报告中，他们发牢骚说："美国人大肆撒钱，他们有大房子、大办公室和车队。"告密者已经开始大量涌入杜勒斯的伯尔尼站而不是英国情报机构。麦卡弗里向伦敦发牢骚说，伯尔尼新的战略情报局头目每月给一位意大利社会党人发放800瑞士法郎，给一名法国劳工活动家发放高达1800瑞士法郎的月薪，而这两个人早就在英国特别行动处的每月工资名单上了。杜勒斯很快厌倦了英国试图垄断间谍资产及抵抗组织运动联系的行为，他自信可以从这两个线人身上搜集更多信息。他最终与英国就一些信息来源达成了一致，但他拒绝收回他的大规模招聘，即使这意味与丹西和麦卡弗里对立。

杜勒斯留着小胡子、穿着粗花呢夹克来到了伯尔尼的运动场。他认为这种叼着烟斗、粗放随意的教授形象能让线人更放心。一个月后，他又买了英国布料做了一套同样款式的西装。杜勒斯说，一个熟练的情报员就像一个"好的渔夫"，他总是精心地准备圈套，耐心地侦察顺流而来的情报，始终保持好奇和开放的态度，但他一直留神跟他联系的人是否为有意欺骗他的双重间谍。为此，杜勒斯会即兴为他的行动制定保密手段。比如，一个特工穿越意大利边境到了瑞士卢加诺，用"珀盖特"口令给他在斯普莱迪德皇家酒店的手下打电话。特工在这个城市的一举一动都在他的监控之下，看看是否有瑞士警方或盖世太保在跟踪他，而且他总是通过快递传递情报，"电话不安全"。华盛顿最终为这个战略情报局的站点提供了火柴盒相机、微型拍摄设备和带夹层能隐藏文件的公文包。杜勒斯床头柜的抽屉里还放着一把上了膛的左轮手枪，尽管并没有什么实际用途。他的间谍活动是那种谦谦君子风格，没有人向他开枪，他也会尽量避免去到距离法国、德国或意大利太近的瑞士边境，以免让人抓住机会。

杜勒斯的一天通常是这样的，早晨先在绅士街住所，用美国俚语致电给他的主要助手作指示，以混淆偷听的外国人。然后驾车到杜佛斯托拉斯的办公室，身边带着上锁的硬底公文包，皱巴巴的灰色大衣的口袋里塞满了报纸和文件。中午，他与其他情报员在剧院咖啡厅（服务员知道他的名字）共进午餐，下午为华盛顿编写电文，晚上与外国外交官在贝耶乌尔宫酒店吃饭，或在他的公寓请秘书与线人用餐。

由于四面被敌人包围，与外界通信困难重重。外交消息的电码可以从美国公使馆发到瑞士商业电台，但电文要特别简短。较长的文件、地图和照片首先要拍摄在缩微胶卷上，然后交给一个铁路工作人员，他把胶卷藏在运输贵重货物到法国里昂的火车发动机机箱里，然后交给一个特工邮差，他骑自行车将胶卷送到马赛，从那里搭船到科西嘉，然后上飞机飞到阿尔及尔，那里的战略情报局站再交给伦敦，胶卷处理后飞往华盛顿。整个行程可能需要半个多月。经过八个月的谈判，美国电话电报公司最终同意在绅士街23号安装一条无线电话线，每月1000美元的服务费。这样每天晚上11点，杜勒斯（用伯特伦·L.约翰斯顿的名字）都可以给冒名为查尔斯·B.詹宁斯的华盛顿战略情报局总部打电话，朗读他在信纸上书写的文稿，杜勒斯称之为"新闻快报"，所分析的报纸信息要限制在十分钟以内。美国电话电报公司要求这个装置不被瑞士人干扰，而瑞士人则坚持在电话线上使用语音加扰器。所以杜勒斯猜测监听的瑞士人，也许德国人，可以轻松破解他的新闻快报。

他发现间谍工作非常艰苦，但"相当激动人心"，他给克洛弗写信说。他到伯尔尼的前四个月从未休息过一天，由于压力太大，偶尔犯痛风，疼痛难忍。但他在瑞士的岁月是他一生中最美好的时光。而对于克洛弗来说，这些日子太过漫长了。1943年3月初，他给克洛弗写信说，他们可能再过几个月就可以团聚了。事实证明，这是一个天真的预测。

与在纽约时一样，即使线人背景可疑，杜勒斯也很少拒绝（他认为傲慢的英国人因此失去了很多线索）。在伯尔尼的第一个月，他结识了埃贡·温克勒，此人是一个目光锐利的奥地利金融家，但他怀疑温克勒为德国军事情报机构——阿勃维尔工作。爱德华·舒尔特是一个极其虚荣的德国矿业老板，他痛恨纳粹，他为杜勒斯分析德国经济数据，为其提供希特勒V-1火箭情报，并警告针对犹太人的大屠杀。英国人甚至华盛顿方面也警告他，作为一名外交官派到苏黎世的柏林律师爱德华·魏特简，是个危险的双重间谍，但杜勒斯却发现他是德国抵抗运动有价值的信息渠道。杜勒斯很快意识到，另一个与党卫队头目海因里希·希姆莱勾勾搭搭的苏台德的德国人是马克斯·埃贡·霍恩洛厄·冯·拉亨斯伯格亲王。这个党卫队头目是继希特勒之后维持德国秩序反击共产主义的最佳人选，现在加入了列支敦士登国籍，他试图说服杜勒斯。尽管马克斯与德国人亲密，杜勒斯依然相信亲王可能对情报有用。杜勒斯一直坚信，他最好的信息来源是那些自动上门的街客，所以他几乎不放过跟任何人的交谈。

在到达伯尔尼的十天之后，杜勒斯遇到了格罗·冯·舒尔策-盖沃尼兹，此人是1920年他在柏林执行任务时交好的魏玛共和国立法委员的儿子。当杜勒斯第一次遇见他的父亲格哈特时,盖沃尼兹正在读博士,毕业后他到纽约学习银行业务。他加入了美国国籍,作为一个国际金融家富甲一方。第二次世界大战爆发后,他到瑞士阿斯科纳的乡间别墅照料病重的姐姐。由于无法脱身,他被迫在苏黎世管理其国际业务,作为外汇交易员又大捞了一笔。盖沃尼兹个子挺拔、温文尔雅、英俊潇洒,他那温暖热情的蓝眼睛和优雅迷人的举手投足对朋友很有吸引力,40岁出头的他很快就成了杜勒斯最有价值的敲门砖。盖沃尼兹向这位美国人介绍了一些资产情报和德国抵抗力量联系人,成为战争期间杜勒斯拥有的最有价值的东西。盖沃尼兹用花花公子的形象掩饰了一个坚定的信念,那就是希特勒将带领他的国家走向毁灭。盖沃尼兹的代号为"476",就像是战略情报局伯尔尼站站长的儿子一样。他们如此的亲密,匈牙利情报人员甚至认为他们睡在一起。埃德加·胡佛在给白宫的备忘录中称,盖沃尼兹"臭名远扬"。他在纽约期间,他的两个信托公司险些触礁,而他的"个人事务却显得一派红火"。

玛丽·班克罗夫特的苏黎世会客厅已经成为许多瑞士先锋作家、学者和记者的云集之地。她皮肤略黑并不惊艳,但她很合群而且性格外向,"是与三教九流都能相处的类型",一个朋友这样描述她。搬到瑞士后,班克罗夫特结交了一群好友——从作家詹姆斯·乔伊斯的妻子,到诊断出班克罗夫特频繁打喷嚏属于心理问题引起的病症的精神病学家卡尔·荣格。玛丽儿时想象力丰富,有很强的好奇心,九岁的时候就"跟成人差不多了",她曾经写道。在她出生后不久,母亲死于栓塞,她的父亲把她寄养在坎布里奇拥有百万家财的爷爷家中。她在史密斯学院度过了三年无聊的时光,后来嫁给了美国联合果品公司的高管舍温·巴杰,慢慢地这段婚姻也令她厌倦。她一度追求与一位钢琴作曲家的婚外情,但那种浪漫也变得索然无味。玛丽最终与巴杰离了婚,并于1935年嫁给了让·鲁芬纳特——一个体格魁伟、秃顶的法裔瑞士金融家。他比她年长14岁,世故风趣,至少玛丽是这么认为的。但新婚不久,她意识到自己犯了一个严重的错误——鲁芬纳特竟是个善妒狂躁的丈夫,醉酒之后变得乖戾暴虐,而且经常烂醉如泥。但玛丽坚持了下来，带着与前夫所生的女儿一起来到瑞士，与担任瑞士信贷银行审计师的鲁芬纳特一起生活。

她会客厅中众多的美国客人中包括《时尚芭莎》的编辑、与摩根家族的继承人分居的女人丽贝卡·斯蒂克尼·汉密尔顿，她经常利用玛丽在施多克大街的公寓与她的秘密情人威廉·多诺万幽会。20世纪30年代后期，多诺万访问欧洲的时候，丽贝卡找借口说她要去苏黎世看女朋友，实则与他幽会。有一次约会之后，她送给了玛丽一条迷人的黑色蕾丝睡裙作为答谢礼物。鲁芬纳特以为这是玛丽情人送来的礼物，一怒之下将它付之一炬。

玛丽早期与丈夫到德国出差时便确信希特勒意在发动世界大战，依然渴望与第三帝国进行贸易往来的鲁芬纳特认为她天真幼稚。由于感情生活一塌糊涂，外加巴黎沦陷、日本偷袭珍珠港，玛丽感觉被"敌人"围困，便一直在海外撰写有关美国人生活的专题文章，并开始为杰拉尔德·迈耶工作。她一边在瑞士报纸发表文章，一边为战争信息办公室分析希特勒的演讲。12月初的一天下午，杰拉尔德邀请玛丽到他所在的苏黎世的博尔奥拉克酒店喝上一杯，认识一下新来的大使助理，觉得她可能愿意为他做一些工作。

玛丽猜测在博尔奥拉克的酒吧见到的那个留着稀疏胡须、目光锐利、无框眼镜后面有一双蓝眼睛的人比她大近十岁，而且肯定不是什么人的助理。玛丽一下子被杜勒斯爽朗的笑声打动了，因为他看到在酒吧橱窗里有个用蹩脚英文写的警示牌："请勿喂食海鸥，噪声太大"（杜勒斯后来决定在电话中使用这句话作为口令）。

那天晚上，她把与公使馆新人的会面告诉了她的丈夫。鲁芬纳特早就听说过杜勒斯，也知道他实际上是做什么的。他叹了口气说："你们这些美国人啊！每个人都知道杜勒斯是你们情报部门的负责人，当然，除了你们这些美国人。"鲁芬纳特对她为间谍工作从不干涉。事实上，他觉得如果人们得知他的美国妻子受雇于这样一个重要人物，他在海外贸易的声望会有增无减。"但是切记要谨慎，好吗？"他警告说，"记住，瑞士人会知道你们做的每一件事。"

几天后，杜勒斯打电话给她，问她是否能第二天晚上与他在伯尔尼共进晚餐。玛丽迫不及待地接受了邀请,并登上了下午去首都的火车。在绅士街,管家接过了她的外套,杜勒斯把玛丽领进了他的书房,她咀嚼着饭前开胃小吃,品尝着马提尼,而杜勒斯却在那里摆弄着炉火。他们在餐厅享用晚餐,非常美味。她觉得杜勒斯显然是个美食家。在晚餐的过程中,玛丽感觉有种种蛛丝马迹表明,这个男人被她吸引了。但那天晚上杜勒斯不停地在跟她讲他要她做的工作细节:继续分析纳粹高官的演讲,但现在要直接把报告交给他而不是杰拉尔德;替他会见那些不能面见他的周边国家的游客,因为一旦敌军特务发现他们就太危险了。他们第二次的晚餐在苏黎世的维尔特林纳凯勒酒店,饭后他们到附近的公园溜达。杜勒斯点上了烟斗,突然面露喜色脱口而出,他们的关系应该会发展很好,"我们可以以工作之名恋爱,同时以恋爱之名工作!"玛丽闻听吓了一跳,起初以为他是在开玩笑,但接下来,他一本正经地告诉她,他只会为她的工作付酬。

但她立即意识到杜勒斯确实在与自己调情。玛丽疯狂地爱上了他,为他是一个能在压力下如此冷静工作的男人而感到刺激兴奋。多诺万跟杜勒斯一样也是搞婚外情的老手,不久就得知了他们的风流韵事,不停地打探他们约会的细节。玛丽什么也没告诉他,尽管细节充满了情色。每晚,在他给查尔斯·B.詹宁斯打完无线电话后——玛丽现在给杜勒斯打文本——他们会冲到他的房间里烈火干柴一番,然后在灯火管制前回到她的酒店。有一次,得知鲁芬纳特和她女儿都不在家,杜勒斯赶到了她苏黎世的公寓。"快!"他命令道,"我马上要参加一个很棘手的会议。我要保持头脑清醒。"她跟他在起居室沙发上云雨了一番。

鲁芬纳特大多数时候都在外出差,为玛丽的婚外情提供了极大的便利。她告诉他,她想离婚,他非但没有打她,还一反常态地恳求她不要离婚,并据理力争地说如果保留婚姻,瑞士法律可以保护她为她的情人工作,玛丽勉强同意了。尽管杜勒斯也爱上了她,但不久杜勒斯就明确表示,他决不会与克洛弗离婚而娶她。于是,她只能接受做他的战时情妇。

在分别六个月后,杜勒斯给克洛弗写了一封轻松的短信告诉她,他很高兴来伯尔尼，因为"我在做一些有用的事情"。克洛弗可不想听这个。她在曼哈顿一家工厂做工头，忙着组装军用电子设备。但由于杜勒斯不在身边，她陷入深深的沮丧之中。偶尔，他会设法打电话让人给她送些鲜花。他们之间的信件很少，有些还退回给了杜勒斯，尽管有些可以到达克洛弗手中，也是严格审查过的。信封上的字迹不是她丈夫的，克洛弗就知道有人拆阅过，并将之放到了一个新信封里。最关键的是，沙利文-克伦威尔律师事务所不停地从她丈夫的账户中提取资金，她得面对缺钱的困境。1943年7月，精神紧张、心烦意乱的克洛弗跑到纽约的战略情报局办公室，对高级助手发牢骚说她与杜勒斯的联系被切断了。为了改善他们之间的交流，国务院将她的信件拍成微缩胶卷，用外交邮袋更快地寄出去。即便如此，杜勒斯的信件仍然时断时续，令她郁闷不已。

杜勒斯常在家书中说思念家人，实际上他很高兴能远离家乡，特别是远离华盛顿的战略情报局。他从未邀请多诺万来伯尔尼看望他——即便他邀请了，战略情报局局长也不可能潜入瑞士。杜勒斯一直觉得像他这样在实地作战的特工不应过多向总部透露他们的所作所为。他要是知道多诺万事后审查他在伯尔尼所做的决定，就会十分暴躁，甚至立即发出电报抗议。多诺万的高级助手、秘密情报处处长惠特尼·谢泼德森会怒气冲冲地用备忘录进行反驳，告诫杜勒斯某晚打无线电话是"轻率的"，他明明知道瑞士方面在监听。经过六个月的辛苦努力，通过争抢线人，并将他们得来的情报发电给华盛顿之后，谢泼德森给杜勒斯发了一份"卑鄙"的备忘录，上面写到"陆军部对所有来自伯尔尼的情报都打百分之百的折扣"，但备忘录被多诺万删除了，并劝告他这种批评对杜勒斯是不公的。但杜勒斯一直与不靠谱的人物交往，这也导致他早期的许多电报要么情报漏洞百出，要么是草率而不明智的判断。他让特工搜罗的军事情报也一度被陆军部鄙视。

但杜勒斯的情报输出质量在不断提高，不久其可靠性就开始获得好评。陆军部的情报处开始将他与伦敦的消息进行核实，因为伦敦有个名为"超计划"的机构是用来拦截和解密德国电台信息的。多诺万将杜勒斯发来的部分电报转发给了罗斯福，如有关德国潜艇技术的进步、歼击机、V-1飞行炸弹和V-2火箭、原子研究、生物武器，甚至还有人造雾（白天注入空气中隐藏目标）等。杜勒斯是众多提供纳粹在佩内明德导弹生产设施情报的特工之一，后来英国飞机袭击了这个地方。他还发送了关于德国国防军部队在意大利和法国行动的报告，柏林兵工厂和盟军准备袭击其他德国城市的情报，还有他能找到的关于空袭造成损失的报告。随着高级军官越来越信赖杜勒斯的情报，他们开始列出关于德国，甚至日本武器发展问题发给他。杜勒斯试图回答所有的问题。他几乎不漏过任何蛛丝马迹——从他认为对在普林斯顿大学的爱因斯坦有用的关于电子测量的论文，到德国走私集团从阿根廷走私的用于治疗疾病的肝提取物的报告。他还继续不耻于传递涌入他间谍站的谣言、未经证实的报道、离奇的新闻报道或道听途说的消息。他没有足够的人手核查所有的东西，所以他经常让华盛顿自己过滤情报的虚实。

　　没过多久，德国情报机构就将绅士街23号的美国外交建筑大楼纳入其特务监视的名单了。阿勃维尔和盖世太保假定在世界各地所有盟军外交使团的员工都是间谍。瑞士媒体确定杜勒斯是罗斯福的重要顾问的这一事实让他成了一个首要目标。德国人破解了哈里森公使馆和杜勒斯曾使用的代号。他们破译了一个他发往华盛顿电文中他与霍恩洛厄亲王会面的内容——不算是什么了不起的发现，因为亲王已经向党卫队报备了他的出访。德国的情报机构拥有战略情报局全球机构的大量文件，其中充斥着惊人的错误信息——错误地假定杜勒斯仅仅是在为公使馆搜集经济相关的材料。盖世太保派遣了假举报人到他的门口，给他传递假情报。

　　一个在伯尔尼的富裕的德国律师是纳粹德国军事情报机构——阿勃维尔的密探，在报告中代号为"伍提克"，他投杜勒斯所好，给他的操纵者发回了美国人传递的有关盟军战略规划的传闻，而这些阿勃维尔早就可以在报纸上读到。在党卫队备忘录中以"许德科普夫博士"为名的人，报告了他与杜勒斯的长篇会谈，称对方试探他与德国抵抗组织有关的联系。杜勒斯在聊天中涉猎很广，但只是跟他分享了一些无伤大雅的外交八卦，并坚持所谓的杜勒斯是罗斯福代表的虚构故事。阅读报告的党卫队队长相信了这种说法。

尽管他们对杜勒斯在伯尔尼的所作所为并不十分清楚，但德国人也不介意对他采取强硬的态度。德国间谍伪装成法国抵抗组织特工也找上门来，杜勒斯感觉可疑，派他们到法国执行假任务，到那里就被基层组织干掉了。为了吓跑他的消息来源，德国特工散布谣言说他们已经破解了杜勒斯的战略情报局代码并可以识别他们的身份。他们还迫使瑞士当局调查杜勒斯的行动，并逮捕他的联系人。杜勒斯将这种间谍对间谍游戏当作一种刺激而不是一种威胁。他告诉战略情报局的历史学家，"阿勃维尔在工作中不用心"。虽然多诺万或多或少批准了杜勒斯的公开行动，但也很担心纳粹特工对他的密切监视，并敦促他要更加小心。一份战后中央情报局对伯尔尼的行动评价，认为杜勒斯对安全问题"粗心"而"幼稚"，不仅表现在对纳粹的渗透上，还表现在与苏联的接触上。和多诺万一样，杜勒斯可以心安理得地与共产党人合作，只要他们对抗击希特勒的战争有帮助。苏联间谍严密监控杜勒斯与德国抵抗组织的接触（斯大林对抵抗组织单独寻求德国人与美国人的和平非常多疑），甚至对他美国家中的情况也密切监视，还向莫斯科发电报汇报他的女儿托蒂到战略情报局就职的事情。苏联国家安全委员会认为，他们发现的杜勒斯在伯尔尼的任何事情对莫斯科都是有价值的情报。

本该是盟友的人也在暗中监视杜勒斯。为了表示对瑞士中立的充分尊重，他努力不以间谍活动激怒他们，并勤奋地培养与他们特勤局的感情。即便如此，对外国间谍活动特别不留情面的瑞士反间谍机构，还是窃听了他的电话，经常尾随他的车，并监督他经常光顾的酒店和餐馆。联邦调查局虽然远在大洋彼岸，但埃德加·胡佛也尽全力密切监视杜勒斯在伯尔尼的活动。此外，竞争对手美国陆军情报处的高级官员在多诺万的背后，组成了一个以性情古怪的陆军少校——外号为"法国人"的约翰·格朗贝克为首的秘密间谍部队，此人曾因过于诡计多端而被多诺万从战略情报局开除。格朗贝克这个绰号为"池塘"的小部队，不仅侦探轴心国，还搜集了关于多诺万的情报员，甚至情报员妻子的信息。格朗贝克打探杜勒斯的丑闻，让他在伯尔尼的密探向他报告杜勒斯的一举一动。他的密探确信杜勒斯的行动主要是留意战后沙利文-克伦威尔律师事务所的老客户。

汉斯·贝恩德·吉泽菲乌斯是个彪形大汉，6.4英尺，双肩宽阔犹如门洞，不苟言笑。他是那种刻板的普鲁士人，少言寡语，不善交际，跟他圆滑的朋友——社交老手盖沃尼兹相比，性格截然不同。1943年1月，这个38岁的阿勃维尔间谍接近杜勒斯，声称要背叛自己的国家。吉泽菲乌斯子承父业，毕业于法学院。他变成了一个坚定的保守民族主义者。1933年，他受到激励做了普鲁士盖世太保头目。但在德国反间谍活动的官僚战中，吉泽菲乌斯败下阵来。他被排挤到帝国内政部做不起眼的警察工作，盖世太保领导人认为他可疑，不给他晋升的机会。20世纪30年代后期，吉泽菲乌斯开始与德国军官中持不同政见者为伍，密谋反对希特勒。因为那时盖世太保反对者已经视纳粹为国家公敌，他现在的雄心就是摧毁丧心病狂的希特勒和他的残暴政权。战争爆发时，一个持不同政见的官员，阿勃维尔的副主任汉斯·奥斯特将军，安排吉泽菲乌斯进入了军事情报部门，并派遣他来到德国驻苏黎世总领事馆。吉泽菲乌斯以副领事的身份做掩护，并没有什么情报工作可做，他真正的工作是与外国情报机构合作，寻求对德国抵抗运动可能的帮助。威廉·卡纳里斯海军上将——阿勃维尔的负责人，是个狡猾的人，他对希特勒也不再抱任何幻想，对吉泽菲乌斯施加保护，因为领事馆其他德国官员开始怀疑这个新人与盟军交好。

盖沃尼兹安排杜勒斯与吉泽菲乌斯会面，先是在苏黎世，后来又在他绅士街的公寓。这位德国金融家坚称自己的阿勃维尔朋友是一个真正的帝国敌人。杜勒斯自己也提前核实了吉泽菲乌斯的有关资料。日内瓦的教会领袖也为吉泽菲乌斯担保，认为他是唯一可能提供德国地下组织内幕的人。杜勒斯认为吉泽菲乌斯也对自己进行了调查。

双方都很清楚，敌对情报人员各取所需的会晤充满了危险，杜勒斯采取了他能想出的各种防范措施。他与吉泽菲乌斯商定在夜间假借瑞士灯火管制之名约见。这两个人为会面所做的"预热"花了好长一段时间。这位普鲁士人个头高大，基本上是俯视杜勒斯，而且由于严重的近视，不得不眯着眼睛透过厚厚的玳瑁眼镜看他。为了让吉泽菲乌斯放松自然，杜勒斯坚持在一开始就让他直呼自己的名字——艾伦。德国人告诉杜勒斯，希特勒的胜利将意味着"基督教文明的终结，西方文化在欧洲，甚至可能在全世界的终结"。与战略情报局交好并不意味着他要背叛自己的国家，吉泽菲乌斯对杜勒斯说，相反，他是在拯救自己的国家。

吉泽菲乌斯首先接触的是英国情报局，但对方认为他是阿勃维尔的奸细——"叛变到了无法挽回的地步"——据战略情报局一份秘密电报称，因此拒绝了他。大约三年前，党卫队在荷兰与德国的边境上绑架了两名军情六处的特工，他们是被纳粹双重间谍以会见德国军事政权反对者的名义引诱到那里的。伦敦认为吉泽菲乌斯是另一个陷阱，警告杜勒斯防患于未然。杜勒斯确信英国人这次又错了，拒绝被指手画脚。他给吉泽菲乌斯的代号为"蒂尼（小个）"，与他的个头相反的称呼，委派玛丽照看他。这个阿勃维尔特工，对玛丽自称是伯尔尼的哈德博士，曾写过一本全盘揭秘第三帝国的书，想将该书在战后于西方出版。玛丽的工作是把他那1415页的手稿翻译成英文，并利用他们的会面榨取更多的情报。"我要你把他对你说的一切都告诉我，一字不落，"杜勒斯命令道，"他可能会不小心对你说一些与他告诉我相矛盾的事情。"在翻译200页的书后，玛丽发现了这位伯尔尼的哈德博士的真实身份，他像杜勒斯一样对她大献殷勤。她拒绝再次卷入风流韵事，尽管杜勒斯觉得如果吉泽菲乌斯能透露更多的秘密，他并不介意。

事实证明，"蒂尼"非常有价值。他为杜勒斯提供了早期V-1和V-2开发的情报；警告他被德国潜艇击沉的盟军船只数量比德国海军报告的少些；交付了第三帝国废铁紧缺的数据；并向他发送了德国家庭肉类供给更加紧俏的情报。杜勒斯发现这个阿勃维尔线人还是有所顾忌。他不会分享他认为会让德国士兵可能牺牲的情报。然而，他对烧毁阿勃维尔的资产却无所顾忌。他提醒杜勒斯，德国人已经破解了美国公使馆的一个代码。当杜勒斯接到暗示，绅士街的公寓里，他所珍爱的厨师其实是一名纳粹奸细的时候，就开始胃疼难忍。他立即辞退了那个女人。最重要的是，在他们初次会面接下来的几个月，吉泽菲乌斯不断给杜勒斯提供推翻阿道夫·希特勒的机会和计划。

*

在秘密情报处中欧和斯堪的纳维亚半岛机构工作的理查德·赫尔姆斯作为一名特工人员取得了骄人的成绩。正如他在海军东部海域前线部队的上级所说的那样，他的战略情报局老板们仍然认为他大有可为。然而，赫尔姆斯厌倦了在华盛顿的案头工作。他想去欧洲。每天遨游在成堆的海外电报中，赫尔姆斯对费迪南德·迈尔转发来的电文非常着迷，这些电报出自杜勒斯从柏林外交部招募的一名不起眼的官员。"加勒比"相信他是迄今为止战略情报局最好的渗透德国的人选。

弗里茨·科尔贝身高不足5.7英尺，长着一副斯拉夫人的圆脸，走在人群中属于那种过目即忘的类型。几乎秃顶的脑袋边上只有一缕棕色头发，蓝灰色的一双眼睛像珠子相隔甚远，鼻子很大，两只小耳朵往外翘出。他不抽烟，很少喝酒，而且痴迷于身体锻炼。他的鞋子总是油光锃亮，衣着保守，总是熨烫得平平展展，举止优雅但不引人注目，属于完美的德国外交部官僚。科尔贝出生在一个波美拉尼亚中产阶级家庭，少年时代就加入了反独裁主义的漫游党（德语大致翻译为"自由精神漫游"）运动，一支与后来的希特勒青年团对立的童子军。第一次世界大战中，他在工兵营服役，最终成了外交部的领事顾问，他在全世界各地任职，装作没有政治头脑的样子，想尽一切办法不加入纳粹党。

1941年，科尔贝虽然对希特勒的征服深恶痛绝，但依然扮演呆头呆脑但很有效的官僚，他意识到，除了保全自己，他一直无所作为。在分配到柏林外交部后，他开始小打小闹地挑战纳粹，加入漫游党同志会，撰写秘密流传在首都咖啡馆和商业界的反纳粹传单。科尔贝那时已经晋升为讨人嫌的卡尔·里特尔的私人助理。卡尔·里特尔是外交部负责政治军事事务的巴伐利亚大使，对自己的顶头上司外交部长阿希姆·冯·里宾特洛甫一直暗暗心怀不满。科尔贝的日常工作是筛选成百上千外交电报、备忘录和高级别会议记录，从中选出重要的内容供里特尔批阅，这一工作使之成为外交部最知情的官员，而且让他有机会接触到有关德国的外交和军事政策最绝密的文件。具有讽刺意味的是，一个如此狂热的反纳粹分子居然可以担任如此敏感的职位而没有丢掉公务员的饭碗。

为了打倒纳粹政权，1943年春天，科尔贝开始将自己看到的比较重要的文件为盟军备份。他相信自己的国家一定会输掉这场战争。为了交付这些文件，他最终说服了一个在国家邮政部的漫游党朋友，让他指派自己作为一名携带外交邮包的邮递员前往伯尔尼。心烦意乱的里特尔批准了他半公半私的旅行，相信了科尔贝要去瑞士处理私事。

1943年8月16日，星期一下午，科尔贝住进了伯尔尼老城区火车站附近的朱拉酒店。相比战时的柏林，瑞士首都除了去掉了路标之外，在他心目中仍是一派田园风光。瑞士警察移除了所有的路标迷惑德国人，以防他们入侵。科尔贝脑袋嗡嗡作响，因为整个晚上在火车里都没合眼，担心沿途被德国层层的安全搜查绊住，好在一路还算平安无事。邮电部的命令文书和他夹克口袋里的外交护照，使他轻而易举地通过了检查站，没人检查他上锁的文件包或对他搜身。在他那间不太大的旅馆房间，科尔贝把箱子放在了床上。箱子里面蜡封的厚厚信封里塞满了他要向公使馆交付的电报和备忘录，那是他作为邮差职责的一部分。他脱下裤子，把紧紧捆在大腿上的文件取下来。他要把那些文件交给盟军。

星期二早上晚些时候，科尔贝早期在马德里任职时的好友，一位犹太石油商，1936年搬迁到了伯尔尼的恩斯特·科赫尔塔勒尔，走到了桑斯托拉斯大街的英国公使馆，问门卫他是否可以面见大使。恩斯特·科赫尔塔勒尔（他出生在德国，但后来成了西班牙公民）手中握着当天早晨早些时候科尔贝给他的16份外交部电报。但是这个中间人被草率地告知大使不便见客。后来，公使馆的武官亨利·安特罗伯斯·卡特赖特上校走下了台阶，以一副无暇应对不速之客的表情看着科赫尔塔勒尔。这位石油商赶紧告诉卡特赖特，一位德国外交部朋友托他转交给英国一些资料。卡特赖特不为所动。科赫尔塔勒尔不愿意免费透露准备递交秘密情报的神秘外交官的名字。大约一刻钟后，卡特赖特礼貌地下了逐客令。这位陆军上校甚至没有将这次无关紧要的会面通知公使馆的情报处。当天晚上，卡特赖特在杜勒斯的杜佛斯托拉斯办公室附近偶然遇见杜勒斯的时候，顺便提起了"要留神"一个可疑人物，不过他不记得那人的名字，说他有可能登门提供所谓有价值的情报。科赫尔塔勒尔气鼓鼓地离开了英国公使馆，他思忖着，他现在可以接洽上美国公使馆的哪位人物。

星期三上午9点多，科赫尔塔勒尔坐在了杰拉尔德·迈耶办公桌前面，他对此人并不了解。是他们俩共同的朋友安排了这次见面。科赫尔塔勒尔用英文叽里呱啦快速说了一通，不知道美国人会不会像英国人一样将他拒之千里。他提出要安排与一个德国外交部朋友的会面，称他是"忠实的反纳粹人士"，准备向盟军提供情报。如果美国人想见他，最好赶在星期五中午之前，届时他的朋友计划返回柏林，杰拉尔德点了点头不置可否。科赫尔塔勒尔把手伸进上衣口袋，拿出了科尔贝给他的文件。他把文件推给了桌子对面的杰拉尔德，杰拉尔德开始翻看，第一份电报的公章上面的德文"绝密"二字立即引起了他的注意。杰拉尔德让那个人稍等片刻，拿着文件一步并作两步，跑到了楼上杜勒斯的办公室。杜勒斯听了杰拉尔德的叙述，然后迅速浏览了文件。"交由里特尔"——许多的电报都有里宾特洛甫或他的大使的签名。这些文件看上去像典型的外交电报，主题大致是关于派往北非敌后的德国间谍、捷克斯洛伐克被占领区的抵抗运动、英国特工渗透到土耳其等问题。

按照杰拉尔德的指示，科赫尔塔勒尔在午夜子时准时出现在了他在科臣菲尔德街区的公寓里。站在他旁边的是个矮胖子，秃顶，穿着一件好像是从一部电影里借来的黑色皮夹克，正值8月份，那个可怜的家伙汗流浃背。科尔贝把手伸进了上衣口袋。杰拉尔德一阵紧张，担心他会掏出一把枪。但科尔贝取出的是一个棕色的大信封，红蜡的封口已经裂开，里面塞满了更多的文件。他放在了附近没有靠背的矮长沙发上。杰拉尔德开始查看这些材料，更多是关于德国部队在苏联前线的士气、法国抵抗组织的破坏、日本大使拜访里宾特洛甫等报告。就在这时，杜勒斯到了，晚了半小时。战争信息办公室的代表把他作为"道格拉斯先生"引荐给了科赫尔塔勒尔和科尔贝。杰拉尔德为每个人调制了一杯苏打威士忌，但这并未能缓解室内的紧张气氛。杜勒斯出于本能怀疑他可能面临的是聪明的纳粹奸细，其任务是揭露他所在战略情报局在伯尔尼的活动，因此，那天杜勒斯又与卡特赖特再次碰头，让他重复他与科赫尔塔勒尔见面的种种细节，并命令杰拉尔德在公寓聚会之前，了解所有关于这位德裔西班牙人的情况。盖沃尼兹后来报告说，他的名声无可挑剔。在接下来的几个月里，战略情报局和英国反间谍特工将梳理他们能找到的有关科尔贝的每一个细节。他们证实，他的确是受雇于德国外交部。科尔贝的妻子年轻时就去世了，给他留下了一个儿子，但他现在很少与儿子见面。他疏远了他的第二任妻子（一个纳粹同情分子），后来找了个情妇。

科尔贝开门见山地说出了美国人心里所想的问题。"你们这些先生们会问这些情报是否真实，如果是真实的，我又是怎么拿到手的。"他用愉快的声音说。杜勒斯的第一印象：这个人看上去天真无邪不谙世故，不像是外交官或间谍。科尔贝解释了他与里特尔的工作。杰拉尔德和杜勒斯互相瞥了一眼，他们知道那个人。

他们聊了将近三个小时。科尔贝从信封里取出了材料，详细地阐述了他对纳粹的憎恨，并讲述了更多柏林生活的见解。他透露外交部用来掩盖情报的密码系统，勾勒出了希特勒的东普鲁士总部"狼穴"建筑的地图，他为里特尔办差的时候曾去过那里。杜勒斯最后还是提出了令他满腹狐疑的问题。他直截了当但面带微笑地说："我们无法得知你是不是一个密探。"

科尔贝回答说："你要是不怀疑才幼稚可笑呢。此刻我无法证明自己不是。不过，如果我是，我不会这么大费周折地给你们带来这么多内容的文件。两到三个文件就足够了。"言之有理，杜勒斯想。他问科尔贝这些情报要付他多少钱。这个邮差却说一分不要。杜勒斯和杰拉尔德简直不敢相信自己的耳朵。

凌晨3点多，科尔贝起身准备离去，他再待下去就会不安全了。客人走后，杜勒斯留下来与杰拉尔德聚精会神地阅读文件，并与科尔贝所说的话对照比较。他们一致认为，这位线人好得简直不像是真的，这使他们更加怀疑自己被一个双重间谍玩弄了。然而，杜勒斯不想再犯第一次世界大战期间他曾与列宁失之交臂同样的错误。这四个人于星期五早上在杰拉尔德的公寓再次碰头，时间持续了一个半小时。之后，科尔贝搭乘中午的火车赶回柏林。

科尔贝透露了他前一天去德国公使馆得到的在伯尔尼纳粹间谍网的情报。尽管这位德国人分文不取，杜勒斯还是硬塞给了他200瑞士法郎，让他支付旅费并给柏林上司购买礼物。科尔贝递给了杜勒斯一封信,让他转交给自己的儿子彼得,以防盖世太保抓获并处决他。杜勒斯和科尔贝一起弄出了两个人使用的多种暗号,用于他在德国以外的旅行使用。如果他再来伯尔尼,他将自称"乔治冬"。如果他到了中立国瑞典,他对斯德哥尔摩战略情报局使用的名字为"乔治夏"。为了验证他的身份,他的暗号将是"25900",是1900年9月25日他生日的缩写。

次日,8月21日,杜勒斯火速电报总部要求召开午夜紧急会议。在那条电文及随后数百个电文中,他给了科尔贝另一个代名"乔治·伍德",外加两个代号,分别是"674"或"805"。杜勒斯写道,杰拉尔德和他自己争相"验证伍德的善意"。军情六处亦然。与此同时,"必须对每个现有的保安密切观察",以防伍德的秘密身份暴露,他的情报"可能会产生巨大的后果"。在后续的电报中,杜勒斯发送了迄今为止科尔贝所提供的十万火急的文件集锦,如盟军轰炸鲁尔的战斗损伤、德国和日本潜艇在南非好望角的秘密会合点以及刚刚运到德国驻布宜诺斯艾利斯大使馆的"贿赂金"——200万金马克。华盛顿对杜勒斯发来的有关科尔贝电报建立了专门处理程序。这些电文的代号为"卡帕",只有六七个人够资格阅读它们。电报到达总部后,分析师根据每条主题重新编排,并指定为"波士顿系列"。为了迷惑敌方特工,以防对方截获并破解他的"卡帕"情报,杜勒斯还使用了一组精心设计的代码词来描述所提到的人名、地名和组织。例如,在伯尔尼的纳粹领事被称为"瓦尔多"、布达佩斯的纳粹领事为"拿铁"、德国外交部为"格兰德"等。

远在柏林的科尔贝制定了一套传递情报的流程。在里特尔草签外交部的电报证明他已经阅过后,那些文件就会到达科尔贝处做销毁处理。他会选择那些无关紧要的电报进行销毁,重要的那些,他为杜勒斯藏匿在他的保险柜里。有时候,科尔贝利用前往伯尔尼做邮差的朋友,将装有电报的信投递给科赫尔塔勒尔,后者再转交给杜勒斯。如果杜勒斯有一个什么具体的要求,比如针对日本的军事情报,他会假装是科尔贝的女朋友给他写明信片说,一个朋友在伯尔尼经营一家小店,想知道柏林门店有没有特别的日本商品。杜勒斯还秘密传递

瑞士

了一个微型照相机给科尔贝,让他把资料做成缩微胶卷。他便在公寓里彻夜不眠地拍摄文件,然后把缩微胶卷藏在表盒里交给杜勒斯。

1943年10月8日,乔治·伍德第二次来访伯尔尼。这次的旅行经历比较恐怖:一架偏离的英国蚊式轰炸机扫射了火车,轰炸了轨道。在他外交邮包的单独信封里装着200页的电报,内容广泛涉及经济、外交和军事话题;还有两枚金戒指,用来报答杜勒斯上次旅行所给的200瑞士法郎。接下来的三个晚上,科尔贝绕了一大圈,才溜进了绅士街的公寓,在壁炉边与杜勒斯简述文件内容。为了让德国公使馆信服他夜间的缺席是为了艳情,他在伯尔尼的妓院待了几个小时,好让那些妓女记住他,以防盖世太保检查,他还去医生那里拿治疗性病的账单用作证明,以备审讯时使用。杜勒斯给总部发电报说"需要几个星期"来处理和传输这个工作量。

但在那年秋天,华盛顿很少有重要的人物阅读杜勒斯与弗里茨·科尔贝挖掘的财宝。战略情报局办事处能获取这么多重要信息,让克劳德·丹西深感不可思议。几乎从他得知此事开始,"克劳德伯伯"就开始领导军情六处的人采取行动来抹黑这名德国人,说他是与吉泽菲乌斯串通好的双重间谍。华盛顿同样怀疑乔治·伍德是个奸细。尽管他们没有证据说明情况,但是战略情报局总部的反间谍官员煞费苦心地编织这个德国人可能欺骗情报机构的情景。他们一致认为杜勒斯转发给总部的科尔贝的电报使用代码,已被阿勃维尔截获,他们已经知道那些内容,甚至利用电报破译了战略情报局的加密系统。由于华盛顿和伦敦的狭隘思想,能接触到"卡帕"电报的赫尔姆斯跟费迪南德·迈尔一样困惑。

"怎么可能操纵和歪曲这么多的信息呢?"赫尔姆斯后来写道。乔治·伍德的情报会极大损害德国的利益,不像是"鸡饲料"(间谍行业的术语,指双料间谍为献媚敌方而提供的不会造成损失的情报)。杜勒斯听闻"卡帕"电报被诋毁,被堆放在反间谍特工的桌子上像博物馆的收藏品而不是分配给可能利用这些情报的"消费者"时,变得更加怒火中烧。他在一封电报中愤怒地写道:"我愿意以我的名誉担保这些文件的真实性。"有一次,总部准备了一系列问题,让杜勒斯发给乔治·伍德以测试他的可信度。杜勒斯推诿了。与科尔贝的通信已经令他陷入极大的危险,玩这种游戏简直太浪费时间了。

科尔贝一直在家中的抽屉里放着一把左轮手枪,打算万一盖世太保敲门时使用,的确他也曾经是命悬一线。有一次,他正在办公室里拍摄文件,一位秘书打来电话说,里宾特洛甫跟希姆莱开会需要那份文件。科尔贝趁大家注意到文件失踪之前,十万火急地将文件放回了文件柜里。还有一次,在邮电部的一个秘密特工开始乱翻一箱他准备运往伯尔尼的衣服。科尔贝握住了大衣里的手枪,准备先射杀尽可能多的纳粹分子,然后自尽。因为缩微胶卷就藏在那些衣服的口袋里。正好,另外一个官员走进了房间,分散了那个检查员注意力,箱子就这样蒙混了过去。

科尔贝圣诞节后不久再次来到了伯尔尼,又带了200页的电报,边上有许多他的铅笔注释。里特尔对他的助手频繁去瑞士旅行没觉得任何不对劲,还让他从当地的商店带回一盒巴西雪茄。伯尔尼有限的人手夜以继日地翻译文件,将文件综述和科尔贝与杜勒斯的炉边谈话报告发送出去。在整个战争过程中,科尔贝为战略情报局提供了全世界40多个德国外交前哨的1600份外交部的电报和备忘录。文件警告盟军有8000名意大利犹太人被迁出"清算"、披露了德国情报部门知道的关于英国飞机准备进攻法国情况、透露了纳粹飞机在英国的损失情况、精准定位了轰炸德国军火工厂的位置,并提供了日本战机生产的数量。科尔贝的秘密情报也翻出了盟军安全的弱点。他的情报揭露了"西塞罗"——一个在土耳其英国大使馆的阿尔巴尼亚人为德国作间谍的纳粹代号,并帮助揭露了"约瑟芬"——一个在伦敦帮助德国人的瑞典海军武官。杜勒斯自8月以来积累的资料,和科尔贝圣诞节交付的文件组合在一起,终于让美国和英国的情报部门的老爷们相信他是真材实料,尽管战争期间对他的怀疑并未消散。美国陆军的情报队小心翼翼地过滤了这批"波士顿系列",并断定大部分是真实的。有些材料陆军无法证实,但也认为是真实的。情报处只发现了"一条坏鱼":据战略情报局备忘录记载——德国派遣国防军到意大利前线是错误的情报。英国情报局心有不甘地承认,科尔贝的报告只有百分之四是不准确的。比尔·斯蒂芬森——英国情报局纽约站站长，后来得出结论：乔治·伍德的交易是"这场战争中最大的秘密情报成就之一"。

在科尔贝交给杜勒斯第一批电报五个月后，陆军部终于开始将德国的情报分发战地。多诺万开始向罗斯福发送乔治·伍德的报告。圣诞节前夕，费迪南德·迈尔和他的代号为"头彩"的老板惠特尼·谢泼德森向杜勒斯发来了节日的问候。他们在问候中说道："过去一年里，你的成就不同凡响，并且一直是我们所有人的灵感源泉。"杜勒斯开始的道路坎坷不平，但从10月起，他所有发出的报告都得到了总部较高的评价。即使是他的"新闻快报"的文稿——他每晚无线电通话的绝密情报和对外政策建议——也正在被一个"迅速增长的人群"阅读，另一份电报说。如果他有"一个特别有趣的话题"，总部要求他提前几天通知助手，好安排多诺万亲自听取电话。不到一年，谢泼德森自豪地在一个秘密的内部备忘录中指出，杜勒斯已经将伯尔尼变成了"来自德国、意大利、敌占国和巴尔干卫星国的情报中心"。

但是总部仍然保留着"你最近为我做了些什么"的态度。12月30日的电报一定惹恼了杜勒斯，"头彩"和"加勒比"写到弗里茨·科尔贝仍需在第三帝国内部安插更多的间谍，组建更多的间谍网络，把更多情报送到瑞士。

第十章

伦敦

1943年11月14日，星期日，晚上8点多，威廉·凯西降落在苏格兰西南海岸刺骨寒冷的普雷斯特维克。他从飞机上搬下了50磅重的行李。出发前，战略情报局的伦敦办公室警告过他，要备足行装，因为大不列颠的配给券不能满足他到达后的疯狂购物。一辆拥挤不堪的公共汽车带他穿过了荒凉的平原到达火车站，他买了一张去伦敦的车票。他感到饥肠辘辘。他乘坐的从华盛顿到英国的航班飞行了24个多小时，中途只在纽芬兰岛站稍作停留，整个旅行中，他只吃了两块午餐肉三明治和一个苹果。在普雷斯特维克，他能找到最好的食物就是一张薄饼和一杯茶。在火车上，他从包里摸出的仅有的营养品就是维生素片和一颗止咳糖。

1943年底，一度席卷战略情报局的华盛顿官僚战日渐平息，凯西确信多诺万的组织会得以幸存。他很高兴能够远涉重洋。如果不算在加拿大和加勒比度过的短暂假期，这应是他第一次出国。此刻到达伦敦的凯西充分地意识到，仅凭他那一知半解的西班牙语和法语，无论是面对英国的老牌间谍，还是在他们引以为荣却满目疮痍的首都生活，自己都是个"新手"。

随着第二次世界大战的爆发，这个大英帝国最伟大的城市已经成了最大的袭击目标。纳粹德国空军在1940年到1941年间的闪电战期间，往伦敦投下了近5万吨的炸弹，摧毁了大约30万家庭，伤害了450万人，杀死了2万人，造成了60多万名儿童的最终疏散，得以幸存的成人至今心怀恐惧。伦敦最珍贵的地标建筑遭到袭击，如下议院、大本钟、威斯敏斯特教堂、伦敦塔、杜莎夫人蜡像馆和白金汉宫（攻击当时住在那里的国王和王后，只为了打击英国的士气）等。紧闭门窗、放下窗帘的舞厅和伦敦西区的酒吧里依然人满为患，电影院里座无虚席，人们看到新闻影片中出现希特勒的时候，仍然嘘声震天。而外面，伦敦成了一个黑暗寂静的城市。这场战争让城市的居民显露了其最好的一面和最差的一面。英国宣传家大肆称颂的英国人的坚定沉着和风趣幽默依旧可见，精神科医生报告称闪电战中炮弹爆炸使人休克或神经衰弱的案例很少。然而，近三分之一的人告诉民意调查者，由于轰炸，夜间少于四小时的睡眠令他们无精打采，几乎每个居民都变得更加暴躁。

凯西住进一家旅馆，由于旅途劳累，他睡了一整天。战略情报局伦敦站已经通知他可以休息24小时。伦敦站还告诉凯西，普雷斯特维克的海关人员问起他在英国什么地方工作的时候，不必实话实说。火车经过城市的时候，到处都是各种各样的防御圈。他很快发现"所有关于"伦敦的事情都那么"有趣"，他给索菲亚写道。虽然早期密集的轰炸已经过去，但他仍然觉得这是一座被围困的城市。许多政府大楼都围上了铁丝网和沙袋，士兵匍匐在防御工事上，手握重机枪。闪电战期间，1000个阻拦气球形成障碍网，迫使纳粹德国空军在高空投弹。公园和开放区布满星罗棋布的探照灯和高射炮，当防空炮炮弹的弹片和未爆炸的炮弹从天而降的时候，给伦敦人造成另一个致命的威胁。凯西抵达时，大约有12架德国轰炸机一周数次袭击都市区，造成的损失要小一些，但伤亡仍然很严重。整个伦敦都在传言，这些袭击是一个更具破坏性和报复性空袭的前奏。

没过多久，凯西就跟这里饱经锤炼的居民一样，可以熟练地识别战争中不同的声音——空袭来临时防空警报信号的嗡嗡声，解除警报时均匀的刺耳的巨响声，远处德国飞机引擎震动的隆隆声，重量不同的炸弹落下时发出的嗖嗖声，高炮弹片落回地面的叮当作响声。他习惯了晚上用手电筒在城市街道上绕行。灯火管制虽得到了缓解，但在许多个烟雾笼罩的夜晚，他一不小心还是会撞到电线杆上。当敌人的轰炸机呼啸而过时，凯西也会非常敏捷，就像其他伦敦人一样，沿着门边连跑带跳地快速移动，直到找到防空洞。凯西抵达伦敦的时候，战争初期肮脏的、散发恶臭的地下设施已经得到极大改善，增设了公共厕所、洗手池、提供饮料和热食的食堂，甚至还有了图书和播放古典唱片的留声机。

1943年冬季伊始，城市变得寒冷刺骨。取暖用的煤供应短缺，伦敦人已经开始为圣诞晚餐寻找食材，不过跟以往节日餐一样，除了羊肉正常供应外，其他的食物配给贫乏得可怜，加上去年夏天的干旱，其他肉类以及土豆和绿色蔬菜供不应求。虽然没有到食不果腹的地步，但大家都不胖，也不开心，也不会用酒或威士忌来伴餐。战略情报局伦敦站给了凯西一个名单，上面列了城中36家像样的餐馆，但那些地方十分拥挤，菜品有限，菜量不足且价格昂贵。他发现红十字会食堂和为美国人设立的伦敦俱乐部提供的食物还稍好些。

1943年底，伦敦许多社区破碎的窗户已经收拾好了，瓦砾也已清除，但首都的部分地区因为损坏严重依然无法居住。凯西觉得这座城市的其他地方看上去仍然有一种寒酸、破败、压抑的感觉。伦敦人穿得又旧又烂，很少有房子涂刷了新的油漆，甚至许多豪宅都已破旧不堪。这座城市还有数以百万计的老鼠出没，这要"归功"于1940年那个未经深思熟虑的"灭猫计划"，消灭了40万只猫。

凯西可以看到，人们已经被四年的战争搞得身心疲惫，倦怠的玩世不恭的情绪折磨着他们。虽然英国人对待凯西会流露出愉快的神情，但太多身穿军装来结束这场悲惨战争的美国人却令他们百感交集。大多数人欣喜于美国加入盟军阵营，但美国军官与士兵的大量涌入将拥挤的伦敦人从稀缺的房屋中挤了出去，甚至约会他们的女人，很多人因此十分愤怒。凯西不久就听到当地流行的副歌：美国人"工资高，性欲猛，人数多"。凯西战友反驳道：英国人"工资低，性欲衰，受艾森豪威尔领导"。

所有认识大卫·柯克帕特里克·埃斯特·布鲁斯的战略情报局官员一致认为：他是他们见过的最英俊潇洒、久经世故、魅力十足、谨言慎行的成功特工，一个即使穿着上校制服也贵族气十足的人。大卫·K. E. 布鲁斯是如此的自控和自信，很少有人知道他内心深处的紧张和不安。布鲁斯与弗朗西斯·斯科特·菲茨杰拉德是普林斯顿大学校友，他做过律师，先是在马里兰州任职，后又进入弗吉尼亚州议会工作。他与匹兹堡亿万富翁安德鲁·梅隆被宠坏了的患臆想病的女儿艾尔萨·梅隆结婚。作为共和党政府的财政部长的梅隆，让女婿做了自己的金融顾问和艺术品买手。

后来，布鲁斯厌倦了投资金融，于1941年10月加入了多诺万的机构，创办了秘密情报处。他来到了伦敦，这个他并不陌生的城市，因为之前他作为一名美国红十字会代表在这里工作过一段时间。1943年2月，因为多诺万对前两任站长都颇有微词，布鲁斯接管了正在发展壮大的战略情报局伦敦站。具有贵族气质的布鲁斯对英国政府和上流社会的"交际"可谓是得心应手。他收藏昂贵的古董，装饰在利兹区3号的公寓，而且这个足智多谋的寻宝者还善于发现隐藏在伦敦的美酒。布鲁斯与他的上司也有很多共同之处，他和多诺万一样，喜欢周游欧洲前线，对创新的，甚至古怪的想法持开放态度。他暗地里塞钱让爱德华·R. 默罗为战略情报局做宣传工作，这位哥伦比亚广播公司的伦敦记者拒绝了他，却愿意偶尔免费提供帮助。布鲁斯还建议用100万人的伞兵攻击德国，而不是搞什么诺曼底登陆，但美国陆军部对这一想法置之不理。

凯西来到布鲁斯的办公室，手中拿着多诺万的高级顾问小奥托·多林的推荐信，这封信向他保证这位年轻的中尉接受了"全面的工作训练"。布鲁斯之前告诉过多林，他的站点不再需要只会吃干饭而没有任何情报经验的军官了。凯西并不是一个经验丰富的间谍，好在布鲁斯也不是。为此，凯西来的时候拿着一份清单，上面列出了九条建议，指出布鲁斯应如何在该站设立一个秘书处，以便更好地管理文件流程，并帮助监督他的庞大企业。然而，布鲁斯对那份单子或华盛顿派遣凯西到这里组建秘书处并无兴趣。他让凯西漫无目的地在他的总部晃悠，没给他安排任何工作。

这位温文尔雅的站长跟咄咄逼人的纽约客毫无共同之处。凯西很快注意到他们的私生活也大相径庭。到感恩节的时候，凯西思乡心切，索菲亚信封里夹着的家庭照让他更加伤怀。"亲爱的，你不知道我是多么的想你。"他在那个假期给她写道。每当他看到伦敦那些跟伯纳黛特年龄相仿的小姑娘时，他就变得特别伤感。他和索菲亚甚至给他们的信件编号，以确保一封也不会漏掉。布鲁斯却从不理会他的女儿，他和艾尔萨的婚姻此时已经名存实亡。凯西和其他助手都会不禁地注意到布鲁斯办公室门口的办公桌前，一个有着褐色眼睛、深褐色头发的美丽的29岁女人——伊万杰琳·贝尔，似乎与老板有着非常亲密的关系。她受多诺万派遣到伦敦站做前任站长的行政助理。她是一个见多识广的拉德克利夫学院的毕业生，讲一口无可挑剔的法语。一向喜欢在女人堆里厮混的布鲁斯，开始了与贝尔小姐的战时罗曼史。他打算战争结束后与艾尔萨离婚，然后娶他的这位助手为妻。

凯西抵达时，伦敦站已经是多诺万手下最大的海外情报站，有近1300名陆军、海军和文职人员。情报站设在格罗夫纳广场，这里已成为美国的飞地，云集了美国大使馆、艾森豪威尔指挥部、美国陆军和海军总部、美国红十字会的办事处等机构。人们所知的"艾森豪威尔广场"周围的333家住宅和宾馆不久也被征用为美国士兵的生活区。多诺万的间谍机构刚开始设于格罗夫纳广场1号美国大使馆的顶层，但很快其分支就扩展到几栋乔治和非乔治风格的联排别墅。战略情报局还租了市中心的公寓和城外的乡间别墅来招待线人，并为特工提供任务完成后幽静的休养之地。凯西要想出入所有的地方，口袋里需要装满各种各样的通行证。在他的钱包里有战略情报局徽章，旁边还有带着《圣经》诗句的"为上帝和国家"的卡片。

布鲁斯的指挥所设在格罗夫纳大街7号一个五层楼的砖砌的联排别墅里，在伊万杰琳的办公桌旁边，他给凯西安排了个位置。凯西第一天上班的时候，看到椅子上放了一份六页的备忘录，上面有详细的安全说明："本办公室获悉的任何事情不得外传""不要吹嘘你做过什么或知道什么，要假设敌人在监听你所有的电话""任何人不得暴露自己从事的秘密工作，或行为可疑引起猜忌"，只要告诉别人"你在大使馆工作"即可。

情报站"冷漠的气氛"给他留下了深刻的印象，他给索菲亚写道。隔壁的办公室坐着的是大银行家继承人朱尼厄斯·S.摩根，负责管理秘密行动的资金；还有原芝加哥肉类加工商莱斯特·阿穆尔，现在是一名海军指挥官，他告诉凯西，他的工作就是"筛选"行动中的"废话"。凯西发现自己与他们格格不入。米高梅电影公司制片人的儿子是多诺万的朋友，最终因为酗酒和游手好闲而被送回了美国。凯西还与布鲁斯队伍中几乎不可能建立关系的人建立了友好关系，如年轻的自由主义历史学家小亚瑟·施莱辛格，他担任欧洲政治研究分析师。施莱辛格后来写道，凯西"慢吞吞地喃喃而语"下隐藏着"钢铁般的毅力"。两个人都意识到了成为终生至交的讽刺意味。后来，支持保守派的凯西很鄙视施莱辛格所效力的约翰·F. 肯尼迪政府。

在找到一间合适的公寓之前，凯西先得在一家昂贵的旅馆住下（每天20美元，含早餐，一碗凉粥和肉肠）。1940年的时候，很多富有的伦敦人已经腾出了许多设施完善的公寓，凯西找到了一处曾属于某个麦克马洪女士的豪宅。他与另一名军官合租，直到被强制退租。他的第二个公寓可以住七个房客，在格罗夫纳广场附近的奥尔福德街，他与其他三名军官合租，可他们很快就发现他是个邋遢的室友。尽管他设法在海军俱乐部申请了会员卡，但他无法靠战略情报局每日给他的酬金来挥霍度日，因为伦敦市场上每样东西都非常昂贵。

1940年，大多数英国高级公务员通常会工作12小时，并在办公室支起行军床，因为回家太浪费时间。英国秘密机构的工作人员更是忙碌，凯西很快发现他们无法容忍愚蠢的人，尤其是他们认为幼稚的美国人。令布鲁斯恼怒的是，美国高级司令部早些时候也认为战略情报局伦敦站是一个不守规矩的平民聚集地，拒绝挑战英国对欧洲间谍行动的垄断。经过一年与军情六处秘密行动处处长斯图尔特·孟席斯的讨价还价，1943年夏，多诺万终于设法缓解了他们对从英国飞往欧洲被占领国的航班服务的严密管控，战略情报局的间谍可以搭乘部分航班。他还与前国际银行家、现英国特别行动处处长查尔斯·汉布罗达成协议，为每家情报机构的突击队和破坏者在全世界争得一席之地。即便如此，凯西仍然可以看到他们的英国老哥试图阻挠战略情报局的行动。比如丹西就曾抱怨多诺万派遣了"许多可疑人物"到伦敦执行进入欧洲大陆的任务。在初来乍到的几个月中，凯西看到英国的秘密行动的确高明，令布鲁斯望尘莫及，但美国这些初级伙伴们正在迎头赶上。凯西还意识到布鲁斯的魅力是克服英国对美国冷漠和敌意的关键。

他决定不强求他的新老板按多林的要求在伦敦设秘书处。如果凯西想融入其中,硬将这个部门置入布鲁斯的咽喉之地会适得其反。因此,在最初的一个半月,他不停地在站点晃悠,学习其运行机制,同时平息人们对他毫无用处的抱怨。和他一起在伦敦工作的休·蒙哥马利回忆道:"他根本坐不住。"

凯西最终决定,如果布鲁斯不任命他为秘书处的负责人,他会使自己成为实际上的负责人。他发挥自己的写作天分,起草布鲁斯发给多诺万的信函和发给艾森豪威尔的行动计划。他为站点构思了长远的情报计划,制定英美联合战地演习计划,为布鲁斯解决"疑难杂症",还设立了汇入站点的海量电报的备忘录和报告的登记系统以便合适的人查阅。

布鲁斯原本有一个由他的高级顾问组成的执行委员会,凯西慢慢地进入了这个委员会。由此,他几乎可以涉猎伦敦的每次行动——从向陆军部队分配战略情报局报告的建议,到协调战地上的战略情报局突击队接收法国抵抗组织的情报,再到随时向布鲁斯汇报杰德堡计划的进展。凯西实际上成为了布鲁斯人才库的唯一主将,处理各种杂活,如设计员工保险政策来满足《纽约时报》编辑对战略情报局的工作方式的提问。这个热心的中尉还抽时间来编辑利奥·彻恩的美国研究院在华盛顿出版的一本参考书。

到1944年2月,凯西被工作淹没,他觉得"非常有趣",他在信中对索菲亚说。每天都是无休无止的员工会议,没完没了的工作午餐、晚餐,然后他回办公室工作,有时直到午夜,时间完全模糊了。布鲁斯给他派了一名助手。同事们发现,凯西会无所顾忌地说出自己的想法——"你不可能不注意他",蒙哥马利说——时不时他会头脑发热。一次,一个海军中校命令他去取把椅子,凯西中尉反而嚷嚷道:"自己去拿!"上级领导要求对凯西不服从上级一事进行听审调查,这并非没有道理。但凯西在美国研究院练就的写作和管理技能对伦敦站来说是无价的。

布鲁斯终于心服口服。在凯西抵达伦敦七个月后,他正式任命凯西为该站新设立的秘书处处长——实际上他已经在承担处长的职责。凯西迅速将一批他称之为"聪明人"的年轻人组织起来,以防止大量文件流向布鲁斯,确保他手下膨胀的官僚机构听命于他，并监督任何可能冒出的特殊计划。值得一提的是，凯西开始与在伦敦避难的流亡政府合作，为布鲁斯评估欧洲被占领区中哪些抵抗组织应该得到战略情报局的支持。他认为，随着盟军反攻法国的临近，比利时的情报部门将非常重要。他发现纳粹几乎已经摧毁了荷兰的间谍网络。丹麦人具有无与伦比的反纳粹行动的技能和奉献精神，他对布鲁斯说。波兰流亡政府依然在其国家内部保留了积极有效的情报机构。但凯西发现，正如其他人早已经知道的那样，法国人拥有最重要的间谍和游击队资产。他与布鲁斯费尽心思了解戴高乐将军，并培养与德瓦弗兰上校的感情。凯西甚至开始上法语课，虽然他的语言能力并未有太大长进。

凯西也开始充满敬意地阅读发到本站的艾伦·杜勒斯的电报，他认为，其伯尔尼微小的机构运作对战略情报局的重要性可与伦敦站相媲美。他暗中仔细观察杜勒斯因为一个代号为乔治·伍德的德国特工在暗中与"克劳德伯伯"进行的火爆较量。他也成了杜勒斯向华盛顿提交的外交政策建议的忠实读者之一，而且他倾向于同意伯尔尼站长对罗斯福无条件投降公告的批评。凯西认为，盟军极力说服德国人投降的计划是高高挂起的"沉重负担"。中尉注意到，杜勒斯已经成了战略情报局的大明星。凯西也想成为一个明星。

他开始制订自己的计划来破坏德国内政。他的想法是：潜入中立国战前与德国合作的顶级公司，如通用汽车公司和标准石油公司的领导层。美国高管将渗透到西班牙和瑞典等国家，重新联络德国老熟人，诱导他们推翻纳粹政权，这样战前双方之间红红火火的生意可以在希特勒倒台之后重新恢复。布鲁斯支持这个想法，但多诺万的高级助手不赞同，并称这种想法太不着边际。首先，任何一家顶级公司的总裁都不可能从业务中抽出时间为战略情报局做间谍。如果他这样做，他将违反《对敌贸易法》中所规定的"战争期间，禁止美国人与德国人之间进行任何商业性质的对话"，总部给布鲁斯的信中指出。即使那个不算小的法律障碍可以清除，德国的顶级商人"也不是傻瓜"，信中接着说，"他们不需要我们的指示就可以摆脱他们的领导"。多诺万最终还是给凯西开了绿灯，不过只是代号为"哈佛"的一个不那么雄心勃勃的计划——每周发布四页题为《汉德尔与旺德尔》的简报，包含合法传播失败主义的世界经济新闻，这个简报在访问瑞典的德国实业家之间流传。凯西还招募了到德国旅行的斯德哥尔摩商人，让他们向他汇报他们参观过的工厂，为盟军飞机轰炸确定目标。

布鲁斯所要应对的诸多干扰之一就是多诺万来访伦敦站，而且经常不事先通知。11月后，战略情报局局长开始注意到这个忙碌的年轻海军中尉，跟他一样马不停蹄，作为布鲁斯的得力助手活跃在各个地方。凌晨时分，多诺万会与凯西和其他战略情报局职员在格罗夫纳广场附近的久负盛名的克拉里奇酒店开会。该酒店有华丽的客房、餐厅烧烤，还摆放奢华的自助餐，门卫穿着制服戴着高帽迎接客人，只不过现在饭店旁边到处都是沙袋。凯西回忆，多诺万对行动总是"充满奇思妙想"。访问伦敦期间，他在克拉里奇酒店租下一间套房作指挥部。这位间谍头目开始派遣凯西到牛津街上的邦珀斯书店购买军事和政治方面最新的书籍，凯西非常喜欢这份差事。他还出没于城里的各个书店中搜寻那种日益稀缺的图书。图书馆藏书数量不足，闪电战大大摧毁了纸张库存，因此出版的新书很少，而且新书一经出版，很快就售空了。由于阅读材料的极度匮乏，凯西还让索菲亚给他寄了些美国杂志。

尽管凯西每天醒来后就是做不完的间谍工作，但他始终坚持每个周末到最近的天主教堂做弥撒。深夜回到公寓后，精疲力尽的他仍会挤时间及时写信给索菲亚。在信中，除了想让她邮寄一些书（让·卡尔斯基的《波兰地下战争回忆录》和埃德加·斯诺的《红星照耀中国》，又译《西行漫记》）之外，他还央求她从当地报纸中弄些关于他本人的新闻剪报。他承认，"你知道我是多么虚荣。"他还不厌其烦地向索菲亚详细说明为他投资组合需要买或卖的股票。这场战争——或者至少是他所看到头顶上空的战争和战略情报局的灰色行动，让他只有在写家信时才有空闲得以沉思。1944年2月21日，在收到索菲亚送的情人节贺卡后，他给小伯纳黛特写了一封动情的信：

> 总有一天你会明白为什么你爸爸甘愿从与你的美妙生活中离开，

来到不列颠群岛。我这个年纪的所有人都与历史有个约会，有份工作要做，目的是把这个世界变成一个安全的地方。为使像你、妈妈和爸爸这样的人可以按照自己的良心和愿望平静而安宁地生活。每当有人欺负他人的时候，我们就必须团结起来阻止他，因为如果我们不这样做，他就会变得强大到欺负我们所有的人，这样我们就不能过我们自己想要的生活，而是过着他认为我们应该过的生活。在爸爸为扑灭这场战火而尽微薄之力后，我会为我们全家人计划很多事情。

在伦敦待了四个月后，凯西认为他的秘密战争改变了他。他写信跟索菲亚说："这个经历教会了我很多，如事情是如何办成的，政治组织是如何运作的。""不会，它不会使我变得冷酷。我觉得我正在慢慢变得越来越成熟和宽容"。他确实设想了很多回家后要做的事。他告诉她，伯纳黛特长到四五岁之前，他想让她们住在纽约的顶层公寓而不是华盛顿。"然后我想在韦斯特切斯特（纽约的一个县）北岸或康涅狄格水岸地带买一所带草坪的房子，我们会拥有一条小船，我可以发挥我在海军训练中学到的技能。"他写信对她说。凯西确信战后"若能如愿，我会成为一个了不起的人"。

第十一章

密尔顿大厅

1943年圣诞节前夕，12月23日，搭载威廉·科尔比和其他54名杰德堡特工的"伊丽莎白女王号"驶入港口，拖船将这艘邮轮拴在了克莱德河湾污秽的格拉斯哥西北的港口小镇古罗克。科尔比与船上的其他上千名美国士兵挤在甲板栏杆旁争相看着陆上的景色。红砖仓库、生锈的起重机和远处的瓦砾，他们眼中的古罗克因为"闪电战"变得伤痕累累。来自不同国家的士兵挤满了码头，伪装的驱逐舰和轻巡洋舰正在驶向公海准备战斗。12月29日，"玛丽王后号"皇家邮轮靠岸，那些无线电人员很高兴终于摆脱了这个令人苦不堪言的轮船，但却因为最后的侮辱怒不可遏——登岸后，他们所有的桶装行李袋不翼而飞。在苏格兰海岸，迎接这些杰德堡特工的是夹杂着煤烟和灰尘的灰蒙蒙的凄冷天空。一个星期内，大多数人患了感冒，他们觉得是因为他们吸入了太多带煤尘的空气。

埃尔布里奇·科尔比，现在是总部设在伦敦的欧洲战区部队的信息主管和民政事务负责人，一直在远距离关注自己儿子在战略情报局的训练情况。他希望不久能在城里见到他。杰德堡计划的规划者们原本希望在伦敦逗留一个星期后，这些美国人将被派到彼得伯勒一个设施完备的乡间庄园，加入近200人的英法突击队的远程训练。但由于令人抓狂的官僚主义不断造成延误，乡间庄园要到2月第一周才能准备就绪。他们没有来伦敦，科尔比和其他人被两辆破旧的卡车运到了格拉斯哥一间昏暗的仓库里，在那里，他们被分为每组大约36人的小

143

组，然后像被领养的孩子一样穿梭在苏格兰和英格兰一个又一个的临时培训基地。

有一次，当无线电人员到一个通信学校学习英国的程序时，一辆火车将杰德堡特工运到了英格兰南部丽丝村的斯托德汉姆·帕克庄园，英皇陛下的心理学家在那里花了一周的时间对他们刨根问底。英国特别行动处对美国人在国会乡村俱乐部的心理筛查并不满意，要求其学员评估委员重新测试。在"疯人院"——美国军官对斯托德汉姆·帕克庄园的不太亲切的称呼，英国特别行动处学员评估委员会的培训师和心理医生，询问和调查了许多科尔比和其他人在美国国会乡村俱乐部做过的测验，如测试反应能力的罗夏墨迹测验和户外实践练习。英国人称自己的评估为"团体障碍测试"。他们的筛查员也在寻求美国同行所追求的杰德堡特工——精明干练、久经沙场的突击队员，能熟练使用多种武器，精通法国抵抗运动游击战，可以成为游击战中优秀的领导者——但评分体系却很苛刻：A代表优秀、B代表良好、C代表一般、D代表无足轻重。没有一个美国人得A。17人败下阵来：一个是在与英国特别行动处训练员喝酒之后，没有守住自己的假名；另一个在墨迹测试期间开玩笑，而那名英国精神科医生没有半点幽默感。科尔比等37人通过了测试。他的评估员在成绩单上给了他B，该分数下列了32个标准。"一个安静的、聪明的军官，表现出了良好的领导力"，评价者指出，"但不属于攻击型"，也不具有英国特别行动处所喜欢的那种自信。但科尔比"作为一个杰德堡特工应该会有上佳表现"。

"疯人院"让这些美国人一蹶不振。许多战友因为没有达到英国人的标准而感到羞辱——加上他们参加英国特别行动处训练的这段时间身心疲惫——让美国杰德堡特遣队感觉"极其忐忑"，一份英国备忘录委婉地说。同时，负责在美国实施杰德堡计划的坎菲尔德上校，还得争分夺秒找人替补那些被刷下来的人。

下一个"消遣"也没有使他们精神振奋。虽然科尔比和他的大部分美国战友都有跳伞徽章，但他们还是再次被分组派往曼彻斯特南部的灵韦教区，参加英式跳伞速成班。在这三天里，人人惶惶不可终日。英国特别行动处突击队从飞机上跳伞的速度比美国的快,而且是低空跳伞——500英尺到600英尺。美国杰德堡特工发现英国降落伞没有以防首次跳伞失败的安全措施。从这么低的高度掉下来,没有时间再部署第二个。"我们的降落伞永远可以打开,"一个教官向他们保证,"如果不能打开,拿回来我们再给你们换一个。"但美国人认为这个笑话并不好笑。

2月5日,登陆大不列颠一个多月后,科尔比和其他突击队员们被送到了位于彼得伯勒永久的家——一个名为"密尔顿大厅"的庄园。这些人终于得知部队的名称是杰德堡,但仅此而已。密尔顿大厅在内部秘密文件中一直被称为D区或ME-65,而对外界则简单地称为"盟军突击队训练学校"。出于安全原因,英国特别行动处和美国战略情报局还是想对科尔比和其他学员继续隐瞒关于整个欧洲的秘密计划及他们在其中充当的角色,认为他们知道得越少越好。他们坚持如此是因为盖世太保审问过被俘的盟军游击队员有关他们的训练计划。德国情报机构试图监控军情六处和英国特别行动处开办的训练学校。他们已经确定了灵韦和一些通信培训中心,而且还搜集到了一些教官的信息。

彼得伯勒位于伦敦以北大约90英里处,最初是7世纪的一个撒克逊村庄,中世纪晚期发展成一个以羊毛织造为主的城镇。苏格兰女王玛丽在16世纪被处决后就埋葬在该地的哥特式教堂中。第二次世界大战开始后,彼得伯勒不断扩大的产业规模,铸铁和工具的生产,使它成为德国空军任务中一个诱人的目标。但密尔顿大厅庄园及其大约二万英亩的城市以西四英里的地方却未遭到敌军轰炸机的袭击或被察觉。

英国陆军的护送卡车载着科尔比和其他杰德堡特工,一路穿过两旁有牛羊牧场的狭窄泥泞的小路,经过石砌的守卫室,然后是大一点的砖砌哥特式的守卫室,接着是简陋的司机门房,再穿过几道白色的大门,进入了500英亩的公园,那里矗立着有几百个房间的宏伟大厦。事实上,这座由三座大厦互相连接而形成的建筑已有400多年了。在16世纪早期,亨利七世统治时期,威廉·菲茨威廉准男爵一世购置了这份地产。伊丽莎白一世时期著名的威廉爵士三世,在16世纪末将北部前院建成了都铎风格。之后在18世纪初,菲茨威廉伯爵一世在密尔顿最东边加盖了一道封锁墙和一个钟楼，设计方案出自久负盛名的建筑师克里斯托弗·雷恩的同事之手。18世纪中期，在都铎和雷恩的建筑结构的基础上又加盖了乔治风格的建筑。第一次世界大战期间，密尔顿大厅被移交给英国陆军做官兵疗养院。一排排床摆满了有廊柱的大厅、吸烟室、长廊和其他房间。为了这场第二次世界大战，英国特别行动处征用了整个庄园。密尔顿现在的主人、陆军上尉汤姆·菲茨威廉在大厅的最西头保留了一个小的单身宿舍，供他在没有外派任务的时候使用。

密尔顿大厅里配备了所有锻造游击战士的设施。本次的工作团队有236人，负责训练学员，为他们开车，为他们做饭，以及料理庄园。北部前院的草坪上搭起了一排排半圆形活动营房作为学员宿舍。在更远处，设置了跨越障碍训练场、汽车和摩托车赛道、足球场以及在牧草和森林中进行战斗演习的区域。大厦的一角建了一面大的攀登墙。南部前院的厨房花园被改造成了一个手枪射击场（附近牢固的钟楼上很快就布满了斑斑驳驳的子弹孔）。大厦的地下室有军械库、装备商店和室内活动场所。南部前院到钟楼的草坪上安置了引体向上的单杠，职员办公室设在了马车棚里，前面的院子里还搭起了拳击台。一楼大堂的墙壁上原来悬挂着艺术品和菲茨威廉家族的肖像，现在用于小组讲座和放映训练电影，二楼的房间改成了教室，桌子上摆放着无线电和武器，墙壁上悬挂着做示范用的破坏设备和间谍工具。

密尔顿大厅值得炫耀的还有其他设施，但洗澡水不是其中之一（这些人要共享洗澡水以作为英国节能措施的一部分）。主楼的门厅里还设置了一个酒吧，供学员和教官晚上消遣。漂亮的女人——许多来自英国名门望族和急救护士队——教他们学习摩尔斯电码。这里还给军官配备了勤务员，为他们擦靴子和黄铜扣，每天早上会端着一杯茶轻轻唤他们起床。

但就在他们搬进密尔顿大厅七八天后，美国杰德堡特工开始缓慢酝酿兵变。他们已经积累了一大堆的不满，从上个月拉练的苦难（英国教官非常残忍，而且特工们觉得他们中的许多人都没有资格教授特种训练），到之前承诺对伞兵的晋升和额外工资没有兑现。密尔顿大厅后勤人员中最低级的二等兵都可以进入彼得伯勒的酒吧喝上一杯,但杰德堡军官却因安全措施被限制在宿舍区。美国人受够了被蒙在鼓里,他们听说了有关任务的离奇谣言,说什么将分配三人小组去攻击整个德国的装甲师,等等。而且他们想要在门厅酒吧旁边弄一个作战室,用图钉钉上地图,以追踪欧洲战争中正在发生的战事,因为现在那里对于他们而言似乎是另外一个世界。他们对川流不息的游客也感到恼火,游客们对游击队的行动一无所知,而且经常打断他们的训练,还要做公开演示。他们的胃也无法消化英国的饭菜——几乎天天都是灰不溜秋的羊肉、油腻的炖羊肉、清淡的煮土豆、糊糊状的萝卜和炖烂的白菜,还有一名军官所说的在"白突突满是浮渣的汁"里游泳的抱子甘蓝。

  美国人心中还生出了对密尔顿大厅英国指挥官深深的厌恶。弗兰克·斯普纳中校是一个缺乏想象力和严格遵守纪律的人,对秘密战争了解甚少。他喜欢潇洒的敬礼和晨跑,或是趾高气扬带着嗥叫的松狮犬"吴先生"溜达。美国军官"恨屋及乌",经常趁它的主人不在时踢它。

  文化冲突也趋于激化。英国教官习惯性地诋毁高谈阔论的美国人是这场战争的后来者,而他们已经战斗了四年。科尔比认为密尔顿大厅的英国人"易怒",正如他后来对儿子所说的那样,动不动就跟他和其他的美国人发火。反英情绪也在美国人之间扩散。一天晚上,美国中尉康拉德·迪洛在门厅酒吧喝醉了,当着英国军官的面抨击英国人和他们的军队。

  警钟开始在伦敦和华盛顿敲响。美国的杰德堡特工都是志愿者,他们可以选择退出,而这个计划就会泡汤。无线电操作员在课堂上变得心不在焉,教官担心他们没做好诺曼底登陆日的准备。美国官兵内部私底下都在嘀咕,到现在为止整个杰德堡计划已经有这么多管理上的"胡作非为",无论到底是什么计划,都可能失败。既然这样的话,他们还不如退出。坎菲尔德意识到,高昂的士气是这个危险任务成功的关键。一个战略情报局备忘录预测,如果处理得当,这些杰德堡特工"可能是诺曼底登陆后抵抗运动的中坚力量"——是多诺万间谍战争中和英国特别行动处领导人对法国预期的至关重要的部分。但这一战略资产正面临着蒸发的危机。

坎菲尔德赶紧派了一名调查员去密尔顿大厅评估损失程度。他带回的报告令人堪忧，"士气很糟"，调查员写道。美国和英国的高级官员迅速着手控制损失。斯普纳被解雇，英国军官乔治·理查德·马斯格雷夫中校取而代之。他相貌英俊，留着黑亮的胡子，战前曾是一个巨兽猎人。马斯格雷夫不拘小节，深受官兵爱戴。食物配给改善了，换了更好的厨师，杰德堡特工也可以进城了。伞兵晋升和涨工资的繁文缛节也被摒弃，军衔高的人在战地也享有实际的报酬，可以在法国抵抗运动领导人中得到更多的尊重。科尔比很快晋升为少校。

2月24日，300名杰德堡官兵和他们的无线电操作员都在主楼一层的大厅集合。英国特别行动处高级军官埃里克·E. 莫克勒弗里曼陆军准将从伦敦来到这里，终于为他们解开了使命之谜。

在突击队员落座安静下来之后，莫克勒弗里曼清了清嗓子。"我来谈谈未来。我知道你们的开局很艰难，事情进展得也并不顺利，"这位准将很快补充说，"但我不想让任何人不情不愿地参加这个'节目'。等我说完，在你们明白具体的情况后，任何人都可自由选择去还是不去，我们依然会一视同仁。"

莫克勒弗里曼概述了他们的使命。在诺曼底登陆日后，大多数人随后就会空降到法国敌占区，少数参加培训的荷兰和比利时军官将被派到低地国家。所有的人在地面上与抵抗组织取得联系，往回发报以示可空投武器给他们，把他们组织成一个有效的军事战斗力量帮助艾克的常规军，向他们传递伦敦的命令，并引导他们开展游击战。任务将非常艰巨，莫克勒弗里曼警告他们。一些抵抗组织的队伍"有组织有领导，但不是所有的都那么好"，大多数队伍缺乏武器。接下来，莫克勒弗里曼投下了一枚小炸弹。为了让游击队印象深刻，杰德堡特工统一穿军装伞降，因为在《日内瓦公约》中对被俘军人有一些保护的条款，但这样会让他们非常醒目。之后，如果他们需要融入当地组织，可以改穿便服。"除非自愿，没有任何命令让你们必须穿便服，"准将接着说道，"一个穿便衣的杰德堡特工万一被抓获就肯定会被当作间谍处决。"

莫克勒弗里曼最后说道："我希望你们能意识到自己在战斗中所发挥的重要作用。"对他们忍受的所有失望和等待，他表示歉意，但他又像家长对被宠坏的孩子一样语重心长地说："如果你们想到欧洲敌占区那些人正在经历更漫长的等待和更痛苦的失望，我想你们也会觉得你们没有什么真正的怨言。"

一位美国军官举手提问："法国有多少德国人？"

"没有多少，"准将淡淡地说道，"也就50多万。"

"哦，就这些。"那个美国人咕哝道。科尔比和其他人紧张地笑了笑。

士气得到了提升，英美关系也有所改善。一位曾遭康拉德·迪洛侮辱的英国军官决定既往不咎。原本应被开除的迪洛学乖了，他感激地接受了他的美国上司的惩罚：一个周末禁止外出，不得在门厅酒吧喝得烂醉。

最后70名参加杰德堡计划的法国志愿者在3月抵达了密尔顿大厅。他们犯错了会礼貌地道歉，对美国和英国突击队员也和和气气，但却保持着距离。为防止他们被俘后影响他们在法国的家人，他们全部使用的假名。科尔比和其他人从不知道他们的真实姓名，他们接到命令，不得探究法国战友或任何军官的过去。教官反复跟他们强调了保密和分割信息的重要性。杰德堡特工逐渐对此时此地的生活感到满意，他们都以在密尔顿大厅出现的样子对待彼此，不再理会彼此的出身。人们对科尔比的初步了解是，他是个讨人喜欢的、冷静的人，不像某些英国人那样高调，总而言之，普普通通。除此之外，没有人试图更多地了解他。

紧张局势有所缓和后，这些杰德堡特工开始加强提升游击战技巧的训练。他们练习了短刀搏击、割断哨兵的咽喉、捆绑并堵住囚犯的嘴、捣毁铁路和军火库、跟踪目标、伏击巡逻人员、建立武器伞降的空投区并掩埋隐藏物、识别不同的德国国防军和纳粹党的安全机构以及发往伦敦的电报信息编码等；为了应对可能出现的口粮短缺，他们接受了野外生存训练，如何捕捉和烤老鼠、飞鸟、青蛙、蜗牛、狗和猫（它们的肝脏很有营养）、草蛇和蜥蜴（去皮煮沸十分钟）、牛、羊、马和刺猬等；他们还练习了如何对某个区域进行快速、准确的侦察，像照相机一样聚焦目的地，心无杂念地"把景象印刻在脑海"。辛格劳回忆说，"就像是拍电影一样"。他们反反复复地练习"本能射击"——迅速打出第一枪，不要担心准确性，无论射中哪里都会让你的目标感到惊慌。然后,第二枪小心地瞄准他的胸膛。他们不久就变成了能够使用各种武器的娴熟的杀手。训练员称他们为"密尔顿大厅的野兽"。

教学变得更加激烈和充满压力。演习中使用的是真刀真枪,但科尔比很喜欢,感觉如鱼得水。他后来对自己的儿子说,他在密尔顿大厅的岁月是他整个战争期间最美好的时光。他们中间流传的黑色幽默总是让科尔比爆笑不止。其中一个是这样的笑话,军士在训练中教他们在战斗中求生,而军官则教他们在战斗中求死。

马斯格雷夫免除了所有的敬礼。所有人都开始不拘礼节——甚至是对那些不断来访的令人厌烦的政要。一次,一位将军从伦敦驾临来检查一组学员,科尔比作为在场的唯一军官上前一步喊道:"士兵,列队集合。"

有时候不执勤的晚上,这些突击队员会到狐狸与猎犬酒吧闲逛,这家酒吧就在密尔顿大厅大约一英里外的索普路上,那里烈性酒很紧俏,但是不缺啤酒。可是,对美国人的喉咙来说,啤酒有点太绵柔了。起初有命令说,让这些外出密尔顿大厅的杰德堡特工从制服徽章上取下黄铜扣以免惹人注目。不久限制也没那么严格了,因为市民很清楚这些军人是某种突击队员。一个杰德堡特工开始与酒吧里的女孩攀谈:英国特种部队设计的侧徽章上的"SF"代表的是"性挫折"。当地人痛恨这种调情,时不时也会有打架冲突事件发生。

科尔比和芭芭拉的来往信件很频繁,但他对她只字未提密尔顿大厅的情况和他自己到底在做什么。芭芭拉继续在纽约写广告文案。下班后,她还担任警卫,负责看守当地民防部队的飞机,以防轴心国的飞机袭击纽约。她并没有坐在家里苦苦思念比尔。她很喜欢他,她母亲也很喜欢他。但是,芭芭拉有其他的男朋友。有几个人向她求婚,但她还没有准备好与他们中的任何一个建立正式关系。科尔比在英国也并没有守身如玉。在伦敦,周末的时候他和其他突击队员一起寻找有烈酒和女人的酒吧。工薪阶层的女孩往往愿意与他们外出,来自富裕家庭的女人则对这些美国官兵敬而远之。科尔比很快就找到了一个自己喜欢的英国红十字会志愿者——不是那种严肃的关系,但几乎每个周末只要他能来伦敦就跟她约会。科尔比跟凯西和多诺万一样,如果没有派对,就去逛伦敦的书店。他最喜欢的一本书是在弗伊尔斯独立书店找到的，书名是《智慧七柱》，作者是汤玛士·爱德华·劳伦斯。他是一名非传统的英国陆军军官，曾在抗击奥斯曼土耳其中与阿拉伯游击队并肩作战。科尔比幻想自己在法国成为"阿拉伯的劳伦斯"。

3月中旬，马斯格雷夫在一楼大厅召集杰德堡特工发布通告。现在是他们组建三人队的时候了。他和伦敦方面都不想为每个队挑选队员。他宣布道："小伙子们，你们只管自己结合吧。"在接下来的两个星期，配对就开始了。每个小组都必须有一个了解自己国家的法国人，所以主要是美国和英国军官在"求偶"。军官之间的结合，如果发现配合不默契也可分手，继续寻求直到他们找到适合自己的搭档，然后这对人再一起去挑选一名无线电操作员，国籍不限。科尔比根本不了解那些法国军官，而且不知道任何一个人的真实姓名。但的确有个英姿飒爽，长得像电影明星克拉克·盖博的人引起了他的注意，此人每次与美国人打牌赌博时都能大获全胜，这位法国中尉的假名是雅克·法韦尔。

他的真名是卡米耶·勒隆。他从来没有上过大学，但深谙世故，在学校一直跳级，语言能力超群。他还会讲德语、意大利语、西班牙语和英语。他的英语近乎完美，只是带了一点口音。后面几年，他喜欢做《纽约时报》的字谜游戏，从美国报纸上挑出拼写和语法错误。他擅长数字，所以在牌桌上是个危险人物。勒隆对玩牌情有独钟，他对每手牌都像激光一样专注，玩牌时如果有人说话打断他的思路，他会跟他们急；女人们痴迷于他，他也喜欢带着她们在舞池里旋转；他喝酒很节制，讨厌醉鬼，不狂野、不炫耀，但永远无法忍受蠢货。

1915年，他出生在法国地中海沿岸靠近西班牙边境的小镇佩皮尼昂，属加泰罗尼亚血统。家境富裕，家族中商人和军官辈出。他的祖父曾经是个将军，他的曾祖父是一个成功的香烟制造商。他五岁的时候，母亲去世。他继承了母亲的美丽、高挑、黑发和橄榄色皮肤。卡米耶和他的兄弟们被送到了巴黎附近的寄宿学校。而他的父亲，参加过第一次世界大战的老兵，移民到了美国，在路易斯安那北部购买了一块土地。父亲孤苦无依，卡米耶十来岁时，也就是20世纪30年代坐船来到了新奥尔良，在这里的一所高中就读，英语也得到了完善。18

岁时，他加入了驻扎在摩洛哥的法国骑兵团。服役三年后，他退伍回到了法国南部。1939年，法国对德国宣战后，他被征召回到了法国军队。勒隆因弹片轻度受伤，纳粹入侵法国后，他逃到了阿尔及尔。1943年，他在戴高乐特勤局工作，被授予中尉军衔。他差不多与科尔比前后脚抵达英国，接受命令参加杰德堡计划，因为他那近乎完美的英语无论对英国队还是美国队都是理想的选择。

勒隆觉得密尔顿大厅的训练没那么累人，这点跟科尔比不一样。勒隆总是有足够的聪明才智令训练变得轻松一些。在一次演练中，在距离密尔顿大厅25英里处，勒隆被抛下并被告知要步行穿过森林和牧场返回。他挑了个最近的公路，拦下了一辆巴士，载他走过了大部分的行程——车上的乘客一直盯着这个脸上涂抹迷彩伪装的怪物。科尔比发现这个看起来很有女人缘的扑克高手，实际上也是一个务实的军官，他同自己一样都不张扬，喜怒不形于色。科尔比对此非常喜欢。勒隆更是身具领袖魅力，在人群中很有威望。科尔比知道，在战地上能赢得抵抗组织的尊重很重要。尽管他的军衔比勒隆高，但科尔比认为他们到达法国后让这位法国人当队长是最好的选择。很快，两人开始结伴到伦敦过周末。勒隆根本不愁找不到姑娘，科尔比以为他戴上卡米耶的贝雷帽，穿上他的陆军军装运气会更好，但在皮卡迪利大街上巡逻的美国宪兵则命令他摘下那顶帽子。

关于无线电操作员，科尔比和勒隆选了一名戴高乐自由法国的中士，假名是刘易斯·吉瑞。他的真名是罗歇·维勒布瓦。他相貌儒雅、前额很高、头发侧梳。维勒布瓦战前在法国南锡做工人。科尔比觉得，他不像他的两个新战友那样废话连篇，而且无线电操作技能很高，这是与伦敦连接的生命线。在他们空降到法国后，刘易斯·吉瑞就晋升为中尉了。

每个突击队员都配备了一本16页的术语表，上面有数百个代号和暗语。每个团队都有一个随机配备的代号，要么是人名，要么是药名，要么是汽车牌子。科尔比的团队被命名为"布鲁斯"，维勒布瓦的代号是"皮阿斯特"，勒隆的是"高尔韦"，科尔比的是"伯克希尔"。

杰德堡团队，有的已经组合了，有的还正在磨合，他们开始重新训练他们将在法国开展的任务。训练计划一到三天不等。他们练习在夜间袭击模拟目标，然后抽身隐藏。英国皇家空军轰炸机在低空飞行，将他们降落到苏格兰和威尔士的偏远地区。这些小分队，口袋里身无分文，要设法返回密尔顿大厅，而且还不能被事先得到警告的地方军成员或苏格兰场（伦敦警察厅）抓获。这些团队很快顺利毕业，开始为期一周的演习，以代号"刺激""外溢""眩晕"等名目被分成游击队、盖世太保和杰德堡组自相残杀。在"刺激"演习中，纳粹占领了密尔顿大厅周围的土地，杰德堡特工必须组织伏击一名德国将军。在"外溢"的演习中，科尔比扮演的是一名法国游击队员。在"眩晕"的演练中，密尔顿大厅的教官利用的是附近北安普敦郡那些完全未受过训练的平民（店主、童子军、女童军），杰德堡团队必须组织他们袭击铁路线。

多诺万顺便拜访了一下密尔顿大厅。他喜欢跟自己的突击队员打成一片，不像其他到访的贵宾们那样令人生厌。这些杰德堡特工看到这个老家伙都很开心，而且他们猜测如果高层领导允许的话，他说不定会抓起一个降落伞跟他们一起跳下去。作为大卫·布鲁斯伦敦站秘书处的耳目，凯西也在那年春天参观了密尔顿大厅。他在来之前已经对这个培训计划有了简单的了解——事实上，所知甚多。像辛格劳一样的突击队还曾错误地认为凯西是杰德堡计划的有关负责人。凯西来的时候没穿海军制服，穿的是便装，没精打采地与辛格劳和其他军官坐在一起，和他们详谈了他最喜欢的有关法国抵抗组织不同派别的政治读物。凯西认为，杰德堡的任务很重要，这是他为布鲁斯密切追踪训练进程的原因之一。那些不同派别的游击队迫切需要这些穿军装的人来指导他们。

5月2日，15个团队带着他们的装备离开了密尔顿大厅，登上了一艘前往阿尔及利亚战略情报局站点的轮船。另外10个团队之后会加入他们的行列。一旦命令下达，他们将空降到法国南部，与那里的抵抗组织建立联系。科尔比和其他突击队仍然留在英国，他们会在法国北部寻找降落点降落。到5月底，除了偶尔的练习巩固他们的技能外，他们的正式训练已经全部结束。他们有更多的时间可以放松——并不是说他们就可以放松。密尔顿大厅的气氛变得紧张起来。那些官兵，又是激动又是紧张，等待着命令的到来。

第十二章

诺曼底登陆日

日本在亚洲的进军已经受阻。美国和英国军队打响了一场艰苦卓绝的海陆战役来彻底扭转战况。太平洋岛屿被夺回，麦瑞尔突击队已经打到缅甸，印度和英国军队已经将日军赶回西南亚，道格拉斯·麦克阿瑟将军的军队在新几内亚岛也取得了进展。东部战线的德军正在撤退。敖德萨和塞瓦斯托波尔已经被收复，苏联军队穿过乌克兰发动了大规模进攻。然而，到1944年5月底，华盛顿、伦敦和柏林的希特勒的注意力都集中在即将对战的西欧。在法国北部海岸诺曼底的两栖登陆将是有史以来最大的陆军和海军联合战役。一年半以来，艾森豪威尔将军每天要抽80根骆驼烟，他一直在与美国和英国的高级指挥官进行谋划和制定战略，同时在英国集结他的军队，其中仅美国官兵就有150万人。

杜勒斯在伯尔尼发来了他从弗里茨·科尔贝处获得的最新情报，其中提到了纳粹推测的盟军可能选择的登陆点是法国地中海海岸，靠近安特卫普斯凯尔特河口，或是挪威，没有提到法国北部。希特勒决定坚守意大利战线，尽可能地靠南；东部战线则尽可能地靠东，集中力量击退盟军在西方的进攻。在法国（他的将军们认为该国最有可能成为主要攻击目标），元首将陆军元帅格尔德·冯·隆德施泰特的步兵和德国装甲师增至58个师。

伦敦再次感到被围困。自1月以来，德国空军已经在城市上空增加架次。市中心的圣詹姆斯宫已经遭到严重破坏。在一次袭击中，伦敦图书馆损失了2万本书。燃烧弹在城市中如雨点般落下。虽然与早期的闪电战有很大区别，但4月以来的沉重袭击,摧毁了那些四年以来经受这么多炸弹的人们的精神。在"小闪电战"期间,掠夺现象也有所增加。

战略情报局伦敦站,已壮大到2000多人,在伦敦各处有九幢房屋,而此时已经变成了一个"疯人院"。疲惫的工作人员,仍跟打了鸡血一样到处奔波,安排间谍进入法国,跟进突击队如杰德堡特工训练等的收尾工作。登陆前的压力让每个人都脾气暴躁,大卫·布鲁斯发现自己更多时候是在调停助手之间的口角战。凯西是实际上的协调者,越来越善于调停布鲁斯情报站和特种作战部门,以及美国陆军与戴高乐秘密机构的官员之间的撕扯怒骂。他帮助组建的战略情报局情报分队将与美国军队一起进入法国,作为他们将要组建的抵抗组织间谍网络的联络员。4月,他手下只有两名秘书为他工作。凯西在伦敦站留下了不好伺候的老板的名声。他已经炒掉了两个能力达到陆军标准但没有达到他要求的军士。5月份,每天12小时连日不休地工作终于拖垮了他的身体。他拖着疲惫的身体来到医务室,请了三天假来缓解由于过度的劳累和紧张而引起的呕吐等症状。

凯西在"好好休息"后,又"恢复了状态",他写信对索菲亚说。5月中旬,伦敦站的诺曼底登陆行动"开始有眉目了"。有关德国部队集结地、补给站和铁路运行情况等情报将大量涌入站点。这些情报部分是从摩尔斯电码和无线电信息中拦截而来;部分是通过空运过来的邮包,里面还装了从法国偷来的地图、图纸和文件。布鲁斯的研究与分析部门的学者给陆军和海军发出了诺曼底海岸的地形研究结论;精通法国和德国工业的经济学家给出了第八航空队轰炸目标的建议;地理学家和制图师为盟军绘制法国乡村的地图;心理战活动部的心理师从英国沃本的一个发射台向德国士兵发送宣传消息,中间还插播了歌手玛琳·黛德丽所唱的小夜曲。成吨的传单投放到德国国防军部队,其中有一份传单声称他们的妻子和女友参加了一个虚构的"德国孤独妇女联盟",正在与那些回家度假的战友做爱。谣言(英国和战略情报局也称之为"唏嘘",来源于拉丁语的sibilare,意思是嘘、吹口哨)散布到欧洲大陆,称纳粹头目已经逃亡到了阿根廷。

凯西相当一部分时间都专注于"萨塞克斯计划"，这是伦敦派间谍潜入法国行动的代号。布鲁斯还煞费苦心地与军情六处达成协议，推出了一个英国、美国和法国的联合行动，派遣大约50个两人小组到法国，每组一个间谍搜集情报，一个无线电操作员往回发送信息。1943年底，当凯西抵达伦敦时，布鲁斯四分之三的秘密情报人员正努力训练32名萨塞克斯特工。这些间谍中，许多是难民、法国农民、商店职员和军队士兵，都在30岁或40岁左右，因此德国人不太可能抓他们做苦力。他们会降落到靠近敌军铁路中心、停车场、总部、机场、设备维修中心等地方观察并汇报情况。除了督促布鲁斯进行萨塞克斯训练外，凯西还为这个计划做了些周边工作，如为之制作了一个绝密纪录片等。

2月8日，第一批先遣队特工"探路者"悄悄溜到法国，去寻找登陆点和当地的间谍网络，来接应后面的三个萨塞克斯队（两个由军情六处控制，一个由战略情报局控制），他们将在两个月后的4月9日空降。到5月底，战略情报局和军情六处在法国共有13支萨塞克斯队和5支"探路者"队。

布鲁斯在格罗夫纳街72号的战略情报局的联排别墅建立了一个作战室，处理萨塞克斯特工通过无线电向维克多接收站发来的信息。第一份情报报告（指出了两个弹药堆放地点）于5月16日从代号为"让娜"的团队发出，他们空降到了巴黎南部的奥尔良。该报告将是"让娜"团队170份关于德国大部队和V-1炸弹在法国运输的电报中的第一份。

*

从一开始，规划者们面临的战略问题就一直是个严峻的问题。盟军代号为"霸王行动"的进攻法国行动将演变成一场在海滩上的兵力竞赛。一份1943年5月英国加盖"绝密"的备忘录概述，首先登陆的军队将会背水一战。如果盟军能够攻克德军沿海防御，并在滩头迅速组建一个桥头堡，"我们就赢了"。备忘录最后说，如果德国人阻止盟军获得立足点，并增援部队"将我们赶回到海上……那敌军就赢了"。就这么简单。根据同年5月份的另一份"绝密"的英国备忘录的内容，早期的"霸王行动"计划假定了"合理的取得成功的机会"。艾克和进攻部队的英国指挥官——伯纳德·劳·蒙哥马利将军，坚持加强登陆部队，拓宽前线，给后来部队创造一个在诺曼底登陆作战的机会。如果盟军可以赶走德国预备队或延缓他们增援部队抵达的步伐，他们成功的概率也会大大提高。

想要完全防止纳粹情报机构获得盟军在英国南海岸的大规模登陆前的部队集结和船只舰艇的情报根本不可能。但艾克的策划者认为，他们有机会瞒住德国人大规模攻击的地点，让他们搞不清到底是法国西北部的布列塔尼，还是在东北部的比利时海岸。盟军司令部认为，其军队在海滩上的最初二个月到三个月易受攻击，而且随着德国空军的反击，德军会迅速派出德国装甲师到登陆点击退盟军登陆部队。

艾森豪威尔制订了一个"1+3"的计划：一个代号为"坚毅作战"的佯攻计划，蒙混希特勒和他的将军们，让他们以为诺曼底不是登陆点；第二个代号为"铁砧行动"即在法国地中海海岸入侵的计划，牵制南面的德国国防军部队，并动用空中力量联合法国抵抗组织阻挡德国预备师冲过公路、铁路和桥梁到达盟军的滩头阵地；第三个计划被称为"运输计划"。当凯西来到伦敦的时候，在盟军司令部关于法国抵抗组织到底能做出多大贡献的辩论仍在热火朝天地进行。凯西回忆道：抵抗组织真的"像战略情报局和英国特别行动处所说的那么优秀，那么重要"，还是只是一个"幻想"，可能"紧要关头掉链子"？他知道空中的炮击相比游击队对德国援军的杀伤力要大得多，而游击队的进攻可能促使野蛮的纳粹报复法国百姓。美国和英国的指挥官们也担心，向抵抗组织提供更多的武器来抗击德军，同样会使游击队各个队伍加强武装力量，彼此之间展开内战。但是空中轰炸则会造成严重的附带损害。在盟军登陆之前数月的轰炸已经导致15000名平民死亡。法国百姓再也不想看到盟军在诺曼底登陆后，英国和美国的战斗连累更多无辜的平民。盟军空军元帅也意识到，在许多情况下，训练有素的游击队可以切断铁路线、炸毁隧道、封锁公路，这比空中袭击爆炸带来的附加伤害要小得多。

法国抵抗运动的领导人最后还是说服了盟军指挥官，装备更好的地下组织可以在诺曼底登陆日发起有效的攻击，同时极大地抑制德军的报复行为。战略情报局和英国特别行动处打开了"水龙头"。从1944年1月到6月之间，近3500吨的小型武器、迫击炮、弹药、燃烧弹、爆炸物等装在36000个坚固的盒子或香肠状的容器中，空投给了抵抗组织。多诺万发给罗斯福的一个备忘录上就有一张最具代表性的美国货运飞机所载的武器装备货单——4挺机枪，44把步枪，55把斯特恩轻机枪，41000发子弹，还有一包一包的手榴弹、炸药包、食物和衣服。

艾森豪威尔会发加密电报给基层抵抗组织，告诉他们需要攻击的目标，以延缓德国装甲师的进攻并破坏德国士气。这些目标包括铁轨和火车站、重点道路的咽喉之处、孤立的德国国防军总部、小型巡逻部队、油库、电话和电报线路、电网等；还包括盟军司令部要求暗杀的在法国的德军铁路官员的姓名和地址。已经在向贝当的维希民警特务寻求复仇的法国游击队非常乐意在暗杀名单中加入敌军的名字。然而，尽管战略情报局伦敦站的凯西和其他人对抵抗组织寄予厚望，艾克和他的参谋并不认为这些未经检验的组织对他们的计划有多重要，无论是在登陆前还是登陆后。盟军轰炸机才是延缓德国预备队进军的主力，抵抗组织只是额外的"奖励"。

*

在进攻的准备阶段，杜勒斯连续不断地往伦敦和华盛顿发报，报告他们所能得到的关于敌人在法国的防御情况。5月中旬的时候，他每天至少发一封电报。快到6月的时候，他报告了德国步兵师、德国装甲师、德国空军和党卫军师团的新阵地。在3月的一次通话中，他发出了一份一个安插在德军中的匿名的"中立国记者"的报告。负责在大西洋防御盟军登陆的德国陆军元帅埃尔温·隆美尔，认为盟军"制空权将战胜德国任何的防御工事系统，无论敌人选择的地点在哪儿"。在4月的另一份"新闻快报"里，杜勒斯散布了一条八卦新闻，称几个月前，西部战线的德国官员认为德国国防军有七成的机会击退进攻者，但随着盟军实力和战术的进步，他们现在把进攻者的成功概率定为大约"一半一半"。华盛顿发电报给杜勒斯说："总的来说，美国陆军部发现他在德国军队行动上的情报是准确的，而且想要更多。海军也不顾一切地想要他挖掘有关德军在法国海岸或港口筑建防御工事的任何情报。"

1944年春，除了在伯尔尼站，杜勒斯已经在日内瓦、苏黎世、巴塞尔和卢加诺安排了五个战略情报局前哨站，为他管理特工或分析情报，十几个秘书为信息编码或处理琐碎事务，100多名线人给他提供情报。多诺万现在定期转发杜勒斯的电报给罗斯福，主题从纳粹虐待苏联囚犯，到德国内政部而不是邮政部发行了一种神秘的希姆莱邮票（多诺万让他的所有站长搜集外国邮票和有关发行的最新消息给他，以讨好白宫的头号集邮家）。

4月11日，科尔贝第四次来访伯尔尼时已是筋疲力尽。德国情报部门已向德国政权发出警告称希特勒总部的情报已经泄露到了中立国家，所以盖世太保开始在检查站搜查信差和邮袋。科尔贝没有被搜查，但他的神经却一直紧绷着。那天，杜勒斯给华盛顿发电报说："乔治·伍德带着200多枚珍贵的'复活节彩蛋'来到这里。"

这些的确是珍贵的"彩蛋"。200多份文件，共计400页左右，透露了柏林被迫调遣20个师去东线支援的消息，而且德国国防军已经越来越担心缺乏歼击机会让德国更容易在白天被轰炸。"复活节彩蛋"也包含了一份关于亚洲的日本基地的报告以及德国在瑞典的间谍网络中重要成员的名单。兴奋的杜勒斯及工作人员夜以继日地准备文件的传输，这次代号为"卡帕瑞奥"。科尔贝三天后登上了火车，诚惶诚恐，担心自己的运气已经到头，盖世太保们会逮捕他。他们没有逮捕他，但是当他到达柏林时，很明显他会被困在那里，因为德国外交部计划削减邮寄频次，瑞士当局也不愿意接受德国游客。科尔贝之前接触过德国的抵抗力量，现在想和他们合作反抗希特勒。杜勒斯认为这是一个糟糕的想法，劝他不要冒险加入政变者行列。科尔贝同意继续隐藏身份，但觉得自己越来越不受美国人的欢迎，而且也为他们没有听取自己的意见对目标进行轰炸而生气。

一年来，杜勒斯一直在电报中预言，德国的失败不可避免。1943年5月19日，他发电报给华盛顿："德国已经不可能对苏维埃社会主义共和国联盟进行毁灭性的攻击了。"德国的人力及坦克和飞机的生产"再也不足以应付两个前线的战争了"，假设苏联继续施加压力，德国"不出一年"就会投降。盟军登陆法国后，这个预测结果很接近现实状况。在科尔贝1944年4月的第四次访问之后，杜勒斯的预测更加大胆了。在绅士街23号他们的炉边交谈中，科尔贝告诉杜勒斯，他相信德国失败"指日可待"，即使德国纳粹分子一直还抱有一厢情愿的幻想。但在浏览了科尔贝带来的400页情报之后，杜勒斯确信纳粹政权处于"垂死挣扎的状态"（这也是4月12日他电告多诺万的原话）。他认为，德国的外交和情报机构处于混乱状态。科尔贝交付的文件显示了"一幅厄运将至、终将衰败的画面"。

万分震惊的多诺万立即将杜勒斯的消息转发给了罗斯福、国务卿科德尔·赫尔、陆军总司令乔治·马歇尔、海军作战部部长欧内斯特·约瑟夫·金和艾森豪威尔将军。他还弄了一份封面备忘录担保杜勒斯是一名经验丰富的欧洲情报专家，科尔贝是个可靠的信息来源。伯尔尼站站长的最新情报对"霸主行动"有着划时代的意义，因为它与杜勒斯三个月前刚刚交付的新闻快报所讲的德军士气"激昂"的情报截然相反。如果德国真在坍塌的边缘，盟军的进攻将会易如反掌。多诺万的那些头脑冷静的德国专家劝诫说要谨慎行事。"小普茨"恩斯特·汉夫施丹格尔是前纳粹新闻助理，后投靠了盟军，现在为战略情报局分析元首的讲话。他劝告道，"虽然欧洲的堡垒出现了裂缝，但希特勒本身可能依然固若金汤"，期待着在未来几个月里"打一场硬仗"。马歇尔的情报人员通知这位陆军总司令，称没有证据支持杜勒斯的胡乱预测。"从军事角度来说，指望纳粹即将崩溃是极其不明智的。"一份给马歇尔的备忘录这样总结道。艾森豪威尔将军当然更不会买账。

杜勒斯的预测让多诺万在华盛顿成了一个笑柄。战略情报局局长迅速发电报给杜勒斯，要求他重温4月12日发出的消息，看看"经过反思"后，是否"想对其中的语言做修改"。杜勒斯在4月17日的电报中多多少少有所收敛。他声称他从来没有说过"整个纳粹军队的士气……已经到了会崩溃的程度"，虽然并不是很有说服力。他们会奋起压制"任何进攻的企图"。但他仍然坚持认为一旦盟军在法国站稳脚跟后，"不出几个月德国就会崩溃"，这个预测也将被证明是错误的。多诺万把杜勒斯修饰后的情报转发给了罗斯福和马歇尔，但他们当时已经把与此相关的全部报告放进可以忽略不计的文件堆中了。

杜勒斯为此做了解释，称自己受到了华盛顿总部的"诱导"，才做出德国将崩溃的预测。因为总部早在2月1日就命他准备"值得信赖的"德国人名单，以备战后管理他们的政府。后来在8月，美国和英国情报机构都认为德国的"战略形势"已经迅速恶化，"有组织的抵抗"将在1944年底停止——但同样也是一厢情愿。然而，4月份，杜勒斯所犯的错误是由于他对科尔贝刚刚送来的200个"复活节彩蛋"的热情蒙蔽了他的判断力，至少凯西是这么认为的。凯西跟其他伦敦站的人一样都在仔细阅读杜勒斯的"卡帕瑞奥"电报，他半点都不相信希特勒派往法国的将军会不战而退。

5月初，凯西已经可以定期收到伦敦站特别行动部门传来关于法国抵抗组织的报告了。报告数量难以统计，但最保守的估计约为16.5万份，有可能达到40万份。凯西办公桌上收到的来自战地萨塞克斯特工的无线电信息，表明抵抗组织和马基群落正在接管越来越多的城镇和村庄。5月底，据战略情报局和英国特别行动处计算，他们空投到法国的武器和物资可以武装12.5万名战士。如果扣除设备在空降过程中的损坏，到达地面后的破碎和被德军掠走的部分，"有理由推测大约10万人已经准备立即采取行动。"一份内部军事备忘录总结道。他们准备从417处目标地下手毁掉铁路线。5000名战士准备切断主干线来破坏电话和电报通信。游击队将在道路上铺设1460枚反坦克地雷来减缓敌人车队的进程。其他的战士，可能多达8.5万人，将通过袭击和伏击骚扰西行的德国士兵。

但他们都能做到吗？抵抗组织网络依然是随意的组织，而且每个"电阻网"的战斗力也各不相同。在法国的德国高级指挥官认为，抵抗组织还没有强大到可以撼动他们的防御计划的地步，希特勒只增派了两到三个师团到法国来对付游击队。伦敦站的凯西和其他人看到了一个充满希望的征兆：到4月份，盖世太保和阿勃维尔加紧了渗透，但还不足以粉碎抵抗组织。

那些被德国安全部扫荡的抵抗组织迅速找到了替补人员，而且补救办法正在实施中，补救通知已经发往盟国远征军最高统帅部。97个杰德堡小组已经训练完毕，准备空降到法国和低地国家。

伦敦人不必侦察就能推断进攻就在眼前。5月底，伦敦的士兵几乎全部被清空了。美国军官和士兵的俱乐部都已关闭，出租车不再紧俏，剧院几乎空无一人。通常宾客满座的餐厅，如克拉里奇酒店和康诺特酒店，只有稀稀拉拉的客人。就在登陆的三天前，凯西从伦敦一家商店买了六本书，但他无暇阅读，只在睡前看上一两眼。5月中旬，多诺万抵达伦敦，用命令和新计划弄得布鲁斯的伦敦站"鸡飞狗跳"，凯西给索菲亚写道："我得跑前跑后收拾残局，但是很有趣，我会留意那个人物。"但是"那个人物"在5月30日晚上消失了，凯西知道是怎么回事。在布鲁斯的陪伴下，多诺万乘火车去英国南部的普利茅斯，在那里登上了一艘海军舰艇。他希望他们可以加入诺曼底海滩的进攻队伍。

6月5日，星期一晚上，英国广播公司播出了一组编码信息，指示法国抵抗组织第二天发动攻击。当天深夜，英国第六空降师，美国第八十二和第一百零一空降师完成伞降，他们还算成功地从后面包抄了滩头阵地，当然伤亡也很惨重，很多士兵下落不明。星期二清晨，第一批近7000艘轮船、登陆艇和驳船出现在诺曼底海岸的地平线上。英国和加拿大的番号为"黄金""朱诺"和"宝剑"的部队在东部海滩登陆，美国番号为"犹他"的部队在西部海滩登陆，他们的进展都比预期来得更顺利。但一个经验丰富的德军师团及时抵达了犹他东部的奥马哈海滩，将其海岸线变成一个凶残的杀戮战场，在第一天造成了近3000人的死亡、受伤或失踪。

星期二早上，杜勒斯给伦敦和华盛顿发去了最新的情报，汇报了他从线人处得到的有关诺曼底东面德国的步兵和装甲师的位置，以及抵抗组织已经切断的铁路和电话线地点。他汇报称："法国北部的通信点已接近瘫痪。"与此同时，纳粹不仅派专用卡车沿铁路线修复游击队切断的铁轨，并且还派遣了11000多名自己的铁路员工来保证火车的运行。在那天晚上的无线电话中，他向华盛顿宣读了他接到的一家苏黎世报社的柏林线人提供的消息。这个柏林线人声称柏林人当天下午才得到入侵的消息。杜勒斯由此推论，盟军在诺曼底海岸登陆让纳粹政权措手不及，纳粹"一直在等待他们想好宣传措辞后才发布消息"。被柏林帝国控制的报纸声称，此次进攻是"莫斯科的命令"——是一个"英美向布尔什维克主义妥协……为获取一些真正胜利而孤注一掷作出的努力"。

星期三下午，多诺万和布鲁斯在第一波浪潮之后抵达犹他海滩，他们在内陆行走数英里寻找战略情报局间谍，结果一无所获，但是他们在其他地方的萨塞克斯特工正在用情报报告填满伦敦站的收件箱。全部算起来，战略情报局设法空降到法国的26组萨塞克斯双人团队向伦敦发回了大约800份情报，涉及德军阵地、仓库、机场、盟军战机想要轰炸的V-1发射场等，这是个了不起的数字。但该情报机构最终得出结论，在过去六个月的计划实施中，只有约四分之一的行动算得上是成功的。"没有任何团队在诺曼底登陆日之前得到足够的时间'各就各位'做好准备"，一个内部保密报告解释说。盖世太保发现了六名萨塞克斯特工并就地处决了他们。有一名特工被送进了集中营，从此杳无音信。由于许多无线电设备在团队着陆时损坏或丢失，通讯也成了一个问题。而"让娜"团队在奥尔良的行动是最多的，他们往回发送了200多条电报信息。有一份行动后的报告指出，"楚雷队"在6月1日伞降到法国西北部的图尔市附近后，基本上"完全无用"。该团队的无线电藏在了一个废弃的建筑里，却被"朋友匆忙移走"。他们害怕德国人会搜查这一藏身之处，把"它扔到了一口井里"，让"楚雷队"无法再与伦敦联系。

伦敦站的凯西和大多数人星期一晚上都没合眼，因为在"霸王行动"之前，特工的报告源源不断地汇入站点。星期二慢慢地过去，他们担心盟军是否"被冲回了英吉利海峡"。多诺万心急如焚，虽然在犹他海滩，海军在岸边架起的大炮看上去威风凛凛，似乎暂时会将德军拒于滩头阵地之外，但盟军真的能守住阵地吗？第一天，凯西心里同样没谱。

第十三章

法国

杰德堡特工进行的最大演习之一就是代号为"长鞭行动"的演习,该演习5月31日开始,地点就在密尔顿大厅西面靠近莱斯特郡的一个丘陵村庄。这些团队所接受的是一个特别棘手的任务,组织未受过训练的平民进行游击战,此次演习中的贫民由莱斯特工厂的工人扮演,而舞台则是德国人横行的地区,那里的当地居民已经成为反抗突击队的斗士。英国地方军成员、附近一个皇家空军基地的空军和当地的警察扮演敌人,这意味着他们将无处不在。6月5日,星期一,深夜,科尔比正疲惫不堪地躺在密尔顿大厅附近的一个露营地休息,铺天盖地的飞机轰鸣声将他和其他演习中的杰德堡特工从梦中唤醒。他们很轻松地猜到进攻已经开始,现在在他们头顶上飞过的是早期的浪潮飞机。

当天早些时候,一名教练走到英国上尉威廉·科劳塞身边,在他耳边悄悄地传达了一个命令,从他的团队中召集两名法国军官(代号为"休"),让他们带好自己的装备,悄悄地溜到停在密尔顿大厅的一辆卡车上,他们将被带到伦敦。6月6日凌晨,就在伞兵如雨点般降落到诺曼底海岸的远处时,一架单独的飞机向南载着"休"团队来到了沙托鲁附近的空降区,三名突击队员着陆之后,见到了当地抵抗组织"电阻网"的游击队员。

整个6月间,一天又一天,三人组成的杰德堡小组缓慢地依次从密尔顿大厅消失。杰德堡特工斯图尔特·奥尔索普,在战后成了华盛顿著名的专栏作家,他回忆道:"人们被叫到马斯格雷夫上校的办公室,然后下楼来到酒吧,表情严肃，尽量掩饰慌张，一言不发。"队员之间没有道别，只是次日会看到空荡荡的床铺。科尔比和其他留下的人还在继续着演习，但他们觉得有点过度紧张，也不再有新鲜感；他们还在玩高赌注的扑克游戏，晚上依然去狐狸与猎犬酒吧，但愉快的情绪被紧张所取代。当他们看着主楼门厅的地图上图钉代表的师团不断在法国移动时，他们感到被忽视、没人要而极度沮丧。截至6月底，只有13支杰德堡小组伞降到法国；7月派出了12个队。科尔比和其他人非常恼火，认为他们应该在诺曼底登陆日之前进行渗透。然而艾森豪威尔不想过早派出杰德堡特工，以免引发不成熟的抵抗组织起义，导致起义在登陆之前就被德军粉碎。盟国远征军最高统帅部打算在登陆后小心谨慎且有的放矢地部署盟军到来之前的团队，不希望将他们昂贵的训练费用浪费在自杀任务上。经常到密尔顿大厅访问的凯西同意这一计划。杰德堡特工不可仓促动用行动的储备力量。

*

诺曼底登陆的英美联军没有像伦敦站凯西等人所担心的那样被赶回到英吉利海峡。艾森豪威尔的大军花了大约一天半的时间，"攻破了大西洋壁垒"，并在法国北部海岸建立了一个滩头堡，尽管那只是一片银色的沙滩。一周后，30多万盟军士兵和2000辆坦克挤满了海岸。此后德国国防军6月的战略就是用防御工事和反击，将他们严密封锁在海滩上。同时，希特勒希望通过狂热的纳粹抵抗力量和新型的神奇武器来赢得这场战争。该计划与戈培尔蒙骗德国人的宣传没有多大差别，而杜勒斯在登陆三天后已经通过无线电话进行了汇报。杜勒斯引用柏林编造的宣传，宣称此次进攻为德国国防军提供了"与西方列强较量的大好时机"。6月10日，他在给多诺万的电报中说，他的线人告诉他，德国军事界的"主流观点认为如果盟军能成功地创建一批牢固的桥头堡，那么法国之战德军将会失败"，而盟军正朝那个方向努力。截止到诺曼底登陆日，他们的飞机已经空投了71000吨炸弹，粉碎了专门抵御攻击的80个关键铁路设施的大部分。海军大炮的威力令多诺万十分佩服，它们可以击中远在15英里外的陆地上的德军装甲车，而盟军的飞机将军用列车阻挡在滩头阵地120英里之外。不仅如此，辅助的还有：德国的无能、延迟和关于调动到诺曼底增援的错误推算。所有这些都源于盟军的一个佯攻行动蒙骗了希特勒和他的将军们,让他们以为主力攻击仍在更东面的加莱海峡。

杜勒斯从法国的挪威线人那收到情报,证实了盟军空中力量给敌军造成的困扰,因"汽油的缺乏"而加剧。他在给多诺万的电报中称,这迫使"大量的纳粹军队……不得不在通往前线的巴黎南部停止"。但他的线人警告他说,铁路目标如巴黎的环形铁路需要反反复复地打击,因为德国人在每次袭击之后都能尽快修复。杜勒斯还提醒多诺万,需继续挑起令希特勒左右为难的内部不和。因为隆美尔希望所有德军预备队赶赴诺曼底,而伦德施泰特却坚持在巴黎附近安排机动师团反击可能进攻的盟军主力。华盛顿电告杜勒斯,让他开始在瑞士散布谣言说,希特勒自从诺曼底登陆日后已经取消了一次公开露面,因为他患有人群恐惧症。

抵抗组织开始执行彩色编码计划进行复仇。游击队从6月到8月间切断了800多处铁轨(绿色计划);切断了上百条电话和电报线路(紫罗兰计划);迫使德军使用无线电通信,而英国的"超计划"可以截获并破译其中的信息。7月中旬,巴黎到柏林的电报两个星期不能使用。凯西推算,向诺曼底增援的五个德国师会因为抵抗组织和空军的袭击而延缓(乌龟计划)。6月7日,被称为"帝国师"的第二党卫军装甲师,受命离开法国南部的图卢兹,本来预计于6月10日到达诺曼底,但飞机轰炸了前方的桥梁,而且游击队沿途一路骚扰,使得"帝国师"的第一分队直到6月23日才到达滩头堡。战略情报局估计游击队的小武器、手榴弹、迫击炮和地雷在三个月中杀死或打伤了7000多名敌军士兵。战略情报局估计,德国人被迫分散十个师的力量来对付这一干扰。德国国防军纵队用机枪狂扫道路两旁,希望清除伏击的游击队。德军指挥官抱怨说,抵抗组织的攻击开始对德军产生消极影响。一位被俘的德国军官对英国人说:"我们感觉每个蕨类植物都在向我们射击。"

总之,在最初的几个月中,抵抗组织对进驻法国的德国国防军来说比一个战略威胁更为头疼。游击队对德国火车车队的攻击成了一个问题,这激怒了希特勒,他要求拿到关于袭击的详细报告。虽然破坏有所增加,但实际上不像司令部所预估的那样高，也不足以令国防军对其防御计划进行重大修改。由于游击队的突袭，另外一些抵达诺曼底前线的德国师团同样被延迟，这让德军将军们在调遣部队的时候优柔寡断。7月底，游击队控制了法国许多城镇和村庄，但那些只是纳粹认为不值得坚守的地方。德国人想要守住他们想要坚守的地方根本不成问题，而且如果他们想要击败游击队也同样轻松，因为游击队从未在任何一场激战中胜过德军。在延缓敌军增援诺曼底的战斗中，抵抗组织发挥了极大的支持作用，但并不是决定性的作用。

然而，正如某个陆军官方史料所称，抵抗组织"零零散散进行打击的威力"超过了盟军最高统帅部的预期，很大程度上是因为他们的期望值很低。艾森豪威尔的参谋长沃尔特·比德尔·史密斯将军宣称自己是"又惊又喜"。尽管在战后，他的想法会有所不同。7月12日，多诺万给马歇尔发送了关于抵抗组织的长篇报告，称战略情报局对其部队的投资得到了"良好的回报"。

然而凯西却持有怀疑态度，虽然他从未告诉过多诺万。6月25日，凯西与布鲁斯抵达了诺曼底滩头堡。他看上去丝毫没有一副军官的模样，头顶着借来的头盔，身穿皮夹克，宽领带塞在衬衣衣领的后面，海军裤松松垮垮垂到皮靴里。他们长途跋涉来到卡朗唐镇附近的一个农舍，那是一个被陆军伞兵占领了的科唐坦半岛基地。战略情报局派往布莱德雷将军的第十二集团军的特工已经聚集在那里向他们汇报，但其实没有什么可汇报的。

凯西回忆道，"海岸区域的兵力已经彻底撤离，桥头堡的封锁线水泄不通"，在盟军防线的前面没有任何抵抗组织的队伍。他后来向一个朋友坦白，尽管法国游击队可能帮助减缓了德国预备队的到达，但他认为他们的作用并不是关键性的。他认为，那个蒙骗德国人诺曼底并非主要登陆点的佯攻计划，对于延缓增援部队的到来比抵抗组织的破坏或准军事攻击更为重要。

但随着诺曼底登陆，游击队中星星点点的新兵涌入了游击队营地，使他们的队伍猛增到30万人。6月20日一份给丘吉尔的备忘录宣布，"法国人蜂拥而至马基群落地区"。许多人嘲弄地称他们为"44抵抗军"——那些曾静坐观望的市民和村民们现在声称他们一直都是抵抗者。艾森豪威尔下令增加对游击队的空投，战略情报局6月提供了8914个圆柱形容器，7月份增加了一倍，但游击队依然面临严重的武器短缺。而且正如盟军所担心的，非常规部队的扩大遭到了纳粹更加残忍的打击。党卫军现在认为抵抗运动是一种残忍的恐怖运动，并无情地追捕著名的领导人。马基群落的斗士发现了一具战友的尸体，双腿烧到了膝盖，舌头被割下，后来他们发现这是一种普遍的折磨方式。一个法国女人被17名德国士兵轮奸，与此同时，一位德国国防军军医还在检查她的脉搏，确定在所有人都强奸之前她还活着。另一个女人的肠子被从肚子里挖了出来，绕在她的脖子上。大卫·布鲁斯收到一份报告感觉特别恶心，12名法国少年惨遭德国装甲师士兵的杀害，在处死他们之前，他们先割下了少年们的睾丸，挖出了他们的眼睛，还拔掉了他们的牙齿。"帝国师"到达诺曼底晚了两个星期的其中一个原因就是，他们接到命令要中断他们的北行，沿路对游击队进行残酷镇压。为了报复法国平民对德国人的攻击，"帝国师"的指挥官吊死了99个人，有男人、女人和儿童，尸体挂在房子的阳台上、树上和图勒城镇广场的路灯杆上；还在格拉讷河畔奥拉杜尔杀害了642人，男人用机枪杀死，妇女和儿童在教堂被活活烧死。杜勒斯用无线电向多诺万汇报了两次大屠杀，多诺万将其转发给了罗斯福。

另一方面，抵抗组织在纪律方面也出现了问题。抵抗组织的斗士有时候为报私仇杀害百姓，毫无理智地对德国士兵进行复仇袭击，并立即处死了许多俘虏。布鲁斯在他的日记中写道："抵抗组织的游击队员对他们的犯人没有心慈手软。"他们"不会让他们当中的许多人拖累自己"。他欣赏法国人的勇气，但承认觉得他们有时"有点烦人"，甚至"令人发狂"。

杰德堡特工现在伞降到法国的任务就是引导迅速增长的抵抗力量往能够帮助盟军推进的方向发展。佛蒙特州上尉保罗·希尔的"乔治团队"在诺曼底登陆日从密尔顿大厅"溜走"，伞降到了诺曼底西部布列塔尼半岛的勒东附近。欢腾的男村民把他们举过头顶，女人们则用一瓶瓶香槟和雨点般的亲吻表示欢迎。他们立即着手正事，武装和训练了5000名抵抗组织战士，与德军激战，捍卫他们的海军基地和半岛上的重要港口。曾在瓜达尔卡纳尔岛战役中负伤的身经百战的海军少校"灰浆桶"霍勒斯·富勒，带领"布加迪团队"在西班牙边界附近的上比利牛斯发动了小规模的战争。富勒和他的队友们很快换上了便装，组建了一支地下力量来切断铁路和电力线，破坏佩鲁泽的炼油厂，在不损一兵一将的情况下抵御了500人的德军在阿尔邦村庄附近发起的攻击，并在他的团队解放了塔布镇后，最终捕获600多名敌军士兵。

但是就在诺曼底登陆后不久，关于杰德堡特工伤亡的消息传到了科尔比和密尔顿大厅其他人的耳中。在诺曼底登陆日第二天晚上，"瓦加尼团队"在德龙的跳伞过程中，无线电操作员杰西·加德纳因降落伞未能打开而牺牲。7月下旬，德军在法国西南部的普勒维尔镇伏击了一辆"伊恩团队"所坐的车，他们分头行动，打起了巷战，美国陆军少校约翰·戈尔迪和法国上尉A.德法尔热得以逃生，不过一颗子弹还是打烂了德法尔热的下巴。德军抓住了加拿大无线电操作员吕西安·布古安，给他灌了三轮水，并把他的尸体丢进了一个无名的坟墓。伊利诺斯陆军少校塞勒斯·曼尼尔瑞与"道奇团队"在圣兰伯特附近的隆河谷成功地组织了一个多月的破坏攻击，但8月6日，他不幸被维希民警在自己的车中抓获。法国特务拷打了他三天，然后把他交给了盖世太保，又继续折磨了他三天。曼尼尔瑞宁死不招供，结果竟奇迹般地熬过了法国和德国的战俘营折磨，直到欧洲战争快结束的时候才获得自由。

对于科尔比和其他的"过于热情"的突击队员，密尔顿大厅成为了一个金色牢笼。7月14日，他们与法国战友列队在大厦前高举三色旗来纪念巴士底日（法国国庆）——但许多人都面色沉重。在温暖的夜晚，科尔比和其他人睡在星空之下。从法国回来的战略情报局间谍曾到密尔顿大厅访问，劝告他们在那里工作不要张扬惹眼。他们建议，无论是在餐馆还是酒吧，一定要背靠角落，让自己能够看到每个进进出出的人，坐的时候一定要像法国人一样双脚着地，千万不要跷二郎腿。一定要左手拿叉，还要懂得你所渗透地区的方言和手势。千万不要百分百地相信任何人，实在万不得已，可以相信牧师、铁路工人和邮递员，永远不要相信警察。

凯西也回访了密尔顿大厅。"那里的情形越来越棘手。"他对一群坐在大厦门厅的军官说。德国纳粹正在变本加厉地对他们将要渗透地区的平民进行报复。

法国

"就在几周前，德国国防军柏林总部命令在法国的德军部队处死所有在'外面'抓获的人。所谓'外面'就是他们所称'合法的战斗区'，而那些人是指那些参加抵抗行动的人。"他眼睛盯着他们，轻描淡写地说，"他们特别强调这适用于所有的伞兵，不分国籍或军装。"凯西没有特别说明那些显而易见的事情，总是先拷打折磨，再处死。但他补充道："如果你们中的任何一个想要领取一片L药片（就是那种战略情报局特工随身携带的自杀药片），现在可以提出来。"

科尔比不知道他是否会看到人们所描述的那种恐怖与阴谋的场面。

第十四章

哗变者

1943年1月，在跟杜勒斯初次接触后，吉泽菲乌斯开始了他在瑞士的真正使命。这个阿勃维尔特工开始与战略情报局官员讨论德国反抗运动的主题。"他强调了鼓励纳粹领导人的重要性，如果纳粹领导人除掉希特勒，就有可能与联合国进行持久的和平谈判"，杜勒斯在1月13日电报华盛顿时讲述了他们的谈话。"蒂尼"认为这种替代选择令人担忧：希特勒可能会与苏联达成协议，并"转向布尔什维克主义"。吉泽菲乌斯柏林的朋友认为"没有任何理由去冒生命危险"，除非抵抗运动有"希望"成功推翻独裁者，结束战争。

在吉泽菲乌斯之后，其他反对派密使也纷至沓来游说杜勒斯。盖沃尼兹介绍了亚当·冯·特罗特·苏索兹给他认识，此人是德国的外交官员，三十五六岁，一直在中立国家走动争取支持。苏索兹对杜勒斯说，西方很有必要分清楚：纳粹是敌人，而德国人很可能成为盟友。因为美国人和英国人到目前为止还没有弄清楚这一点，德国的反抗运动感觉受到了怠慢。荷兰神学家威廉·阿道夫·维塞特·霍夫特在日内瓦有一处公寓，是前来瑞士的德国持不同政见者最喜欢光顾的地方。有一次，霍夫特来到绅士街23号，警告说西方的冷漠正在促使"反对派有一种强烈向东方靠拢"并与苏联结盟的倾向。杜勒斯仍然持怀疑态度，他发电报给华盛顿说："我本人也很怀疑这个运动是否认真地组织起来。"但持不同政见者的行动远比杜勒斯意识到的深入。1943年，随着德国战事的恶化，反对派面临了采取行动的最佳时机，但这将是一场非常危险的运动。

要想组织一场反对希特勒的大众起义根本不可能。1933年纳粹上台后，几乎摧毁了共产党、社会民主党、工会成员和右翼分子中的所有反对派，剩下七零八落的组织也转入了地下活动，只有天主教和新教中的反对派依然比较强硬。从1934年到1938年间，在政府部门、商业界、教育界、神职人员、艺术界和军队中的志同道合的德国人慢慢地聚集在一起，形成了小型的、秘密的、零散的和有组织的反对派团体，被称为"圈子"。其中较为突出的是克莱稍集团，该团体由公务员、专业人士、劳工领导人和持不同政见的军官组成，他们在团体领导人的西里西亚乡间庄园里碰面。核心人物是赫尔穆特·詹姆斯·格拉夫·冯·莫尔特克伯爵。他受过良好教育，是一名国际律师，出身于德国一个最有名望的军人家庭。

政变最终的希望还要靠希特勒的军官团。但仅靠有这种倾向的军官并不能率领他们手下的士兵一起发动政变——那些普通士兵对元首忠贞不渝。这个暴君还用现金奖励和奢华的豪宅等贿赂手段巧妙地赢得了高级指挥官的忠诚。此外，德国军官从文化角度上跟许多军人一样讨厌兵变，他们还亲自对阿道夫·希特勒二次盟誓，并且同样憎恨违反誓言。不过，德国所有的重要将领都不想发动战争——多数在1938年就认为：战争要么不可能，要么不能赢。到1939年，希特勒的战争意图明朗化的时候，一些高级官员开始悄悄讨论如何夺取政权。他们形成了自己独立的小集团，彼此交谈时使用暗语。这些"密谋者"包括退役的陆军参谋长路德维希·贝克将军，1938年，他无声抵抗，宣布辞职，成为策反者的领袖；冷若冰霜的弗朗茨·哈尔德将军，他跷二郎腿坐的时候，总是在膝盖上铺上一块手帕，以免弄皱裤子上的红色条纹，后来他接替贝克任参谋长；英俊潇洒、精力充沛的汉斯·奥斯特将军，纳粹德国军事情报机构——阿勃维尔的副主任和威廉·卡纳里斯的心腹，每次私下谈话中都称希特勒"那头猪"；埃尔温·冯·特雷斯科将军，少言寡语的柏林军区司令；思想独立的亨宁·冯·特雷斯科将军，东部战线具有钢铁意志的普鲁士人，对纳粹的暴行深恶痛绝。他们的文官盟友包括：尖锐的卡尔·弗里德里希·格德勒，原德国物价专员、莱比锡市市长；亚尔马·沙赫特博士，早期德国国家银行总裁、希特勒的经济部长，1937年被迫离开该政权；沃尔夫-海因里希·格拉夫·冯·赫尔多夫，柏林警察局长，与埃尔温·冯·维茨莱本一样身居要位。吉泽菲乌斯成为这群策反者的核心人员兼海外使者。

在这样一个严格控制的极权主义国家，发动政变绝非等闲之举，充满了变数，让这些曾经制订精密作战计划的德国国防军的"密谋者"战战兢兢，容不得一丝一毫的意外。战略要地指挥大部队的将军们不得不在纳粹及其安全机构的严密监视下移动。吉泽菲乌斯断定，在这个"飞机与无线电时代"，他们开始的行动不出12小时，就会遭到希特勒无情的反击和镇压。但要想发动政变，"将军们必须采取行动"，吉泽菲乌斯在回忆录中写道。在接下来的四年中，他们表现得非常优柔寡断，而其中最摇摆不定的就是哈尔德。希特勒在捷克斯洛伐克、波兰、挪威、丹麦、法国和低地国家的辉煌胜利赢得了民心。每一次入侵之后，叛军将领都判断政变时机尚未成熟，于是止步不前。

1939年，德军入侵波兰之后，沙赫特、莫尔特克和军队中的其他人以及外交部的其他"密谋者"开始向西方发出和平试探，但都感受到了大不列颠和美国将信将疑的冷漠态度。多诺万也对他们提高了戒备，因为珍珠港被偷袭三个星期后，在转发给他的一份备忘录中，有人建议战略情报局应开始为罗斯福政府未雨绸缪，以防止德国或日本假意和平来削弱盟国决心的企图。但这并没有阻止多诺万集思广益，想要通过诱使柏林提前投降来扭转局势，以削弱轴心国的决心。1942年3月，他在给一名助手的信中写道：除了让德国人"血战到底外，肯定还有这样或那样的出路"。

1943年春天，英国和美国的战争策划者准备了一个代号为"兰金"的应急计划，以备德国的突然崩溃和盟军在欧洲胜利的提前到来。但人们都没有认真考虑这种可能性，同盟国担心这更可能是肢解联盟的和平阴谋。斯大林一直担心丘吉尔和罗斯福会从背后捅他一刀，私下与希特勒单独达成协议。战略情报局所关注的却正好相反——斯大林正在试图策划与德方单独会面。

1943年尾声，德国持不同政见者的和平触角已经开始主动伸向战略情报局局长。多诺万战前结识的柏林律师保罗·莱韦屈恩致函给他，提议反对党成员将说服德国军队和德国空军指挥官不与登陆法国的盟军对抗，以换取反对派政变后与西方的和平谈判。多诺万认为这个提议值得深究，但罗斯福没有兴趣。1943年夏天，当莫尔特克伯爵手持克莱稍集团的和平建议出现在战略情报局伊斯坦布尔站的时候，多诺万更加左右为难。战略情报局有一个"赫尔曼计划"与莱韦屈恩的提议相似，但更具有"反俄倾向"，情报局的一位分析师称。莫尔特克的策反者建议先推翻希特勒，然后帮助盟军迅速收复法国和占领德国。与此同时，调遣德国国防军的部队向东将苏军逼守在波兰防线以外。多诺万和其顾问们除了莫尔特克外，不知道克莱稍集团其他人的名字。这个看似无形的组织怎么可能调动法国、低地国家和德国内部的整个德军到东部战线呢？战略情报局中有些人认为，这个"赫尔曼计划"有点像纳粹奸细在试图分裂丘吉尔和罗斯福与斯大林的关系。多诺万命令他的伊斯坦布尔站不要深究这个和平建议，只是与莫尔特克保持联系，看他是否能提供任何有助于"霸王行动"的情报。

1943年整年，杜勒斯不断向华盛顿转发他从吉泽菲乌斯和其他德国的持不同政见者那里搜集的大小情报。但他认为，这些情报有很大的出入。他对总部发消息说，最起码他能确定它们来自两个阵营：一个是像莫尔特克一样想敲开"盎格鲁-撒克逊占领军的大门"的阵营，另一个是那些想与苏联达成协议的阵营。8月，杜勒斯发电报给多诺万说，基于他与吉泽菲乌斯的谈话，他可以肯定军官团退役的贝克将军被公认为是在军事政变后"唯一有资格"领导军事政府的人。

与此同时，国务院高级官员开始越来越担忧，所有的德国和平试探都流向了中立国和像杜勒斯一样倾向于和谈的间谍手中，而这些本该由经验丰富的外交官来处理。接到科德尔·赫尔的命令后，多诺万指示他在伯尔尼、斯德哥尔摩、马德里、里斯本和伊斯坦布尔的站长"立即"向所在地的大使汇报所有提议。杜勒斯向多诺万保证，他一直在向他的好朋友利兰·哈里森做汇报。

但伦敦对杜勒斯自行其是的做法仍顾虑重重。英国情报部门深信，无论德国存在什么样的反对派，吉泽菲乌斯都不是一个值得信赖的使者。"百老汇"（美国人对英国军情六处的暗语）游说战略情报局甩掉吉泽菲乌斯，但杜勒斯却选择站在他的阿勃维尔线人一边。尽管开始的时候，他曾对玛丽·班克罗夫特坦言，不敢保证"蒂尼"所说的关于策反者的话句句属实。

但杜勒斯确信，吉泽菲乌斯背后隐藏的策反者就是他的上司——威廉·卡纳里斯海军上将。他的阿勃维尔是德国国防军间谍机构，与纳粹党盖世太保和帝国保安部的战争情报机构不同。军方的秘密机构好坏参半，它网罗情报的手段非常激进，但往往会误读所搜集的情报。杜勒斯认为，阿勃维尔大多数的间谍和破坏分子都是危险的敌人。但在最上层，有个以卡纳里斯和他的副手奥斯特将军为首的军官团，似乎在耍手腕反对希特勒。杜勒斯后来写道，他越想越认为阿勃维尔是"制造阴谋的理想工具"，其成员比如吉泽菲乌斯，可以"接受秘密命令，自由在国内外旅行，并且无人质疑。档案中的每一份文件、其会员资格、经费支出、联系方式，甚至是与敌人的接触，都是国家机密"。

根据卡纳里斯的希腊姓氏，杜勒斯称他为"希腊小子"，其实卡纳里斯的先祖可以追溯到意大利。卡纳里斯讲一口相当流利的英语，人有点未老先衰，是个天生的失眠症患者和悲观主义者。在第一次世界大战期间，他曾指挥过潜艇战。但在"二战"期间，他则被认为更适合做一名间谍负责人。事实证明，他是一个狡猾的情报员，有着极其肮脏的一面。吉泽菲乌斯认为他令人费解。在给多诺万的一份备忘录中，他被称为德国"最危险、最神秘的幕后操作者"。德国军事情报机构——阿勃维尔的分支——第三反间谍机关，曾经冷酷无情地肃清了留在敌占国家的盟军间谍，甚至还逮捕了驻法国的美国大使馆领事，称此人是英国特工的卧底。多诺万立即着手派人监视卡纳里斯在欧洲的一举一动，因为此人跟自己一样是个旅行狂。

卡纳里斯是个右翼民族主义者，也曾是希特勒早期的支持者，但后来在英国参战之后，他对元首和战争不再抱任何幻想。但他还是决定留在阿勃维尔，坚信作为一个间谍头目，他能够防止更糟糕的事情发生在自己的国家。卡纳里斯搜集了盟军的情报，他认为这会让希特勒信服战争是无望的。他让分析师标色，甚至做假报告，劝阻"独裁者"心目中更加疯狂的军事冒险计划。在他力所能及的情况下，他试图阻挠德国纳粹关于灭绝波兰人、俄罗斯人、犹太人的命令。卡纳里斯小心翼翼，避免直接卷入德国持不同政见者之流。他把这一切都交给了他的副手奥斯特，让他谋划"密谋集团"，成立一个由心腹阿勃维尔特工组成的通过中立国与盟军联络的组织。1943年11月，杜勒斯密切地跟踪了来访伯尔尼的卡纳里斯。在给华盛顿的电文中，指定其代号为"659"。杜勒斯还设法接近了卡纳里斯在瑞士的情妇。波兰和英国的情报特工一直付钱让她提供海军上将每次来访可能泄露的秘密。英国人认为这位狡猾的间谍头目知道他的枕边话会传出去，所以只告诉她他想让敌方机构听到的消息。

*

1944年的伯尔尼，严冬似复仇般早早降临，城市的街道上雪高高堆起，等待铲除。杜勒斯在一次晚间与华盛顿的无线电话中预测："这场雪会给德国人从山路往意大利运输战争物资带来困难。"在杜佛斯托拉斯街，他与杰拉尔德·迈耶共享的狭窄的办公室里，杜勒斯存放了一些箱子，里面塞满了成百上千张五英寸宽、七英寸长的按字母顺序编制的《个性档案》索引卡，上面标注了他发电报所用的关于或友或敌的重要德国人和他们在瑞士期间所到过的地方。他的这些有关持不同政见者的"私人卡片"每周都在增加。他也持续收到一些对来自德国的反对派持怀疑态度的评论。一个瑞典的朋友驳斥反对的力量是"微不足道"的，并说参与其中的几个人"特别幼稚"。但是到那年冬天，杜勒斯确信，德国存在着某种地下组织，尽管他不知道它的规模。1月，被派到苏黎世的外交卧底，柏林律师爱德华·魏特简，开始接替吉泽菲乌斯传递持不同政见者的消息。杜勒斯给他的代号为"霍尔特"。玛丽·班克罗夫特在电话中称他为"荷马"，因为魏特简喜欢将原版希腊文的《奥德赛》翻译成德文来自娱自乐。

在华盛顿，惠特尼·谢泼德森和费迪南德·迈尔仍在质疑魏特简是否诚实可靠。杜勒斯以为他还算诚实，虽然他知道，同吉泽菲乌斯一样，只要盟军仍然对持不同政见者态度冷淡，魏特简可能会保留或歪曲一些情报。那么魏特简和吉泽菲乌斯所代表的持不同政见者真的是戈林、"头彩"和"加勒比"所要求的德国右派联盟吗？如果是这样，那他们的代码应采用莎士比亚喜剧中角色的名称"法尔斯塔夫"。杜勒斯回应说："不，胖小子（他给戈林起的假名，与德国人在这位帝国元帅背后对他的称呼没有太大区别）在知名的反对派圈子中并没有威望。"杜勒斯要求称这些持不同政见者的联络人为"哗变者"。

杜勒斯给现在已知的所有"哗变者""密谋者"都指定了代号。贝克将军为"长剑"，哈尔德为"阶梯"，格德勒为"热风"，赫尔多夫为"山猫"。到1月底，杜勒斯从与吉泽菲乌斯和魏特简的谈话中已经对"哗变者"有了更清晰的了解，并将情况发电报给华盛顿的谢泼德森和费迪南德。他在给总部的电文中说："'哗变者'成员来自某些军事和政府圈子的各类知识分子，属于反对派中一个松散的组织。他们通过'659'（卡纳里斯的代号）与外界保持联系和通讯。"吉泽菲乌斯和魏特简担任他们在"伯尔尼的中间人"。杜勒斯意识到总部对这两人仍半信半疑，但他信任他们，魏特简还专门与他直接联系，称"我们现在可以与'哗变者'就事件进展保持密切联系"。

杜勒斯没有把"哗变者"的情况告诉英国情报机构，而且他不愿意战略情报局的任何人提醒"百老汇"，因为他们对吉泽菲乌斯早已恨之入骨。直到6月，他才对布鲁斯说可以跟英国伦敦的军情六处提及此事。布鲁斯告知了军情六处，但要求英国人把他们所搜集的有关德国持不同政见者的情报发送给他"作为我们提供'哗变者'宝贵资料的回报"，他在日记中写道。布鲁斯抱怨说，英国老大哥交付的情报"弱爆了"，大多都是他曾经读过的国外机构的报告。

杜勒斯在1月27日致函华盛顿称，尽管德国持不同政见者分为"亲西方"和"亲苏"两派，但他几乎可以确定能在这两个派系间"保持联系"，并且他们"非常渴望从我们这边获得政治弹药"。杜勒斯问谢泼德森和费迪南德，美国对德国抵抗运动的政策到底是什么？他又能给"哗变者"什么？在读了杜勒斯通过伦敦转发的电报之后，凯西认为，某种阴谋正在第三帝国"遍地开花"。但谢泼德森和费迪南德无法从华盛顿传递任何指导。他们承认，罗斯福政府除了要提防他们是诡计多端的纳粹奸细意在瓦解联盟外，对持不同政见者没有采取任何政策。总部很高兴杜勒斯能够与"纳伯斯"（他们对德国所用的暗号）地下组织取得联系。但是"头彩"和"加勒比"所能提供的唯一的建议就是让他谨慎行事，不轻易许诺，只要洗耳恭听他们想说的话就行。

到了3月，杜勒斯收到情报，德国的反对派正在遭受伤亡。卡纳里斯在与希姆莱的一场残酷的官僚斗争中大败而归。希特勒让党卫军司令接管了阿勃维尔，让卡纳里斯退休回家。奥斯特受到监视，也无法自由旅行。所幸还有唯一的"救赎恩典"：希姆莱让格奥尔格·汉森上校继续留下来，替他管理阿勃维尔的军事情报工作，但他没想到汉森也同情反对派，还让魏特简作为他的信使向伯尔尼的战略情报局传递情报。但坏消息还是接踵而至。杜勒斯了解到，3月5日，盖世太保逮捕了莫尔特克。他收到了令人不安的情报，警告说希姆莱怀疑哈尔德的忠诚，正在设陷阱陷害这个陆军参谋长。是不是"哗变者"的成员现在都被一网打尽了？杜勒斯不能贸然下定论，但在他看来，情况正是如此。

贝克将军也担心希姆莱现在正在收网。

他命令吉泽菲乌斯极力游说杜勒斯为策反者赢得美国方面的支持。此时，贝克相信伯尔尼的美国人更加同情德国持不同政见者的事业，而英国方面则只是想利用反对派的情报。在绅士街23号长时间的会谈中，吉泽菲乌斯试图说服杜勒斯，现在阻止苏联扩张全世界比赢得这场战争更为重要。他请求与西方达成和平协议，使德国军队继续在东部战场拼杀。杜勒斯回答说，这绝无可能，罗斯福不会在斯大林背后搞小动作。杜勒斯虽然没有对吉泽菲乌斯明说，但他也十分担心"密谋集团"的两个领导人贝克和格德勒现在可能已经暴露了其"密谋者"的身份，盖世太保早已经掌握了他们的密谋，并在虎视眈眈地等待机会分裂这个"密谋集团"。

尽管如此，杜勒斯还是向华盛顿转述了吉泽菲乌斯的计划。4月6日和7日，他发报说"哗变者"正在准备除掉希特勒并推翻他的政权。在杜勒斯看来，这是有权力、军队、武器，能接近希特勒和其他纳粹高官并抓捕或杀死他们的唯一团体。这些"哗变者"中的大多数人都不想战后的德国被苏联统治。如果美国和大不列颠能够向他们保证，一旦他们推翻了希特勒，他们可以与西方而不是与莫斯科达成独立的和平谈判，他们就可随时行动。杜勒斯汇报说，这些"哗变者"警告"成功政变的时机就快过去"，美国的支持必须尽快就位。谢泼德森和费迪南德及时地给予答复，说他们将与国务院讨论这项建议。他们命令杜勒斯，在此期间保持与"哗变者"的畅通联系，但不要给这些策反者任何错误的希望。

"哗变者"的计划在美国政府中石沉大海。曾从莫尔特克那里听到过类似提议的多诺万，担心吉泽菲乌斯正在设下一个圈套。即使是凯西，此时已成为一个狂热的反共分子，对盟军与德国人达成协议将苏联困在东方的想法也并不热衷。不仅如此，在这纷扰中，还有更加复杂的因素。谢泼德森和费迪南德警告杜勒斯，说他们斯德哥尔摩的特工已经嗅到了苏联的谈判代表正在向那里的德国代表发送和平试探的情报。杜勒斯发电报给多诺万说："我完全意识到局势的微妙，我会万分小心地前行。"

5月13日，杜勒斯向总部提交一份绝密信息，其中涉及吉泽菲乌斯和魏特简刚刚递交给他的"哗变者"计划的最终细节。其中尤其大胆的行径是向美国方面提出的要求，内容简直令人叹为观止。杜勒斯写道，这个集团无法保证盟军登陆法国北部时不会遇到反击，因为暂时"他们无法指望隆美尔提供任何帮助"。但这些策反者声称现在他们的队伍中包括整个西线的指挥官伦德施泰特和亚历山大·冯·法肯豪森将军（比利时军事政府的头目），"准备帮助我们的武装部队进入德国，条件是我们同意让他们守住东部战线"。特别值得说明的是，德国当地的指挥官会让盟军的三个空降师空降到柏林附近的一个地方。同时，美国人和英国人也可以在靠近不来梅和汉堡的德国北海岸进行一个大型的两栖登陆。此外，忠于该"密谋"的慕尼黑军队将在希特勒、戈林和其他高级纳粹官员在上萨尔茨堡撤军时令他们孤立无援。其实与杜勒斯商讨这一计划之前，吉泽菲乌斯已经通过一名信差给贝克发回了消息，称盟军绝对不会同意这个计划。待到他们见面时，杜勒斯肯定了他的推测，特别是"空降部队进入德国的计划"。他说,美国人可能会认为"这是个纳粹的诡计"。

多诺万在华盛顿政府高层通告了"哗变者"的最新提案。5月16日,他的机构正式交付给了国务卿赫尔一份六页的加盖"秘密"印章的报告,其中总结了过去五个月来德国将领和资深文官给杜勒斯的提议,以及这个登峰造极的最后提议。次日,费迪南德和谢泼德森致电杜勒斯,称他对吉泽菲乌斯和魏特简所说的美国不会出卖苏联的说法是正确的。"哗变者"的最新计划一到华盛顿就被判了"死刑"。"霸王行动"即将在三周后实施,盟军当然不会花太多时间考虑这样一个疯狂的计划。德国的"哗变者"给吉泽菲乌斯发回快信:对美国方面,就此收手。反对派将自行其是。"哗变者"开始对杜勒斯闭口不言。

7月初,玛丽·班克罗夫特发现吉泽菲乌斯表现得异常紧张,坐立不安。他驱车从伯尔尼到苏黎世、巴塞尔、日内瓦。他偶尔会给她打电话,但开始不按期赴约,而是投入他的手稿翻译。7月8日,西奥多·斯特朗克,一名被吉泽菲乌斯招入阿勃维尔为奥斯特跑腿的上尉,给他的老友带了一个重要消息到瑞士,而吉泽菲乌斯碰巧正在山里度假。斯特朗克在柏林的公寓已经成为格德勒和其他"哗变者"的一个避风港,他找到了吉泽菲乌斯的电话号码给他拨通了电话。斯特朗克在电话中只说,他必须马上见到他。两人见面后,那个紧张兮兮的阿勃维尔上尉立即握住了吉泽菲乌斯的手,并马上转达了他的新老板汉森让他传递的信息。德国中央集团军群在苏联的瓦解以及盟军在诺曼底滩头堡的胜利极大地鼓舞了德国的"密谋者"。他们相信,为前线训练和供应新兵的强大的德国预备军总司令弗里德里希·弗罗姆将军将加入他们。令吉泽菲乌斯担忧的是,斯特朗克警告说,他们现在的阿勃维尔新头目希姆莱,命令他即刻返回柏林。如果他不自愿回去,盖世太保特工就来把他绑架回去。

"'密谋者'准备好行动了吗?"吉泽菲乌斯插了一句。

"也好,也没好,"斯特朗克十分精准地回答,"每一天都有可能采取暗杀行动,但你知道我们被这种许诺欺骗了不止一次。"

斯特朗克对吉泽菲乌斯说,汉森命令他,让他假装生病,所以他不能返回柏林。但是吉泽菲乌斯清楚地看到,这帮"密谋者"终于要发动政变了,对他来说,"远离柏林,在苏黎世隔岸观火绝对是疯狂的事情",他在回忆录中写道。7月11日,他与斯特朗克从伯尔尼登上了一辆北行到柏林的火车。他准备到达柏林后,就立马消失。

"蒂尼"离开之前,给魏特简留下了一份冗长的备忘录,让其在自己离开后交给杜勒斯。这份班克罗夫特翻译的长达20页的德文笔记,假设了暗杀企图将会成功,并列出了同盟国在此之后应如何对待他的国家。

魏特简还对杜勒斯补充了斯特朗克从柏林带来的零碎消息,如诺曼底登陆,德军在东部战线的战况恶化给"哗变者"注入了活力,还有弗罗姆也有可能加入他们的行列。杜勒斯将这些最新的消息电传给了多诺万,多诺万又把它们转发给了国务卿赫尔。但是,杜勒斯继续附加了他的警告,他不能预测德国策反者的成功。他写道:"毫无疑问,盖世太保一直密切关注着事情的发展状况。此外,军人的行动对于实现这些目的是必不可少的,但他们很有可能像以前那样缺乏'内在的勇气'。"科尔贝设法给伯尔尼站透露了一个信息,"要开始砍头了"。持不同政见者被召集到柏林进行处决。科尔贝听说格德勒不久就会被逮捕。杜勒斯坚信,在接下来的几周里会有大事发生,非好既坏。

7月12日,就在吉泽菲乌斯离开柏林的当天,杜勒斯给谢泼德森和费迪南德发去了电报。他在给"头彩"和"加勒比"的电文中说:"如果所有'哗变者'的消息来源是可信的,很有可能一个戏剧性的事件要在北部发生。"这一警告电报立即传给了罗斯福和赫尔。

第十五章

瓦尔基里行动

他们乘坐的夜间列车在向北行驶时没遇到任何麻烦。7月12日早晨,火车抵达了柏林市区外的波茨坦。吉泽菲乌斯决定在那里下车。他搞不清楚在柏林站迎接斯特朗克的阿勃维尔特工是友好的,还是伺机抓获他的希姆莱的特务。所以,他决定不与他同时出现在同一列火车上。他飞快地穿过地下隧道来到交换月台,快速地跳上了另一列正要行驶的火车。在柏林西部的自治市万塞,他再次换乘火车,这列火车的轨道绕过他所居住的小区。他向下凝视着一条破碎的街道,看到了他那被炸毁的房子。一年后,吉泽菲乌斯返回这个地方,他看到的只是一个炸弹留下的空洞和一些散落在地上破碎的、被雨水浸透的家庭照片。

当天下午,他约见的第一个人就是"哗变者"的同谋克劳斯·冯·施陶芬伯格。之前他曾对杜勒斯提起过这个名字,当时杜勒斯并没有特别留意。吉泽菲乌斯与施陶芬伯格素不相识,但他马上明白奥斯特离开这个行动队之后,这个左眼戴着眼罩的德国国防军上校已经成为密谋推翻希特勒背后的主力军。

他们在斯特朗克公寓的会面并不顺利。施陶芬伯格身材高大威猛,但仔细观察,吉泽菲乌斯发现他是一个可怜的残疾人,在一次战争中受伤的右手臂安装了假肢,左手断了两个手指,他不停地往上推眼罩,频繁地用棉球轻擦那已不在了的左眼。施陶芬伯格一屁股坐在一把木椅上,解开了上衣军装的扣子,还粗暴地要求斯特朗克的妻子伊丽莎白给他沏一杯咖啡,吉泽菲乌斯觉得他很无礼。初次见面吉泽菲乌斯就不喜欢这个人,认为他是一个傲慢的军官,是希特勒青睐的那种类型。也许他现在是有意或无意地想通过自己的表现，把自己装扮得像一个粗野的剑客，以弥补身体的过度残缺。在与他交谈一个小时后，吉泽菲乌斯确信，施陶芬伯格是个乳臭未干的投机分子，他一心想要暗杀元首不是为了此后建立民主制度，而是为像他这样的军人创造一个真正的"国家社会主义"，以摆脱希特勒的无能和他的腐败团伙。吉泽菲乌斯还认为施陶芬伯格是个左翼分子，可能会迎合苏联。

吉泽菲乌斯的想法是有私心的和不公平的，他对上校的蔑视带着嫉妒的色彩，并将他视为战后的竞争对手。其实克劳斯·申克·格拉夫·冯·施陶芬伯格比常人要刚毅得多。他出身于施瓦本的贵族家庭，曾做过骑兵队长。在1943年的非洲战役中，一次空袭给他造成了严重的创伤，炸掉了一只眼睛和一只手，然后他才得到晋升。虽然最初对纳粹思想持同情态度，但施陶芬伯格认真地研习过希腊哲学，并喜欢政治辩论，所受到的良好教育让他不得不质疑希特勒的做法。待到他荣升为陆军少校的时候，他经常把元首比作是"壁纸的挂钩"。他认为在元首周围的纳粹高官都是骗子，他开始勇敢地向上级建议这个政权应该被推翻。在受伤之后，施陶芬伯格回到柏林，情绪低落，精神紧张。他认为他现在必须采取措施来拯救他的国家。1943年夏末，他加入了反对派的"密谋集团"，不久因其他人的模棱两可或被盖世太保逮捕，他掌控了实权。施陶芬伯格是一个实用主义者，而不是吉泽菲乌斯所怀疑的共产主义同情者。当明确知道华盛顿不会提供任何支持的时候，他决定策反者必须自己采取行动。政变之后，施陶芬伯格意识到了这样一个显而易见的事实："哗变者"将不得不与斯大林谈判，因为他的红军很快就要逼近柏林的大门了。但与吉泽菲乌斯的想法可能相反的是，这位陆军上校从未具体表示他只会与苏联谈判。

对希特勒来说，自己一直处于被暗杀的危险之中已经是公开的秘密，而且任何密谋幕后都可能有将军的支持。总而言之，他一生中遭受了将近40次暗杀，其中的七次他心知肚明。1939年，一个共产党刺客单枪匹马把炸弹安装在了慕尼黑的贝格勃劳凯勒啤酒馆，准备在元首演讲的时候引爆，但就在引爆前几分钟，希特勒离开了房间；1943年3月7日，在特雷斯科将军的帮助下，几名军官将两个英国人设计的、形似君度橙酒酒瓶的炸弹放在了希特勒乘坐的飞机包厢里，但是他在飞机上时，它们没有爆炸；两星期后，在柏林英雄纪念日仪式上，特雷斯科挑选了一个沮丧的陆军上校站在希特勒旁边，而引爆的炸药就藏在他的大衣里，但是这个自杀式炸弹袭击者怎么也无法接近那个独裁者，希特勒又逃脱了这一劫。

　　密谋者们知道，希特勒经常穿着防弹背心，戴着防弹帽，而且除了一帮忠心耿耿的国防军助理外，还有党卫队保镖不离左右。当他的私人专列经过的时候，附近铁路所有的交通都得停运，而且专列上还有驾着机关枪的党卫队护驾。在德国不同的地方还放置了四个装甲车车队为他开道，而他总是乘坐自己的车，由他的私人司机而不是军队提供的司机开车。如果要举行一个公共集会，盖世太保和警方会提前24小时清场，清除一切可疑的人员，并在所有通往现场的道路上布下岗哨，而且还请技术人员搜查场地是否有爆炸物。所以，许多暗杀方式都曾被试过，但都失败了。希特勒好像能嗅到危险信号，他时常会突然改变车队的行车路线，或改变他在某个活动中出现或离开的时间。

　　施陶芬伯格和其他同谋者最终决定选择弗里德里希·弗罗姆指挥的近200万人的预备军作为他们的军事部队。这位将军一直对自己到底站在哪一边犹豫不定。如果他不愿加入"密谋者"，他的副手弗里德里希·奥尔布里希特将军，作为"密谋集团"的一分子，承诺将迫使弗罗姆就范，而施陶芬伯格的职位恰好可助其一臂之力。1943年10月，奥尔布里希特任命他为自己的参谋长以接近"瓦尔基里行动"。这是预备军一个秘密任务的代号，该计划除了给战地指挥官输送新军队外，还负责镇压德国境内的老百姓和数百万外国工人的叛乱，或对付盟军破坏者的渗透。

　　"瓦尔基里计划"详述了如何启动全国各地军事区预备军部队来平息任何叛乱，并保护纳粹资产。负责为奥尔布里希特监督"瓦尔基里行动"的施陶芬伯格意识到这是在柏林和其他主要城市调动军队推翻而非保护希特勒的最佳掩护。作为参谋长，他也了解希特勒的行踪。"密谋集团"现在所需要的就是一个"瓦尔基里行动"的指挥官。如果弗罗姆自己不肯就范，奥尔布里希特打算逮捕他后，自己行动。施陶芬伯格开始着手制定发动政变的"瓦尔基里行动"的路线，并进行演练。

怎么对付希特勒呢？从1939年起，"密谋集团"就一直在争论到底是杀死他还是将其逮捕并绳之以法。吉泽菲乌斯赞成杀死他，施陶芬伯格也表示赞同，并且认为武器应该是爆炸装置而不是手枪，任何射手都不能保证一枪毙命。施陶芬伯格找人来安装炸弹，但"密谋集团"并不认为他是个合适的暗杀者。他身体残废，而且没有机会接近希特勒。此外，假若是在希特勒的"狼穴"总部，他很难刺杀希特勒，并在柏林发动政变。但他们没有找到自愿或适合于这项工作的人。最重要的是，在1944年6月，施陶芬伯格开始有机会可以接近希特勒。弗罗姆从奥尔布里希特处把他调出，让他出任了自己的参谋长。如果弗罗姆不能出席独裁者的作战指示会议，上校就取而代之接近希特勒，施陶芬伯格决定自己刺杀希特勒。

"密谋集团"计划让施陶芬伯格在东普鲁士的"狼穴"刺杀元首，届时这个地方将被隔离数小时，以便柏林的"密谋集团"调动部队接管政府，而希特勒的随从也不在总部，无法进行干预。他们选择了英勇无畏受过良好教育的陆军通信负责人埃里克·费尔吉贝尔将军对"狼穴"实施隔离。但想要切断所有拉斯登堡的对外消息根本不可能。费尔吉贝尔认为，希特勒并无军事才能，他会命令其忠诚的部下关闭东普鲁士的中继站所有"狼穴"电话和电传通信，此时，他的手下就可以控制全国其他地区的交换器，让"密谋集团"而不是希特勒政权发布命令。但要想计划成功，首先必须刺杀希特勒。

7月初，施陶芬伯格觉得他们应该抓紧行事。除了卡纳里斯、奥斯特和莫尔特克，德国国会代表克莱稍集团成员尤利乌斯·莱贝尔博士等已经被逮捕。不久格德勒也躲了起来，因为盖世太保在到处找他。柏林也开始传播谣言，说某种形式的政变正在酝酿中。策反者担心，那些忠诚的纳粹分子围困他们只是时间问题。事实上，希姆莱对政变谣言也有耳闻，但并不知道"瓦尔基里行动"的细节。莱贝尔是被一个"共产主义集团"的告密者出卖的，盖世太保又在此前计划7月逮捕格德勒。"密谋集团"现在感觉箭在弦上，不得不发。然而，施陶芬伯格在退休的陆军参谋长贝克眼中就是个神经兮兮的残疾人。柏林警察局长赫尔多夫，开始悲观，觉得政变没有胜算。施陶芬伯格就在此时还与别人为希特勒死后的政府构成发生口角。

在位于贝希特斯加登附近的巴伐利亚阿尔卑斯山脉希特勒的别墅中，施陶芬伯格跟弗罗姆出席了两次元首的作战会议，也借此机会琢磨了他的"猎物"。在7月11日，当他第三次回到伯格霍夫别墅的时候，他的公文包里装有炸弹，但他放弃了引爆，因为希姆莱没有出席作战会议。"密谋集团"意在杀死这个党卫队头目，如果可能再杀死戈林（他讨厌施陶芬伯格，因为他出席一个早期作战会议的时候戴着眼罩），这样他们就无法在希特勒死后镇压反抗军。7月15日，在"狼穴"的作战会议为他迎来了第二次机会。施陶芬伯格再次拖延了。希姆莱又一次缺席，而施陶芬伯格在参与希特勒的会议前，没有机会启动炸弹的延时引信。

7月20日，德国迎来了潮湿闷热的一天。就在那个星期四的早晨，施陶芬伯格被召唤到"狼穴"。弗罗姆不能出席，所以他的参谋长奉命参加元首亲自召开的作战会议，内容是关于启动预备军的两个国民掷弹兵师，阻止苏联红军从波兰进军。中午12点30分会议开始前，施陶芬伯格请求去盥洗室稍作洗漱。而他顺势溜进了旁边的休息室，在那里，他和他紧张的助手沃纳·冯·海夫腾中尉，开始准备引爆公文包中的两枚炸弹。

施陶芬伯格使用的是专用钳子，这样就可以用左手仅剩的三根手指操作。他启动了一枚炸弹的引信，把第二枚炸弹留给了他的副官海夫腾，因为装两枚炸弹在他的公文包里太显眼了，他匆匆赶上其他军官的步伐来到了举行会议的小屋。快进小屋时，施陶芬伯格问一名"狼穴"的军官："我想尽可能靠近元首以便听清楚之后好做汇报，可以吗？"

希特勒12点30分准时到达。希姆莱和戈林没有出席，但施陶芬伯格决定继续暗杀行动。大约二十四名高级官员和副官站在房间里，包括德国武装部队最高统帅部部长陆军元帅威廉·凯特尔，新任陆军总参谋长阿道夫·豪辛格，当时他正在向希特勒汇报东部战线的情况，施陶芬伯格和其他两名副官溜了进来。希特勒前面是长长的木桌，他双手伏在桌子上，正在弯腰看地图，抬头看了一眼。希特勒没有认出施陶芬伯格,尽管他之前也在一群军官中出席过作战会议。凯特尔向希特勒介绍说他是弗罗姆的参谋长,要对地方军师团做作战说明。希特勒笨拙地握了握施陶芬伯格的左手,然后转身接着听豪辛格做简报。一名同施陶芬伯格一同进来的军官领着他走到了元首右边的一个位置,让一名海军上将让开一点,给这名有严重残疾的上校腾个地方。海军上将心甘情愿地让开了,施陶芬伯格把公文包放在海军上将曾站过的地方,也就是面前桌子的右下角附近。但站在施陶芬伯格旁边的豪辛格的副官觉得那个公文包有点碍事,把它推到了粗壮的桌子腿右面,这样在公文包和希特勒之间就隔着这个厚厚的桌腿。

施陶芬伯格先行告辞,在外面房间走廊里对一名军官说,他要去给同时也在"狼穴"大本营的通信局长费尔吉贝尔回个电话。谁也不会在意,因为军官们经常频繁出入会议室去接收或发送信息。但施陶芬伯格并没有去打电话,他退出了会议室去找海夫腾和等着带他们到附近拉斯登堡机场的汽车。正在他与费尔吉贝尔一边讲话,一边准备与海夫腾和司机钻进一辆霍希轿车时,一声爆炸巨响从会议室传了出来。

施陶芬伯格命令司机快速赶到1号警卫亭,那里的哨兵也听到了爆炸声,但最终还是打开了阻拦物给他们放行,因为施陶芬伯格告诉他们,元首下令让他立即赶去机场。他已经提前安排了一架亨克尔111战斗机停在飞机跑道,等候他和海夫腾飞回柏林。施陶芬伯格在轰炸机上快速系好安全带,心中确信爆炸中无人生还,包括希特勒。

但希特勒却逢凶化吉。炸弹在公文包所在的地方炸出了一个坑,炸毁了里面所有的陈设,将整个会议室席卷成一股明亮的黄蓝火焰,玻璃和木头碎片漫天乱飞,但那条隔在希特勒和公文包之间厚重的桌腿保护他的腹部免受爆炸的冲击。此外,当天会议并没有在大本营混凝土墙的地堡举行,而是在一个木制营房里,所以爆炸的冲击压力并没有像预想的一样遏制在会议室,炸死所有人,而是冲破了小屋的墙壁和天花板。四名军官被炸死,十几人被严重炸伤。希特勒在桌子坍塌并炸飞时,右手肘正靠在桌上,右下臂挫伤,裤腿碎裂,皮

瓦尔基里行动

肤和头发被烧焦，碎片嵌入了他的身体，一个耳膜穿孔。副官们抬着他们那迷迷糊糊但气急败坏的元首时，听到他一直喃喃自语地说，他就知道身边有叛徒，还抱怨说他的新裤子被毁了。

一直在控制"狼穴"外界通信计划的费尔吉贝尔起到了辅助作用。但希特勒的亲信副官除了发送召唤希姆莱和戈林的信息外，暂时下令进行灯火管制，以便战地总部可以查清到底发生了什么事情。下午2点多一点，希特勒的核心圈强烈怀疑凶手是失踪的施陶芬伯格。到下午3点，希姆莱同意取消"狼穴"的灯火管制。费尔吉贝尔下令关掉东普鲁士的中继站，中断"狼穴"对外的电话和电传通路，但他却只能暂时阻止到柏林的通信。不到傍晚，大部分通信功能都已恢复。

下午4点30分，施陶芬伯格终于到达了"密谋集团"总部，同时也是预备军在柏林班德勒街的总部。半小时后，吉泽菲乌斯与警察局长赫尔多夫也来到了这里。到处是一片混乱，优柔寡断令将领们陷于"瘫痪"。费尔吉贝尔已经打来了电话，只是在电话中说："情况不妙，元首尚存。"他们的政变完全是以希特勒的死亡为前提的，没有设想任何被暗杀者幸存的应急计划。施陶芬伯格不敢相信他所看到的爆炸没有杀死希特勒，有片刻时间，他说服了班德勒街的其他人，"独裁者"已不在人世。贝克也请求团结一致，他庄严地宣布："对我来说，此人已经死了。"施陶芬伯格与其他高级官员努力动员后备军的柏林部队和"瓦尔基里计划"中的全国军事区按计划行事，改换政权，逮捕如戈培尔等纳粹高官。但他们只取得了短暂的成功。弗罗姆很快意识到风向对"密谋者"不利，拒绝合作。起初软弱怕事的奥尔布里希特，最终加入了施陶芬伯格，将弗罗姆扣押了一会儿，但预备军总司令不久又夺回了控制权。下午4点，"狼穴"的通讯完全恢复，在东普鲁士的希特勒和凯特尔以及柏林的戈培尔，连同其他副官成功地取消了"密谋集团"的命令，并在下午6点30分，通过全国广播宣布暗杀失败，元首依然健在。

黄昏时分，忠于纳粹政权的部队包围了班德勒街总部，并最终闯了进去。与此同时，贝克拿手枪对准自己的脑袋开了两枪，瘫倒在地但并没有死，直到弗罗姆命副官补了一枪方才咽气。紧接着，弗罗姆匆匆开设了袋鼠法庭（非法法庭）来杀人灭口（毕竟他也曾与"密谋集团"有过瓜葛）。午夜前后，施陶芬伯格、奥尔布里希特和另外两名军官被押出了庭院。汽车前灯的亮光打在他们身上，一伙临时集结的行刑队枪决了他们。施陶芬伯格临死之前高呼："神圣的德国万岁！"

吉泽菲乌斯早早地离开了班德勒街，安全地逃到了西奥多和伊丽莎白的公寓。午夜过后，收音机里播放的唱片音乐突然停止，里面传出了阿道夫·希特勒挑衅的声音，他们三人围在一起，麻木地听着。"德国公民们！我很难细数到底有多少次人们企图计划并实施谋害我的生命。今天我对你们讲话，出于两个原因：第一，你们可以听到我的声音，知道我完好无损；第二，告诉你们德国历史上一个史无前例的犯罪细节。"他接着大言不惭地说，这次暗杀未遂是"上天的旨意，是在昭示我必须坚持我的使命"。但私底下，元首并不那么自信。他的私人秘书告诉盟军军官，7月20日的刺杀让他"断了一只胳膊"，而且长达数月听觉失灵，站立久了，膝盖会抖，而且一只手总是不停地哆嗦，他必须用另一只手按着。

为杜勒斯工作令玛丽·班克罗夫特身心疲惫。她在马焦雷湖租了一间别墅，那个地方在瑞士南部海岸，靠近意大利边境，她在那里与女儿度假。7月20日晚上，就在她准备晚餐开始炒蛋时，起居室的收音机报道说，有人企图刺杀希特勒。整个晚上她一直不停地调台，想听到最新的消息。"密谋集团"的成员中至今尚未提到吉泽菲乌斯的名字，不过她知道他一定身陷危险。

伯尔尼的杜勒斯也听到了当天晚上刺杀事件的报道。片刻之后，他在信纸上打出了无线电话的底稿，用钢笔做了几次编辑，然后拨通了华盛顿的电话。此时，他除了无线电台和新闻通讯社的报道外一无所知。就算他知道，他也不会在电话中添加更多的信息。他知道瑞士当局，很可能德国人正在监听他的电话。他照着文稿开始说："当然，今晚最精彩的新闻就是刺杀希特勒的尝试。"杜勒斯知道这些年来已经有好几次暗杀企图。他对华盛顿说："此人似乎吉星高照，但可能全知全能的上帝让他幸免于难，是为了让他亲眼看到他所领导的破坏行动是如何让德国走向彻底的毁灭。"他打算把最后一句作为宣传信息，传达给那些监听的"听众"。"到目前为止，除了报纸和广播以外，暂时还没有其他报道"，杜勒斯最后说。他在拟草稿时，还曾写了这样一句话："没有任何关于政变策划者的消息。"但在拿起电话前，他把它删掉了。他知道谁是政变背后的主使，但他可不打算在被监听的电话中透露这个消息。

第二天早上，杜勒斯开始到处搜罗有关"哗变者"在"狼穴"里的企图，以及它对德国反对派运动的影响。在刺杀行动的几天之后，《纽约时报》和其他国际新闻媒体刊登了希特勒与贝尼托·墨索里尼察看爆炸现场的照片。墨索里尼之所以到"狼穴"，是因为元首原计划在中午的作战会议后与他会晤。杜勒斯仔细研究了这些照片，特别是一张希特勒伸出左手与意大利独裁者握手的照片。他发电报给华盛顿："这表明希特勒的右手可能已经受伤。"他还注意到，照片中只显示的是独裁者的左脸，"让人不免猜疑，他的右脸很可能也被炸伤。"多诺万把这种推测转发给了罗斯福。华盛顿总部和伦敦的布鲁斯都急切地想从杜勒斯那里了解任何有关刺杀行动的情况。他的每封电报，有用没用的，都被迅速发往白宫、国务院和五角大楼。杜勒斯动用了所有的关系刺探情报，尽管他的档案里早就有关于刺杀计划的拟定内容。

7月21日，星期五，下午早些时候，他给多诺万发了一封他连夜搜集的情报的电报。据他所知，吉泽菲乌斯在柏林去向不明，留在瑞士的魏特简所能搜集到的信息也是支离破碎。软弱胆怯的魏特简（杜勒斯发现他也只配做个邮差）现在对其柏林战友所做的事情表现出义愤填膺。杜勒斯可以断定，就是最近七个月一直跟他联系的那些"哗变者"实施了暗杀计划。杜勒斯在电报中说，施陶芬伯格似乎是这个"密谋"的关键人物。那天早上，他翻了一遍他与吉泽菲乌斯谈话的笔记，发现"蒂尼"曾简要提到过这位上校。杜勒斯推测，施陶芬伯格可能是高级国防军军官与莫尔特克的克莱稍集团年轻成员之间的"联络人"。"当然，肃清运动将会是血腥残酷的。"杜勒斯承认，但他仍然很乐观。政变很可能成功（杜勒斯当时并不知道已经不可能成功），一切都依赖于预备军的忠诚（杜勒斯不知道希姆莱已经控制了这个武装力量）。在希特勒的午夜讲话之后，戈林的发言表明"反抗尚未全部绝迹"（不错，但星期四之后，反抗运动就销声匿迹了）。

杜勒斯推荐用心理战来支持反对派中的强硬分子。宣传单应该投放到德国士兵中。盟军空军应该轰炸希特勒的贝希特斯加登的大本营，以示纳粹高层仍在围困之中。盟军最高统帅部开始空投宣传单，但艾森豪威尔推迟执行罗斯福与丘吉尔关于轰炸贝希特斯加登的决定。

星期五晚上，杜勒斯忽视了无线电话可能被监听一事，向华盛顿透露了他所搜集到的更多情报，尽管他承认这仍然无法使他"清晰了解德国局势"。他是这样开始的，这次政变"没那么出乎意料"，只不过他一直不知道那些高级官员"有无勇气付诸行动"。但很显然，他们意识到"时间紧迫"，正如他在7月初向华盛顿报道的那样。"很可能暴动的时机尚未成熟，也可能盖世太保的行径迫使那些密谋除掉希特勒的人不得不行动。"为了成功，策反者需要几个主力德国国防军师团来占领"某些战略要点……如果他们占领了，就说明策反者手中至少掌握了几个大型的广播电台"。但杜勒斯没有听到策反者广播事实经过，他认为行动已然失败。即便如此，"刚刚在德国发生的事情仍是过去几年来推翻希特勒政府的唯一的一次重大尝试"。德国国防军的士气遭到了"严重打击"。在军人界，贝克将军德高望重，军官们为他的死痛心疾首。但杜勒斯遗憾地总结道，目前在德国没有任何一个强大的反对派集团能够像"哗变者"一样发动如此有影响力的政变。"如果这一尝试失败，德国人可能将不得不等待德国彻底战败。"他的预言将被证明是正确的。

杜勒斯最终决定将他所知道的关于"哗变者"的事情告诉英国老大哥——但还是忍不住对总部指出"祖鲁人"（战略情报局对英国人的代号）让当时非常愿意向他们透露秘密的吉泽菲乌斯吃了不少闭门羹。在圣詹姆士宫的美国大使约翰·吉尔伯特·怀南特在7月23日晚上见到了丘吉尔，向他介绍了杜勒斯与德国反对派的谈判。在此之后，布鲁斯与克劳德·丹西坐下来宣布了消息。谢泼德森给杜勒斯写道，他期待"小祖鲁人"再次提起他暗中与"哗变者"谈判的"糗事"。然而，英国人对被排斥在外并不感到特别沮丧。杜勒斯猜测为他们已经提前得知了这次行动，因为军情六处一直在从魏特简处取得有关"密谋

瓦尔基里行动

集团"的情报，英国特工早在1942年就认识了魏特简，但是他们也同样没有告诉他们的美国老弟。

苏联人那边怎么办？杜勒斯建议对他们隐瞒"哗变者"的事情，多诺万同意了。怀南特也表示赞成，担心直言不讳只会刺激斯大林的妄想症，让他认为美国一直在他的背后做手脚。然而，斯大林早已经知道了杜勒斯与"哗变者"的接触。苏联国家安全委员会在战略情报局华盛顿总部的一名奸细在7月20日前就给苏联通风报信，说伯尔尼站一直在与德国反对派合作。杜勒斯还担心，政变失败后，苏联为了控制局面会拉拢东线战败的德国将领，单独进行和平谈判。多诺万把消息传给了罗斯福，事实证明，这种担心是不必要的，莫斯科从来没有酝酿什么协议。

从魏特简和其他线人为他提供的消息中，杜勒斯得到可怕的结论：在暗杀发生两天后，希特勒政权镇压了叛乱，策反者东山再起希望渺茫。"哗变者正在解散"，他发电报对华盛顿说。在接下来的两个星期里，他手忙脚乱地为总部提供了一份分析报告。情报站接到谣传，在最关键的时刻，反对派集团内部出现了分歧：格德勒和贝克希望推翻希特勒后与西方达成和解，而施陶芬伯格决心与苏联讲和。但在这个阶段，这是一个毫无意义的话题，因为希特勒并没有被赶下台。杜勒斯越来越觉得沮丧，电台从未捕捉到任何关于暴动的宣传，而希特勒躲过爆炸后，暴动再也没有进展。他更加确信密谋的风声早已经泄露给了盖世太保，他们现在正在全力反扑，但他仍然没有确凿的证据。同样，也没有确凿的证据证明有其他事情发生。报纸上的报道与他听到的谣传如出一辙，要是吉泽菲乌斯能回来填补空白就好了。他很清楚，吉泽菲乌斯牵涉其中。杜勒斯拼命寻找任何"蒂尼"得以幸存并逃离德国的消息。

尽管所有的一切表面上看暴动已经失败，但杜勒斯仍然坚信，同盟国会从失败的政变中受益良多。他在一次无线电话中对华盛顿说："这个反叛的企图应该能帮助破坏德国军队继续战斗斗争的意志。"一直在阅读传到伦敦的有关"哗变者"电报的凯西，并不那么乐观。盟军最高司令部也没有看到一线希望，已登陆诺曼底的盟军仍然被阻拦在滩头堡。艾克的参谋指出，纳粹现在正好有时间来巩固其政权,肃清残存在德国的反抗势力。

正如他们所言,希特勒展开了疯狂的报复。他将预备军的指挥权交到了希姆莱手中,使他成为帝国仅次于元首的第二号人物。政变失败一个星期后,多诺万在华盛顿的研究分析师进行了一项秘密研究,准确地预测了德国纳粹党对德国国防军的控制会更加严格。"德国的崩溃可能不会太快",希特勒会利用失败的密谋作为"大规模整肃"武装部队、公务员和工业界残余的持不同政见者的借口。杜勒斯接到报告说,希姆莱手中有份五万人的名单,他怀疑这些在政府和私营部门工作的人是反对派的同情者。

杜勒斯所怀疑的盖世太保知道密谋计划的推断不攻自破。希姆莱自吹,在7月20日之后,他预料到了这种攻击,但事实上他的反间谍机构距离揭露政变还差十万八千里。但盖世太保为了弥补其情报失误,基本上在此后的战争中一直都是无情而有效地阻止密谋的发生,识别"哗变者"或任何与他们稍微有一丝牵连的人。杜勒斯在8月5日发电报给多诺万说:"看来,现在正在对'哗变者'收网。"费尔吉贝尔、维茨莱本、奥斯特、汉森、赫尔多夫、哈尔德、沙赫特、弗罗姆和斯图克斯等全部被捕。盖世太保出100万马克的赏金索取藏匿的格德勒和同谋者阿瑟·内贝(一个刑警队队长)的人头。杜勒斯汇报说,盖世太保现在可以肯定阿勃维尔成员"被哗变者利用"。在9月初发给华盛顿的电报中确认"我们的'659'(卡纳里斯)已被逮捕"。这位退休的海军上将于7月23日被盖世太保逮捕,他并没有参与政变,但是了解密谋的准备情况。

这些策反者还没有准备好应对希特勒所要使用的残忍手段。诸如费尔吉贝尔等高级军官并没有被行刑队枪毙,而是被折磨了几个星期后,赤身吊在钢丝或细绳上慢慢地被折磨20分钟后痛苦地死去。而且,旁边还有摄像机将其拍成电影供希特勒事后欣赏。很多人被迫列队观看一个纳粹狂热法官对格德勒的公审。那些被判刑的军官被拖入牛车拉入集中营监禁。整个夏天和秋天,杜勒斯都从报纸的报道和线人的情报中寻找资料,向华盛顿汇报被逮捕和被处决人的情况。他在伯尔尼编写的情报和伦敦军情六处计算的人数都有点言过其实。最终被枪决的5000人里,大多数都在希姆莱所列的他想除掉的嫌疑人名单中,他们与7月20日的密谋没有任何联系。或许被处死的人中有200-260人曾或多或少参与过"哗变者"的密谋。杜勒斯的柏林线人曾经告诉他,施陶芬伯格的妻子、孩子、弟弟和弟妹都被处决了。但年底他得知,以上消息并不属实。施陶芬伯格的家人,以及超过140人的其他同谋者的亲属被送去了达豪集中营。

8月中旬,一个信使终于给杜勒斯送来了一封来自弗里茨·科尔贝的密码信,他没有危险。奇迹一般,盖世太保的天罗地网居然漏掉了他。他在德国外交部的上司一直在提拔他,甚至晋升他为总理秘书。8月11日,伯尔尼站佳音频传。另一个邮差到了瑞士,告诉杜勒斯他刚刚见过吉泽菲乌斯,目前吉泽菲乌斯躲在柏林。在刺杀失败后的当天上午,这位阿勃维尔的特工就离开了斯特朗克的公寓,在接下来的三周,他在首都东躲西藏,从一个朋友家到另一个朋友家,时刻担心他那高大的体形让他容易在乘坐地铁或在人行道疾走中被人认出。杜勒斯不顾军情六处发出的吉泽菲乌斯现在肯定是一个纳粹奸细的黑色警告,开始策划如何帮助他的朋友从德国逃脱。

1944年从秋天到冬季,前来进行和平试探的德国人和想要密谋刺杀希特勒的人继续出现在杜勒斯的办公室门口。杜勒斯将他们的提议都转给了华盛顿,但当时的总部对德国的抵抗运动已经厌倦。多诺万的研究分析师甚至在一份报告中猜测,希特勒可能自己上演了7月20日的政变以提高自己的地位并借机加强对德国的控制。

对这种观点,杜勒斯只能嗤之以鼻。谢波德森写信对多诺万说,"哗变者"是"一帮不可思议的热情而愚蠢的德国人,似乎对如何进行密谋活动没有丝毫概念"。杜勒斯没有与"头彩"就这一点展开争论。

多诺万命令杜勒斯不要再与其他政变策划者或"哗变者"的残余来往。战略情报局局长写道:"我认为,从人文角度来讲,我们不插手德国人内部的争斗更有益处。"杜勒斯服从了命令,尽管很不情愿。他仍然怀疑苏联人不会按同样的规则出牌。至少,他对多诺万说,美国不应该反对任何西方导向的反纳粹行动,即使我们不以任何方式认同他们。

虽然"哗变者"的密谋以失败告终,但杜勒斯却在华盛顿名声大噪,因为他做出了预言并在事后提供了如此详尽的情报。伯尔尼站淹没在赞誉之中。谢波德森发电报赞扬他说:"你的成就振奋人心。"

1944年8月15日-9月23日
威廉·科尔比的杰德堡突击队执行"布鲁斯行动"

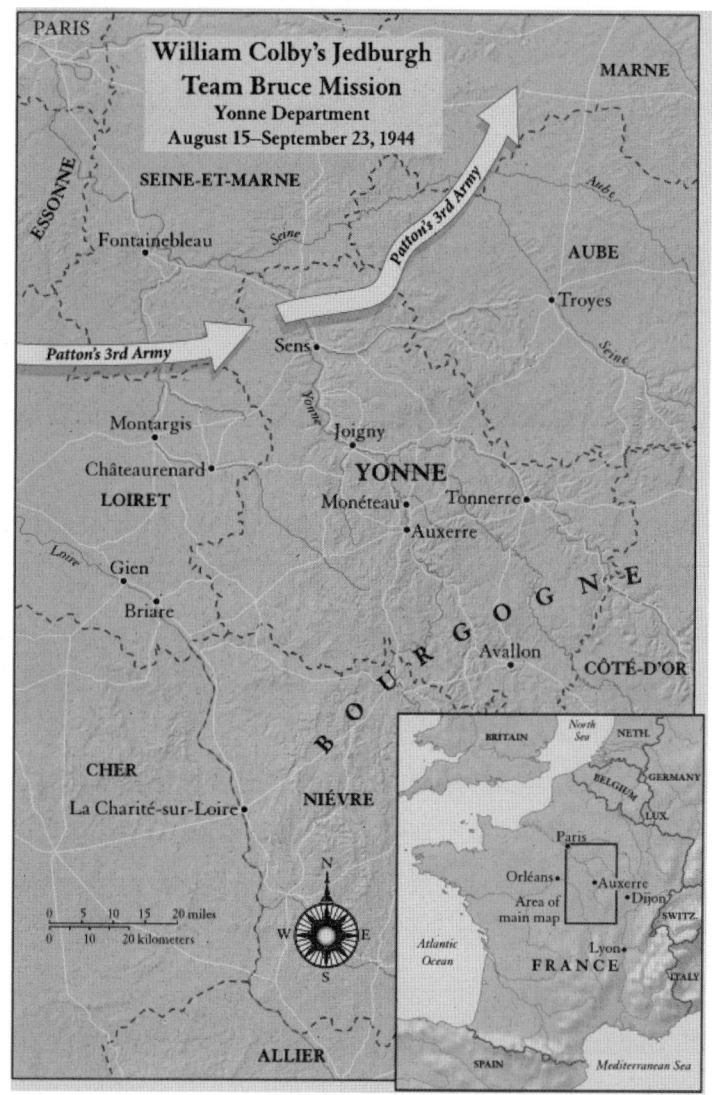

① Jedburgh杰德堡突击队　Team Bruce Mission布鲁斯行动　Patton's 3rd Army巴顿的第三集团军
② PARIS巴黎　ESSONNE埃松　SEINE-ET-MARNE塞纳-马恩　AUBE奥布　MARNE马恩　LOIRET卢瓦雷　YONNE约纳省　CHER谢尔　BOURGOGNE勃艮第　COTE-D'OR科多尔　NIÉVRE涅夫勒　Fontainebleau枫丹白露　Montargis蒙塔日　Châteaurenard沙托雷纳尔　Sens桑斯　Troyes特鲁瓦　Joigny茹瓦尼　Monéteau莫内托　Tonnerre托内尔　Auxerre欧塞尔　Gien日安　Briare布里亚尔　Avallon阿瓦隆　La Charité-sur-Loire卢瓦尔河畔拉沙里泰
③ FRANCE法国　Orléans奥尔良　Lyon里昂　Auxerre欧塞尔　Dijon第戎

第十六章

法国约纳省

"布鲁斯"特工队焦急地坐等了两个月后,接到了让他们迅速伞降到法国的任务。8月12日,星期六上午,伦敦特种部队总部通过加密电话对密尔顿大厅下达了准备命令。科尔比、勒隆、维勒布瓦必须在当天晚上6点做好准备离开乡间庄园。通常对一个团队伞降到法国的通知都会提前两三天下达,伦敦给他们的任务简报都是以一种相对休闲的节奏,让他们有时间吃上一顿大餐,或许在餐后再开个告别酒会。但现在法国战场的前线移动比盟军预期的要快得多,给"布鲁斯"特工队的伦敦作战简报缩短到了一天。他们要在星期日晚上跳伞。

因为时间紧张,团队任务所需的设备已经提前送到了机场。三个人接到通知,要求把他们的便装打入行李包。十天前,科尔比扭伤了左膝盖,现在还在隐隐作痛,但是他没有时间去顾及这个疼痛,也没有时间考虑为何要带上便服。下午6点整,一辆道奇卡车停在了密尔顿大厅的入口处。科尔比、勒隆、维勒布瓦爬到了后面的车厢,卡车一溜烟向伦敦驶去。

7月初,100万盟军开到了一个滩头堡,这是个离诺曼底海岸只有六英里的地方,他们的前面就是一座最牢不可破的德国国防军武装综合体。这里纵横交错的高墙,上面有多瘤的灌木,横亘在布莱德雷大军的南面;外加狂风海浪耽误了攻坚重装备的着陆,德军的防御和大自然给艾森豪威尔的大军设置了种种屏障,使他们7月份的大部分时间都被严密封锁在"诺曼底的口袋阵"中。然而,在7月底,舍曼坦克配备了修剪机,披荆斩棘打通了灌木丛;同时,一个代号为"眼镜蛇行动"的开展使盟军终于冲破了"口袋阵"。小乔治·S. 巴顿中将的第三集团军已经于8月1日启动,他接到命令,派遣他的第八兵团向西荡平布列塔尼半岛,让盟军用那里的港口作为武器和装备的落脚点。杰德堡团队和英国皇家特种空勤队的突击队已经空降,负责组织大约2万人组成的法国抵抗组织在第八兵团到达之前进行攻击,同时保护其侧翼。在伦敦一个特种部队的作战室,凯西监测着血腥激烈的战斗,但这些战斗最终被证明是白费力气。盟军从未将布列塔尼地区作为一个主要的港口。

与此同时,巴顿的第三集团军和考特尼·霍奇斯中将的第一集团军向东挺近,目标直指塞纳河。而8月15日,亚历山大·帕奇中将的第七集团军在法国南部的里维埃拉海岸登陆,向北进军。在诺曼底被突破后,希特勒给德国国防军下达的任务是:拖住盟军在法国进军的步伐,至少到9月份,给他争取时间。但曾被某记者称为"咆哮彗星"和西点军校同学称为"有头脑的斗鸡"的巴顿将军,拒绝"减速"。他对手下说:"由于滞留在错误的河岸,我们已经输掉了太多的战役。"第三集团军会奋不顾身地前进,用各种手段打击德军,让他们没有时间组织防御。巴顿与多诺万是旧交,他们两个都拥有华盛顿外的弗吉尼亚骑士庄园。他也是为数不多的地面指挥官中赞赏战略情报局所开展的非常规型战争的人之一。在这场战役中,第三集团军的飞机和大炮将向德国士兵发放3.1亿多张宣传单。巴顿对多诺万所提供的诸如杰德堡特工这样的破坏者是来者不拒。

到目前为止法国抵抗部队的成功,鼓舞了盟军规划者们,他们下令让巴顿部队向东挺进,帕奇第七集团军迅速北移。8月8日,被艾森豪威尔任命为法国间谍和游击队特工指挥官的法国将军玛丽·皮埃尔·柯尼希,命令26个杰德堡团队,包括科尔比的团队,准备速降,并在第三集团军和第七集团军抵达之前组织抵抗力量。

8月12日,星期六夜晚,载着"布鲁斯"特工队的道奇卡车停在了伦敦中心德文郡街46号一排其貌不扬的房子前。这三人注意到了这条狭窄街道对面的天竺葵盆栽。他们背着行李上了台阶,一丝微光出现在门口,开门的是个体格魁梧的老头,他一身平民打扮,衣服上还别着一条服役丝带,表明他参加过第一

法国约纳省

次世界大战。在这个狭窄的联排别墅内,是密密麻麻的劳累过度的英国和美国军官、女秘书和身穿花呢夹克衫打着蝴蝶结学者模样的人。他们在楼梯间上上下下,在房间里进进出出,腋下夹着盖有"秘密"印章的文件,一脸的紧张和严肃。杰德堡团队正如装配线上的汽车一样被"作战会议室"呼来唤去。一个身穿英国陆军制服的女人,向科尔比和战友简略地自我介绍了一下,并告诉他们,她将是他们的"执行官",负责照管他们,直到他们登上去法国的飞机。她说:"你们可以把旅行袋存放在三楼的卧室,然后直接到二楼等待马上开始的作战会议。"

他们把包放在了床上,来到了二楼的作战会议室,发现这里布置得像个教室,里面有小课桌,战术地图和米其林地图贴得满墙都是;会议桌上堆得满满的也都是地图,还有一块黑板,上面写着"布鲁斯"特工队和他们三个的代号。他们一直工作到深夜,次日上午9点,又马不停蹄地继续工作。一个简报团队紧跟着另一个简报团队鱼贯而出,带来了情报摘要、信号计划、代码便笺、国家报告、照片和更多的地图(有些印在丝绸上,可以让他们塞进口袋里)。会议桌上的茶叶和杯子周围的资料开始堆积如山。所有"布鲁斯"特工队成员的问题都得到一一解答。一个来自伦敦杰德堡办事处的身材高大、头发花白的英国中校,时不时溜进来从房间的后面观察着这一切。

简报人员告诉他们,他们将是从英国派出的第30支杰德堡团队。星期日晚上,科尔比、勒隆、维勒布瓦将空降到巴黎东南部的约纳省。他们将被安排送往当地抵抗组织"电阻网",引导其游击队炸毁桥梁和铁路线,封锁道路,并伏击德国巡逻兵,尽一切可能帮助巴顿的第三集团军从西面包抄德军。

约纳省有着连绵起伏的牧场和葡萄园,一度曾是物产富饶之乡;现在却面临粮食短缺,大多数的乡村商店都空空如也,而且排满了长长的队伍等待购买稀缺商品。位于约纳省中心的欧塞尔郡周围的饥饿的狼群,像之前饥荒时期一样,已经开始吃葡萄藤上的葡萄。镇民们怀疑,他们看到的那些狼群之所以昏昏欲睡,是因为它们吃的葡萄开始在它们的胃里发酵成酒了。

德国人在约纳省动用的国家警察对法国人压迫到了极点。德国国防军在这里设置的是柏林时间，下令晚上8点开始宵禁，随时检查公民身份证件，并在大街上对他们搜身；要求行人在德国士兵通过时让开人行道；要求所有的公共建筑上悬挂红黑色纳粹卐字旗；要求自行车头灯被漆成蓝色以方便夜间的灯火管制；命令电影院上映德国新闻影片；禁止法国人听英国广播公司的广播；不许他们唱《马赛曲》；杜绝饲养信鸽（这是约纳人最喜欢的消遣，但纳粹不希望它们通风报信）。约纳省是勃艮第地区的一部分，这里吸引了戈培尔和其他高层级纳粹分子的兴趣，因为他们酷爱这里的葡萄园酿制的美酒。希特勒为了让他的核心集团利润丰厚，让德国的葡萄酒商人穿着军装到这里，以批发价购买最上等的葡萄酒。法国称之为"德国酒商"。

约纳省和东部相邻的科尔多省有强大的抵抗组织"电阻网"。一名英国简报人员告诉科尔比和他的战友，抵抗组织的代号是"登克曼"，假名为"让·马里"的亨利·弗拉热负责领导这个抵抗组织。弗拉热曾是阿尔及利亚战场的法国上尉，1941年登上了一艘英国潜艇偷偷潜入马赛港。他身材修长，讲话柔声细语，一头灰色的阿尔萨斯头发，慈眉善目，有几乎像女人一样的脸庞；情到深处时，声音变得洪亮，脸部表情活灵活现。弗拉热先是在法国南部帮助抵抗组织"电阻网"，最终在1943年接管了"电阻网"。该组织在诺曼底登陆日后，在约纳省发展到了700人，他们切断道路，炸毁桥梁，捣毁德国人征用的生产工厂。"布鲁斯"特工队被告知，弗拉热在跳伞区会有一个接待委员会接应他们。关于他们在"电阻网"中的两个主要助手，情报官翻看了一下文件找到了名字，叫安德烈·马尔萨克和罗歇·巴尔代。

科尔比在便笺上潦草记下，但突然停下来举手提问："如果我们不能与弗拉热或他的人取得联系该怎么办？"这名英国军官似乎被这个问题问蒙了，工作人员没有对这个问题做出计划。一名助手从房间里冲出去，回来时手中拿了一个安全房子地址，万一这个团队接触不到登克曼组织的人，可以先到这里。

更多的情报官鱼贯而入。"布鲁斯"特工队将会在没有月光照耀的时候飞到降落区，这让他们寻找降落区难上加难。在本月剩下的日子里，空军也不会在无月的夜晚飞到法国更北的地区，这意味着伦敦可能无法保证这个团队的适当供给。信号员告诉维勒布瓦，本次伞降他只有一台无线电。如果这台丢失或损坏了，他们承诺迅速更换一台。他们告诉他，着陆后尽快建立无线电联系。他收到了一份他可以发报的时间表，根据日期的偶数或奇数，发报时间也有不同。一个财务官随后给每人发了一个帆布钱包让他们系在腰间。科尔比和勒隆的钱包里各有10万法郎，维勒布瓦的包里面装有5000法郎。在他们最终遇到抵达约纳省的巴顿大军的先遣部队后，他们的暗号将是"南希"。

反间谍官员之后进来，给他们简述了团队可能面临的危险，如盖世太保、帝国保安部、阿勃维尔、维希民警。科尔比在密尔顿大厅已经阅读过大量的敌人情报部门的报告，以及他们如何对待被俘的杰德堡特工，所以很清楚自己面临的是什么。反间谍官员却说，有些被俘的英国特工被阿勃维尔特务解除看守，邀请他们一起喝午茶，以套取情报。目前英国特别行动处收到的关于酷刑的报告包括：拳打脚踢、棍棒殴打、电击生殖器以及赤身裸体从头顶扣冰水直到犯人以为他会被淹死。伦敦推测，突击队一旦被抓住了，很少有人扛得住，他们应该明白这一点。"布鲁斯"特工队的危险远不止这些。更为复杂的是，抵抗组织的安全工作通常很糟，如果突击队被抓，根本没有什么掩护身份的故事可讲。而如果他们身穿便衣被逮捕，那肯定会被枪毙。科尔比英勇无畏，但并非有勇无谋。他自诩自己在冒险中都是有勇有谋的。他们三人认为穿平民服装是明智的，所以按要求将它们打包装入了去机场的行李中。

8月13日，星期日，傍晚时分，匆匆忙忙的作战会议宣告结束。科尔比、勒隆、维勒布瓦从三楼拿下了行李包，塞入了他们在德文郡街搜集到的地图、笔记和钱袋，与他们的执行官一起，挤进了在外等候的道奇卡车。在向北驱车到61号站点的两个小时的行程里，她继续让他们阅读有关任务的补充材料。61号站点是个布满常春藤的乡间别墅，就在北安普敦郊外，离机场大约十几英里。这里戒备森严，是专门为间谍和像杰德堡特工一样的突击队准备空降到法国的人设置的。几个人刚从卡车里爬出来，就看到身穿战斗服的忙碌的军官和活泼的辅助本土防务部队的姑娘们在欢迎他们的到来。他们走进庄园的休息室，房间屋顶很高，墙上挂满了旗帜、地图和一个标靶，书架上堆满了杂志和书籍，角落里还有一个留声机、收音机和乒乓球桌。

在餐厅,"布鲁斯"特工队享用了一顿丰盛的晚餐,但是之后的消息却让他们难以消化。勃艮第地区的大雨和铺天盖地的低云令他们不得不取消当晚的飞行。61号站点的工作人员各自都是一副很坦然的样子,似乎见怪不怪。法国上空的恶劣天气阻止伞兵降落,比地面上的德国人阻止得还厉害。"布鲁斯"特工队将在星期一晚上再试一次。次日,8月14日,黄昏,地面上前进的盟军部队挣扎着堵住了法莱斯口子,将德国中央集团军群B集团军逼到约纳省以西约190英里的地方。在他们上方,法国一片万里晴空。一辆车窗拉着窗帘的黑色的美国大轿车,把"布鲁斯"特工队带到了哈灵顿机场。他们的执行官,挤在后座的两个男人中间,宣布了她夜间从伦敦收到的一份重要的补充材料。阿勃维尔已经逮捕了亨利·弗拉热。他的副手罗歇·巴尔代现在负责"登克曼电阻网",他将是"布鲁斯"特工队到达后的关键联络人。这个消息并没有令汽车里的突击队员感到特别不安。科尔比后来写道,这就"好像是宣布我们的女主人病了,由表弟取代一样"。

汽车行驶了大约半个小时。由于灯火管制,轿车的灯也必须熄灭,司机只好驾车沿着狭窄的乡间小路缓慢地前行。哈灵顿机场,位于北安普敦以北,是飞机秘密起飞的理想之地。在辽阔的草原上标记有三条交叉跑道,所有通往跑道的路都被封死,阻挡了好奇的人。一股潮湿的风总是咆哮地扫过高高的草地,掩盖了每晚起降的将近五十架轰炸机和运输机的轰隆声。这个小城除了有3000多名飞行员、机组工作人员和地面部队外,在跑道以北还设有一个帐篷城。他们的黑色轿车通过了最南端的一个岗哨,穿过了伪装的炸弹堆和油箱,然后绕过东西跑道,来到了半圆拱形活动房屋。在那里,战略情报局的装配师正在等候"布鲁斯"特工队。

装配师开始着手三人的检查工作。首先搜查了突击队员迷彩服的口袋,掏出了所有可能泄露他们部队秘密的物品。然后每个人都在腰间绑上了在德文郡街收到的帆布钱袋,费劲地穿上沉重的背心,套上了一个带钩的网眼帆布兜,用来携带与他们的身体连接的装备:一把带皮套的柯尔特45手枪(M1911

手枪），一把带折叠枪托30口径的卡宾枪，一个弹匣袋、军用水壶、双筒望远镜、刀、伞铲、手电筒；一个干粮袋挎包里面装满了野战餐具、两包脱水口粮、洗涤和刮胡用具、备用的袜子、秋天变冷时穿的高领毛衣、地图、指南针、量角器、火柴、哨子、净化水的药片、吗啡、一顶贝雷帽、一顶带檐帽、战地写信便笺和铅笔、一小瓶朗姆酒；还有一个单独的腿袋，用一条15英尺长的绳子系到突击队员的脚踝，在他们跳伞的时候一起降落，里面装了更多的口粮、备用靴子、额外的弹药、内衣、睡袋、乌洛托品炊具、急救箱、两支蜡烛、卫生纸；单独的圆柱形容器中装有更多的装备，炸药、维勒布瓦的无线电、他们的便装（总部为以后的供给记录了他们所有人的尺码）会跟他们一起被丢下飞机。

在帮助杰德堡特工进入他们的降落伞之前，三名装配师给每个人配备防水降落伞罩，这样他们身上悬挂的设备就不会被线绊住。这一切准备妥当之后，科尔比、勒隆、维勒布瓦戴上了英国伞兵的头盔，系好了下巴扣。浑身上下满满的装备，令他们寸步难行。装配师把这三名杰德堡特工推上了一辆旅行车，带着他们和他们的英国护送者开到了跑道场，那里的B-24"解放者"轰炸机已经启动引擎。科尔比、勒隆、维勒布瓦互相扶着下了旅行车。他们的执行官祝他们好运，但由于飞机在机场的滑行声音太吵，他们根本听不清。她会一直在哈灵顿机场等着B-24返回，当然希望飞机能带回他们跳伞成功的消息。

突击队员像企鹅一样摇摇摆摆地走向了飞机。"解放者"的机组人员看着他们笨重的身体通过轰炸机的底部舱口的时候笑个不停。科尔比在爬上飞机之前，注意到"解放者"的副驾驶舱窗下涂着"漂亮女孩二号"。

"漂亮女孩二号"属于美国陆军航空队第492轰炸大队，这个大队由四个中队组成，负责把战略情报局的突击队员和间谍空降到法国敌占区。根据他们的行动代号，他们被称为"提包客"。"漂亮女孩二号"的机组人员不知道"布鲁斯"特工队的杰德堡特工的名字，而且也不能认识他们。所有的空勤员都接受了严格的命令，不准跟他们空投的特工交谈，甚至不许问哈灵顿机场其他"提包客"机组人员的名字。这样，如果他们不得不在敌占区跳伞，德国的情报机构从他们口中得不到任何情报。

科尔比认为，"解放者"轰炸机上的机组人员太年轻，易恐慌。他的判断没错。轰炸机的飞行员罗德里克·尤尔特，来自怀俄明州，还没过22岁的生日，其他七名机组人员也就20岁出头。执行过20多次任务之后，他们有绝对的理由对每次新的飞行感到害怕。1944年的上半年，德国以及德国占领国家的空中防御变得更加杀气腾腾，以至于在那期间服役的每1000名美国重型轰炸机机组人员中，就有887人死亡、受伤或失踪。机组人员曾争论过空投什么更加危险，一致认为空降特工相比空投炸弹有着更特殊的风险。进行一次轰炸袭击，"解放者"只需要跟着引航机组成编队，而且通常都有歼击机护航。轰炸机机组人员在完成任务后可以互相交谈。而"提包客"任务是孤狼行动，由飞行员和导航员精心策划，如遇困难，飞机上也只有机枪用作掩护。任务完成之后，他们除了能因活着回来松口气之外，也无法享受任何友情。

此时，尤尔特和他的副驾驶沃尔特·萨林在检查驾驶舱，调度员西德尼·卡根则忙于将科尔比、勒隆、维勒布瓦系在机舱内的木制硬板凳上，并捆上他们的装备。批量生产的B-24轰炸机是个丑陋的野兽，因执行这些特殊任务被漆成了黑色；机翼有四台发动机，飞行员很难操控，但速度超快、安全可靠、坚固耐用，可续航3000英里；驾驶舱的飞行仪表盘的标准装备被换成了专用的无线电和导航设备，适用于夜间低空飞行；"解放者"机身上的很多其他硬件也被取下，好腾出空间装载特工和他们的行李装备；飞机上金属波纹的地板上还铺上了胶合板，方便乘客和机组人员行走；边上用螺栓固定了结实的挂钩用于连接强制开伞拉绳，还安装了跳伞用的红灯和绿灯，以及特工和调度员移动准备跳伞时要握的扶手；飞机上所有武器都被移除，以便在上面和尾部的旋转枪架上架设50口径的机枪；机身的下面不是球形炮塔，而是一个44英寸宽的金属边的洞口，上面是个圆形的夹板门，分成两扇，中间用铰链连接，可以在飞行时打开。这是"乔之洞"，科尔比、勒隆、维勒布瓦会从飞机的这个降落伞舱口跳下。

晚上10点21分，尤尔特和萨林向前推了一下油门，"解放者"沿着跑道轰隆隆作响。机舱里一个橙黄色的灯闪烁着昏暗的光亮,破烂的遮光窗帘覆盖了机身的小窗口,科尔比和其他人根本看不到外面任何东西。卡根在将内部通话系统上插入耳机和喉震式麦克风,然后递给科尔比和勒隆一人一个耳机,以便他们能听到驾驶舱里的通信。发动机轰鸣声让人根本不可能听到机舱里说话的声音。

随着"漂亮女孩二号"快速向南飞去,英国上空的天空就如同高速公路上的高峰时刻,有无数来往于法国的飞机从旁飞过。晚上11点01分,"解放者"轰炸机到达了英国的南部海岸利特尔汉普顿,横跨英吉利海峡又用了27分钟。尤尔特一直在9000英尺的高空飞行,现在要将B-24下降到2000英尺,以避开德国雷达。随着飞机的下降,科尔比和其他人感到他们的耳朵嗡嗡作响。投弹手乔治·伯斯,坐在玻璃的前炮塔的旋转椅上,在看到了勒阿弗尔以北法国海岸的艾略托特的第一个检查站时,用无线电向驾驶舱发话。尤尔特根据导航员乔治·哈勃为他设计的约纳路线,迂回绕行,左右大幅倾斜来躲避沿途的探照灯和防空炮台。这些飞行员飞法国从来不用同一条航线,所以德国的防空系统探测不到一个固定的模式。但今晚,因为没有月光照明,伯斯要搜寻地面上的地标来引导飞机就更加困难。偶尔还会有德国空军的歼击机潜伏在法国的上空。如果"漂亮女孩二号"偶然碰到了德国的歼击机,那飞行员就要下降到200英尺,或者冲上云层以求逃脱。除此之外,今晚尤尔特和萨林所预想的唯一的威胁,就是走失的德国国防军地面部队,他们有可能听到飞机的声音。幸运的是,当某个兴奋的士兵取下步枪准备射击时,他们的轰炸机早已飞远了。

凌晨1点多,科尔比和勒隆从耳机里听到导航员和投弹手提醒尤尔特,他们已经接近降落区,就要到约纳省欧塞尔西北部的茹瓦尼空荡荡的农田上空了。尤尔特侧飞下降,搜寻登克曼接待委员会在地面上照亮降落位置的火光,今晚的信号将是三个三角形的篝火。科尔比可以听到,对讲机里的声音有点紧张。接待委员会的安全性令人难以恭维。一个在头顶上空盘旋的轰炸机的噪声可以惊动附近所有人。有时德国人会在地上点燃篝火引诱飞机,进行防空伏击。尤尔特下降"漂亮女孩二号",开始在500英尺的高度盘旋,非常危险地接近地面。他降低副翼，以每小时130英里的低速飞行，如果再低速的话，飞机会因失速而栽到地上。

机舱里的红灯开始闪亮，发出信号，提醒杰德堡特工准备跳伞。卡根喊道："各就各位！"然后提起了降伞口的胶合板门，外面发动机发出的轰鸣声震耳欲聋。挂好了强制开伞拉绳，科尔比、勒隆、维勒布瓦挂上腿袋，拖拽着向前，坐到了降伞口的边上，汹涌的风吹打着他们的腿。五分钟后，投弹手和飞行员在飞机通过时发现了地面上的篝火。红灯熄灭。绿灯点亮。卡根喊道："跳！"然后拍了拍每个人的肩膀。一个接一个，勒隆、科尔比，最后是维勒布瓦从跳伞口跳了下去，连接每个降落伞的强制开伞拉绳自动打开。尤尔特和萨林向窗外瞥了一眼，看到了三个波浪翻滚的降落伞。飞行员又绕了一圈，卡根借机在三人跳伞之后将十来个补给箱抛下。

尤尔特选择了一条不同的曲折航线返回英吉利海峡，在法国海岸的布瓦西莱佩尔克和伊普雷维尔-比维尔为另一个任务投下了宣传单。到达英国海岸后，"漂亮女孩二号"依然不敢放松，英国防空炮台可能会误以为他们的黑色轰炸机是德国空军的飞机而将其击落。卡根打开一扇窗户发射了一个事先约定好颜色的信号弹，示意这是一架自己人的飞机。全体机组人员都祈祷防空炮台的人能够认出他们发出的信号。

凌晨3点多，飞机在哈灵顿机场降落，尤尔特向上级和"布鲁斯"特工队的执行官汇报成功完成了任务。接待委员会在地面上的灯光信号"闪烁清晰"，机组人员看到三个降落伞打开，平安无事。

*

多年以后，科尔比会半开玩笑地说，他在后来的整个战争期间，都在寻找将他空降到法国的飞行员。虽然戴着头盔和护目镜，那股滑流打得他的脸疼得像个被球击中的线上球员。那个降落伞带猛拉着他的双肩，他听到丝绸的沙沙声，抬头看见他的降落伞张开了。紧接着，他本能地向下拉前面的竖管，双脚并拢、收紧膝盖、双臂紧贴身体、低头准备着陆，因为他知道在一个500英尺的高度跳下，着陆是分分钟的事。

法国约纳省

但是事情不妙，非常的不妙！科尔比看到的不是空旷的农田，他发现自己正在冲向的地方是一个拥挤的城区屋顶。其实那些飞行员看到的并不是三个篝火组成的三角形，科尔比看到了一条单独的火线（他后来才知道，那是编组站轨道上燃烧的火车，这辆火车是几天之前夜里被盟军飞机射中的，然后又遭到了抵抗组织破坏者的袭击）。无暇多想，他把腿甩了出去，以免碰到带烟囱顶帽的瓦砖屋顶。他撞到了后院，小鸡正在鸡窝里啄食，鸡毛漫天乱飞，母鸡开始尖叫。科尔比听着好像法国的每一条狗都在狂吠。周围住户的灯都亮了，被吵醒的人们打开百叶窗，用法语叫喊。

降落在附近的维勒布瓦和勒隆，差点被尖木桩的栅栏穿透。他们立即爬出降落伞背带，穿过马路，跑到前面的院子里，看到科尔比正蹲在那里。"我们这是在哪儿啊？"科尔比低声问勒隆，尽管问了也是白问。那十来个物资降落伞重击到房顶上，哗啦哗啦地掉在鹅卵石路上，几乎吵醒了整个小镇。一群睡眼惺忪身穿浴袍、头戴睡帽的村民一起围拢了他们。他们凑到勒隆跟前，用超快语速的法语告诉他，他们降落的地方是蒙塔日镇的郊区，是茹瓦尼降落区以西20英里的一个小镇。蒙塔日是约纳省西边卢瓦雷省的一个中世纪古镇，城中运河和桥梁纵横，有"小威尼斯"之称。勒隆担心得更多的是蒙塔日"新住民"，前院的人群告诉他，在几百码外的大街上有个德国驻地，他们这么吵闹的着陆声，德国人肯定察觉了。

他们来不及搜集散落在全镇的补给罐了。这几个人只能带着小手枪和肩上背的物资尽快逃离。维勒布瓦的口袋里装着无线电，勒隆和科尔比口袋里有代码、地图和任务指令。为"登克曼电阻网"带来更多武器和物资的圆柱形容器，维勒布瓦的无线电，他们便装等，此时只能全部放弃。英国特别行动处对像"布鲁斯"特工队一样的杰德堡特工要完成的任务有精确的时间表，细致到他们降落的每半小时。因此科尔比、勒隆、维勒布瓦只能把其他先搁置一旁，逃命要紧。勒隆打开他的罗盘来确定方向。"我们得往南，再往东南走。"他指着路说。这三人跑向铁轨，穿过了燃烧的火车车厢，一直沿着铁轨到了乡下。他们决定在那里离开铁轨（他们担心前面会有人把守），再穿过茂密的农田。

8月15日，星期二，当旭日东升照亮天空的时候，他们跑出了大约六英里，离一条向西通往蒙塔日的路只有50米。德国驻军几乎把古镇的住户家翻了个底朝天，同时派遣搜寻队到乡下寻找伞兵。科尔比、勒隆、维勒布瓦决定藏在路边的一个浅水沟，用树叶盖住身体，一直待到夜幕降临，那时候他们可以更自由地移动。时不时他们也会从树叶间隙偷偷瞧一瞧，看到公路上从诺曼底战场撤下的德国国防军师团，向东驶过的卡车和装甲师车队，还有几拨小巡逻队，他们推测那是蒙塔日驻军派出来追捕他们的。科尔比纳闷，为什么他们会在那里匍匐了一整天。"我怎么会陷入这种境地？"他后来回忆道。

夜幕降临的时候，这个团队爬出水沟，开始按着罗盘方位朝伦敦方面告诉他们的约纳省登克曼安全屋走去。午夜时分，夏季一场来势迅猛的雷阵雨从天而降，田地变成了泥泞的沼泽，到处一片漆黑，几乎伸手不见五指。科尔比、勒隆、维勒布瓦把他们的手枪挂链拴在一起以防掉队。凌晨2点，浑身湿漉漉，痛苦不堪的他们发现自己并没有跋涉多远。突然，他们听到前面有微弱的声音，像是笑声。是德国巡逻队，还是法国农民？一道闪电照亮了前面的一座农舍。他们蹑手蹑脚地爬过去，里面的灯光似乎还亮着。科尔比想，这也太奇怪了。已经是深夜，农民早该睡觉了。勒隆决定冒险一试，走上前去敲门。他命令科尔比和维勒布瓦在附近的灌木丛用手枪为他做掩护。

勒隆轻轻敲了一下门。门被打开了一条缝，一杆步枪的枪管伸出顶着他的鼻尖。

"什么人？"里面的人问道。

"法国人。"勒隆应声道。

枪管示意他进去，门关上了。

科尔比和维勒布瓦紧张得要命。一分钟后，他们觉得像是过了一小时，勒隆出现了。他挥挥手向他们喊道："没问题，进来吧。"

幸运的是，这间沙托雷纳尔镇北部名为"拉佛米洛娃"的小屋，碰巧是抵抗组织的一个无线电台站。里面有两个法国人，其中一个是八天前从英国空降到这里的。"拉佛米洛娃"的无线电操作员向英国发报，报告"布鲁斯"特工队已经抵达，但降落到了错误的地方。筋疲力尽的科尔比、勒隆、维勒布瓦进到小屋倒头便睡。

8月17日，次日早晨，巴顿的第三集团军拿下了他们以西约70英里的奥尔良。这三名突击队员，身穿小屋主人提供的破烂的衣装，爬进了附近一名抵抗组织的医生提供的一辆破旧的雪铁龙。汽车的汽油发动机因为燃料短缺，烧的是木炭。中途在一个离目的地只有15英里远的十字路口，这辆车一直等着德国车队通过，才把杰德堡特工送到了约纳省的安全屋。登克曼的特工通过他们的网络，直到当天下午，才把他们送到了欧塞尔郊外的一个村庄，索梅凯斯——也是罗歇·巴尔代的总部所在地。

这辆雪铁龙汽车停在了索梅凯斯唯一的咖啡馆前。科尔比、勒隆、维勒布瓦爬出车子，急忙冲到里面。巴尔代坐在角落的一张桌子前，桌上放着一瓶红酒和一盘食物。他看上去30来岁，高挑纤瘦，头发乌黑，科尔比觉得他那双黑溜溜的小眼珠不停地东张西望。科尔比看到，他身边有几个武装保镖，他们用狐疑的眼光盯着他们三个人。巴尔代起身，面无表情地跟他们握手，他让自己的手下取来椅子让他们坐下，然后打了个响指，让服务员给杰德堡特工上菜。

"你们去哪儿了？"巴尔代面无表情地问道，"我们已经等了三天了。我们接到了信号弹，但飞机没来。"

勒隆讲述了他们灾难性的跳跃和从蒙塔日九死一生的逃离。巴尔代正在说明他的组织的时候，菜上来了。约纳省遍地都是小型的抵抗组织团队，前法国空军中尉低声对突击队员说。三天前他发出了战斗命令，所以他们的队伍一下子壮大起来。他手下现在应该有500名武装战士，但是还有六名其他抵抗组织头目控制着本省的其他游击队。省内的大城镇中，每两到三个镇就会有一个德军驻地，每个驻地大约有500名士兵，约纳省现在防卫比较松懈，因为一直有撤退的德军车队穿过。

"我们到这里是来帮助你们打德国人的。"科尔比边说，边从大衣口袋里掏出地图，铺在桌子上。他开始一连串地问巴尔代有关他的"电阻网"和其他抵抗组织团队的情况。"我们需要了解这些情况，这样我们才能带来更多的武器，配合登陆盟军的行动，尽可能地打击敌人。"伦敦之前曾向该小组透露，已经通知"登克曼电阻网"要低调行事，直到下达全体武装出击的命令。但是巴尔代现在似乎不是特别渴望开始战斗，科尔比看他更像是一个走过场的小公务员，而不是一个充满活力的威猛的游击队领导人。

实际上，几乎所有的杰德堡特工都曾伞降到过情况复杂的地方。科尔比还在密尔顿大厅的时候，就听到一些团队发回的报告，汇报他们遇到过的领导力糟糕的抵抗组织头目，不服从他们的领导或按自己的议程行事。英国特别行动处已经启动了铁定规则，在贝克大街彻底审查之前，他们不允许任何特工进入法国的"电阻网"。但到1944年春，抵抗组织的兵力快速膨胀，根本无暇进行详细调查。法国已经沦为一个囚徒之国，残酷的占领者和从天而降来解放他们的盟军的炸弹剥夺了他们生活的基本条件。生存的唯一途径就是某些"合理化"地投敌叛国。法国间谍有时会根据自己的道德准则行事，有些人觉得如果被德国纳粹逼到绝境，为敌军效力也无妨，他们会交付一些尽可能杀伤力小的情报，然后如果可能，尽快返回同盟国一边，把他们从为敌人工作时所了解的情况反馈回来。伦敦收到警告，德国人控制了一些特工，但往往轻率地忽视他们。

科尔比感觉罗歇·巴尔代有点不对劲。那天下午，在索梅凯斯的每一个提议，那个法国人都找理由说不可行。当时科尔比并不知道，后来也不清楚，直到战后才了解到巴尔代是个叛徒，一个受阿勃维尔控制的双重间谍。让巴尔代变节的是法国最老奸巨猾的德国反间谍特工胡戈·布莱谢尔，此人有七个化名，是法国盟军秘密网受到一些最严重伤害的罪魁祸首，其貌不扬，头发快掉光了，戴着一副黑边宽框眼睛，鹰钩鼻子，满脸的赘肉。但布莱谢尔很有天赋，为了让法国人背叛自己的国家，他常挂在嘴边的话就是"以崇高的事业为前提"。

战前没有任何背景表明布莱谢尔会是纳粹在法国的间谍捕手大师。布莱谢尔曾是汉堡的一个不起眼的商人，婚姻平平淡淡，生育了一个孩子。他40岁应征入伍，法国被入侵后，做了名低级别的警察。就像许多在法国的德国人一样，他很快就找了一个情妇，名为苏珊娜·洛朗，是卡昂一家酒吧的老板，很

法国约纳省

有魅力，与他一直保持情人关系，直到战争结束。

1941年春，布莱谢尔被招聘到德国军事情报机构——阿勃维尔，很快展露出一种特殊的天分——可以识破法国人的心思，引诱内奸，破坏诺曼底附近的抵抗组织"电阻网"。1942年12月，在许诺让他升官之后，他接受了更大范围的反间谍职责。但是迟迟未得到晋升，布莱谢尔倍感凄苦。他对潜在的线人总是自称"亨利上校"，好让他们相信他是阿勃维尔的大人物。有那么一小段时间，他甚至想过投靠盟军，但他很快就决定不去为他认为注定会失败的事业效力。1943年，布莱谢尔在巴黎亨利-马丁大道的办公室酝酿了一个极其野心勃勃的计划，他准备接手粉碎英国特别行动处在法国工作的间谍网络。以"大公爵"为代号，他开始着手渗透登克曼及其他的抵抗组织。

1943年3月，他启动了渗透登克曼的计划，当时他抓捕了一个名为安德烈·马尔萨克的特工人员，这个瘦高的马尔萨克就被关在巴黎南面弗雷纳监狱里。布莱谢尔每天去他的牢房探视，而且一待就是几个小时，无比憎恨纳粹的马尔萨克现在想要变节了。叛变之后，马尔萨克开始透露"电阻网"的细节，包括其领导人的名字亨利·弗拉热和一个叫罗歇·巴尔代中尉的关键人物。布莱谢尔让这位中尉到监狱探望他的战友，并开始培养他。接下来，布莱谢尔让帝国保安部暴徒逮捕了巴尔代，把他扔进弗雷纳监狱。布莱谢尔第一次来探监的时候，这个寡廉鲜耻的巴尔代就迫不及待地叛变了。他对"亨利上校"说："放我出去，我会为你工作。"这名阿勃维尔的军士安排他逃离了弗雷纳监狱。

英国特别行动处通常不信任那些从敌人牢笼里逃出的抵抗组织特工，认为纳粹放他们出来是为了让他们窥探他们的老雇主。一些英国军官以及战略情报局反间谍人员发现，巴尔代能从戒备森严的弗雷纳监狱逃脱很是蹊跷，他们怀疑他已经成了双重间谍。但是伦敦方面没有任何证据表明他正在向德国人泄露秘密。更重要的是，弗拉热天真地相信了巴尔代逃脱的故事，居然提拔他为登克曼的二把手。

巴尔代成了一个非常有价值的线人，给布莱谢尔提供了更详尽的有关登克曼组织和人员的情报信息，有"电阻网"提供空降物资的时间表，以及弗拉热在法国各地活动的最新情报。阿勃维尔的特工因此截获了许多伞兵降落时落下的圆柱形容器，逮捕或尾随了许多其他登克曼特工。在巴尔代转移的情报"清单"中，最有价值的情报是诺曼底登陆前交给弗拉热的英国广播公司向抵抗组织进行广播的"最后指示"的破译密码。对盟军来说幸运的是，德国国防军忽视了阿勃维尔这条经过层层上报的情报。布莱谢尔为了奖励巴尔代，把他的月薪从6000法郎涨到了10000法郎。为了帮他搜集大量情报信息，这位阿勃维尔间谍还给他派了另一个叛徒，曾是法国空军军士的拉乌尔·基弗，又名亚卡·基弗，做助手。

1943年8月，在巴黎香榭丽舍大道边的一个咖啡馆，巴尔代安排了布莱谢尔与亨利·弗拉热的会面，这是他们三次见面的第一次。如同对别人一样，"亨利上校"施展的魅力迷惑了这位登克曼的领袖。布莱谢尔让弗拉热相信自己私下里反对纳粹，并且甜言蜜语地透露了另一名与帝国保安部合作的法国游击队领袖（布莱谢尔鄙视纳粹党情报机构，也不介意出卖其中一个线人）。弗拉热刚开始自我介绍说自己是巴尔代的叔叔，对抵抗运动并不积极，但此时感觉他与这个阿勃维尔特工相见恨晚。他向他承认了自己的真实身份。

在诺曼底登陆成功后，巴尔代和基弗，都很清楚战争的风向变了。两个内奸开始与阿勃维尔的接头人拉开距离。布莱谢尔发现，与他们取得联系越来越困难。与此同时，巴黎帝国保安部高级军官厌倦了布莱谢尔一直与登克曼组织玩游戏，给他施压，让他逮捕弗拉热。于是在1944年7月2日，在巴黎蒙帕纳斯大道的一个地铁口，弗拉热被捕。几天后，在索赛街关押弗拉热的盖世太保监狱，布莱谢尔告诉他是巴尔代出卖了他，并保证要为他讨回公道。布莱谢尔很清楚这时候巴尔代又一次调换了阵营。

然而，此时弗拉热却表现出了无与伦比的宽宏大量。他对布莱谢尔说："我一向把巴尔代当作自己的儿子，我求你，咱们战后再处理这些问题吧。"布莱谢尔从此时到战争结束，再未见到弗拉热或巴尔代。那个法国人已经调到了约纳省去指挥登克曼组织，并等待伦敦承诺的几周后要抵达的杰德堡团队。布莱谢尔与他的情妇迁往了欧塞尔。但是到8月初，他开始怀疑巴尔代想陷害

法国约纳省

他，要把他交给盟军来消灭人证。他带着苏珊娜，搬到东南的第戎住了下来。

*

在索梅凯斯咖啡馆见面之后，维勒布瓦借了英国特别行动处另一名特工的一台发报机，此人5月份渗透到了约纳省，目的是为登克曼提供与伦敦的通信联系。那天下午4点30分（他预定的发报时间），"布鲁斯"特工队的报务员迅速发出使用摩尔斯密码的电报信息，传送到了代号为"查尔斯"的接收站。这是英国特别行动处和战略情报局早已安排的杰德堡交通站，位于英国南部的一个叫庞顿的村庄。查尔斯站有大量英国和美国经验丰富的工作人员，哪怕收到的部分信息是乱码，也可以迅速破译编码信息，并传送到伦敦。

"布鲁斯"特工队的那台无线电，名为"杰德组"，笨重的32磅短波发射机、接收机及配件改装版的B型马克二号，现在正在蒙塔日的某个地方，可能已经散架或被某个德国士兵捡走了。万幸的是，在降落到古镇时，维勒布瓦用过一次的代码便笺本还在上衣口袋里，与查尔斯站的一模一样，这样他与接收站之间的随意编排的五个字母一组的信息就可以加密和解密。跳伞的时候，他还保留了在丝绸上用英语和法语写的信号计划，其中包括了发送无线电信息的次数和频率，以及他应该使用的三个字母呼号。

发送无线电报经常置杰德堡团队于危险境地。维勒布瓦必须假设德国人在监听并有熟练的无线电测向队，如果他发出的信号被截获，不出半小时就会有人出现在他的门口。所以，他尽可能少使用无线电，不定时随机发送（经常在半夜），并把传输时间缩短，减少给敌人确定他信号的机会。在离开密尔顿大厅之前，维勒布瓦录制了他发报时每个字母按键的风格，称为他的"指法"，这样查尔斯站在收到"布鲁斯"特工队信息后就可以确定是他发来的，还是一个纳粹无线电人员假装他发来的。如果盖世太保抓获了维勒布瓦，并强迫他发送消息，他已经预先设置了代码，如故意的拼写错误，夹在信息中提醒查尔斯站他是被胁迫发送的消息。"安全抵达，"维勒布瓦在给查尔斯站的简略信息中写道，"误把燃烧的火车视为接收信号，所有设备降落城中，新电台发送，现与巴尔代一起。"他描述了巴尔代部队的情况，鉴于"欧塞尔北部和东部驻有德国重兵",他很谨慎。结束时,他请求更多的武器。次日,查尔斯回电:"终得消息,甚喜。空降不利,甚憾。无线电设备即送。"希望8月19日送达时,会落在他们团队应该降落的茹瓦尼附近。

巴尔代一直没有把"布鲁斯"特工队出卖给阿勃维尔,他意识到随着巴顿的坦克横冲直撞进入法国,如果那么做了将会站错队。这个聪明的法国人现在骑在墙头上,不帮助德国人,但同时也不帮助美国人激怒德国人。跟杰德堡特工在一起的时候,他会谈起如何跟纳粹打一场漂亮的仗,但也只是纸上谈兵,并无作为。"登克曼电阻网"的其他人对巴尔代有各种猜测。1944年4月,一个身材娇小的英国打字员佩吉·奈特,年仅20岁,讲一口流利的法语,空降到约纳省,充当英国特别行动处与"电阻网"之间的信使。她轻而易举通过了德国检查站,为游击队据点发送了信息。她说,巴尔代怎么看都"像一个被追捕的人"。她对他的忠诚起了疑心,因为一天晚上说好的约会他没来,而来的是个纳粹巡逻队。"妮科尔"(佩吉的代号)差点没逃过敌人的围捕。科尔比来的时候,她跟他说了自己的怀疑。

但是,科尔比没有证据证明巴尔代是个叛徒。几年后,他告诉自己的儿子,这个法国人是有机会把他交给纳粹的。8月下旬,在帕奇的第七集团军占领南方的里昂之前,巴尔代把科尔比带到了这个法国的第三大城市,这里一度曾是抵抗组织活动的温床,但现在依然是盖世太保的中心区域。当他们骑自行车到达的时候,这两个人发现自己非常危险,巴尔代认出他们近处的大楼就是盖世太保总部。科尔比心神不宁,赶紧骑着车到了另一条街,巴尔代跟在后面,他悬着的心才落了地,紧张的时刻过去了。

自从他们在索梅凯斯咖啡馆初次见面后,科尔比认为巴尔代只是一个被困的、无精打采、能力不足的抵抗组织领袖。他决定随遇而安、见机行事,因为现在"布鲁斯"特工队仅有的与伦敦沟通的无线电属于巴尔代,而这个法国人并不大方。勒隆和科尔比立即开始寻找更好的游击队领袖。两天后,他们认为找到了:阿德里安·萨杜尔,人称"谢弗里耶上校",60岁,律师,梅斯人,个性张扬,有领袖风采,有点傲慢,前法国陆军预备役军官,其演讲引人入胜,声称戴高乐已经任命他为约纳省抵抗组织的司令。"谢弗里耶上校"的唯一的问题就是手下没有多少兵。巴尔代的部队人更多，尽管在科尔比和勒隆看来，他对士兵并没有谢弗里耶那样威严，也称自己已替代弗拉热成为约纳省的领袖。

科尔比和勒隆立即开始摸清指挥系统，并在两个互相竞争的领袖之间调停，虽然他们认为谢弗里耶会是更好的作战指挥官。8月19日，维勒布瓦致电查尔斯站，团队已经"见过谢弗里耶"，对他印象更好。

第二天，伦敦总部发回消息，"布鲁斯"特工队要"团结所有愿意拿起武器与德国人斗争的分队，无论他们持怎样的政治观点"。科尔比和勒隆很快发现抵抗组织的派别不胜枚举。人称"乔治斯"的屈南·伯纳德，一名游击队领袖，在欧塞尔东南部大约有400个马基群落斗士；代号为"崴诺耶尔"的让·沙佩勒，一个年轻的充满活力的巴黎人，在约纳省的最南部屈阿勒莱通贝有600名武装人员；"伊冯"（盖伊·沙尔斯的代号）在全省范围内管理300名法国共产党员。所有的指挥官都告诉科尔比和勒隆，如果有武器，他们会号召更多的人上战场。

8月19日，维勒布瓦收到了从英国发来的替补无线电设备，开始发报给查尔斯站请求给不同派别的抵抗组织提供武器。这个杰德堡发报人说，仅仅为了给巴尔代组织"大量招兵买马"，就需要1000支步枪和200万法郎。抵抗组织间谍报告，德军第一百九十二步兵团的残兵败将正往约纳省东部逃窜，是游击队骚扰攻击的现成目标。维勒布瓦致电伦敦说："我们的人渴望大行动。"

"提包客"轰炸机开始飞过约纳省的上空，给谢弗里耶选择的僻静之地空投物资，在接下来的两个星期里有十几次空运。维勒布瓦每晚收听英国广播公司对法晚间新闻广播，在《贝多芬第五交响曲》后一些无聊的废话中，包含了约纳战地午夜将接收伞降的代码。科尔比、勒隆和接收方蹲在灌木丛中，当听到飞机的声音时，他们点燃篝火，在田地里摆成预先设定好的字母样式，以指定空投区域。然后他们远远躲避，以免在黑暗中，香肠一样的圆柱形容器砸在他们的头上。

科尔比和勒隆开始训练新的游击队新兵如何射击，如何擦拭他们的武器，为他们的指挥官提供如何组织连队发起攻击的建议。这项工作并不容易，因为那些老游击队员的作战技能差得很。比如，马基群落的斗士喜欢把机枪弹夹里的子弹全打光，而不是快速连发射击以节约弹药。但在接下来的几周里，科尔比估计，约纳省的非正规军增加了三倍。

他和勒隆与训练过的游击队展开了行动，伏击德国巡逻队，骚扰公路上的车队，炸毁敌人的补给站等。一架德国空军歼击机因为燃油耗尽被迫降落田间，科尔比带领游击队的一个连去夺取飞机，抓获飞行员。但德国国防军的一个连也赶到了现场，不消片刻，科尔比就明白，那些斗士根本不是敌军的对手。游击队设法射中了飞机，可面对德军铺天盖地的火力，他们也只能逃窜。为了不让抵抗组织使用飞机，敌军还放火烧了飞机。8月21日，维勒布瓦电告伦敦："双方角逐正在展开。"但"布鲁斯"特工队现在急需迫击炮、火箭筒、攻击步兵的小型便携式反坦克武器——短距离反坦克炮。科尔比和勒隆意识到，他们必须采用"打一枪就跑"的袭击战术，首先直接瞄准射击车队或巡逻队中德国国防军军官，然后分头散开，避开敌人的反击。游击队在与德军硬碰硬的战斗中遭受重创，因为敌军毕竟久经沙场，而且有良好的装备。

科尔比、勒隆、维勒布瓦很快适应了日常的工作，如分发武器、训练民兵、执行任务、与抵抗组织领导人讨价还价等。他们的战斗演变成一种孤军奋战的疲劳战术，时不时还充满了恐怖。他们尽量维持军人风范，然而却鲜有机会洗澡和刮胡子，大多数时候穿着破旧的平民服装，只在衣领上别着他们的军衔。为取得游击队的信任，他们就得与游击队同吃同住，这意味着吃篝火边上的原始大餐。烟草是奢侈品，炒橡子取代了咖啡。他们的作战方式不是传统步兵的日常激烈对殴，而是打一下就跑。幸运的是，敌人不可能出现在约纳省的各个角落，他们可以穿着便装远行而不会遭遇德国士兵。万一遇到，他们通常也会花言巧语蒙混过去。但是他们没有后援部队，没有救援骑兵，没有后方指挥所可以返回休息和放松，很多时候总是被搅扰也不能痛痛快快睡觉，也很少得到总部的鼓励，信件也就更少了。他们完全孤军奋战，还不得不提防有时法国游击队从背后使坏，而同时还要与他们建立持久的友谊。至于战友之情，只有科尔比、勒隆、维勒布瓦他们三个相依为命。

然而，这个使命为三名突击队员注入了活力，他们准备采取更大胆的行动。8月21日，一名抵抗运动领导人从巴黎赶来，要求空投武器，以备游击队在市政府大厦作战。维勒布瓦第二天给总部发报称，城中已无德国防空炮台威胁盟军飞机，建议无论日夜都可将小型武器和反坦克炮空投到附近的西岱岛——位于市中心巴黎圣母院塞纳河上的一个小岛。"我们意识到这是前所未有的想法，"科尔比在行动后的报告中写道，"但考虑到巨大的公众宣传和士气影响，我们觉得值得尝试。"伦敦方面迟迟不做答复。这些急于求成的"布鲁斯"特工队成员没有意识到更大的问题正在酝酿。

艾森豪威尔不想打断进军德国的步伐。他原本打算绕开巴黎，以避免代价太大的巷战，并保护养活了500万人的城市。他认为，在盟军削减北方补给线后，纳粹将不得不放弃这座城市。"布鲁斯"特工队此时提议继续助长巴黎的叛乱，并不在艾克的"游戏计划"之中。但戴高乐毫不留情地对他施压，迫使他批准先解放巴黎。在"布鲁斯"特工队发出消息两天后，雅克·菲利普·勒克莱尔少将的法国第二装甲师，在美国第四步兵师的支援下，挺进了巴黎。

8月26日，谢弗里耶的游击队解放了欧塞尔。同一天，科尔比跨越美军前线，拜访了奥尔良附近和约纳以西的巴顿的第三集团军司令部。柏林再也无法控制在法国的作战行动，法国驻军部队已经筋疲力尽，高级战地将领完全无视希特勒不切实际的"元首命令"，想方设法撤离到了德国边境的防御区。对于约纳省附近的德国国防军来说，能够得以喘息的机会就是：令人兴奋的巴顿第三集团军的快速推进，此时由于供应和燃料短缺而不得不放缓。尽管科尔比和勒隆在哈灵顿机场收到了一套与美军接头的暗号，但此时穿越美军前线依然危险重重，盟军部队已经遭遇了很多身穿美军制服的留守德国特务的袭击，所以第三集团军的先头部队自然会多个心眼，怀疑这个看上去很邋遢却自称是战略情报局少校的便衣特工。一个全副武装的士兵把科尔比拉到了巴顿总部的战略情报局分队，一名安全官员质问了他一些预设的问题，以判断他的身份。

"你认识一个叫铁锈艾伦的女孩吗？"安全官员问道。

"认识，她在美国海军女子预备队服役。"科尔比给出了正确的答案。

他提供了约纳省抵抗组织不同支队的军官的最新信息，并说人数已增至6000多。第三集团军的人则有消息要通知他：伦敦选择了谢弗里耶做全省抵抗军的总司令。

科尔比和勒隆一直在派遣间谍，包括那个英勇无畏的佩吉·奈特到城镇，如约纳省西部的蒙塔日侦察敌人兵力集中情况，并将位置报告给巴顿第四师的情报官。在第三集团军的坦克加满油继续向东和向北挺进时，这两名杰德堡特工决定组织对德军的骚扰袭击，尽可能保护巴顿第三集团军的右翼，让军队顺利通过约纳省。现在他来巴顿总部的原因之一，就是取得保护第三集团军右翼的书面命令。目中无人的巴顿宣布："让狗娘养的德国佬为侧翼担心吧。"他有理由骄傲自大，因为英国向他透露了"超计划"截获的情报，德国人正打算撤军，无意干扰他的侧翼。如果南面真的发生任何危险，他可以让空军和法国游击队去对付，以便他能保存实力发动进攻。陆军中校"浪荡公子"罗伯特·鲍威尔，前纽约建筑师，现任战略情报局支队队长，交给了科尔比一纸巴顿签发的保护其右翼的命令。

*

几天后，凯西来到巴顿的总部，和科尔比一样，毫无军人的样子，迷彩服不搭配，头盔也不合适。给索菲亚的信中，他喜欢把自己描绘成一个"战地老兵"，但其实根本不着边际。凯西真正的角色是布鲁斯的高级顾问，已经晋升为陆军上尉（月薪增加了50美元），负责调查伦敦和欧洲大陆的问题。

此外，多诺万还把凯西当作自己在欧洲的耳目。整个8月派他到法国、意大利和北非等地巡查。他还趁机旅游，用三个小时的意大利午餐犒劳他那敏感的胃。他把十二世教皇亲手摸过的念珠，邮寄给了索菲亚，还在信中说这里的城市就跟"美国任何城市的意大利区"一模一样。凯西带锁的手提箱里装满了文件，基本上一直拴在他的手腕上，他对如何开展间谍行动的行政管理表现出了极度的敏锐。他给意大利的战略情报局带去了一个显微镜，同时给多诺万发了长长的电文报告，涉及如何改进间谍工作、宣传工作、破坏计划等。他在一份报告中指出，战略情报局情报员可以身穿制服在罗马游荡，搜罗政治秘密，好

法国约纳省

比"一个好的新闻记者总会在巡查中有所发现"。情报员的工作应该与研究分析人员的工作相结合，一起去做同样的事情。与此同时，英国的军情六处正在以商业名义，渗透间谍到解放的城市搜寻经济信息。"我们也应该获得经济情报"，他建议。多诺万让他的高级职员传阅了他的这些建议。

在法国，凯西参观了被帕奇第七集团军解放的里昂和其他南方城市，对亨利·海德在那里组织的间谍网络钦佩不已，这个年轻特工也是多诺万的得意门生。8月28日，凯西飞往了巴黎，那时战略情报局官员大量涌进城市，需要征用豪华酒店做办公室。几天后，他开车来到巴顿的指挥部，听取战略情报局分队对侧翼保护的作战简报。"浪荡公子"鲍威尔告诉凯西，一个激进的杰德堡特工科尔比正在组织游击队从南面保卫第三集团军。

*

截至8月底，法国战役的人员伤亡非常惨重。美军伤亡、失踪或被俘13.4万人，英国、加拿大和波兰的伤亡人数为9.1万人，法国抵抗军最终的伤亡人数统计为2.4万人，法国平民的死亡人数达6.7万人。德国伤亡人数超过40万人。盟军现在在法国有200万人，是德军人数的两倍，而坦克是敌军的20倍。在北方从勒阿弗尔到特鲁瓦的广阔战线上，陆军元帅蒙哥马利的第二十一集团军和布莱德利的第十二集团军已经跨越塞纳河，巴顿的第三集团军延伸到了最右边。

与此同时，帕奇的第七集团军和让·德·拉特尔·德·塔西尼的第一法国集团军从南方持续北上，到了隆河谷，过了里昂。8月，战略情报局特工和突击队的数量翻了一番，达到225人，他们负责在盟军行动之前，监视或攻击德国人。为响应柯尼希将军此刻呼吁的大规模游击队起义，法国各地的杰德堡特工指导对德军撤离车队的伏击，发报给空军确定轰炸目标，营救疏散跳伞的飞行人员到伦敦，在盟军人数众多的时候，担任他们前进的向导和情报官。

9月初，科尔比和勒隆掌握了约纳省内所有派别的抵抗力量，再加上谢弗里耶从欧塞尔带出的差不多一个团的游击队，他们开始商讨保护巴顿右翼的作战计划。因为与所有的抵抗组织有关，所以选择一名总指挥的道路坎坎坷坷。8月30日，各派领导人一起"叛乱"，要求成立委员会取代谢弗里耶为全省抵抗组织的领导者，这个想法非常不切实际，科尔比和勒隆立即说服了他们。

与战略情报局总部官僚的讨价还价也让科尔比抓狂。8月27日，在谢弗里耶的部队进入欧塞尔的当天，科尔比让维勒布瓦给伦敦发报，索要一架C-47达科他运输机装载供应物资降落到机场。在接下来的两个星期，他得到的都是各种推诿，这种做法"摧毁了我们"对总部的"信仰"，科尔比在行动后的报告中写道。他已经仔细检查并测量了欧塞尔机场，并电告伦敦站可以安排达科他运输机的降落。伦敦回电说，他们听到谣言，说机场铺设了地雷。科尔比回电称，他亲自开车走遍了每个角落，确保一切安全。伦敦调度员回电说，在训练有素的空中交通管制员来指导之前，他们不会派飞机到此地（在抵抗组织随便设置的着陆地点降落是有危险的）。科尔比回电说，他本人曾接受过训练。伦敦站随后又提出了更多的条件，如飞机着陆灯和信号等，科尔比都一一满足了他们。最让杰德堡团队头疼的是，总部官员在空投物资上一再延误和出错，各种各样的请求也让伦敦航空工作人员手忙脚乱，所以有时他们需要武器的电报得不到答复。有些团队武器泛滥，而其他团队却收到很少的武器或根本收不到武器。还有就是打开圆柱形容器一看，根本不是自己想要的东西，一个团队要睡袋，结果运来的是灯罩。感觉被骗的美国突击队在法国游击队面前颜面尽失。科尔比终于也受不了他们的工作效率，决定只要他们空投武器。

科尔比明显地感觉到约纳省的战争步伐在加快。巴顿的第三集团军排山倒海般穿过了约纳省北部。总部下令让沿线的游击队各分队保持交通畅通，保护他们需要经过的桥梁，扫荡德国留守的防御口袋阵，让补给车队顺利通过。欧塞尔以南，来自西面和南面的德国军队正在向东面和北面撤回他们的祖国。维勒布瓦致电给查尔斯站，从第戎向北延伸的主要公路正在被"大量的德国运输车"碾轧。德国国防军官兵现在只专注一件事——逃离法国。科尔比和勒隆不必担心他们停下来与抵抗组织展开战斗。这两名杰德堡特工一个劲敦促谢弗里耶，让他的游击队更积极地干扰敌军的撤退。一旦德军的防御太强，就如他们在讷韦尔向南进攻时遇到的那样，科尔比就呼吁进行空袭，给敌军以重击。从小道穿过的德国国防军小分队成了"布鲁斯"游击队的囊中之物。游击队的

法国约纳省 219

伏击迫使德军集中部队在主要道路上前进，并用安保巡逻队保护他们在夜间行动，避免遭遇盟军空袭。

随着德国驻军撤离约纳省的城镇，谢弗里耶的各个游击队快速抢占失地。他们建立防御体系，在道路上设立关卡障碍，迫使从南方跟来的德国车队因绕行抵抗组织的新据点而耽误时间。科尔比和勒隆有时不得不匆忙赶到村庄，平息队伍之间发生的纷争。但他们最终建立了一条游击队占领区的警戒线，保护巴顿的侧翼从西部的卢瓦尔河附近的布里亚尔穿过欧塞尔，到达东部的托内尔。对于一些直辖市，谢弗里耶的抵抗军阻止敌军掉头掠夺。过了欧塞尔北部的莫内托，德国国防军招收的300名白俄罗斯人用机枪和迫击炮打迂回战，夺取镇上的汽油罐为他们的车辆加油，只配备布伦式轻机枪的150名游击队员与敌军打了一场硬仗，德国的掠夺者最后决定不能为了多抢一些汽油而造成更大的损失，于是向北撤离。

9月份第一周，科尔比和谢弗里耶亲自出动，侦察卢瓦尔河上的桥梁，主要是约纳省西部从北面的日安到南面拉沙里泰蜿蜒的河段。第三集团军的战略情报局分队的队长"浪荡公子"鲍威尔，想要把这些桥炸开，让撤退的德军无法通过并靠近巴顿的右翼。科尔比和法国游击队首领潜行了47英里，爬上每座桥的后段去察看桥梁是否已经被击垮，判断是否需要再次袭击。有些桥梁，如桑塞尔桥，他们已经安排了游击队进行爆破。对于其他桥，如已经伪装过又有德军严密防范的拉沙里泰桥，他们发电要求空袭。

这次侦察突袭，无论是出于什么意图和目的，都成了他们最后的战斗使命。德军的撤离日复一日更加混乱，沿途士兵无所不抢，无所不掠，如汽车、自行车、鹅肝和勃艮第葡萄酒。在某些情况下，他们开始自相残杀。科尔比发电描述了德国国防军与纳粹党卫军在拉沙里泰展开的一场难解难分的酣战。9月份第二周，约纳省内的战斗宣告结束。除了个别掉队的士兵，约纳省的敌人已被全部清除。第三集团军的战略情报局支队估计，约纳省内游击队和邻近的奥布省东北的游击队打死德军2000人，俘虏5000人。9月11日，科尔比和勒隆帮助巴顿的第三集团军和帕奇的第七集团军的先头部队在约纳省东南会师。从瑞士到北海，盟军战线正势不可挡地向东推进，逼近德国的边境。

9月23日，"布鲁斯"特工队离开了约纳省，遵照伦敦传来的命令，驱车前往巴黎的塞西尔酒店，那里的战略情报局官员会安排他们飞回伦敦。不过，他们在法国首都逗留了差不多三个星期，入住在香榭丽舍大道的力量酒店，与期待离开这个城市的其他杰德堡幸存者开派对。经过世人罕见的激烈战斗的洗礼，这些杰德堡特工的情感终于像炸弹爆炸般释放，在酒吧里狂饮作乐。埃尔布里奇在巴黎任霍奇斯的第一集团军的参谋，科尔比得以与父亲短暂相聚。科尔比和勒隆还设法征用了一辆黑色的凯迪拉克在城中到处游逛，还利用几天的时间远行西南到勒隆的故乡佩皮尼昂，让这个法国人与女友团聚。"布鲁斯"特工队并没有全部返回英国，10月10日，他们各奔东西。勒隆被派往美国总部，在那里担任法国联络官。维勒布瓦也回到了法国军队，被调到了印度支那地区，1945年3月9日，在与日军的激战中牺牲。科尔比飞回伦敦，乘火车北上到密尔顿大厅轮番做任务报告。他接到命令，在庄园外要严守机密，也不许在狐狸与猎犬酒吧讲述战争故事或吹嘘夸耀。负责安全的官员在得知有些战略情报局特工拿着游击队处决德国俘虏的照片回到美国时，感到万分惊恐。情报机构一想到这些照片可能会泄露给媒体，也是惶恐不安。

许多归来的突击队还面临着行政上的困扰，他们在执行任务中的花费必须入账。一个杰德堡特工被带到了法庭，让他解释25万法郎如何不翼而飞。幸好科尔比曾在一张纸上潦草地记下了那些数字，可以解释清楚"布鲁斯"特工队的所有资金去向。这三个人花掉了他们25万法郎钱袋中约22.663万法郎。其中7.5万支付给了其他特工和线人，其余给团队和抵抗部队购买食物，或者是用来购买替换空降时丢掉的衣服。科尔比自己从口袋里拿出了8090法郎，同时还上交了勒隆和维勒布瓦让他带回英国的1.528万法郎。

*

由于多达50万法国男女最终加入了抵抗运动，所以量化他们的价值一向都很困难。游击队造成的德国伤亡人数总是一笔糊涂账。秘密战争一般也不适合精确统计死亡人数。据一位历史学家估计，抵抗力量本身只解放了法国212个城市中的百分之二。大多数城市都是数量远远超过他们的盟军解放的，要么干脆就是德军向东逃窜时主动放弃的城镇。即使没有抵抗组织，盟军仍将解放法国。尽管这样做，军队会遭受更多的伤亡，但他们终将赶走纳粹。

高级指挥官对抵抗组织也褒贬不一。艾森豪威尔有点过于夸张地称赞，游击队相当于15个野战师。他在回忆录中写道："如果没有他们的巨大帮助，解放法国和击败西欧的敌人将消耗更长的时间，意味着我们自身也会遭受更大的损失。"帕奇的第七集团军称，在他们部队从南面进军的过程中，抵抗组织抓获了4.2万名德国士兵。然而，蒙哥马利在他的自传中几乎没有提到过抵抗组织。尽管巴顿的参谋对游击队保护第三集团军的侧翼钦佩不已，但将军本人似乎并不特别在意。当记者问他抵抗组织给他提供了多少支持的时候，他简而概之地回答说："比预期的好，比宣传的差。"私下里，多诺万也发表了批评，他曾对一帮官员说，抵抗组织提供的情报往往"是不可信的"。在诺曼底登陆后，游击队的队伍因为许多后来者的加入一下壮大起来，但与军队相比，军事效能"差距很大"。他坦白道："在一些山区他们的战斗可圈可点，但在其他地方，他们的价值等于零。"

但是游击队确实营救了一些盟军士兵的性命。如果艾克和他的指挥官们对抵抗组织有更多的信心，并且更懂得如何运用非传统战士，也许会挽救更多人的性命。同样重要的是，在被占领期间惨遭践踏的法国人民的骄傲，在抵抗运动之后得以找回。这也提醒了那些投敌卖国者，战后会有清算的一天。

战略情报局参与特殊行动的杰德堡特工和其他突击队士兵总共523名在法国敌后战斗，其中有86人丧生、受伤、被俘或失踪。英国特别行动处派出了480名特工，其中106人战死或被纳粹处死。艾森豪威尔的参谋认为，如果没有杰德堡特工的到来，抵抗组织军事力量也将无用武之地。这93支渗透到法国抵抗队伍的特工队，在大多数地区从政治上成功地团结了不同的游击队，使之成为一股攻坚力量。他们捣毁铁路线，骚扰德军撤退，切断（或在需要时保护）桥梁，引导盟军士兵持续推进。这些团队带来了物资和与伦敦沟通的设备，训练了毫无经验的士兵，带领了他们执行任务，鼓舞了游击队的士气。

科尔比坐在安静的密尔顿大厅，撰写他在约纳省行动的工作报告。他的战略情报局上司对"布鲁斯"特工队的成绩颇感欣慰。这些杰德堡特工所跳入的是一个抵抗组织各自为营的省份，特工们通过坚持不懈的思想工作将他们融合成一股统一的力量，炸毁桥梁、占领城镇、阻止撤退的德军干扰巴顿的右翼军队。一份总部报告总结道："一个成功联络的特派团。"科尔比同意这种说法，尽管在报告的结尾，他指出："如果更早派出这个特派团，可能会完成更多的任务。"这也是其他杰德堡团队共同的心声，他们来得太晚了。如果"布鲁斯"特工队提前两周伞降，"众多逃跑的德国纵队就不会来参加今天的战斗。"科尔比写道。七个月后，他经过一番深思熟虑，给上司写了另一份备忘录，建议安插小型特种作战部队到海外，为未来可能发生的冲突训练游击队。他所说的部队与当今的美国陆军特种部队——绿色贝雷帽有惊人的相似。

战争结束后过了很长时间，在他60多岁的时候，科尔比在一次采访中承认，没有过早派遣杰德堡特工是"非常明智"的决定。他意识到，如果过早派遣，将引发一场过早的起义，德国人也许会"扫荡"游击队。在跟他儿子的谈话中，科尔比尖锐地批评了"布鲁斯"特工队的任务。他们空降的地方是两股强大军事力量割据的中心，一边是东进的巴顿武装，一边是撤退的德军。这三名杰德堡特工和几千名法国游击队员只能在两军的运行轨迹上发挥边际效应。他对儿子说："其实我们没做什么。"

因为他们所做的一切，53名美国杰德堡特工得到了战斗英雄的绶带。科尔比和勒隆被授予美军青铜勋章。16名突击队员在战斗中死亡、21名受伤、4名被俘、1名在战斗中失踪。少数回到密尔顿大厅的杰德堡特工患上了创伤后应激障碍症。但更多人像科尔比一样，发现战斗令人兴奋若狂。

他在回忆录中写道："那是一个爆炸性的、激动人心的时刻，虽然在当时看起来并非如此，太过简短。"他不希望他的战斗就此结束。

*

1944年10月5日，亨利·弗拉热在布痕瓦尔德集中营被枪决。

战争结束后，贝当元帅被囚禁，他那千夫所指的首相皮埃尔·赖伐尔，被一个行刑队拖出去枪决。正义难以对所有人都公平。戴高乐并没有沉重地打击报复国家的叛徒,因为那样做不利于战后的政治利益,他更愿意把法国公民描绘成团结一致抗击纳粹的形象。但抵抗组织的游击队在战前、战中和法国刚解放之时,总共处决了大约9000名投敌卖国者,多达30000名法国妇女因涉嫌"横向通敌"而被剃光了头。在约纳省,一个女人被免于剃头,但人们拽着她的头发拖到树林中,开枪射中了她的脑袋。战争结束后,311263起内奸案如洪水般涌入法国法院,受审的占其中的一半多,其中的四分之三得到了判决。

9月下旬,在德国军队通过了约纳省后,罗歇·巴尔代一直保持低调。1945年1月,法国警方终于逮捕了他,但不久他就被释放了。英国特别行动处在确信他是叛徒之后,希望他在法国法庭受审并执行枪决。但戴高乐的安全机构并不确定巴尔代的罪,他向法国审讯官编造了一个天花乱坠的故事,声称自己是三面间谍,实际上他为弗拉热效力,反对布莱谢尔。法国机构相信了巴尔代,在2月释放了他。

早在1945年6月,英国特工在阿姆斯特丹就抓住了布莱谢尔。他们把他推上了一架飞往伦敦的飞机。在军情五处,反间谍特工开车把他送到了拉奇米尔大厦020营房,一个位于城市南部的审讯中心,开始拷问他。实际上,布莱谢尔不仅是个诡计多端的间谍捕手,而且还是个阴险狡诈的囚犯。他告诉了审问人员所有关于他在法国精心策划的活动以及巴尔代在其中所扮演的角色。1945年7月,法国特工重新逮捕了巴尔代。三个月后,军情五处把布莱谢尔送上了另一架前往巴黎的飞机,在其后的一年中让法国内政部官员带布莱谢尔为巴尔代的叛国罪作证。在弗雷纳监狱,这个阿勃维尔的家伙与他那面容憔悴的双重间谍还团聚了一下。1949年12月,巴尔代最终因叛国罪受审,并被判死刑,后来被改判为收监20年。1955年,他被释放出狱。之后他就隐姓埋名,销声匿迹了。

1975年6月,在科尔比被任命为中央情报局局长后,他在战略情报局的"布鲁斯"特工队的报告中加了一条"补遗"。科尔比写道,"布鲁斯"特工队在执行任务时,巴尔代的背叛尚属"未知"。但"这无疑说明了"在杰德堡特工转战约纳省时,"巴代尔的不作为"。

第十七章

攻坚德国

在伯尔尼，从西而来的火炮轰鸣声不时传来，猛烈的时候震得桌上的茶杯哐当哐当响。随着盟军的推进，瑞士在8月底开放边境，这使得杜勒斯更容易向华盛顿发送报告，战略情报局的增援人员也可大量涌入。伯尔尼那微小的隐蔽的"前哨"，很快壮大为一个超过60人的主要间谍站。这里汇集的情报人员管理到达的任务；研究分析师研究评估线人的报告；反间谍特工负责审查间谍，秘书和职员负责打印和编码信息；通信技术人员负责传输电报。初来乍到的人包括：格哈德·范·阿凯尔，37岁，来自伦敦站的劳工部，负责向第三帝国渗透间谍；保罗·布罗姆，生于日本，精通五种语言，负责组织反间谍行动；特雷西·巴尔内斯，哈佛毕业的律师，曾两次跳伞到法国，现以外交名义被派到伯尔尼公使馆做文员。边境的开放，也让杜勒斯20个月以来第一次有机会进入法国侦察，还与他的老板见了一面。

8月15日，当帕奇的第七集团军到达法国的地中海海岸时，喜欢两栖登陆的多诺万，与部队一起在圣特罗佩附近的海滩涉水上岸。一个司机驾着吉普车带他随盟军部队北上。他对沿途所看到的抵抗组织游击队的作战效率印象深刻。凯西在其8月份的实况调查途中，绕道去了法国南部，在格勒诺布尔稍做停留，那里被烧毁的盖世太保工事余烬未灭，随时都有执行队枪决卖国者的报道。他在这座古城的郊区找到了多诺万。这位战略情报局的官员发现，他的老板正安逸地坐在一个宏伟城堡的房间中，透过林荫遮盖的露台，眺望法国阿尔卑斯山壮美的景色。在享受了一顿美味大餐和几瓶法国厨师瞒着纳粹分子隐藏的勃艮第庄园美酒之后，凯西开始为多诺万酝酿良久的渗透德国的"使命"献计献策。

自1943年11月以来，多诺万一直敦促他在华盛顿的员工和伦敦的布鲁斯群策群力，提出战略情报局间谍潜入德国的计划。但他的助手并没有提出多少建议，这让他很纠结。在他向北穿越法国时，多诺万计划激励一个人去实现他的构想，他认为此人是让战略情报局间谍潜入德国的关键人物，那就是艾伦·杜勒斯。

8月伊始，多诺万就一直给伯尔尼站长灌输他的想法。8月2日，他电告杜勒斯，战略情报局需要重新定位，把精力从法国和其他被纳粹占领国家的秘密战争转移到德国境内。我们"应该用我们所有的技能和聪明才智来解决这个问题"。多诺万提议将伯尔尼站作为这些情报和颠覆性任务的"一个前哨"，让杜勒斯先组织间谍和特种突击队潜入德国打探消息并制造混乱。多诺万激情澎湃地写道："这将是战略情报局真正意义上的行动，如大胆的突袭，暗中实施漂亮的攻击，小组形式的巡逻，工业设施的破坏。"

杜勒斯认为这个想法很不切实际。令他气愤的是，多诺万似乎对他与弗里茨·科尔贝和汉斯·吉泽菲乌斯的成就熟视无睹，却要轻率地推出这个愚昧的使命。他语气委婉但直截了当地在备忘录里提出了反对意见。他在电报中对多诺万说，伯尔尼站为数不多的工作人员已经被"逼到极限且已超越了极限"，他没有人手来发起这项宏伟计划，同时他提醒这位间谍头目，"我们是在世界上最廉洁的中立国开展行动"。瑞士人对他那小小不言的情报任务可以睁一只眼闭一只眼，但如果他把他们的国家变成一艘航空母舰，与德国展开秘密战争，他们定会大动肝火。杜勒斯继续辩解道，即便他有人手，即便瑞士肯合作，这种行动的时机也早已错过。多诺万设想的网络应该在战争爆发前组织起来。在战争开始后，德国这样的极权主义国家就已经闭关锁国了。不像在法国，现在跳伞进入德国的战略情报局特工没有安全的落脚之地，更没有友好的老百姓支持他们。多诺万在华盛顿的顾问们倾向于同意杜勒斯的观点，他们的一个备忘录警告说：大体上说，德国人对盟军特工都有敌意，他们的社区"曾动员过战争。基本上人与人之间，至少户与户之间都与盖世太保有联系"。杜勒斯主张，就这个层面来讲，最好的情报是来自德国国内像科尔贝和吉泽菲乌斯那样愿意把情报带出来的德国人，而非大量潜入德国的外国特工。

多诺万很清楚面临的种种障碍，但初衷不改。他仍想让伯尔尼站长为他渗透德国鼓气。杜勒斯也想跟多诺万沟通（虽然出于不同的原因）。在9月第一周，他越过边境进入了法国，跟着法国游击队长途跋涉来到了里昂东部的一个藏身处。他希望从这里搭飞机到伦敦，再转机到华盛顿，他以为在那里能见到多诺万。几天后，一个战略情报局官员敲开了杜勒斯藏身之处的门，告诉他多诺万一直在寻找他，并说在里昂机场南边的飞机跑道上有一架飞机在等着带他们两人飞往伦敦。

道格拉斯DC-3飞机在里昂机场的跑道上发动了引擎，多诺万像对一个久违的亲人一样，热情地迎接了他的伯尔尼站长。两人登上了运输机，杜勒斯没太在意一个叫凯西的年轻上尉的自我介绍。飞机从草坪跑道起飞，沿卢瓦尔河向西北的英国海岸，在撤退的德军飞机下面飞行。凯西在座位上系好安全带，静静地坐着。他偶尔会紧张地望着窗外，希望迷途的德国空军战斗机不会掉头向南攻击他们毫无戒备又没有武装护航的飞机。与此同时，在机舱里，杜勒斯大声嚷嚷着向多诺万汇报他在7月20日的密谋中得到的最新细节。他对多诺万说，肃清运动是血淋淋的，但他相信德国的反对运动仍然存在，而战略情报局可以加以利用。多诺万点了点头，随即切入正题，杜勒斯早已经准备好洗耳恭听。他对杜勒斯说道："我想听听大举渗透德国的时机是否已经成熟，仍从英国空投特工，就跟我们渗透法国的方式一样。"

杜勒斯列举了种种论点，说明为何这个想法没有多大的可行性，凯西在整个飞行中一言未发。毕竟他身边这个人此时在情报界已经是跟多诺万齐名的名人。他作为一个小兵插嘴总是不太适合。此外，凯西早就知道多诺万根本不会在意杜勒斯的反对意见。在上尉手腕上拴着的带锁的公文包里，是他和布鲁斯应多诺万的请求，在过去几周里，精雕细琢准备的渗透特工到德国的计划。

9月8日下午，道格拉斯DC-3飞机在伦敦降落。当天晚上，多诺万、杜勒斯和布鲁斯来到了萨沃伊酒店的酒吧喝酒，突然间被第一颗德军V-2导弹在城市里的爆炸声打断，导弹在奇西克炸出了个巨大的坑，造成三人死亡。在随后的夜晚，每当空袭警报响起的时候，多诺万都会来到格罗夫纳广场战略情报局伦敦站的屋顶，看更多希特勒的"复仇武器"从空中划过。

凯西也曾在屋顶伸长脖子看早期的喷气动力V-1飞行炸弹（嗡嗡炸弹）。此时，随着这些比一般炸弹重六倍的庞然大物的接连到来，他躲进了掩体。他现在日日夜夜冥思苦想的都是如何重组伦敦站的间谍机构。多诺万把渗透德国作为重中之重，杜勒斯则一直反对并试图用其他的选择进行抑制，但多诺万现在对他伦敦的年轻助手而不是伯尔尼的明星站长言听计从。多诺万和杜勒斯之间产生了裂痕，这两个人本身也并不特别喜欢对方。两年来，杜勒斯的电报中，不时提出狂妄自大的外交建议和对多诺万管理的微妙批评，让战略情报局头目心存芥蒂。他认为杜勒斯想抢他的饭碗，事实上这种推测八九不离十。

多诺万还断定，杜勒斯是一个糟糕的管理者，这个很具讽刺意味，因为多诺万的管理也很混乱。但最重要的是，他认为杜勒斯缺乏让手下人忠心耿耿的领导能力（多诺万自然具备）。在萨沃伊酒店喝酒的时候，多诺万已经向他的伯尔尼站长透露风声，他不会得到他最梦寐以求的"大奖"。杜勒斯听到传言说布鲁斯想回华盛顿，就想自己取代他成为伦敦站的负责人，并在不久后将该站打造成监督整个欧洲大陆的战略情报局行动的重要站点。在酒吧里，多诺万还告诉他的两名手下，要原地待命。布鲁斯将继续作为伦敦站站长监管欧洲行动，而杜勒斯依然留守伯尔尼。凯西听闻此言深感宽慰。他对杜勒斯糟糕的行政管理技能的流言蜚语早有耳闻，不想让他成为自己在伦敦的老板。

多诺万试图用糖衣炮弹劝说杜勒斯，称瑞士无论如何都不能失去这位干将。多诺万补充说，战争结束后，布鲁斯将回到美国，他希望杜勒斯领导战略情报局并把任务转移到被占领的德国。他没有告诉杜勒斯他其实更想让布鲁斯做那份工作，而让杜勒斯去做布鲁斯的下手。

杜勒斯感到万念俱灰，尽管他并不惊讶他将领导战后德国的使命。在过去的六个月里，费迪南德·迈尔和多诺万已经开始不断地给他发报，让他开始思考如何在德国纳粹崩溃之后组织一个间谍网络。在安排盖沃尼兹负责伯尔尼站后，9月15日，杜勒斯与多诺万一起飞回华盛顿，尽职尽责地开展他的新工作——在战时和战后渗透德国。

两年前，杜勒斯离开时，这个南方城镇还死气沉沉，现在却挤满了忙碌的文职人员和军事人员，每一间酒店房间和闲置的办公室现在都被占用，作为各种政府计划和官僚战争筹款的场地。虽然声称自己想念家人，但杜勒斯在为期两周的访问期间，只给克洛弗和孩子们分配了一天的时间。其余的时间，他一直在与纽约办事处和华盛顿总部的战略情报局的同事开会。华盛顿总部给他分配了一个房间和一部电话。助手们差不多都排在门口，想一睹这个在瑞士因出色的情报工作而一举成名之人的风采，或与他攀谈。而在这诸多的来访者中，有一位是战略情报局历史学家，他开始采访杜勒斯并保留了一份有关其成就的记录。"现在还不是颂扬我们成就的最佳时间。但是，我们的确成功地渗透到了阿勃维尔，将其变成反希特勒机构。"他对历史学家说，并对实际发生的事情感到洋洋得意。杜勒斯也曾去克里姆林宫和五角大楼，对那里的高级官员简要概述关于针对在德国战后建立特派团并在战时渗透德国的想法，而且还给他们阐述了各种原因，虽然他认为战时渗透徒劳无益。

大约在杜勒斯逗留华盛顿的同时，凯西也来到了华盛顿。与杜勒斯不同，凯西时刻记挂着他的家人。他尽其所能，赶上了第一班火车到纽约跟索菲亚和16个月大的伯纳黛特团聚，当时她们与她的家人待在一起。凯西与杜勒斯在华盛顿逗留期间是否曾聚在一起，两人都没有相关记录。但杜勒斯的确去了理查德·赫尔姆斯的办公室。这个海军中尉一直在仔细阅读杜勒斯的伯尔尼电报，而他本人在总部已经作为中欧和斯堪的纳维亚任务执行官而声名鹊起。杜勒斯马上将赫尔姆斯列入其德国使命的关键助手名单之中。

1944年10月，杜勒斯回到伯尔尼站时，终于看到新员工面孔，新行动也开展得如火如荼，但他对前景并不看好。玛丽·班克罗夫特在她的回忆录中写道，这是"一个最令人不安的转型，我再也没看到那个曾经的艾伦·杜勒斯，他对行动曾是那么的娴熟自如，那么不受外界干扰，那么特立独行……而今，

攻坚德国

艾伦个性中的亮点和魅力消失了"。随着伯尔尼阴雨连绵的秋天的到来，又一次痛风发作使他更加沮丧，而且当这种疼痛扩散到他的右肘时，他不得不停止写字。他对总部和伦敦的牢骚不断，说他的行政负荷太重，缺乏训练有素的官员帮他分担，公费旅游的美国游客浪费了他太多的时间。华盛顿总部毫不客气地指责杜勒斯缺乏管理能力。多诺万开始在杜勒斯电报旁边草写刻薄的批语。就连新到伯尔尼的官员也发现这个站长很难相处而且不善交流。

另一方面，在伦敦的凯西，正凭借他的行政能力赢得褒奖。深秋，五名海军上将站在房间里注视着他的制服别上美军青铜勋章，他自豪地写信给索菲亚说。他和一个室友还搬进了哈雷大厦87号的一套豪华公寓，里面有座雕像，几个壁炉，地板上铺着老虎皮和狮子皮，"还有一张漂亮的大方床"，他告诉她。他在另一封信中写道："现在的工作比以往任何时候都更具有挑战性和吸引力。我现在管理的是大使、将军和部长级别的人，而且在整个欧洲领域，我几乎有完全的决定权和行动自由。"

10月13日，凯西又去了一趟法国，乘坐一艘鱼雷快艇穿过英吉利海峡到了瑟堡，然后乘吉普车越过崎岖的道路到了巴黎。他充满敬畏地注视着沿途庞大的、长到望不到尽头的盟军车队。他写信对索菲亚说："真为美国人感到骄傲。"凯西住进了号称客房有热水的玛索皇家酒店，他对厨师的精湛厨艺赞叹不已，仅用军队口粮、芝士酱、大蒜和料酒就能做出精美佳肴。伦敦站已经开始慢慢转移，布鲁斯麾下的3400多人中有350人调到了巴黎，更多人都在找借口调过来。

凯西发现这个光明之城"绚丽多姿"，他给索菲亚写道。他对那些战略情报局官员没什么好感，他们把办公室弄得相当奢华，从阳台上可以俯瞰香榭丽舍大道。他在同一封信中抱怨说："他们当中太多人都是榆木脑袋。最令人忍无可忍的是，他们看似追求真理，但实际上很多人因沉迷夜生活导致次日无法好好工作。"凯西发现战略情报局的前哨站乌烟瘴气，大部分的工作平庸乏味，主要是对法国战役遗留下来的间谍例行调查，或是应对迷失在法国的德国间谍。布鲁斯命令他重新整顿秩序，这正如他所愿，不断变化的战争形势迫使他必须好好整顿。

凯西发现，巴黎士气低迷是美国和英国情报界对自身认识不足造成的。他们普遍认为德国不再是一个需要"侦察的斗士"。甚至凯西也曾告诉过索菲亚，他坚信战争不会持续到冬天。军情六处汇报称德国官兵的士气严重衰落。战略情报局对170名战俘的调查发现，大多数人认为德国会战败，战争会很快结束。多诺万把调查结果发给了罗斯福，同时还发送了战略情报局对德国报纸讣告的研究，显示德国很多青少年和老年人都战死沙场，也就是说，德国国防军相当缺乏二三十岁的理想人力资源。

杜勒斯电告华盛顿，根据他得到的情报，德国知名的工业家和德国国防军将军都想尽早结束这场战争。据他的线人报告，纳粹高层领导人也开始出现分裂。戈林正在谋划飞往南美洲，一个线人说。虽然杜勒斯也承认，"这可能是一个童话故事"。其他消息来源称，希特勒患上了严重的咽喉疾病（以此解释不再在公众场合抛头露面）且营养不良，7月20日的刺杀导致了他的耳聋和人们现在所说的躁郁性精神病。

杜勒斯特别警告说，希特勒"仍然是元首，其铁腕手段依然触及每个领域"，但这种告诫被淹没在由来已久的乐观主义的汪洋大海里。甚至在诺曼底登陆之前，艾森豪威尔的参谋也曾下令，组织关于如何管理被征服的德国的研究。到8月份，为防第三帝国早日投降，多诺万的总部已经起草了将在德国开展工作的详细工作计划。7月，凯西和杜勒斯都接触过代号为"末日帝国"的行动——在德国瓦解之后，火速派遣名为T部队的特工团队进入柏林和其他四个主要城市。

"市场花园行动"的失败让德国已经没有战斗力的妄想彻底熄灭。9月17日，蒙哥马利突发奇想，实施了这个大胆的计划。他下令各伞兵师团空降荷兰，为英国第二集团军开辟一条走廊，夺取莱茵河的桥头堡，捣毁一直恐吓英国的V-2导弹发射场，让25万敌兵落入陷阱，然后"雄赳赳地推进"刺向东鲁尔，迅速结束战争。然而，因为计划的时间太过精准（师团未在指定时间到达，占领桥梁和城镇），指挥官的狂妄自信（进攻开始时，蒙哥马利正在让人给他画像），错误的陆军情报（当85000名做好战斗准备的德军士兵掉头反击进攻者时措手不及）使任务惨遭失败。在五天的战斗中，盟军在一个英国军官称之为"一个史诗性错误"中失去了17000人。凯西认为这是一场溃败。对于战略情报局，这一行动却开始唤醒那死气沉沉的伦敦站和巴黎站。"市场花园行动"之后，盟军马上就意识到1944年底结束战争的前景黯淡。多诺万的间谍机构面临更为艰巨的使命，要渗透的是一个敌对的德国，而不是一个投降了的德国。

10月12日，在登上横渡英吉利海峡的鱼雷快艇前，凯西向华盛顿发出了一份长达九页的备忘录，题为《战略情报局之德国计划》。多诺万把它分发给了他的高级职员传看。凯西在备忘录的开始写道，他们在法国的任务已经成功，现在"行动重心已经转移到了德国"。盖世太保的安全控制依然严密，但盟军的地面推进和空中打击正在瓦解他们。同时也涉及了如何对一个仍在战斗中的国家进行渗透并提高公众对"纳粹政权的不满"。

凯西建议从英国、瑞士和瑞典派遣100名特工到德国，搜集德国国防军兵力军事情报以及纳粹政权的政治和经济情报。这些特工要进行破坏帝国的行动和颠覆性的宣传。他告诉多诺万，在伦敦站设立的分支机构可以利用起来，但这将需要有"顶尖水平的人事工作技能"来组织这一雄心勃勃的事业。凯西的备忘录并没有说明应该派谁把所有这些条件组合在一起。但很明显，凯西心目中的那个人就是他自己。

第十八章

挪威

10月，完成"布鲁斯"特工队的团队报告后，威廉·科尔比乘火车南下伦敦，入住了坎伯兰酒店。该酒店离格罗夫纳广场也就几步之遥。接下来的几天时间，他就在战略情报局的联排别墅里晃悠寻找差事。最后他找到了杰拉尔德·米勒，一个和平时期的底特律银行家，40岁，高大体胖，刚刚接管伦敦站的特别行动部，现将全部精力都放在了关闭杰德堡在法国的任务上，而不是寻找更多行动的突击队员。米勒对科尔比说，他可以被调往亚洲，尽管他曾在远东生活过，但这听起来并不诱人；还有一个选择，就是去挪威。米勒的斯堪的纳维亚分站很小，一直被忽视，现在需要一名军官去指挥那里近80人的挪威特别行动组，他们将空降到瑞典破坏铁路线。

从政治上讲，这是一次敏感的行动。米勒告诉科尔比："我们不想让人把它搞砸。"

科尔比立即接受了这个任务。虽然他半句挪威语也不会说，而且除了听挪威裔的美国朋友对他讲过挪威外，他对这个国家完全一无所知。他盘算着这是他重返战场的最快途径，怎么也比等待数月调到亚洲强。谈话快结束时，米勒说："顺便问一下，你会滑雪吗？"在白雪覆盖的群山中，这是在挪威出行的唯一方式。"会的。"科尔比向这位特殊行动头目保证。从佛蒙特州的高中时代起，他就成了一个相当熟练的滑雪者。

挪威是欧洲一个偏僻的国家。南北跨度有1000英里，大部分地方寸草不生，冬季严寒，耕地面积不足百分之三，只有300万人口，但方言却不少。挪威与世隔绝，穷山恶水让它免于遭受外敌的征服。罗马皇帝很喜欢这里的皮毛，对他们禁卫军中高大的金发护卫也称赞不已，但对占领土地毫无兴趣。中世纪，该国的造船技术和航海业，得益于传奇的挪威维京海盗袭击和对欧洲大部分地区及美国的一些地方的掠夺而发展壮大。到20世纪初，挪威开始繁荣，但依然与世隔绝。对欧洲的政治争斗不感兴趣，也没有遭受其军国主义和经济危机的影响。在第一次世界大战期间，该国竭力维持中立，但没有军事力量来捍卫中立。此后，挪威从半隔绝状态中惊醒，开始更多地参与国际事务，在国际联盟中也逐渐活跃。但它仍然无视日益增长的30年代中期的纳粹威胁。1939年，战争爆发后，西方列强强迫挪威加入他们的阵营，但同斯堪的纳维亚其他国家一样，挪威坚持保持中立。

1939年4月14日，罗斯福要求希特勒保证，他不会攻击这个国家，那里的防御工事已经陷入了可悲的境地。但德国与日俱增的好战本性惊醒了挪威人，德军侵略势不可挡。德国U型潜艇不断击沉挪威船只，与此同时，满载瑞典铁矿石的德国船只，利用挪威的锯齿状海岸躲避英国海巡，而且成群的纳粹间谍开始偷偷地溜进这个国家。1939年12月，前国防部长维德孔·吉斯林，个子高大，因饮酒过度脸色蜡黄，领导着一个像纳粹一样的边缘党——"国家统一党"，秘密参拜了希特勒，意图劝他入侵挪威。

1940年4月9日，凌晨，第一拨10000名德国空降兵和两栖士兵冲入挪威，占领了奥斯陆和其他五个主要城市。吉斯林在广播中宣布，原政府已被废除，现在由他执政。纳粹宣称，这次入侵是为了拯救挪威开放的沿海水域，因为英法两国在前天宣布封锁德国船只。一支铜管军乐队跟随着第一拨德国军队进入了挪威首都，但德军士兵们惊讶地发现，他们的保护并不受欢迎。这次入侵最终造成了6.3万德国国防军的伤亡。挪威的小型部队、海军和空军英勇作战长达两个月，他们因为比波兰、法国或低地国家坚守的时间更长而颇为自豪。但德国援军纷纷涌入，在全国散开，占领了其他城市和村镇，挪威武装部队总司令于6月10日正式投降。国王哈康七世、王储奥拉夫和政府部门的部长们，带着挪威银行的储备黄金流亡到了伦敦。整个国家对德国的侵略无比震惊和万分悲痛，对领袖的离去以及同盟国的无力阻止也愤愤不平。

大约30万名敌军最终占领了挪威。希特勒任命约瑟夫·特尔波文为挪威国家专员。此人是心狠手辣的科隆纳粹地方长官，娶了戈培尔之前的情人做妻子。与他一起来挪威的还有盖世太保和帝国保安部特务组成的一支6000人的队伍，手下还有一帮挪威纳粹暴徒，共同欺压百姓。1942年2月1日，特尔波文大张旗鼓地正式指定吉斯林为"首相"，领导一个傀儡政府，其残暴专横与其德国侵略者无二。吉斯林出身于一个牧师家庭，自认为是先知，受命来领导挪威走向国家社会主义。他被允许保留"赫德"——他的国家统一党中大约有8500人的准军事部队，用来震慑他的臣民。德国在挪威如同在法国一样，也得到了投敌卖国者的帮助。根据战后统计，多达4.8万人陷害了自己的同胞，帮助纳粹建立了防御体系，还有另外500名挪威人自愿参加党卫军警卫营。

希特勒的将军们本不想入侵挪威。但是入侵之后，德国国防军发现这个国家军工原料资源非常丰富，如镍、铜和铁矿石，还可以作为U型潜艇和侦察机的重要战略基地。纳粹开始掠夺这个国家，不仅大量运走有用矿物，还运走了粮食、鱼和成千上万的壮丁，让他们成为第三帝国的劳工队。正如他们在其他被占领国家所做的那样，随着时间的推移，德国人加强了他们在挪威的恐吓战术。傲慢的德国国防军在人行道棒打平民已经司空见惯。盖世太保或赫德特务增加了深夜对住户的突袭，抓走并折磨持不同政见者。约1.9万人被送到了奥斯陆西部的格瑞尼拘留中心。

抵抗运动的形成花了不少时日。挪威人无论是对德国的侵略，还是对占领者的反叛都毫无准备。在一个人口稀少的国家，组织全国性的反抗很不容易。每个社区都不大，这意味秘密活动会很快在市民中间传播，而且很有可能传到与盖世太保勾结的告密者耳中。亚北极的山脉也贫瘠荒凉，没有食物来源维系游击队营地。但是逐渐有对抗德国的"白色战争"的力量成为一股牵引力。

民族抵抗运动从所谓的"冰锋"开始——男男女女对德军变得更加不合作。尽管德军禁止游行示威，4月9日，在德军入侵的第一周年纪念日，挪威人静默半小时，汽车停止，工厂罢工，学校停课；充满活力的音乐制作、书籍出版和爱国报纸发行等文化生活转入地下；已经投降的挪威士兵和海员拿起发报机，开始向伦敦发送关于纳粹防御工事的电报；收过德国"老板"洗劫来的珠宝的女秘书，开始为抵抗网暗中监视他们的雇主；司机们把吉斯林政府的汽车调出，去搭载拒绝到瑞典劳工队服役的逃跑者；起初自发的游击战，终于发展成有组织的战斗。从德国战俘营释放的挪威军官承诺不对抗德军占领，但现在他们不再信守承诺，而是将全国划分为不同区块，并在各个区设置"军事组织"，由退伍军人、运动和射击爱好者，甚至童子军组成的秘密军事组织，全部接受奥斯陆一个秘密中央司令部的指挥，并由该司令部向伦敦的流亡政府汇报。"军事组织"的战斗力量壮大到了25000人。

在德国侵略前偷偷溜进挪威的英国特工渗透到了多孔峡湾海岸，后来发展到了数百名。英国特别行动处的挪威特工帮助侦察强大的德国战列舰"俾斯麦"，直到1941年沉没。一系列的英国特别行动处的破坏袭击，最终削弱了威默尔克附近的挪威海德鲁重水工厂，该工厂一直为最新的德国核计划提供重水。但是，英国与挪威的关系也日益紧张。英国特别行动处官员抱怨，他们的挪威同行太轻信朋友，也太爱闲扯，根本不防备他们是不是纳粹的告密者。挪威抵抗军领导人则抱怨说，英国特别行动处突击队往往过于一意孤行，发动的袭击只会引来纳粹更残酷的报复。德国人对攻击迅速做出回应，带来了1000名盖世太保特工来粉碎抵抗军，并征调了15000名挪威人来构筑防御工事。因为他们料到，随着游击队活动的增加，盟军随后就会入侵。

事实上，丘吉尔曾动过攻入挪威的念头，但盟军司令部最终选择在诺曼底登陆。然而，英国特别行动处不可能忽视挪威，他们担心这样做可能会无意中暴露登陆诺曼底的计划。从1942-1943年间，英国特工一直在用欺骗行动和破坏性袭击来给德军施压，这样就会让希特勒把他的30万士兵留在挪威，而不是转移其师团到法国进行防御。杜勒斯的伯尔尼线人汇报称，这个策略似乎很有效。1943年8月，他在电报中称，柏林当局担心英国和美国军队将从苏格兰和冰岛出发，在挪威中部沿海登陆。

*

在珍珠港袭击事件发生七个月后，多诺万一直在考虑组建一支由挪威裔美国人组成的突击连队，来参与在挪威的行动。得知罗斯福对挪威有兴趣，他把研究分析员准备的关于挪威铁路和海上交通地图以及概要送到了白宫。但战略情报局的突击队力量遭到了挪威流亡政府的冷遇，因为英国特别行动处层出不穷的行动已经弄得他们手忙脚乱。英国官员也不想由于美国横插一脚，而破坏他们极力改善的与哈康七世和其部长们的关系。一份1942年的英国特别行动处备忘录指出，多诺万的挪威裔美国人的"麻烦无疑比价值大"。

盟军的敌意，在过去没有打消多诺万插手挪威的念头，在目前这种情况下更不会。1943年1月，埃勒里·亨廷顿中校，前耶鲁全美橄榄球队四分卫，多诺万华盛顿的特别行动负责人，带着战略情报局雄心勃勃的挪威破坏行动计划飞到伦敦。他与威风凛凛的英国特别行动处处长查尔斯·汉布罗爵士和死板的挪威流亡武装指挥官——威廉·冯·唐根·汉斯廷少将的会面简直冷淡到了极点。亨廷顿声称，美国高级指挥官如此急于在挪威行动，主要是为了保护艾森豪威尔的北翼。他告诉他们，美国中西部有大量的挪威裔美国人，他们的母语很流利，他们"大声呼吁"要加入解放祖国的战斗。汉布罗和汉斯廷意识到多诺万绝不会善罢甘休，勉强同意了破坏计划，但是却定下了硬性条款，除非英国特别行动处和挪威流亡政府批准，任何美国突击队都不能踏入挪威。战略情报局特工团队将在偏僻的、非常不引人瞩目的挪威中部地区活动，英国和本土部队则在其南部作战。另外，挪威裔美国人必须由一个负责任的、头脑冷静且不会惹麻烦的军官指挥。多诺万的代表接受了这些条件。

4月，战略情报局招聘官飞往了丹佛附近科罗拉多州的赫尔营，800名挪威裔美国人正在第九十九步兵营接受山地战争训练。招聘官挑选了10名军官，69名士兵，他们都会滑雪，讲挪威语（很多讲得并不流利或带着浓重的美国口音），然后这些志愿兵飞到了东海岸进入战略情报局突击队进行训练。八个月后，这支新成立的79人游击队，包括一些在战争爆发时被困的挪威海员，航行到了英国。他们在苏格兰接受英国特别行动指令，又到灵韦接受跳伞训练，然后在哈灵顿牧场附近的乡村庄园布鲁克厅待命，而英国人没有给他们在挪威的任务。此时，艾森豪威尔的参谋正在搜索杰德堡特工以外的突击队，准备诺曼底登陆后的行动。这些挪威裔美国人被空降到了法国南部，在那里参加了三个月的战斗。

10月下旬，科尔比接受指挥游击队的任务时，挪威对德国国防军已经没有太大价值。德国的船只想要穿过盟军封锁，往帝国运送挪威的军工原料变得日益艰难了。德国在挪威的占领军感到越来越孤立，害怕永远与祖国隔离。尽管是时候该撤离的情绪在德军中蔓延，但英国情报汇总报告却说："德军情况还不错。"

科尔比率领的挪威裔美国人士气也好不到哪儿去。伦敦的特种部队司令部告诉他，要训练这些人在挪威进行游击战，却没有明确的任务。战略情报局官员怀疑英国根本不想动真格。多诺万也疑惑这些挪威特别行动组是否永远见不到挪威。挪威裔美国人突击队现在已经成了历经战场却愤世嫉俗的团体，他们自愿前去解放祖国，但任务迟迟不到，他们就这样月复一月地被晾着。他们彼此嘀咕，如果他们现在被启用，会不会单纯为了政治目的，只是为了"野蛮比尔"多诺万可以夸口说他在这个国家有军队。但如果命令真的下达，他们一致认为，陆军少校科尔比可以胜任他们的领导。

第十九章

欧洲任务

困惑迷茫无所不在。至1944年深秋，这个之前一直把重心放在法国的伦敦站，不知如何执行多诺万渗透德国这一雄心勃勃的计划。组织这样一个计划，需要庞大的工作人员，但这里却没有。在第三帝国内部的间谍工作很艰难，可是却没几个教官对特工进行辅导。战略情报局官员懂德语的人屈指可数，无法派遣特工，也无法监控特工在实地的活动。原来在法国设立的萨塞克斯情报组的成员已经解散。人人都以为法国解放后，战争即将结束，对德国的行动已没必要。就算萨塞克斯情报组的成员还在，他们的专长也是法国，而不是德国。凯西开始盘点清理官僚的繁文缛节，以及他和布鲁斯必须要做出的决定。伦敦站的情报、特别行动和宣传部门，都各自针对德国制订了一些小措施，现在要对它们进行整合，以免大家做重复性工作。对于多诺万要求的扩大计划，凯西给布鲁斯发去了一个长长的"我们欠缺的"物品单，如特工们的装备、衣服和假证件、带他们深入德国的飞机、他们到达后的安全落脚点等。

到目前为止，英国渗透德国的计划跟多诺万的计划一样微不足道。军情六处和英国特别行动处都认为第三帝国不好对付，不值得去费劲。凯西发现，英国情报部门对于美国加入德国间谍行动的想法显得特别势利——"不太亲密"，在一份报告中，凯西这样委婉地描述自己与英国军情六处的关系。1944年9月初，布鲁斯站和英国特别行动处设法"上马"了一个代号为"釜底抽薪"的联合任务，空降战略情报局间谍到荷兰边境对面的德国瑟格尔，侦察一个攻击鲁尔兵工厂的间谍破坏网络。此外，英国特别行动处想出的最好计划就是"假发行动"，相当于一个对德国虚拟破坏的计划：空降几名特工去制造一个假想的叛乱。英国特别行动处的一份报告解释道："即使德国没有抵抗运动，也要制造抵抗运动，就像伏尔泰所说的，即使没有上帝，也要创造上帝一样。"这将把盖世太保逼疯，说服德国公众，"真的有一些有组织的抵抗"。然而"假发行动"泡汤了。1943年秋，当科林·格宾斯少将，一个身经百战的游击队组织者，从汉布罗手中接管了英国特别行动处后，得知多诺万正在筹备一个大型的渗透德国的行动，便命令他的那些怠惰的贝克大街人员也立即活跃起来。

"釜底抽薪"任务中，战略情报局派出伦敦站中的一个从未想过要启用的分队——劳工部来执行针对德国的渗透行动。9月，在凯西分类整理那些官僚形式的复杂文档时，发现这个被忽视的小分队做了大量的工作，如派遣间谍和破坏者进入德国等。1942年9月，正当杜勒斯还在纽约的办公室准备调往瑞士时，阿瑟·戈德堡登上了泛美航空公司水上飞机来到了英国，代表欧洲工会和德国劳工运动组织，为伦敦流亡者打通逃生通道。戈德堡认为，这些人当中可能有成员愿意为战略情报局在敌国领土做密探。经过三个月的联络，戈德堡掌握了许多联系人，并开始在伦敦站设立办公室，在工会的帮助下招聘特工。多诺万设法在陆军给他弄了个少校头衔，以便他能在实施计划时，以军衔之职与军队打交道。多诺万告诉戈德堡，如果这招对高级军官没效，他就脱下军装，假装公务员居于他们之上。

在接下来的一年半时间里，伦敦站的其他部门都在忙着派遣特工和突击队进入法国。而戈德堡的小劳工部，像一个后娘养的孩子，没人理睬。他自己着手构建了一个组织，对工厂、铁路站场、商船的欧洲难民进行训练和武装，让其穿越到德国做间谍。贵族布鲁斯和他在华盛顿总部的共和党同事一样，一开始就怀疑戈德堡在聚集一帮左翼工会煽动者，威胁战后资本主义。然而，多诺万对他的劳工律师的工作一直热情满满，定期给罗斯福发送这个分队的最新消息。

1944年秋，当凯西开始盘点伦敦站有什么资源可以为渗透到德国利用时，戈德堡回到了美国。多诺万同意让他办理从军队中脱离的手续。戈德堡的家庭开始入不敷出，陆军少校的薪水不够支付账单，加上他错误地认为战争会很快结束。但他为凯西即将展开的计划留下了种子，这是一个代号为"浮士德"的计划。这是根据约翰·沃尔夫冈·冯·歌德剧作中一个悲剧人物命名的，意指一个把灵魂卖给了魔鬼的人。

1944年1月，伦敦站劳工部的六七名员工，与戈德堡在纽约为战略情报局办公室聘请的助手一起开始为"浮士德"计划招募特工。他们发现，其中有些人是从纳粹德国劳工营逃出的法国和低地国家的工人，但愿意回到德国做间谍。还有本可以在船只停靠在德国港口时溜走的中立国商船的水兵和偷渡者以及德国难民，都打算返回德国任德国国防军官员。"浮士德"团队也开始搜集德国安全落脚点的地址，让特工可以联络那些仍愿抵制纳粹的工会残留人员，还有那些愿意搜集情报或破坏阻挡盟军进攻的防御工事的人。

到1944年6月初，为该计划招募的20名应征者被派到了"密尔沃基"，这是伦敦两个毗邻的连栋房屋的代号，是为他们准备假身份的地方，也有教官们训练他们如何在德国境内从事间谍活动（还有一个班的男人要冒充德国国防军俘虏，被送到英国的战俘营，让他们可以在牢中和真正的俘虏打成一片，排练他们的虚假故事并搜集关于德国生活的情报）。

秋天，当凯西发现"浮士德"计划在4.6784万美元的微薄资金预算下运作时，他得到了盟国远征军最高统帅部的指示，用三人团队（两名间谍和一名无线电操作员）渗透到柏林和德国其他九个主要城市。

通过在国际运输工人联合会的联络人，"浮士德"团队还找到了一个愿意到德国做间谍的29岁女人。她曾是反纳粹地下运动柏林办公室职员，1940年逃到瑞典。戈德堡给多诺万的一份备忘录称："她聪明瘦小，各个方面都不太惹人注意，看上去通情达理和不容易激动。"这项计划要求这个女人乘上一艘斯堪的纳维亚的船，在船停靠汉堡时，悄悄溜走。为了与德国文学紧密相连，她的使命代号为"歌德"。

*

从秋天到冬天，杜勒斯继续频繁往华盛顿发送有关敌人的电报。1945年1月，科尔贝带着拍满200份外交文件的微型胶卷来到了伯尔尼。一位合众社新闻记者向杜勒斯透露，在德国南部暴发了白喉病和猩红热。另外一个情报消息称，第三帝国的其他地方交通堵塞，"大难临头"，几乎不可能去分发食物供给。为了保持国内士气，希特勒尽了最大努力保持食品和消费品的供应，但是现在德国人用配给卡已经买不到主食了。杜勒斯也增加了关于亚洲的消息：日本驻柏林大使馆已经开始将其情报部门搬到苏黎世，那里将成为"他们未来几年欧洲经济的观察点"。他在给国务院的信中写道，他的一个职员曾与北村小次郎谈过话，此人是巴塞尔国际清算银行日本部主任，他对东京的预测很暗淡：太平洋"不会有大型海战，因为三分之一的日本舰队已经被击沉，另外三分之一正在缓慢修复"，而且"日本空军也不足以保护剩下的三分之一"。日本也面临严重的食品短缺，陆军航空部队的柯蒂斯·勒迈将军的"燃烧弹轰击"被证明远"比炸药更具破坏性"。

杜勒斯开始关注他的新闻剪报，《读者文摘》发表了一篇关于盟军空袭佩内明德的文章后，他致电给多诺万，在发送纳粹火箭中心情报的特工中，他也有一份功劳，同时他还有涉足非常规任务的功劳。10月，一名战略情报局宣传人员假装《纽约先驱论坛报》的"特约记者"来到了瑞士，这种身份掩护存在争议，因为容易让所有记者都被怀疑为政府特工而处于危险之中。但是，杜勒斯提出了这个计策，而且立即安排这个人做打击德国人的心理战工作。

在科德尔·赫尔的授意下，伯尔尼站长获得了已故的加莱阿佐·齐亚诺伯爵的日记。他的岳父是意大利声名狼藉的外交部长，被墨索里尼解除了职务，尽管如此，齐亚诺还是被德国人带到了行刑队面前处死。他的遗孀，埃达·墨索里尼·齐亚诺，拿着日记逃到了瑞士，现在想通过在西方媒体发表部分资料换取现金。杜勒斯发现，这位伯爵夫人魅力四射，但脾气暴躁，是个不太好合作的法西斯主义者，但还是帮助她与《芝加哥每日新闻报》安排了洽谈。日记中包括了齐亚诺从1939年到1943年初为墨索里尼效力的内容，充满了关于希特勒的尴尬八卦。但埃达是一个不好对付的合同谈判者，那些"爆料"直到欧洲战争结束后才出现在美国报纸上。

杜勒斯在伯尔尼的心腹圈不断扩大。弗里茨·莫尔登，一个勇敢的维也纳煽动者，14岁时曾被盖世太保扣留过一小段时间，夏天到达了伯尔尼，成为战略情报局与挣扎中的奥地利地下组织之间的联络人。杜勒斯在给华盛顿的电报中说，这个现年20岁的莫尔登"非常成熟"，比他许多经验丰富的特工更善于隐蔽行动。莫尔登提供了戈林和希姆莱在奥地利藏身地点的情报，以及萨尔茨堡纳粹秘密档案的存放地点。1948年，他做了杜勒斯的女婿，娶了其女儿琼（六年后，杜勒斯帮助琼解决了与弗里茨的离婚，原来他竟然是个跟岳父一样风流成性的男子）。

杜勒斯的后宫情妇也在增多。阿尔图罗·托斯卡尼尼早已对墨索里尼失去了信心，终于拒绝为独裁者指挥法西斯国歌演奏，在20世纪30年代移民美国，后在纽约里沃代尔定居。这位77岁高龄的大师现在是美国NBC交响乐团总监，为战争信息办公室录制宣传广播。就在同一时期，他的女儿，沃利·卡斯特巴尔科伯爵夫人，在瑞士定居。伯爵夫人有一头黝黑的秀发和一双深邃的黑眼睛，雍容华贵、风华绝代，已经离婚。在瑞士，她负责把钱运送给难民和意大利北部的游击队。杜勒斯帮助托斯卡尼尼向一家洛桑劳埃德银行的账户转移资金，而沃利定期提供反法西斯地下活动的信息。不久，杜勒斯就爬上了她的床。这激怒了玛丽·班克罗夫特，她认为杜勒斯应该是那种"从一而终"的情人。

然而，玩弄女性现在成了杜勒斯的业余爱好。11月，他开始设法安排克洛弗到伯尔尼跟他在一起。他真的很想念他的妻子，并写信给她："要是你能在这里就太好了。"克洛弗恨不得早来。在办理法国境内仍为战区的地方通行签证和旅行许可证上，她丈夫在国务院的朋友们可是帮了大忙。从伊比利亚半岛到巴黎的第一站，克洛弗被装扮成一名救援司机，为国务院送六辆汽车到法国首都。她从那里搭上了一辆往东南开的陆军便车，一路嚼着冰凉的应急口粮。1945年1月，她终于抵达伯尔尼。

杜勒斯很快把玛丽·班克罗夫特介绍给了克洛弗，而她一下子就猜出玛丽是她丈夫的情人。令人震惊的是，两个女人居然成了朋友。克洛弗一直对艾伦的不忠委曲求全，她也很渴望有人陪伴。杜勒斯依然是个不着家的丈夫，大部分时间都消耗在间谍活动中，留下妻子在伯尔尼独守空房。克洛弗忍不住还是对玛丽说："我想让你知道，我能看出你和艾伦是多么在意对方。""的确如此。"没过多久，玛丽把卡尔·荣格介绍给了克洛弗，而她向这个心理医生吐露了自己的婚姻问题。杜勒斯认为这种心理分析对她有好处。

2月份有媒体报道，克莱稍集团的领导者赫尔穆特·詹姆斯·格拉夫·冯·莫尔特克，从纳粹的监狱中逃出，到了瑞典。一直想把他从绞刑架救出而无果的杜勒斯，很快得知这些报道不真实。莫尔特克已经在1月被处决。

但在同一个月，杜勒斯收到了关于汉斯·吉泽菲乌斯的好消息。1月20日，星期六晚上，这名阿勃维尔间谍所藏身的一家西柏林的公寓门铃响了。吉泽菲乌斯觉得自己躲藏了半年，脑子都不灵光了。他打开门，看到一辆黑色的车绝尘而去，信箱里塞有一个厚厚的信封。他把信封里面的东西倒出来，很快意识到这是战略情报局信使送来的信，杜勒斯果然是个信守承诺的人。信封里面包含一个盖世太保执行官的金属徽章，一本有他照片名为霍夫曼先生的护照，一个特别通行证和一封盖世太保总部的信函，指示所有面对他的人都必须帮助他到瑞士执行秘密使命。伦敦站的伪造者的技术堪称巧夺天工。

吉泽菲乌斯当晚买了一张火车票，星期日晚上登上了南下的火车。具有讽刺意味的是，一个党卫队高级人员跟他乘坐同一辆火车，吉泽菲乌斯晃了一下他那假的盖世太保徽章，冒充是将军的旅游团成员。1月23日凌晨，当火车终于停在康斯坦茨时，吉泽菲乌斯又饥又渴，旅途中的紧张让他精疲力竭，在德国境内的路上走完了到边境小镇的最后一英里。盖世太保警卫和海关官员审查了他的证件，给他放了行。吉泽菲乌斯抬手行了纳粹礼，穿过了边境，来到了瑞士的克罗伊茨林根。那天晚上，坐在绅士街23号的私宅里，他的神经"崩溃了"。这个阿勃维尔官员，头发已经灰白，在安乐椅上缩成一团。在开始的20分钟里，他一直不停地说"谢谢你"，语塞得竟然说不出别的话来。杜勒斯会在次日向伦敦站发电,对制造完美的假证件一事表示感谢。

终于平静下来后,吉泽菲乌斯叙述了7月20日密谋失败的始末,一个冗长而悲伤的故事。杜勒斯将那个长篇故事发给了华盛顿,多诺万又把电文转给了罗斯福。这个阿勃维尔特务还跟施陶芬伯格算了一笔历史的总账,但此人已不在人世,无法为自己的"遗产"辩护。他声称,如果政变成功,施陶芬伯格上校会与苏联结盟建立一个"德国工农政权"。然后,吉泽菲乌斯把自己禁闭起来完成他的手稿,为瓦尔基里行动补全最后的章节。杜勒斯最后还帮他找了出版商。

*

自8月以来,希特勒一直在告诉他的在法国撤退的将军们,准备在冬天发起反攻,因为云雾和大雪会让敌人的制空权难以发挥作用。9月份,元首凭空想出了一个代号为"秋雾"的计划——实际上很有可能是来自他在患黄疸病发烧时做的一个梦。该计划让陆军元帅瓦尔特·莫德尔的陆军B集团军重编30个师向西反攻植物茂密的阿登高地,目标是夺取默兹河的桥梁。这样可以切断蒙哥马利的第二十一集团军与南面美军的联系,消除对鲁尔的威胁,摧毁三分之一的英美军队,并最终收复安特卫普。希特勒设想的是,丘吉尔与罗斯福会被迫要求和谈,这样就为东面腾出德国国防军师团,阻止苏联的冬季攻势。

莫德尔和其他高级野战军将领尽力说服希特勒不要启动"秋雾"计划,因为他们在西线所剩无几的军队实在太弱了,根本无法应对一个如此雄心勃勃的反攻,但是独裁者对他的命令丝毫不改口。12月16日,当布莱德雷在巴黎城外艾森豪威尔的别墅开香槟大摆宴席,庆祝艾克将收到第五颗星章的消息时,20万名德国士兵,冒着厚厚的积雪向美军的阿登高地进发。但"秋雾"计划仅仅10天就大势已去,天气放晴,盟军有了空中掩护。巴顿的第四装甲师出动了第一零一空降师,包围了巴斯托涅。1月3日,蒙哥马利军队的反攻在两周内夺回了旧防线。希特勒损失了10万人,只是成功地延缓了盟军西线对德国的逼近,而超过180万的苏联红军已经集结在东线发起了进攻。但艾克和他的将军们没有理由为后人称为希特勒的"孤注一掷"行动幸灾乐祸,美国的伤亡人数共达

70000人，其中包括8000名俘虏，因为在人称"突出部队战役"中，有两支美国部队投降。

德军在阿登高地的反攻奇袭也是自珍珠港被袭后，美国情报战中最大的败笔。伦敦的格罗夫纳广场的指挥中心一直在密切注意着战局，此时一片恐慌和哗然。凯西后来写道，那时布莱德雷、艾森豪威尔和他们的战地指挥官已经变得"自鸣得意"，认为英国"超计划"会警告他们任何来自德国人的偷袭。

这次无线电台没有拦截成功，因为德国国防军的"秋雾"计划并没有使用空中通讯，而且阿登高地的第一集团军，早就把分配给他们的战略情报局分队踢出了局，认为在部队行动前，从抵抗组织搜集信息的分队根本没必要存在。圣诞节前几天一直在巴黎的多诺万，急匆匆地冲到了巴顿的总部。一路上，这个间谍头目命令他的助手翻出所有12月16日之前战略情报局提交的报告，看看是否有关于德军反攻的情报。他的手下几乎没翻出什么有价值的东西，除了一些审讯德国战俘的电报和卢森堡百姓注意到大量的全副武装的敌人车队在进攻的头天晚上通过外，并无其他。战略情报局和英国的情报机构，显然没有在德国国防军敌后搜集到足够的情报。杜勒斯认为战略情报局局长对这一缺陷难辞其咎。然而，多诺万却在失败中看到了机会。"他立刻意识到，阿登高地措手不及的状况会首次为他的特工渗透到德国创造机会。"凯西回忆说。

不过，到1944年底，对多诺万三个月前下令进行的渗透行动，凯西也没有什么能拿出手的东西。他在12月29日给多诺万的备忘录中承认："从德国来的情报少得可怜。"只有四名美国特工被安插在了德国（一个在柏林），但谁也没有电台能迅速发回任何有用的情报。伦敦站已经重组，集中对付德国。他们手头有大约100名间谍和无线电操作员来执行任务，但凯西仍然缺少飞机将他们空降到敌方境内。而且一旦他们到达后，接收他们的安全落脚点的短缺也是一个令人恼火的问题。

自从9月在里昂机场两人初次见面之后，凯西和杜勒斯都在设法给彼此使绊。凯西驳回了杜勒斯秋天到各个盟军总部巡视的请求，他的说辞是"应该更多地关注德国本土的抵抗运动"；杜勒斯也向华盛顿发送了居高临下的关于凯西的批评电报并试举一例，指出他"误会"了伯尔尼站在德国境内的使命。这就解释了为什么12月1日多诺万提升凯西时，让杜勒斯很不悦。

11月27日，布鲁斯在临回美国之前，发电报给多诺万，建议他任命凯西为欧洲秘密情报处负责人，全权组织到纳粹德国内部的行动。布鲁斯意识到，凯西"年纪尚轻，但他是伦敦站唯一知道全部德国行动，而且是对其同伴完全信任的人"，他这样给多诺万写道。而杜勒斯却认为，这样一个重要的职位应该给战略情报局资历更老的人，而不是一个30岁的海军中尉。但多诺万同意布鲁斯的看法，认为凯西是能够把渗透德国任务带入快速轨道上的人，他很快同意了这一任命。由于他的新欧洲情报站长可能会有军衔更高的军官在他手下工作，还不得不与那些英美将领讨价还价展开行动。多诺万安排凯西从海军退出，做了一名高级公务员，他的年薪暴涨到每年6750美元。凯西昂首走到格罗夫纳广场三个街区外的塞尔弗里奇百货公司，挑选了两套灰色西装，六件衬衫，四条领带，两双鞋，一顶软呢帽和一件大衣，然后在百货商店保存的伦敦站的账户上签了单。

12月10日，凯西花了片刻时间给索菲亚写了封信，让她知道"我的军事生涯有了惊人的发展"，他不能告诉她具体是什么。但就在两个星期前，他还写信给她说，前途未卜，不知道"我会得到一份重要的工作还是会回家。我只能对你一个人实话实说，我会遭到拒绝并尽快见到你的希望在持续上升"。但是，现在"我得到了这份工作"。他正在"狂奔"，每晚从凌晨工作到深夜，至于为何如此奔忙，他说回到家时会向她解释。

第二十章

凯西的间谍

理查德·赫尔姆斯终于摆脱了华盛顿。1945年1月的第一周,他抵达了伦敦。茱莉亚和孩子们留在了新泽西州的南奥兰治,离他的父母很近。对她来说,赫尔姆斯的调动,仅仅是丈夫不在身边的又一年孤独凄凉的开始。

伦敦看上去依然满目疮痍。这个城市的圣诞节沉闷枯燥,在平安夜,这里阴郁的居民基本没有人把酒狂欢。政府大楼前堆放的黄麻沙袋,由于阴雨连绵的天气已经腐烂,加上狗在上面撒尿,臭气熏天,有的开始长草,有的浸满了水而爆裂,但是这种保护仍然必不可少。赫尔姆斯到达三个星期后,英国遭受了最严重的V-2导弹袭击,1月26日,有13枚导弹从天而降。

伦敦贸易委员会办事处给他发了一本服装券,但战略情报局伦敦站的人认为,这个对赫尔姆斯几乎没用。这个有模特范儿的年轻上尉,在大厅里总是昂首阔步,公众场所衣着总是一丝不苟,海军制服也总是笔挺整洁。同事们也注意到,赫尔姆斯有着跟布鲁斯同样的爱好——周末游逛伦敦的古玩店搜寻宝贝。

赫尔姆斯发现,伦敦站有序的混乱令他的秩序感很不爽。他发现穿梭在格罗夫纳广场走廊上的聪明才俊,跟华盛顿战略情报局总部的那群人并无两样,诸如在德国行动部工作的美国耶鲁大学文学教授诺曼·皮尔森,在皮尔森手下工作的理查德·埃尔曼,未来的詹姆斯·乔伊斯传记的作者,还有一些跟华盛顿那边的人一样,没有给他留下什么印象。他觉得与凯西形影不离的阿瑟·施莱辛格，有点缺乏学术头脑。

赫尔姆斯被派往伦敦，奉命开始管理本该杜勒斯在德国领导的战略情报局任务。阿登高地的反攻让伦敦站的人明白——赫尔姆斯现在操心这个任务还为时过早。这是美国情报界的"天大的失败"，他们首次见面握手时，凯西咕噜道。凯西并没有让赫尔姆斯策划德军投降后的行动，而是让他开启组织正在交战中的任务，赫尔姆斯意识到这个事业更危险。令他惊叹不已的是，凯西军衔跟他一样，只比他大17天，现在却在指挥如此大的行动，但他毫不犹豫地同意了在他手下任职。

事实上，他感到很幸运。伦敦公寓依然紧俏，接受这份工作后，他跟凯西的手下一起住在了他现在租住的哈雷大厦87号，离格罗夫纳广场只有几步之遥。公寓里的第三位室友是哈佛大学法学院教授米尔顿·卡茨，曾到中非游历，进行人类学考察，也曾做过罗斯福的新政律师。虽然他们的政治观点截然相反，但凯西认为这个纽约客是他见过的最有魅力的家伙之一。他给索菲亚写道："关于如何做个好人，你是我的启蒙老师，但我从他身上学到的东西比从任何人身上学到的都多。"卡茨，现在是海军上尉指挥官，为凯西分担了一些训练和派遣特工进入德国的繁重工作。这位法学学者，有时像凯西一样傲视一切，现在是凯西的亲信，也是二把手。

赫尔姆斯在来伦敦时就对凯西的德国任务知之甚多。凯西发给总部的许多备忘录都经他手，而且他很清楚，这位前海军上尉已经成为多诺万的得意门生。赫尔姆斯很轻松地就弄明白了多诺万是个战争英雄，天生的领袖，让人一见就愿意为之效忠。而凯西却不是那么容易猜透的。赫尔姆斯认为，他的生活邋里邋遢。每天早晨，他走出公寓时，身上总是有什么东西歪歪斜斜，要么是领带，要么是衬衣，要么是外套。而且赫尔姆斯认为，他还有某种语言缺陷。当凯西说什么听起来像是"嗯唔叽里咕噜"的东西的时候，他总是问："您在说什么？"然而，赫尔姆斯也看到，凯西的德国计划工作人员对他无比忠诚。他思维活跃，总是如饥似渴地阅读，总是马不停蹄地工作，而且绝对是个冒险者。他也很饶舌，每当他深夜回到公寓时，总要花上个把小时，跟赫尔姆斯和

凯西的间谍

卡茨把白天与高层相处时经历的事情八卦一番。

但没过多久，赫尔姆斯发现，凯西在哈雷大厦夜宿的时间越来越少了。1月23日，凯西与J.罗素·福根上校跳上了一架飞机。上校是杜勒斯的好友，前纽约银行家，现在接替了布鲁斯，成为欧洲战略情报局的总头目。他们飞往了华盛顿总部，为战场上的美国军队调查他们的情报人员，看看他们需要哪些战略情报局特工潜入德国。战争很可能会持续到1945年的秋天，而且阿登高地的反攻也给所有的指挥官敲响了痛苦的警钟，"我们是两眼一抹黑地进入德国"。布莱德雷的第十二集团军情报处处长埃德文·塞伯特将军告诉他们俩。赛伯特和其他情报官员说，刺探巡逻情况和空中侦察，可以让指挥官了解前线前方的情况。但他们需要特工深入莱茵河东部，传输军队在德国主要运输中心动向的情报，最好还有空降特工深入敌军腹地，报告敌人派往前线的增援部队的情况。第六集团军的师团在法国南部登陆，其情报处处长尤金·哈里森将军说："每天有成千上万的战士在前线阵亡，别舍不得让你们的特工冒点风险。"福根向所有的将军们保证，他和凯西"已经决定不顾一切，大胆行事"。

回到伦敦后，凯西策划了他的德国任务。他们雄心勃勃，希望将按照敌军编制训练的间谍队空降到汉诺威、美因兹、慕尼黑等城市的重要军事铁路中心，观察并发回德国国防军军队调动的情况。

对于那些冒充劳工的特工，要训练跳伞，进入达姆施塔特、科布伦茨和卡尔斯鲁厄等工业城镇，设法混入工厂，汇报军工生产计划、技术革新、工厂布局等，为盟军轰炸机提供目标。精通游击组织的间谍将空降到柏林，寻找反纳粹运动的成员，并进入巴伐利亚城镇，寻找纳粹本身正在筹备的准备战后与盟军较量的地下武装力量的证据。随着盟军攻占大部分的城市，凯西计划让一些男人和妇女冒充德国人，渗透到平民百姓中，为占领的盟军随时打探情报。

凯西致电华盛顿总部，说他的计划需要更多的参谋、秘书和文职人员。多诺万很快批准了所有人事请求。仅仅两三个月，凯西手下就有330个人为他工作。随着自己团队的不断壮大，他在格罗夫纳街和附近的蒙特大街找到了连栋房屋，安装了电话和无线电设备，可连接伦敦附近番号为"维克多"的无线电站，接收从德国传输的情报，也可连接伦敦中心布什大厦的英国广播公司全球服务，这里可以对特工播报带编码的信息。凯西还组织法国、比利时、荷兰和其他解放国家的前哨站，招募并筛选有望被派到伦敦接受间谍训练的有潜质的特工。

他下令说，这次将不再有拖拖拉拉的官僚作风。在2月22日的备忘录中，凯西指示，伦敦站再也不会在下达到德国的任务时"缩手缩脚"。多诺万给他派来的战略情报局官员个个都经验丰富，充满活力。乔治·普拉特，美国国家劳资关系委员会的律师，在纽约曾在戈德堡手下任职。他现在负责伦敦站的劳工部分部，负责监督"浮士德"计划，成了凯西新的情报采购部的负责人，负责招募、培训和派遣特工（除了"浮士德"项目外，普拉特的部门还负责德国渗透的整合行动，就是伦敦站一度纠结的将法国、比利时、荷兰、波兰、捷克和斯堪的纳维亚分站整合在一起的行动）。为了给普拉特配备得力的副手，凯西还找来了汉斯·托夫特，一个敢冲敢干的丹麦裔美国人。为了潜入南斯拉夫的秘密行动，替战略情报局把武器输送到当地的游击队，他不惜"武装到牙齿"。

威廉·杰伊·戈尔德，在加入伦敦站做研究分析师前，曾是《弗吉尼亚评论季刊》的责任编辑，阅读、整理报告驾轻就熟，现在是凯西情报报告部主管，负责将特工发回的情报迅速分发到需要的战地指挥官手中。罗伯特·麦克劳德，斯沃斯莫尔学院的心理学教授，作为心理战专家加入了华盛顿的战略情报局，后来晋升为欧洲的高级情报官。他现在领导凯西的情报指导部，负责选择德国目标，并给间谍讲解如何搜集目标信息。这份工作很不轻松，由于地面上缺乏联络人或安全落脚点，麦克劳德必须深入广泛地研究各个区域，这样才能让特工在盲目跳伞着陆的时候可以有战斗的机会。目前，凯西的专家们发现的情报目标包括：马格德堡和格拉芬韦赫尔的装甲车修理仓库，吉森和明斯特的中介通信中心，科隆和宾根的设备装载站等。

在法国重要的前哨站，凯西也有两名战略情报局最足智多谋的军官负责运营。曾任维希政府的海军武官——托马斯·卡萨迪司令，帮助战略情报局萎靡不振的英国飞行员返回英国。美军在北非登陆后，德国国防军横扫法国南部，卡萨迪被拘禁在德国巴登，通过哄骗和贿赂，他最终设法逃到了里昂。在里昂，他建立了自己的破坏网络，可最终没能逃过盖世太保的魔掌，但卡萨迪却设法说服他们通过瑞士中介安排外交交换战俘，这样又让他返回到了美国。他现在回到了法国凯西掌管的巴黎办事处，并与戴高乐的情报机构合作，招募法国特工偷偷越过边境进入德国。

亨利·海德，美国保险业巨头的孙子。他出生在巴黎，曾就读哈佛法学院，杜勒斯将其招聘到了战略情报局，认为在该机构工作，可以让他流利的法语和德语发挥更大的作用。在北非的基地，年仅28岁的满脸孩子气的海德就成功地组织了特工人员到法国南部的行动。之后，他率领着被派到帕奇第七集团军的战略情报局分队北上，在部队到达德国边境时，海德又为凯西招募了40名会讲德语的间谍（有些是心怀不满的德国国防军的战俘）并让他们潜入了第三帝国。凯西曾宣称，这位高度敏感、思维敏捷的海德是"我们当中最富有成效的孤将"。

1月，战争迅速推进。在1.8万架战斗机的掩护下，西方盟军的370万名士兵正沿729英里的战线越过德国边境。普拉特和托夫特计算，他们需要在多达175名参加情报训练课程的间谍学生中，挑选100名在第三帝国有胜算概率的合格特工。凯西认为，他们应该立即开展渗透行动，特别是在柏林。而且最好是在2月和3月夜晚满月时分，这样飞行员能更好地看到伞兵的降落区。但是，尽管希特勒的军队无法在东、西两线阻止苏军和盟军的前进，但在自己的国家依然铁拳紧握。凯西仔细研读了战略情报局估计的盖世太保、帝国保安部和德国其他情报机构的实力，发现力量之强，绝对不容小觑。

寻找安全落脚点依然困扰着凯西。一些特工拒绝伞降到柏林，除非他们口袋里至少有一个看似友善家庭的地址。一些地区的难民和德国国防军部队的快速流动，使当地"乱成了一锅粥"。空中侦察当天拍下的照片显示，有块空地可供特工伞降，可一旦美国飞机次日晚上抵达时，常常有一群士兵蜂拥而上。一个代号为"巴赫"的分队，被安排到了密尔沃基的连栋房屋执行"浮士德"

行动、编造可信的生活故事、印刷虚假身份证件和为特工寻找德国服装，帮助其进入数一数二的高效而残酷的警察国家。普拉特的情报采购部接管了"巴赫"分队，使之成为一个自给自足的机构，不再依靠英国或其他外国情报机构提供掩护材料。

拉扎尔·特佩尔是犹太人，其家庭从俄罗斯移居到了美国，在战略情报局将他挖掘出来进行陆军基本训练之前，曾是约翰霍普金斯大学经济学家兼国际妇女服装工人联合会研究主任。情报局派他到伦敦阅读纳粹杂志，做德国报纸剪报，搜集各种琐碎的事情，如帝国的市民是怎样生活的，他们衣食住行如何，他们持有什么样的配给卡、身份证件、工作证等。所有这一切，都成为他创建和领导的"巴赫"分队为特工做掩护工作的有价值的信息。

德国人的日常生活被一套复杂的规则支配，不同于世界上其他任何一个国家。12年以来，完善的纳粹种族记录制度下编纂的公民祖先历史可以上溯到前五代。特佩尔的分析师估算，一个普通德国公民平均有18种不同的基本身份证件需要"巴赫"分队去伪造。而一个德国国防军军官需要携带多达30种证件。特佩尔的手下把伦敦造纸厂生产的与德国制造的相类似的印刷纸搜罗了个干干净净，然后把这些纸张送到实验室让化学专家进行处理，变得跟德国的纸一模一样。他们还找遍了伦敦城里不同颜色的染料，或者是从美国进口颜料研制印刷墨。刚从德国回来的外国工作人员和在阿登高地反攻中被俘的德国国防军官兵口袋都被翻了个底朝天，目的是看他们的身份证件，并询问他们证件之间的细微差别，以帮助伪造者复制证件。证件的细微差别可谓是五花八门。最重要的"帝国护照"，特工作为外籍工人所需的劳动征用卡，上面有一个不起眼的数字代码，指定劳工可以寻求就业的区域。有些人的证件纳粹鹰和卐符号向右看，有些向左看，一个鹰看错方向的证件一看便知是假的。

"巴赫"的审讯人员还发现，战俘是琐事信息丰富的来源。如果问一个德国战俘军事问题，他们都保持沉默。但当被问到如何在柏林旅行、如何检查文件、商店服务员如何接待他们、用什么样的配给券来买肉、往海外寄信如何贴邮票时，他们会觉得没有什么伤害而愿意回答，而这些信息对战略情报局的行动却至关重要。证件壳一般要花上几个星期的精工制作，而且必须得个性化。这样一个特工向当局讲述虚假的生活故事，才能与该特工的真实背景或外貌装扮相吻合，也可让审核证件的人员对上号。获得的德国电话本也很有价值，其中包含可以用于这些故事的地址。"巴赫"分队还发现，可以在比利时买到德国香烟。从战俘身上，以及盟军占领了的德国边境城镇住户家中的壁橱和商店的货架上，特佩尔的"拾荒者"为他们的男女特工搜集了各种德军制服、平民服、领带、衬衫、鞋子、袜子、外套、帽子、衣裙、女士长筒袜、内裤、文胸、打火机、牙刷、刮胡刀、牙膏、唇膏等。

大多数衣服和假证件在敌人那儿都能蒙混过关。但"巴赫"分队也有过疏忽。德国安检人员注意到两个特工的身份证，本是从不同的城镇签发的，可是笔迹却相同。发给某些特工的食物配给卡过期了，所以不能购买食品。说不定什么时候，一个英国的物品就从一个间谍的德国衣服里掉出来，如屁兜里的钱夹或梳子，或者是塞在上衣里的盒子。足智多谋的盖世太保官员还找到了其他识别特工的方法，扒开嫌疑犯的衣服，看他胸部和大腿是否有伤痕，这些都是伞兵在降落伞打开时，伞带猛拉可能伤及到的地方。

虽然有了"巴赫"分队精心制作的掩护，寻找间谍本身对凯西及其官员依然是棘手的事。按照当时的标准，凯西愿意为他们出高价：训练中的特工，每人每月200美元；分配任务后，每人每月331美元；如果不幸被德国人杀死，为他的遗孀补偿3675美元的抚恤金。凯西要的是质量而不是数量。他认为，理想的间谍，应是一个年龄稍大的男人或妇女（事实上，女性在德国四处走动麻烦会少些），一个懂得无线电操作并对"地下工作"有经验的人（这样就不用花过多时间对他进行培训），一个"对这份工作有强烈的认同意识或怨恨动机"的人。他不久就发现那样的人才库太小了。德裔美国战略情报官员对于纳粹统治下的国家没有丝毫头绪，而且他们的口音也会很快出卖他们。空降的身强力壮的德国人会立即引起盖世太保的质疑：为什么他们不在军队前线呢？狂热的反纳粹者是濒临灭绝的"物种"，在瓦尔基里密谋失败之后，他们都被希姆莱一锅端地斩杀了。在给多诺万的一份备忘录中有言道，"背景不干不净"的德国人如浩瀚星球之多，如被占领国家的纳粹妓女，试图与盟军勾搭的前德国军官，美国人抓获的德国国防军罪犯刑事分队，被希特勒青年团抛弃的青少年，五花八门的社会主义者秘密社团和纳粹右派持不同政见者等，但他们都各有其不足之处。如此，凯西认为只有三种人最有成功的希望：战俘、外籍劳工和德国的共产党人。

截至1月初，战略情报局估计盟军战俘营中有100多万名德国士兵。自11月起，在军界对于是否挑选少数战俘做间谍之事吵得沸沸扬扬。《日内瓦公约》和《陆军部法规》明确禁止这样做。但是陆军的宪兵司令（管理宪兵及监督敌人囚犯的监禁）和其机构的G-2情报部门，以及多诺万华盛顿的高级顾问觉得，如果德国国防军人心甘情愿，那让他们做间谍工作也没有什么不妥。凯西命令赫尔姆斯调查其合法性。赫尔姆斯上交了一份措辞巧妙的备忘录，基本上推荐的是"不问不言"。他写道，任何要求利用德国战俘做间谍的军官申请都不会得到参谋长联席会议的"赞成"，所以不要提交申请。其实，在法国的海德，在意大利的战略情报局和英国军官，都在悄悄参观囚犯的牢笼，审问德国人后，对营地指挥员眨眨眼、点点头，把那些适合的人带走做间谍训练，但没有任何书面文字上交指挥系统。赫尔姆斯建议，凯西可以在英国和美国的战俘营照样开单，而不是"试图与军事当局正式坦白"。

事实上，凯西认为他不需要战俘做间谍，他要等到德国投降后，把他们当作占领军的线人送回德国。在战时的间谍活动中，他发现其他两组人（外籍劳工和共产党人）中有足够的候选人。为了解决第三帝国工厂的劳力严重不足，到诺曼底登陆日时，德国已从法国、比利时、卢森堡、荷兰、斯堪的纳维亚、捷克斯洛伐克、苏联和波兰征用了800万工人或战俘。这些国家的人冒充外国工人，有理由待在德国而不从军。凯西的手下从这些国家的难民营和抵抗力量中寻找潜在间谍。然而凯西和其分队中的其他强硬分子，对使用共产党人迟疑不决。在巴黎，卡萨迪发现了一大批德国共产党人，在一个莫斯科支持的团体西方自由德国委员会避难。在法国被占领期间，他们曾与法国抵抗组织一起作战。美国国务院希望与西方自由德国委员会保持一定的距离，而英国内政部，已经对战略情报局将德国人带到英国进行间谍训练感到紧张了，现在更为德国共产党人的到来坐立不安。英国内政部担心，这些人可能不愿意回到他们的祖国——德国，而更愿意留在大英帝国做苏联的煽动者。然而，多诺万对一切准备对抗纳粹的人士来者不拒。他命令凯西咬咬牙，招募共产党人。

卡茨本想看看他们的行动是否应该像美国总部一样，建立一个心理评估方案，仔细甄别那些有望做他们间谍的人的潜质，可他又觉得时间没有那么充裕。他们只有把这些新兵投入训练当中，并希望他们具备从事间谍活动的心理素质，凯西同意了。几乎一夜之间，普拉特的手下就在英国五个秘密地点建立了培训和分配中心，还有一个设在巴黎西北的普瓦西。安全警卫员密切注视着基地周围任何可疑人员，并在训练大楼附近矗立起了看上去无伤大雅的障碍，防止他人擅自闯入或从窗户里偷窥。还对每个秘密点里上上下下的职员进行了煞费苦心的背景调查，甚至于包括打扫房间的打杂女工，以确保轴心国间谍不会渗透他们。学员们大部分都被隔离，除了偶尔允许他们到医院看病或到餐馆吃饭，即使那时，也有人陪护。凯西经常驾车去F区参观，那是伦敦西北赖斯利普郊区一个带高墙的庄园，他的特工在那里接受基本的间谍训练。除了间谍情报技术课外，教官还训练学员关于德国军事组织、军事装备、护航程序、道路标志、制服徽章、纳粹俚语等知识和特工在盖世太保检查站可能遇到的问题。对这些将要被空降到一个他无法想象的危险境地的英勇男女，凯西感同身受。"他们要什么，就给他们，"他离开时通常告诉这些教官，"在这里他们是国王"。

*

凯西忙得一塌糊涂，参加格罗夫纳街的左一个右一个的会议，不断与外国官员在克拉里奇大饭店共进午餐，深夜伏案工作，纳粹导弹攻击时躲进掩体，或乘基本上算是他私人飞机的飞机往来穿梭，检查他在英国和欧洲大陆的前哨。伦敦站有些同事中伤他，说他的新职位令他冲昏了头脑，让他变成了好大喜功的吹牛狂。但是大家都不否认，他对解决纠缠不清的瓶颈问题，协调各部门联手工作，让机构快速而高效地把间谍派到德国等很有一套。

虽然花了几周的时间，但他最终解决了运输问题。法国解放后，特工伞降的行动日渐萎缩。战略情报局与第492轰炸大队的"提包客"相互交恶。凯西通过威逼利诱，最后得到了他需要的飞机——尽管那时德国冬季变幻莫测的天气很多次让飞机停飞，或飞行员不小心把间谍扔在了错误的地方。"听着，你空投的不是炸弹，而是人！"凯西有一次对一个吊儿郎当并不在意犯规的空中小组的领队喊道。

"琼-埃莉诺"带来了突破，这是一种无线发报机的名称，命名者是海军少校史蒂夫·辛普森，一位精益求精的前美国无线电公司的科学家。他研制的这种轻巧小型无线电发报机，电池寿命长，凯西的特工们现在可以直接在战地，给一架在高空盘旋飞行的飞机上的战略情报局官员发报。"琼"来自辛普森仰慕的一个陆军妇女队的女子的名称，而"埃莉诺"来自他在美国无线电公司的长岛实验室合作者妻子的名字。这种无线电发报机可将信号通过一股细细的波束发射升空，而德国地面的测向设备很难探测到发报机。10月，辛普森开始测试这一绝密通讯系统，通过一架携带接收器的高速飞行的英国德·哈维兰-蚊式战斗轰炸机与3万英尺下的地面特工联系，最后终于取得了成功。团队与伦敦的双向通信，以前需要那种老式的手提箱大小的无线发报装置，蚊式战斗轰炸机不能单独飞行在有敌军防空防御的领域。英国广播公司需要在发现敌机时提醒团队，这就需要使用超级复杂的代码暗语，因为特工是在不受阻碍的地方发报的。但是使用"琼-埃莉诺"发报，操作人员可以把一天的时间缩短到20分钟内，也无须浪费在传输乱码的摩尔斯电码上。飞机上的人员可以让特工重复他所说的话，直到听清楚为止。而且对话可在飞机上录制下来，这样伦敦也能对谈话保留记录。在敌对的德国，"琼-埃莉诺"对于单枪匹马的间谍来说，是一个很令人欣慰的福音。

尽管挫折重重，凯西还是看到了进展。3月底，53个团队已经渗透到了德国，对于德国国防军依然占领的部分荷兰区域，有五个区域已经被推进的盟军拿下。

还有50个团队正在准备4月份伞降。他回忆说："现在回顾一下，这对我们或我们服务的将军们来说,无关紧要,因为战争似乎已经胜利。"但是,"在希特勒摇摇欲坠的帝国内部",在盟军进军之前的情报需求依然如饥似渴。

*

在寒冷而宵禁的夜晚,赫尔姆斯经常开车去哈灵顿机场,监督特工到德国的派遣。当凯西不能亲临时,就想让他作为自己的耳目。赫尔姆斯发现,那种仪式总是大同小异。他在伦敦的公寓见到过这些特工,他们的房间里除了几张桌子几乎没有什么陈设,一个假扮盖世太保暴徒的"巴赫"分队工作人员,最后一次严格审查他们的特工。赫尔姆斯不知道这种假故事或精心准备的文件能让间谍活多久,他担心"巴赫"分队无法篡改存储在德国档案中的记录,即便是伪造的文件被敷衍了事地检查,也可能一下看穿其非法性,而且随着盟军的步步逼近,德国政府开始土崩瓦解,懊恼的盖世太保或党卫队军官可能懒得去检查档案,直接当场击毙嫌疑人。赫尔姆斯觉得,一旦这些男人和女人被拦住,他们可能无法死里逃生。他曾听过不少故事,他们身上携带的让他们免于酷刑的自杀胶囊有时不灵。更糟糕的是,根据伦敦收到的报告,特工由于过于担心和焦虑,直接吞下了他们的L药片,可有时那些境地并不像他们当时认为的那么危险,造成了不必要的自杀。

"操纵手乔"是指派的执行官的名称,负责护送团队并满足他们最后的愿望(如一顿最喜欢的饭菜,为留守的家庭购买日用品,或者与妓女最后的放纵),然后跟他们一起乘车两个小时到哈灵顿机场。一路上,赫尔姆斯很少与这些特工说话。他认为这些任务的成功概率很小,他觉得间谍们也知道凶多吉少,人人都没有心情聊天。

在哈林顿的更衣室里,"操纵手乔"手里拿着一张长长的清单,最后一一清点每个特工需要挂在身上,或者塞在两个破旧的手提箱里的所有物品:衣服、无线电设备、一把刀、一枚手榴弹、一把手枪和三个弹匣、假文件、间谍可能需要的工具(如伪装成火柴盒的微型摄像机、可消化的纸、可写隐形信息的布和里面能藏东西的剃须刷、带隐秘口袋的皮带、隐藏缩微胶片的胃炎胶囊等)。"操纵手乔"还需最后确认服装是德国的,检查特工的头和手,确保发型与手指情况与虚构故事相匹配（如果他是一个体力劳动者，他的手应该粗糙，指甲很脏）。

然后给他们套上大的外罩（不仅用于避免他们身上悬挂的设备被降落伞绳子卡住，而且还能让他们在落地时便装不会沾上泥土，避免让警察看出他们像刚刚跳到地上一样），这些特工步履蹒跚地走向飞机。就在他们登上飞机的时候，赫尔姆斯想，当这些男人和女人降落到周围不怀"好意"的地方时，到底能有多少自控？特工会花时间，按照指示，挖一个深洞把降落伞和外罩埋起来，然后找点树枝和树叶覆盖这些新挖的泥土吗？他会不会害怕被当局拦住，因被盘问手提箱里装的是什么而尽快逃离降落区？赫尔姆斯知道，他的第一本能是撒丫子跑路。他钦佩那些留下来把降落伞掩盖起来的间谍的勇气。

他几乎整晚的时间都守候在哈灵顿狭小的控制塔，直到那些送间谍的飞机回来，飞行员向他报告特工已经跳伞。他通常会睡眼惺忪地在次日凌晨返回到哈雷大厦公寓，那时凯西已经开始吃早餐。如果消息不错，他通常仅会说一句："空降成功。"凯西总是哼上一声，脸上带着如释重负的表情，接着吃他的蛋饼。

*

3月18日，星期日早晨，一名司机带着坐在后座的凯西开车去格伦登大厅，这是北安普敦郡一个僻静的庄园，是指定的O区的一部分，是间谍被送往17英里外哈灵顿机场前的居住区。

特工们也可使用阿什比堡附近的打靶场，在渗透之前试试他们的手枪。对凯西来说，送别间谍一直是一种情感体验。与沉默寡言的赫尔姆斯不同，为了弥补他内心的苦恼，他总是在特工们登机前跟他们搭讪聊天。今天晚上，他要送别的是代号为"医生"和"画家"的特工团队。他的比利时站所招募的这些特工要潜入慕尼黑的两个不同地点，任务是在城中的比利时工人中组织间谍网络，并探查空投区和安全屋，为那些凯西计划以后潜入这个巴伐利亚城市的特工们做准备。"医生"特工队的两名特工降落的地方，是奥地利的蒂罗尔州阿尔卑斯山附近慕尼黑东南50英里外的一块空地，然后他们要赶往库夫施泰因边境小镇,到其中一个团队成员的好朋友家里,希望人家会收留他们;"画家"特工队的两名特工会降落到慕尼黑以东特罗斯特贝格的一个安全屋,属于天主教堂。

与其他团队不同,这四名间谍是经验丰富的老手。阿方斯·布朗托克,23岁,化名为让·丹尼斯,是"医生"特工队的无线电报务员,他曾在比利时空军做过报务员,到1944年9月之前,一直在比利时德国边境破坏部队效力。布朗托克个头不高,鹅蛋脸,发际线向后,右脸颊下方有个疤痕,虽说算不上聪慧,但在F区,他是一个态度认真的间谍学生,能记住所学的东西,上课准时,对安全有警惕性。因为他的间谍身份是一名慕尼黑汽车修理厂征用的比利时机修工,他的战略情报局教练把他送到了汽车修理学校学习。扬·斯梅茨,24岁,布朗托克的间谍搭档。1944年加入比利时抵抗组织之前,一直在布鲁塞尔大学攻读催化化学专业。斯梅茨的化名是扬·布洛赫。他身材挺拔,以自我为中心,脸色红润,在F区学习时一点就通,但他很懒散,上课迟到,不参加晨练,更多的兴趣是在伦敦的女人和夜生活上,而不是课业,差点就没有通过间谍训练考试。斯梅茨的间谍身份是比利时劳工,曾在慕尼黑一家工厂工作,工厂被炸毁后,正在四处寻找工作。

"画家"特工队的间谍是埃米尔·让·范·戴克,20岁。1939年加入了比利时军队,纳粹占领了他的祖国之后,他逃到了英国,曾两次作为英国特别行动处特工,潜回比利时执行间谍任务。埃米尔戴着角质框眼镜,留着后背头,看上去更像一个年轻图书管理员而不是秘密战士,但他已经拥有了七种不同的间谍身份(用于他渗透到不同的国家),是个精力旺盛、意志坚强的人,F区的教官报告称他"喜欢战斗和危险"。他的政治倾向令教官们担忧,他们注意到他"左倾化严重",并同情苏联,但是埃米尔对德国人的深仇大恨弥补了这一点。弗朗索瓦·弗卢尔,埃米尔的无线电报务员,跟他年龄相仿,之前在大学读古典文献学,后加入了比利时商船队,纳粹入侵后,加入了比利时特勤局。弗朗索瓦化名是弗朗索瓦·福沃盖特,相貌英俊,留一撮像希特勒一样的小胡子,曾被德国人抓捕入狱,1944年10月布鲁塞尔解放后被释放。之后两个月,他在荷兰敌后为英国特别行动处效力。两个特工每人带着七个伪造的身份证件，计划冒充比利时工人。此外，埃米尔钱包里还装着10.9万马克和比利时耶稣会的介绍信，好说服慕尼黑东面的天主教亚历克修斯修士会会友，把他们藏在教会六个避难所的一处，而他们将趁机建立自己的间谍网络。为了证明他和弗朗索瓦是比利时特工而不是纳粹奸细，埃米尔需要背诵提前预定好的暗语："我来自亚琛，来时见到了耶稣会神父，我带来浮士德神父的消息。"

3月18日，凯西抵达格伦登大厅的时候，这些特工心情都很沉重。凯西本计划在1944年12月底派遣"医生"特工队，两个月后再派"画家"特工队。但由于航空运输的延误，日期一拖再拖。三天来，这四个人一直在O区这个乡间笼子里等待，开始跟他们的"操纵手乔"大喊大叫，吵着说要么把他们送上去德国的飞机，要么让他们夜间到伦敦的酒吧。凯西的到来，使在格伦登大厅应付"医生"和"画家"特工队时已经黔驴技穷的"操纵手乔"，终于松了口气，因为他们的飞行日期已经确定为星期日上午，飞机会带四人到法国东部的第戎，然后从那里踏上另一架飞机，飞到慕尼黑。

在哈灵顿机场，凯西注视着"操纵手乔"复查特工的皮箱，确保每个人的箱子里都装有武器、衣服和无线电设备。3月的巴伐利亚依然冰冻三尺，所以里面还装了棉大衣、雪地靴和额外的干粮以防他们被迫在山上或森林待的时间比原计划长。上午11点整，凯西目送着轰炸机带着特工和护卫队升空。扬·斯梅茨登上飞机的时候显得活泼与自在，凯西认为那是一种假象。其他三个嘴唇紧闭、满脸愁容的人更准确地反映了他们的情绪，凯西觉得，那也很可能是斯梅茨内心的感受。

回到伦敦车站，凯西在星期二凌晨接到了一封电报，让他心烦意乱，就如前几次一样。带着"画家"和"医生"特工团队的飞机成功从第戎起飞，但飞行员在躲避库夫施泰因南部防空高射炮时迷失了方向，被迫带着两个特工团队回到了基地。3月21日，星期三凌晨，"画家"特工队终于成功伞降。三天后，"医生"特工队才得以空降。凯西的比利时站要求"维克多"电台接收站密切监视两支队伍的频率，并在接到"医生"特工队或"画家"特工队传来的信息后,立即向伦敦站报告。

3月26日,"医生"特工队首先发了电报。这个简短的摩尔斯电码传输的信息,告诉伦敦他们已经安全着陆,并要求英国广播公司用这样一句广播测试信息:"帝国是敌人残酷无情的兵工厂。"凯西立即发报给华盛顿的谢泼德森,提醒他布朗托克和斯梅茨已经渗透到了德国。

"医生"特工队伞降到了指定的库夫施泰因以南降落区5英里外的地方,事实证明这是个幸运的意外。如果飞行员把他们空投在正确的地方,斯梅茨和布朗托克可能已经牺牲了,德国山地士兵白天一直在那里进行演习,而且计划次日继续返回训练,他们肯定会注意到积雪覆盖的草地上的痕迹,很容易就能追踪到这个伞降队。但斯梅茨和布朗托克面临着所有伞降到错误地点的特工所面临的问题:他们不知道自己在哪里。当晚由于到处冰雪覆盖,他们更不知自己身在何处,根本无法确定自己的方向。值得庆幸的是,斯梅茨降落的地方离布朗托克只有50米的距离。飞机的调度员把装着他们设备和服装的三个圆柱形容器推下了飞机,然后斯梅茨和他的搭档依次从跳伞口跳了下去。他们已提前约定好,斯梅茨原地不动,布朗托克去找他。

斯梅茨收起了他鼓鼓的降落伞,把酒瓶从夹克里掏了出来,痛饮了几口,瘫倒在地上。布朗托克五分钟后找到了他。两个人用了大约三个小时,才找到了那三个圆柱形容器,它们被投在了大约250米开外。身上穿着黑色的大衣和西服,这两名特工在月光照亮的雪中很显眼。他们剪掉了其中一个白色的降落伞,来遮盖身体作伪装,并开始在降落地附近挖坑掩埋另一个降落伞和三个圆柱形容器。他们伞降的地方是可以眺望基茨比厄尔阿尔卑斯山脉的一个山顶。斯梅茨估计这个地方离山谷有3000英尺。他们不知如何下山,既没有设备,也没有经验,周围的积雪有3-12英尺深。于是他们爬上了一个斜坡,看看是否有任何德国人从下面出现。斯梅茨摊开睡袋,喝干了酒瓶里剩下的酒,爬进睡袋睡觉。布朗托克负责站第一班岗。

第二次好运降临时是几个小时后的破晓时分。布朗托克推了推他的伙伴,叫他快醒。透过望远镜,他发现有三个身影跋涉上山走向他们。布朗托克和斯梅茨用手枪对准他们,但是特工们释然地发现,这些闯入者很友好,这三个人原来是德国军队的提洛尔逃兵。就在前一天,他们正好在"医生"特工队降落的地点铺开了红白相间的奥地利国旗,希望给过往的盟军飞机发信号,告诉他们友好的游击队就在该地区,并接收空投物资帮助他们组成一个抵抗小组。当他们听到载着"医生"特工队的B-24"解放者"前一天晚上在这个地区低空飞行时,他们拂晓就出发,看看飞机是否伞降了物资。

这些提洛尔人帮助斯梅茨和布朗托克挖出了他们的圆柱形容器,带他们到了附近的他们自己藏身的小屋,给这两个比利时人准备了面包、肉和热茶。当天深夜,那些逃兵又花费了许多精力帮助这两名特工下山,花了四个小时来到了山下舍福村的一个农家,该村在库夫施泰因的南部。

次日早晨,布朗托克打开了他的无线电,发送了第一条信息,告诉伦敦"医生"特工队已抵达,准备开始工作。凯西的分析师给了斯梅茨一个近40个目标的单子,让他们探测库夫施泰因周围的目标,如武器工厂、零部件仓库、机场、党卫军驻地、疑似的集中营、像戈林一样的高级官员的别墅、纳粹狂热分子以备投降后的抵抗可能藏匿的武器等。"医生"特工队接到的命令是待在原地区,侦探并把所发现的情报发回直到战争结束。

"画家"特工队一直查无音信,令凯西非常沮丧。3月21日凌晨,范·戴克和弗卢尔也被空投在了错误的地方,距离特罗斯特贝格附近的预定地点约有十几英里。他们立即收起了降落伞,迅速脱掉了大外罩,并在树林里找了个地方把降落到附近的圆柱形容器埋了起来。拎着箱子和其他装备,他们吃力地向西北走去直到天亮。然后他们在树林里隐蔽了一天,弗卢尔的右脚后跟一阵阵抽痛。1月份训练跳伞的时候,他受了伤,昨晚又再次受伤,让他疼上加疼。第二天深夜,他们继续向西北跋涉,但这次只带了一半的装备,扛着所有的东西前进太困难了,尤其是弗卢尔疼痛的脚后跟。他们埋藏了两套无线电中的一套,还有"琼-埃莉诺"两个电池中的一个(头天降落的时候已经摔坏,弗卢尔认为可能没用了),两挺斯特恩轻机枪(两人觉得,就算遇见德国人,他们也不能架起来打)。

次日早晨，范·戴克和弗卢尔已经到了特罗斯特贝格的郊区。他们决定把第二套无线电和其他设备埋在那里的树林里，然后沿着通往城市的路走。范·戴克找到了一个亚历克修斯修士会会友庇护所地址，据说能为他们提供安身之地。但是会友让这两位特工吃了一顿饭，然后说他们所能做的也仅限于此了。因为一个希特勒青年团中心就坐落在庇护所的隔壁，亚历克修斯修士会会友非常害怕，担心过不了多久那些狂热的青少年就会发现庇护所里窝藏着颠覆者。

范·戴克和弗卢尔再次出发，能坐火车就坐火车，没有交通工具就步行。3月24日，星期六晚上，他们终于到达了慕尼黑。他们在一家通宵咖啡馆，慢慢地品着咖啡，试图不引人注目，坐到了次日早晨。然后他们乘公交车，到了范·戴克名单中一个有希望的安全落脚点，这是一个比利时机修工租的公寓，之前曾是党卫军的军用车库。机修工只是介绍了自己的姓，范·吉尔，他比亚历克修斯修士会会友要友好得多。但是范·吉尔说，他在慕尼黑不认识什么人，所以他无法帮他们在比利时劳工中建立间谍网络。不过范·吉尔对城市的生活状况所知甚多，星期日大半天，他都在给范·戴克和弗卢尔灌输有关的知识。而且他还真有一个朋友给他们找了一对比利时夫妇，夫妇愿意留他们当晚在家里过夜。3月26日，星期一，早晨天一放亮，范·戴克和弗卢尔走进了慕尼黑的劳工部（就业交流中心），作了难民登记，寻找工作。由此，他们向厄运的泥潭迈出了第一步，漫长的一个月的纳粹安全控制压迫就要降临在他们身上。

*

2月第一周，最终的大决战准备已经紧锣密鼓。丘吉尔、罗斯福和斯大林三巨头会议再次召开。会议地点定在了黑海克里米亚半岛上的度假胜地雅尔塔，一座乳白色大理石修造的里瓦几亚宫。他们要研究决定如何对德国去军事化、去纳粹化，如何分割胜利者占领区，如何在战后重组饱受战争蹂躏的欧洲国家，三个大国如何进军，粉碎亚洲的日本帝国等重大问题。在阿登高地反攻失败后，希特勒把总部搬到了柏林，准备在帝国总理府附近深深的地下元首地堡度过剩下的战争岁月。艾森豪威尔的大军在其西侧建立了一个桥头堡，在其东侧则是苏联红军。1月份，由于缺乏足够的供应列车，苏联红军进军的脚步放缓,现在他们就挺立在奥得河岸,随时准备对纳粹号称要繁荣一千年的帝国首都展开大总攻。

3月20日,赫尔姆斯飞往巴黎,在凯旋门附近的蒙梭公园酒店定了个舒适的房间,开始组织与占领军一起进入德国的战略情报局的任务。

谢泼德森在11月警告多诺万和杜勒斯,鉴于他在柏林汇报的工作量和他对德国语言和文化"非常可观"的知识,他发现海军上尉非常适合建立战后情报行动行政机制。他离开伦敦的时候,对凯西迫切推进安插特工到帝国有种不安的感觉。他天生是个一丝不苟的人。如果说他在间谍界的一年半时间领悟到了什么,那就是精心策划的情报任务远比匆忙蛮勇的情报任务效果好得多。他担心,凯西的德国行动中后者占了太多。他认为,凯西组织的任务总是一蹴而就,派到德国的团队总是很草率而没有足够的准备。尽管他知道应惜时如金,但他也知道,如果一切从简,特工就会阵亡。

但是赫尔姆斯现在无暇多想这些。他要把千头万绪的细节组合成一个对战败国的间谍任务。两周后,他招募了战略情报局官员小分队进入解放后的科隆、法兰克福、纽伦堡、不来梅、慕尼黑、斯图加特和柏林。他计划加入目前已经凑齐的五人团队前往柏林。

*

在到达伯尔尼的一年之中,杜勒斯一直不断电报华盛顿,阐述他关于战后德国政府应如何组建和战略情报局在其中应该发挥什么作用的想法。他在1943年12月的一次无线电话中建议:"德国应去中央集权化,普鲁士应划分成俾斯麦之前的组成部分,首都应从柏林迁出……划分普鲁士的主要原因是那些帮助纳粹取得了政权的德国反动势力,那里有他们的据点。"他认为,除了纳粹残余分子,一个和平与民主德国的敌人就是苏联。1944年10月,在他访问华盛顿期间,杜勒斯抽时间写了一份冗长的备忘录给多诺万,预测未来将爆发"冷战",事后证明果然不出他所料。他写道:"苏联现在认为自己有权在东欧和东南欧占据主导地位。在波兰、德国东部、匈牙利、捷克斯洛伐克和巴尔干等地区,苏联不打算强加一个严密的共产主义政权,但它会驱逐、清算或排斥那些国家中被视为敌对的政治分子，并安插'左翼分子'进入政权……承诺主要与莫斯科合作。"杜勒斯预测，斯大林知道"我们不会试图用武力阻止苏联的统治，因此我们不应该虚张声势"。但斯大林"目前也不希望在欧洲与美国或英国发生冲突"。因此，对于像德国这样的国家，尤其是在苏联红军占领的地盘，杜勒斯相信，苏联的秘密机构将利用心理战颠覆和政治恐吓来建立亲苏维埃政府。因此，"德国人民在政治上需要健全的指导，在现政权倒台后发展一个民主制度"，他在另一份备忘录中写道。

杜勒斯还致电多诺万、费迪南德甚至赫尔姆斯，为战后德国政府列出了一份"有用的德国人"名单——他在伯尔尼旅游期间遇到的劳工领袖、社会学家、科学家和知识分子，以及在瓦尔基里密谋中的幸存者，如吉泽菲乌斯和魏特简。早在1943年11月，他就开始开动脑筋构思在美国人或苏联人占领后，需要跟他一起飞到柏林的团队人员。戈德堡给他提供了长长的名单，其中包括德国工会成员，美国陆军中德语流利的德裔美国人，伦敦站劳工部的关键人物，如乔治·普拉特和拉扎尔·特佩尔等。在敌对状态结束后，这些人能帮助组织残存的德国劳工运动。

1945年1月4日，杜勒斯前往里昂，与多诺万秘密会谈战后德国分队的任务。他们决定，这个分队的间谍和专家将搜集和分析美国占领区的军事、政治、经济，甚至"社会学"情报，其反间谍官员将根除纳粹地下组织的颠覆性活动，以及他们发动的游击战争，还要寻找研发了希特勒秘密武器的技术及硬件的人，如火箭、化学和生物制剂的德国科学家。这两个人还讨论了另一个高级秘密任务，多诺万希望杜勒斯派间谍进入苏联和大不列颠所占领的德国地区。他推测苏联和英国的情报机构将试图进入美国占领的地区，多诺万希望战略情报局也要深入到他们的占领区。

第二十一章

进入德国

最初的五天,"医生"特工队就藏在3名奥地利逃兵的舍福村的农舍里。他们的三人组组长,自称是鲁道夫·斯坦纳,又在农场召集了另外16名逃兵。他们都急切地要拿起武器对抗纳粹,这些人现在成了斯梅茨和布朗托克间谍网络的核心。第六天,这些奥地利人和战略情报局特工搬到了在高山处的一所小屋,这是夏天农民用来看护羊群的地方,而且这个地方让团队存储设备和传输信息也更加安全。3月29日,布朗托克向伦敦发报,称他需要食物、药品、武器、德国山地步兵制服来装备一个20人的游击队。三天后,一架飞机送来了八个空降的圆柱形容器。同时伦敦还发出了明确的命令,称这些武器是用来保护这个团队的,不是为了攻击德国人的。这让游击队很反感,因为后者是游击队朝思暮想要做的事。但伦敦担心,这种袭击只会招致德国人的报复。

虽然该地区到处是党卫军,但布朗托克和斯梅茨无需太多保护。除了偶尔用他们带来的马克购买黑市食品外,他们很少与山谷的村民待在一起(这两名特工很快意识到,"巴赫"分队为他们制造的身份文件有错误,无法经受仔细的检查)。许多村民都知道美国人住在山里,但没有任何人举报他们。库夫施泰因周围的奥地利人早已对傲慢的德国官员恨之入骨,毫无疑问他们是反纳粹的。布朗托克唯一一次的历险发生在一天下午,当时他正在库夫施泰因南部的高山村埃尔毛的一个游击队员家里发报。4月26日,接替戈林任纳粹德国空军司令的陆军元帅罗伯特·里特尔·冯·格莱姆,决定把总部搬迁到埃尔毛。一个傲慢的军官敲开了游击队员的家门,称要为陆军元帅寻找合适的住所。这个思维敏捷的游击队员带他四处看了看,说他的四个孩子正在睡觉,就没让他看卧室(当时布朗托克正在房间里用无线电发报)。副官满意地离开了,随后就征用了这所房子为格莱姆所用。

"医生"特工队成了凯西最有效的团队之一。在45天的时间里,布朗托克用无线电传输了52条消息,这些都是斯梅茨和他的游击队搜集到的德国国防军部署的情报,如山地作战部队、大炮炮台、防空火力点、库夫施泰因附近的人民冲锋队民兵以及一个战争工厂的位置、一个油库的位置、铁路线上的希姆莱私人列车的位置、慕尼黑东南的高速公路段作为附近一个喷气式飞机基地的跑道等,都是盟军轰炸机轰炸的目标。斯梅茨还发现了两座战俘营,其中一个在斯图加特南部,里面有12000名苏联士兵;另一个在北蒂罗尔13世纪的伊特城堡,关押的都是高级囚犯,其中包括法国前总理爱德华·达拉第和保罗·雷诺,法国陆军司令毛利斯·甘莫林和斯大林的儿子(伦敦命令斯梅茨不要让游击队尝试突袭来解救这些大人物,仅需要继续搜集情报)。5月5日,在德国投降的三天前,斯梅茨从舍福出发,向西步行,在黑暗中走了两个小时,终于遇到了美国第三十六师的一个前锋营。在接下来的一周,他带领美国兵来到了纳粹元老们的住址,将他们一一逮捕,其中包括陆军元帅冯·格莱姆,他就躲藏在埃尔毛村的住所里。

*

从3月到4月的这几周,凯西和他手下开始热火朝天地往德国境内派送间谍,他后来回忆说:"分秒必争的博弈。"在格罗夫纳街70号的作战室,随着无线电报告纷至沓来,这里几乎变成了一个"疯人院"。间谍队陆续涌出(从3月17日至4月24日,派出了58个间谍队),随着战线的步步推移和飞机空投特工抢先到行军的前线,在墙上的作战地图的图标每小时都在移动。盟军和苏军的进攻,让希特勒控制的国家在夹缝中挣扎。美国第三集团军的挺进抢在了很多间谍队的前面。凯西的一个调度员抱怨地说:"巴顿将军正在搞砸我所有的行动。"不仅如此,更复杂的问题是,从3月20日满月日开始,整个西欧笼罩在浓浓的乌云之中。凯西最终下令,让飞行员尽可能飞到德国,在黑暗中空投特工。一个疲惫的陆军上尉申请在3月底请假休息两天,凯西生气地拒绝了,他对那名军官说:"战争不会这么快结束,少跟我在这里废话。"但凯西也承认,这种节奏让所有人都吃不消。"提包客"夜复一夜地被迫在漆黑中飞行,让飞机和飞行团队接近崩溃。一个领航员,七天执行了八个任务,在执行完最后一个任务后,终于在停机坪彻底崩溃,像个孩子似的大哭起来。

原本让凯西讨厌的共产党人,事实证明真的是最英勇机智的特工。伦敦站的劳工部门组织了德国难民,他们是从苏联支持的西欧抵抗运动中征用的人,并以工具名称作为分队的名称。其中顽强能战的团队叫"铁锤"特工队,凯西抽调他们执行最危险的任务——空降到柏林。保罗·林德纳,34岁,机械师。1935年因他的地下劳工组织引起了盖世太保的注意而逃离柏林,几经周折来到了英国。但英国当局严密地监视着他的一举一动,因为在大不列颠,他一直从事与莫斯科结盟的德国自由运动。林德纳个小精悍,给凯西的教练留下的印象是:冲劲十足的反纳粹分子,很可能是一个有价值的间谍。他的搭档安东·鲁,33岁,印刷工。他作为工会煽动者被抓入狱,在柏林关押七个月后也设法逃到了英国,加入了德国自由运动。安东·鲁像林德纳一样机智聪明,同时还拥有一种"临危不惧的勇气"。战略情报局教官认为在险象丛生的柏林,他们"可以保持使命平稳进行"。

3月2日凌晨,两人乘坐一架高速的A-26"侵略者"轻型轰炸机,空降到了首都柏林西北的一个降落点。每人身上除携带的10000马克外,他们口袋里还分别装了500美元的钻石以贿赂纳粹分子。

"铁锤"特工队的任务是利用他们曾经在柏林广泛的朋友圈,建立一个间谍网络,并用手中的"琼-埃莉诺"发报机往回发送情报。这个任务十有八九不会成功。他们降落一天后,这个团队来到了林德纳父母所拥有的闲置平房,但除此之外,他们没有任何优势。柏林在德国所有城市中,依然是防范最严密的城市——他们身上携带的证明他们是熟练工人的虚假文件,每天都要被党卫队例行检查。盟军持续不断的空袭,意味着他们要想穿过这个受灾城市可能需要六个小时之久，沿途还要不停地钻入掩体或躲避爆炸。他们在柏林度过的45天中，只有两个晚上没有炸弹袭击。林德纳和安东·鲁找不到任何一个安全的地方可以让飞机伞降物资。他们的伪造食品配给卡不久就用完了，不得不在黑市上购买面包，或者用他们的美国香烟（在德国仍是个价格不菲的物物交换商品）换购食品。大多数他们原本希望招为线人的反纳粹朋友都在军队中阵亡或死在了集中营里。从几个幸存者身上，他们设法搜集了德国国防军调兵的零星情报，但在试图给盘旋中的飞机发报时，前两次都没成功。3月26日，他们终于与一架飞机取得了联系，报告说柏林周围的兵工厂仍然在运行，克林根贝格电站仍然在给这些工厂输电。林德纳补充道，城市铁路也是唯一可使用的交通系统，如果轰炸机捣毁了铁路，所有的交通会一下子瘫痪。

他本来可以谈几个小时，但飞行员不得不离开。英国广播公司后来向这个团队发送了一条编码信息，要求他们侦察柏林附近的坦克工厂是否还在生产。不到一个星期，林德纳和安东·鲁发现，有些工厂还在奇迹般地生产，而且还有小型工厂在制造坦克零件，但当飞机载着"琼-埃莉诺"到来时，盟军的轰炸迫使林德纳冲进了一个防空洞，所以他一直没有机会报告他们的发现。此后，再没有更多的飞机过来接收他们的信息，而盟军昼夜不停地轰炸，让柏林市中心逐渐成了一堆瓦砾。

林德纳和安东·鲁的行动越来越不便，百姓纷纷逃离，所剩无几的房屋被德国国防军占据，作为他们最后的防御阵地。4月22日，英国广播公司发送了另一条消息，建议他们两人中的一个逃到美国前线部队报告情报，另一个继续待在柏林等着解放者的到来。林德纳进行了尝试，但党卫军部队封锁了西部防御圈，并且威胁任何柏林人如果不拿起武器对抗从东面包抄的苏联红军，就立即枪毙他们。这两个人陷入了困境之中，只能等待苏联人的到来。苏联红军现在正以每隔五秒的速度发起大炮攻击。4月24日，他们遇到了第一批苏联士兵。次日，他们找到了一个苏联指挥官，林德纳和安东·鲁告诉他，他们是美国战略情报局的特工。但是苏联情报局的官员，对两个人出示的地图和德军的防御报告没有丝毫兴趣。他们唯一的问题是，这个团队是否知道希特勒到底在哪里，林德纳和安东·鲁对此却没有任何的信息。

战略情报局认为"铁锤"特工队的任务非常成功,不是因为他们所提供的小情报,而是因为他们居然能在柏林一直存活到解放。但事实证明,这两名特工的成功得不偿失。苏联人抢走他们的密码本,逮捕了林德纳和安东·鲁,直到6月16日才将他们交还给美国人。随着欧洲战争的结束和"冷战"的开始,战略情报局和英国安全员对待这两名共产党人像瘟神一样,疑心苏联红军扣留了他们这么长时间的缘由,莫非他们已变成双重间谍?

凯西手下能灵活处事的间谍还不止这些人。约瑟夫·阿拉德和保罗·勒艾斯特,是"司机"队经验丰富的两位布鲁塞尔特工。4月1日清晨,他们空降到里根斯堡,一个有梅塞施米特飞机厂和炼油厂的巴伐利亚城市。人民冲锋队的掷弹兵一度将他们抓获,党卫军巡逻队朝勒艾斯特开了枪,阿拉德最后被逼近的美军部队的火炮弹片炸伤。虽然两人经历了这些,但在里根斯堡附近的一个牛奶场,这两人居然设法发送了有关德军防御、城市周围战俘营、德国国防军和党卫军军队战斗能力的情报。"司机"队的信息来源之一是两位法国姑娘,她们被迫到德国妓院卖淫。在床笫之间,她们哄骗德国国防军嫖客说出军事机密,而阿拉德就躲在衣柜里偷偷记笔记。弗雷德里克·梅尔,是一个彪悍的布鲁克林军队的中士,父母是犹太人,逃离了纳粹德国的魔掌。2月26日,他伞降到了因斯布鲁克附近的一个冰川上,同他一起空降的还有一名年轻的荷兰裔美国人和一名奥地利中尉,两个人都出生在奥地利的因斯布鲁克这个城市。他们都是战略情报局从意大利战俘营招募的特工,团队的代号为"绿色行动"。这些人身穿德军军装,网罗了一批线人,其中有德国国防军持不同政见者、投诚到盟军事业的人民冲锋队队员、警察告密者、盖世太保叛徒,这些人帮助他们搜集了德国车队穿过具有重要战略意义的勃伦纳山口的情报。4月20日,仍然忠于帝国的盖世太保军官逮捕了梅尔,对他进行了残酷的折磨,但这位战略情报员就是一言不发。梅尔最终做通了一名正在为自己寻求生机的纳粹地方长官的工作,5月3日,此人宣告投降,并将因斯布鲁克交与西郊的美国师团。此次劝降,避免了一场德国军队拼死抵抗的血腥战斗。

其他方案的结果非常不尽如人意。凯西和普拉特对"雄鹰计划"寄予厚望，该计划招募了40名会讲德语的波兰士兵。鉴于帝国有众多的波兰奴隶劳工，所以这些间谍被认为是在那里建立间谍网络的理想人选。这些人接受了最好的训练、配备了最好的装备和所能提供的各种伪造证件。他们分成16个团队，所有团队的指定代码都以鸡尾酒命名，然后被空投到了15个德国城市，但没有任何团队交出任何有价值的情报。原因之一是他们空降的时间太晚，有的团队还没开始工作，战争就结束了。但凯西声称，这些特工"天生的智慧和能力普遍低下"。在2月的雅尔塔会议将波兰大部地区割让给苏联之后，他们的战斗激情大幅萎缩。"高杯酒"任务的两名队员，刚刚降落到德国中部的卡塞尔市就魂魄顿失，立即投奔到了美国前线部队。"自由古巴鸡尾酒"的两名品行不端的特工根本没有在柏林西南的哥廷根做什么间谍工作，而是把给他们的现金和钻石挥霍得一干二净。

其他"雄鹰计划"的特工倒是有心做点间谍工作，可是却成了厄运的牺牲品。"马提尼酒"团队的利昂·阿德里安是个深谙世故的间谍，一位对德国军事装备敏锐的观察者。3月19日，他空降到了慕尼黑西北的奥格斯堡，迅速描画了附近的军用机场，并急于给伦敦发回情报，可就在这时，一个在遥远北部的阿尔滕堡车站的铁路官员，发现他的身份证件有问题，打电话报了警。在四个盖世太保特务准备把他拉到哈雷东部审讯中心前，阿德里安设法撕碎了地图并吞咽了下去。盖世太保暴徒怀疑他吞下了什么罪证，于是给他注射了一种药液想让他吐出来，还用枪托打掉了他的几颗门牙，又往他嘴里灌了一杯诱导呕吐的混合药水，并顺着他的嗓子眼插入了两根圆柱形长针，逼他把胃里的东西吐出来。在他的呕吐物中，他们发现了一些纸碎片，于是在接下来的五天里，他们用橡胶棍棒无情地殴打他，迫使他承认自己是间谍，并让他交代情报，阿德里安宁死不屈。第六天，当他预计自己要被施行枪决时，一枚B-17轰炸机的炮弹在哈雷上空从天而降，炸开了他牢房的门。4月15日，被殴打致残的阿德里安，跌跌撞撞地走到了美国前线部队。在接下来的三周，他帮助陆军反情报队，围剿了该地区的盖世太保官兵。在一个关押被美国兵抓获的囚犯房间中，阿德里安发现了两名曾折磨他的暴徒，他从一名警卫身上的枪套里拽出了一把左轮手枪，不慌不忙地朝他们两个各开了两枪。

到4月底，凯西已经派出了103支队伍。69个团队依然在战地执行任务，他手中还有20个团队做好了渗透的准备。但是有一些团队在行动中失踪了。"画家"特工队从3月20日起，一直杳无音信。

*

范·戴克和弗卢尔需要处处小心，纳粹的各种条例实在令人抓狂。他们友好的比利时汽车维修工范·吉尔，同意暂时把他们的无线电设备隐藏在党卫队使用的慕尼黑军用车库。但为了获得必要的政府旅行通行证，并乘火车回到特罗斯特贝格，取回他们埋在树林里的无线电设备，再回到慕尼黑，消耗了他们两周的时间。他们还在慕尼黑警察局注册为外籍劳工，以便得到一份工作、食品配给卡和一个住的地方。警方告诉他们，他们将被安置在一个劳工营，而这将使他们无法使用无线电往伦敦传输消息。范·吉尔再次过来营救，他跟警方协商，让这两个特工到他的车库工作，然后让他们住在旁边的员工营房里。

那些员工营房比集中营也好不到哪去。营房被分割成了小小的房间，三米长，三米宽，而且墙隔板是胶合板。如果范·戴克和弗卢尔摆弄他们的无线电，隔壁会听得一清二楚，他们只能把它藏在他们从地板上撬开的活板下。晚上发报更是不可能，因为大家都回营房休息，人满满的。白天范·戴克和弗卢尔要忙于他们修车厂的工作，出大力流大汗。德国老板让他们工作十小时轮班，而大多数时候，晚上都睡不安稳，经常因为盟军的空袭，不得不拖着沉重的身体躲到防空洞。他们被折磨得精疲力竭，根本无暇无力从事任何间谍活动。弗卢尔倒是可以假装生病，在工作日其他人都在工作时，在营房里发送电报，但事实证明，这样做很危险：党卫队官员经常到营房与人闲扯。

两名特工最终招募了五名线人，为他们提供有关慕尼黑军事设施的情报。4月15日，星期日，营房空无一人，弗卢尔终于打开了无线电准备发送第一个信息，但是他发现自己遇到了一个严重的问题，他能从自己的无线电听到伦敦"维克多"电台的信息，但是"维克多"听不见他的声音，因为那边的操作员对他的传送不做任何回应。他狂乱地试图寻找其他频率的电波，但依然没有答复。弗卢尔在那一周做了三次尝试，接下来的一周又进行了三次尝试，但"维克多"始终没有接收他的传输信号。要么是无线电在伞降时已经损坏，要么是这个团队从营房发出的信号接收不到。他们没有什么切实可行的办法来拖延上班，或取得所需要的许可去取回他们埋藏的第二套无线电设备。这两名特工试图寻找其他的传输地点，比如毁于轰炸的许多的空置房屋或者墓地，但是外国工人被禁止进入被轰炸的区域，而在公墓里，他们的无线电天线很容易被发现。"画家"特工队在慕尼黑一筹莫展。

本来就举步维艰的两名特工，在一个特大情报从天而降的时候就更加痛苦。1933年，因为其左翼活动，卡尔·弗雷被送到了达豪集中营。然而，在过去的一年里，他却一直在慕尼黑的盖世太保总部工作，作为一个可靠的工头，他负责监督其他30个被分配到这座大楼中做卑微工作的达豪囚犯。弗雷见到了范·戴克和弗卢尔，告诉他们，他有他们需要的情报。更重要的是，弗雷安排了两名特工去见了埃米尔·魏兰。此人在过去12年里，一直在慕尼黑的盖世太保处做执行秘书。事实证明，魏兰也一直在调查潜入该地区的间谍，但他并不想逮捕"画家"特工队。这位盖世太保秘书很清楚，美国人占领慕尼黑只是一个时间早晚的问题，他已经开始盘算如何讨好即将到来的新征服者了。范·戴克告诉他，为了回报他在德国给予的帮助，他会安排战略情报局帮助魏兰和他的家人逃到南美洲——这是一个范·戴克从不想兑现的承诺。

"画家"特工队特工花了两天时间与弗雷和魏兰软磨硬泡，看看他们到底能提供多少情报，结果让他们挖出了很多消息。这两个告密者给他们提供了大约50名在慕尼黑总部各个部门工作的盖世太保官员的名字，像魏兰一样，这些人现在都想重新站队到盟军一边。范·戴克开始一个个盘问这些变节分子。他想知道，盖世太保在过去的两个月的活动，德国的安全机构和纳粹党的领导是否收到了希姆莱的命令，在盟军抵达后在慕尼黑转入地下继续开展抵抗斗争。

从范·戴克的许多访谈和魏兰提供的工作人员名单中，他汇总了一个完整的在巴伐利亚工作的盖世太保官员名单。到目前为止，纳粹还没有计划在慕尼黑进行抵抗运动，最起码按他的估计是这样的。这可是很重要的情报，但是范·戴克却无法将这个消息发送给正向慕尼黑进军的盟军。

第二十二章

"日出行动"

自1944年以来，艾伦·杜勒斯一直源源不断地给多诺万发电报，警告说德国战败后，纳粹将在巴伐利亚和奥地利的阿尔卑斯山建立一个游击队飞地（堡垒），继续展开地下斗争对抗盟军。多诺万同意这种"棱堡理论"，并将杜勒斯许多预测的电报转发给了罗斯福和五角大楼，并随之提供了战略情报局连根拔除和摧毁帝国最后堡垒的计划。总部敦促凯西的团队，让他们的特工在所渗入的地区，寻找纳粹储存武器和装备作背水一战的证据。艾森豪威尔和他的参谋，以及华盛顿陆军情报机构和在伦敦的英国间谍机构，相信狂热的纳粹分子一定在谋划一个最后的堡垒，虽然谁也没有确凿的证据，就像杜勒斯一样只有推论。为了煽动恐惧，希姆莱公开宣布，"狼人"游击队（据意大利消息称多达80万人）将在盟军占领的德国地区进行骚扰。杜勒斯接到报告说，党卫队头目把他的家人送到奥地利的一个高山狩猎小屋，在那里他将与他们一起指挥最后一次抵抗战斗。

开进德国的盟军沿路的确遇到了零星的纳粹党破坏和狂热顽固分子的口袋阵。但"高山堡垒"其实是一个神话，是德国人的骗局，也是杜勒斯和战略情报局以及其他盟国的情报人员为纳粹失败所编造的谎言，因为准备一个战后游击队意味着承认失败——这对"纳粹精神"无异于异端邪说。4月20日，希特勒签署了一项11小时的命令，要求建立一块飞地，但为时已晚。赫尔姆斯最终意识到，最后一个堡垒的概念纯属胡说八道。凯西也同意这种说法，他的间谍没有发现任何建造的迹象。但即使杜勒斯不能提供德国士兵进入阿尔卑斯山打造堡垒力量的证据，但他认为总有一种危险不可不防，那就是德国国防军龟缩在意大利北面的大部队将被派去保护最后的堡垒。1945年2月，杜勒斯开始了他的情报生涯中最敏感的外交谈判，以防止这一事态的发生。

*

1945年初，纳粹的和平试探传递给了杜勒斯，但却是来自杜勒斯最痛恨的人——7月20日刺杀案后几乎掌控所有帝国国家安全机构的海因里希·希姆莱。这是一个心狠手辣、极端超种族主义者、厌恶同性恋的人、亲德派杀戮者。瑞士情报局局长提醒杜勒斯，党卫队国外情报头目瓦尔特·施伦堡将军，想要会见战略情报局官员以传递信息，如果"英美放下身段修改无条件投降"，希姆莱愿意接受停火谈判。一个维也纳党卫队特务来到了伯尔尼，带来了帝国保安总局局长、党卫队第二号最有权力的人物恩斯特·卡尔滕布鲁纳将军的消息：希姆莱迫切希望结束战争，并正在"考虑清算纳粹党内部的好战分子"，但他首先想与同盟国取得联系。杜勒斯没有理会这两人递来的橄榄枝，"认为这可能是挑起俄罗斯人找我们麻烦的一个陷阱"，他电告华盛顿。

当盖沃尼兹告诉他，瑞士卢加诺德国领事亚历山大·康斯坦丁·冯·牛赖特，正在"谨慎地试探"盟军与纳粹军事领导人就意大利问题达成和平协议时，杜勒斯仍然表示怀疑。德国领事算不上是什么显赫的高官，但牛赖特的父亲曾是希特勒早期内阁的外交部长，平日里经常与德国高级军官频繁接触。

2月，牛赖特向盖沃尼兹汇报说，他私下就北意大利问题与三名德国人进行了会谈，他们是德军占领军司令阿尔贝特·凯塞林元帅；武装党卫军头目卡尔·沃尔夫将军；1943年意大利国王维克托·伊曼纽尔三世被赶下台后，纳粹建立的北意大利墨索里尼傀儡政权的德国大使鲁道夫·拉恩。牛赖特声称，"如果同盟国条件值得"，这三个人都准备谈判投降。多诺万将杜勒斯与牛赖特接触的最新信息转发给了罗斯福和参谋长联席会议，但警告说，这些和平试探，甚至包括通过梵蒂冈中介机构送来的信息，听起来都像来自相同的源头——希姆莱。杜勒斯表示赞同。

然而，意大利卡塞塔盟军地中海司令部，对杜勒斯提供的任何凯塞林可能准备放弃抵抗的情报都非常感兴趣。在18个月的意大利战役中，英美的伤亡近30万人，而且他们向北推进的步伐比东线穿过法国的步伐要慢得多。凯塞林在诺曼底登陆的前两天放弃了罗马，成功地拖延了盟军攻破佛罗伦萨以北坚固的哥德防线的进度，直到1944年秋。到1945年2月，他仍然坚守工业发达的意大利北部和热那亚、米兰和都灵等主要城市，拥有23个德国师团、四个法西斯意大利师团，外加四个党卫军师团和沃尔夫领导的15万名意大利人的社会共和国卫队。在这两人手下的德国士兵仍然盲目地忠于他们的元首，而且下定决心决一死战。

与此同时，意大利战场盟军指挥官英国陆军元帅哈罗德·R. L. G. 亚历山大爵士，被迫把自己的师团交给艾森豪威尔去充当先头部队。为了更好地保证法国抵抗组织的供给，意大利游击队的武器供应也开始日益短缺，意大利已经开始退居为次要战场。威猛的哈罗德爵士，曾在第一次世界大战的战壕冲锋中身受重伤，觉得此时的任务毫无吸引力，因为他要在血腥的僵局中，尽最大可能地牵制轴心国最多的师团，避免他们向西线转移。难怪他急于想要尽快结束意大利北部的血腥战争。

杜勒斯电报中的这三个德国人能否给出哈罗德爵士想要的那种胜利，情形并不明朗。拉恩大使可是希特勒精挑细选用来密切关注善变的墨索里尼的人，也是个能让凯塞林和沃尔夫对他言听计从的人，但他心中的停火计划太不切实际，他设想的是在意大利的德国国防军部队，除了保留军官随身的武器外，那些解除武装后的士兵，还可以回到德国以平息外国苦役的暴乱。凯塞林——美国人戏称他为"笑面虎阿尔伯特"，因为他总是以轻松快活的面目示人，但其实是个狠毒而高效的军官——指挥着德国空军和地面部队。凯塞林对投降谈判的兴趣可能不会像牛赖特认为的那么强烈。虽然在1945年初，这位德国元帅就意识到德国赢得战争的机会渺茫，但他幼稚地认为如果希特勒不能创造一个军事奇迹，至少会与敌人谈判达成政治协议，避免德国遭受灭顶之灾。凯塞林同时还想保持自己军事生涯的清白，不想因为背叛自己的国家或元首而沾上污点。

卡尔·弗里德里希·奥托·沃尔夫，体格健硕，一头金发、背头，45岁左右，典型的北欧美男相貌，脸上看不出岁月的痕迹。他一直是希姆莱私人参谋长，党卫队与希特勒之间的联络人，后来他成了元首的宠儿，也不羞于以此来达到自己的目的。沃尔夫想与他的妻子离婚，娶一个伯爵夫人，希姆莱不准，沃尔夫就背着他获得了希特勒的许可。希姆莱授予他上将这一最高的军衔，让他掌管意大利的党卫军、警察、盖世太保和反情报机构，沃尔夫可以随意向占领者动用恐吓、折磨和谋杀等镇压工具。显而易见，他是个战犯。

1月底，沃尔夫意识到战争已经失败，希特勒没有力量或奇迹般的武器来改变这一事实。他一开始并没有最高尚的动机，相信独裁者可以通过向西方提供和平提议来分裂联盟，避免失败。但在2月6日元首地堡会议上，沃尔夫向希特勒提出这一想法时，令他吃惊的是，希特勒一改常态，并没有大发雷霆。沃尔夫认为，元首礼貌地听完他的陈述，但并不表态的这一事实，就是默许可以接近伯尔尼的美国人或英国人。他回到维罗纳以西的加尔达湖总部后，沃尔夫命令他的高级官员提醒他与同盟国接触的任何可能性，他会亲自处理这件事。这位上将还命令他的战斗工程师不要执行柏林的焦土策略，除非他亲自批准，不要摧毁德国国防军割让给盟军地盘上的重工业和公用设施。

2月第三周，沃尔夫手下的一名党卫队高级官员，派遣了意大利实业家路易吉·帕里利男爵到瑞士与战略情报局接洽。在战前，帕里利曾在一家美国器具公司工作，战争期间在法西斯占领区北意大利通过制造业积累了大量的财富，他不想因更多的战争而毁掉这一切。他找到了在卢塞恩附近一家私立学校当校长的老友马克斯·胡斯曼教授，把他介绍给了马克斯·魏贝尔陆军少校，一名爱抽雪茄的瑞士情报官。瑞士当局对任何和平协议都兴致勃勃，一方面可以挽救其在北意大利广泛的商业利益免受损失；另一方面，随着盟军的进攻，还可以防止成群结队的德国国防军士兵大举跨过瑞士边境。魏贝尔立即联系了杜勒斯。2月25日晚，在卢塞恩一家餐厅享受了丰盛的鳟鱼大餐后，这位瑞士官员告诉他的战略情报局朋友，他曾与一位工业家会晤，称此人带来了来自意大利前线的和平试探。魏贝尔怂恿杜勒斯和跟他们一起吃饭的盖沃尼兹当晚约见这位帕里利。

战略情报局站长立即警觉起来。希姆莱的和平试探通过中间人鱼贯而来，只为拯救自己，而不是德国。杜勒斯乘下一班火车回到了伯尔尼，留盖沃尼兹在卢塞恩的施威泽霍夫酒店会见这位他从未听说的意大利人。次日，盖沃尼兹向杜勒斯汇报，称站长的怀疑有充分的理由。在施威泽霍夫酒店漫长的会谈中，帕里利看上去似乎是一个讨人喜欢的家伙，身材瘦小、秃顶，会讲意大利语、法语和德语，但他有一个烦人的习惯，无论用哪种语言讲话，都要掺杂上其他两种语言的短语。盖沃尼兹顿生疑心，这个刻意讨好的人看上去就像努力兜售房间给自己的卖主，怎么可能是陆军元帅凯塞林的使者？盖沃尼兹逼问他到底代表谁的时候，帕里利一直支支吾吾，他只提到了沃尔夫手下两名军官的名字，但他们的级别没有高到可以单独进行投降谈判。德军占领意大利的时候，帕里利确实说过：德国在意大利的占领军"并不像看起来的那样"。相比凯塞林的德国国防军，党卫军对于和平谈判的想法更加豁达开放。盖沃尼兹态度亲切，但始终没有表态。他相信这将是他们最后一次看到帕里利，在向杜勒斯做简单汇报之后，他离开酒店踏上了滑雪之旅。

杜勒斯如实地把盖沃尼兹的会面情况报告了华盛顿，然后把电报塞到了那鼓鼓的"和平试探"文件中。然而，帕里利的行动立即引起高层关注。艾森豪威尔很警惕，同时通知了英国参谋长，"一个或数个德国高级官员"正在发出和平试探。军情六处的官员倍感震惊，立即要求美国情报官员详述其中的端由。但是，杜勒斯很快就给大家的预期泼了一瓢冷水。3月1日，他电告华盛顿："现在指定这种举动为'德国将军的和平试探'还为时尚早。"第二天，杜勒斯就发现自己错了。

帕里利回到了沃尔夫的加尔达湖总部，并传达了一份乐观的报告，远远胜过他与盖沃尼兹会谈的结果。3月2日，沃尔夫秘密派遣帕里利跟他的两名心腹助手回到了瑞士：一个是党卫军上校欧根·多尔曼。他是聪明的国际通，深谙意大利事务的狡猾军官，是希姆莱与墨索里尼的秘密联络人；另一个是党卫军上尉基多·齐默，一个虔诚的天主教徒、唯美主义者，意图拯救意大利的艺术和宗教瑰宝免于破坏。那天晚上，魏贝尔给绅士街的杜勒斯打电话，称帕里利带着两名从卢加诺来的党卫军军官再次来访。杜勒斯仍然觉得事态没那么乐观，不值得把盖沃尼兹从他的达沃斯滑雪之地召回。所以，他决定派他伯尔尼站的工作人员保罗·布罗姆过去，杜勒斯认为，作为一个美国犹太人的布罗姆，应该能够探出这两名纳粹的深浅。

3月3日下午，在卢加诺比亚基酒店上面的一间包房，魏贝尔安排了布罗姆与帕里利、多尔曼和齐默的会面，此地是当地扶轮社用午餐的地方。4点多一点，布罗姆来到了酒店的大厅，在来卢加诺的火车上，他一直纠结要不要与这两个让人鄙视的党卫军军官握手。他还是决定伸出手来，德国人也伸手相迎。多尔曼，皮肤黝黑、眉目清秀，乌黑的头发向后梳着，耳边还有一个小卷，布罗姆一看便知此人属于贼鬼溜滑的类型。齐默看上去明显是下属类型，因为他什么也没说。四个人决定用法语交谈。

布罗姆充分意识到这个会议极其微妙，以及可能走入陷阱的危险，他在记事本上记下了会议的开场白。他后来根据记忆这样说道："欧洲战争造成的物质和精神上的破坏是如此巨大，以至于同盟国需要在重建工作中得到所有善意人士的帮助。任何可以帮助缩短战争的人都是在向我们证明其善意。"除此之外，布罗姆从杜勒斯处得到的指示是，听取这些德国人会提供什么，并确定他们是否有诚意。

多尔曼问，如果希姆莱支持北意大利单独的和平协议，同盟国是否愿意与其谈判。

布罗姆用英语答复："门都没有。"

布罗姆感觉多尔曼似乎对答复很满意。上校透露，他是沃尔夫的参谋，如果能保证沃尔夫与杜勒斯会面的话，他会建议党卫军将军亲自访问瑞士继续谈判。布罗姆对此一言未发。相反，他递给了桌子对面的多尔曼一张纸条，上面写着两个意大利人的名字：费卢西奥·帕里，一个曾化名为"毛里奇奥将军"的意大利抵抗军领导人和安东尼奥·乌斯米亚尼，杜勒斯一个最得力的在北意大利执行任务的间谍。党卫队抓获了这两人，把帕里送到了维罗纳地牢，把乌斯米亚尼关在了都灵的监狱中。杜勒斯曾提前下令布罗姆，让他向对方提出释放帕里和乌斯米亚尼给战略情报局，作为他们出使的诚意，并有权担负如此重要谈判的证据。帕里和乌斯米亚尼被捕是德国人引以为荣的行动，只有沃尔夫这样级别的军官才能释放他们。即便如此，沃尔夫也要冒着巨大的风险。杜勒斯猜测，墨索里尼甚至希特勒都知道帕里被逮捕的事情。布罗姆看着多尔曼，见他听到要释放一个像帕里一样宝贵的囚犯，似乎惊得喘不过气来。在从最初的震惊中恢复过来后，这位党卫军上校说，他将尽其所能来满足这个要求。多尔曼向布罗姆保证，战略情报局几天后会听到他的答复。杜勒斯确信这是他们最后一次听到上校的声音，但布罗姆似乎并不确定。他不喜欢多尔曼，他肯定这名纳粹的话有所保留，但关于停止在北意大利流血冲突的问题，布罗姆告诉杜勒斯，他还是很钦佩这名德国人的"诚意"。

3月8日，盖沃尼兹刚从达沃斯久负盛名的帕斯滑雪场下来，还没来得及脱掉滑雪服，就听到酒店房间电话响了。是魏贝尔打来的电话，他不想冒险打到伯尔尼杜勒斯的办公室，因为不知道会有什么人在监听。"格罗，你现在是站着还是坐着？"瑞士情报官开口问道。"因为如果你站着，听到这个消息就会倒下。"魏贝尔告诉盖沃尼兹要通过秘密电话给杜勒斯传话，说"帕里和乌斯米亚尼已到瑞士。几小时前，我的人在瑞士意大利边境接收了他们。两个人都毫发无损，已安然无恙"。齐默开车将两名游击队员送过了边境，魏贝尔的一个副官已经带着他们在来苏黎世的途中。这名瑞士少校还说了另一条令人震惊的消息：沃尔夫将军、帕里利男爵、齐默和沃尔夫的副官欧根·温纳上校，也已经在意大利游击队员走后不久越过了瑞士边界，想要与杜勒斯见面。他已经把沃尔夫一行安排到了一辆车窗拉上了窗帘的火车包厢里，现在正向苏黎世飞奔而来。尽管所有德国人都身穿便服，但沃尔夫此行也是风险重重，他的照片偶尔也曾出现在意大利的报纸上。任何有进取心的记者都会马上质问，驻意大利的党卫军指挥官到瑞士干什么。

3月8日，晚上10点，杜勒斯听见了公寓的敲门声，这是杜勒斯在苏黎世日内瓦大街街头租的一个住所，可眺望对面的苏黎世湖一角。此地也是召开敏感会议理想的安全屋，藏在一幢貌似荒凉的大楼后面，需要通过三道门才能进入公寓里面。盖沃尼兹匆忙搭火车赶到苏黎世，帮助把壁炉的火烧旺——这是杜勒斯最喜欢的让宾客放松的道具。站在门口的只有沃尔夫和帕里利的朋友卢塞恩学校的胡斯曼教授。胡斯曼又矮又胖，灰发乱蓬蓬的，他早些时候曾来到日内瓦大街的公寓，携带着冗长的类似于完整的沃尔夫简历，并且还有著名的意大利人对其人品的评价，沃尔夫想让杜勒斯在见面之前阅读一下，表明他跟其他党卫军屠夫不一样。沃尔夫说，他已经从监狱释放了意大利要犯，拯救了珍贵的艺术品，并同凯塞林一起挽救了罗马免于德军的轰炸（文件中删去了他的党卫军暴徒摧毁的村庄，遭受他们折磨或杀害的游击队人质）。

杜勒斯命令胡斯曼只能带沃尔夫回来，并要胡斯曼告诉这位将军，他只想听到他关于"德军在意大利无条件投降"的计划，"别无其他"。

杜勒斯在抵达苏黎世前，曾电告多诺万。多诺万又报告罗斯福，如果沃尔夫真的是跟凯塞林一伙，那他可能在瑞士"实施"意大利北部德国军队"无条件投降"计划。杜勒斯也让沃尔夫先在胡斯曼的公寓歇歇脚，少安毋躁等一会儿，他可以趁机去一趟苏黎世高档的诊所。帕里和乌斯米亚尼以为，党卫军警卫把他们从监狱的牢笼里拽出来，是要把他们送到德国或交给行刑队，此时他们彻底蒙了，他们完全不明白为什么现在会在胡斯曼挂号的候诊室，被当作患者，而且不允许有人打扰。杜勒斯打算把他们秘密隐藏起来，这样他们的释放不会暴露他与沃尔夫的秘密谈判。两名游击队员看到杜勒斯时，热泪盈眶，感谢他的救命之恩，他说服了他们暂时接受一周或两周的单独禁闭。

杜勒斯和他的两个宾客围坐在壁炉边的毛绒椅子上，盖沃尼兹给每人递了一杯苏格兰威士忌。沃尔夫僵硬地坐在那里，起初一言不发，他不会说英语，杜勒斯的德语水平一般。胡斯曼经杜勒斯的同意后，开始总结他已经与将军讨论过的内容。胡斯曼叙述道，沃尔夫承认"德国已经不折不扣地输掉了战争，西方盟国不能分裂"，将军点头表示同意。胡斯曼说，沃尔夫也向他保证，希特勒和希姆莱都不知道他在接近美国人（后来证明这不是真话）。

"你现在准备做什么？"杜勒斯插了一句，望向沃尔夫。

将军回答说："我控制着意大利的党卫军军队，我愿意把我自己和整个组织交给同盟国来终止敌对行动。"但沃尔夫很快补充说，要在那里结束战争，德国国防军的指挥官们将不得不同意放下武器。他说他与凯塞林关系不错，偶尔也担任他的政治顾问。目前这名陆军元帅还没有被争取过来，但沃尔夫相信他可以劝降凯塞林，一旦他劝降了凯塞林，希特勒和希姆莱将无力阻止他们。这位党卫军军官还说，拉恩大使也会帮助劝降陆军元帅（沃尔夫没有告诉杜勒斯，一周前，拉恩已经接近过凯塞林探讨他们发起的和平倡议，但"笑面虎阿尔伯特"只给出了一个很隐晦的回应："我希望你的政治计划成功"）。

沃尔夫说，如果杜勒斯能向他保证，他有直达盟军最高指挥部的安全通信线路，他会尽力安排凯塞林或他的副手来瑞士洽谈投降。

杜勒斯说，他与"盟军司令部可直接接触"。

沃尔夫闻听此言，想到自己已经与西方建立了一个通道，大大地松了一口气，之后他开始为盖沃尼兹列出他下一步的打算。他将会在周末去面见凯塞林，并取得他加入瑞士和谈的承诺。他会与陆军元帅一起起草一份声明，承认进一步作战的无效，宣布结束在意大利的敌对行动，并呼吁他们的军事指挥官与希特勒和希姆莱划清界限。收音机会广播信息，消息传单也会分发给战地上的德军官兵。沃尔夫预测，自己和凯塞林联合的公告会产生多米诺骨牌效应，推动西线的其他将领——"等着有人带头"——交出军队。除释放帕里和乌斯米亚尼，沃尔夫还计划了更多的建立信任的措施。他会立即命令党卫军停止对意大利游击队的攻击，释放数百名关押在博尔扎诺集中营的犹太人，保证曼托瓦的350名美国和英国战俘的安全，并安排在德国的意大利官员返回祖国。

会议结束了。杜勒斯没有做出任何承诺，但他很钦佩沃尔夫，盖沃尼兹跟他一样深受感动。杜勒斯立即向华盛顿汇报了会议的细节，告诉多诺万：他认为沃尔夫是个党卫军温和派，很可能是"意大利北部最有活力的人物"。沃尔夫离开苏黎世时，也对他那有教养的美方代表深深倾倒，后来他一遍又一遍地说："怎么从来没有人跟我说过有像杜勒斯这样的美国人？"

杜勒斯也发电报给卡塞塔的亚历山大元帅叙述了会议的细节。哈罗德爵士闻听此言正中下怀，他不想在意大利北部与强大的德国部队一决雌雄，立即向由美国和英国最高官员组成的参谋长联席会议发出请求，申请派遣两员大将——他的副参谋长，西点军校毕业，40岁出头就升到高官的莱曼·莱姆尼策和特伦斯·艾雷，英国情报局欧洲事务和德国文化专家，一起到瑞士等待沃尔夫与凯塞林的回访。联席会议同意了，但是英国参谋长们坚持说，必须严格控制那两名助手，特别是杜勒斯。丘吉尔的作战室在一个绝密备忘录中警告他，沃尔夫"与希姆莱私交甚笃"，这种做法非常"可疑"。这个党卫军将军可能是一个分裂西方与斯大林的奸细。此外，英国在地中海地区有广泛的利益，不希望由美国人通过这些谈判从中干扰。但只要苏联人得到通知，英国作战室觉得利用沃尔夫的方式也"没有什么伤害"。英国特别行动处觉得机会难得，决定插上一杠子，想直接联系沃尔夫，但哈罗德爵士坚持要求杜勒斯来处理这些"会谈"，这帮"贝克街业余侦探"只得退避三舍。

3月12日，杜勒斯与盖沃尼兹连夜返回伯尔尼时，在大雪茫茫的深夜迷了路，而一封来自卡塞塔的电报正在等待着他。他与沃尔夫的谈话被赋予了"日出行动"的代号。英国人给他们的代号是"猜字游戏"。杜勒斯猜，因为丘吉尔相信这个事件"确实是一个谜"。亚历山大的总部一致认为，知道谈判的人数必须保持"绝对最低"。杜勒斯继续让帕里和乌斯米亚尼秘密待在医院的病房里，可是两人早已按捺不住，变得焦躁不安。沃利·卡斯特巴尔科是帕里的至交，恳求杜勒斯"做点什么"，争取把他从德国人手中"救出来"，但杜勒斯不能告诉他的情妇，他早已这么做了。

"日出行动"在苏联人中间点燃了一条缓慢燃烧的导火线。杜勒斯回到伯尔尼的当天，伦敦便下令其驻莫斯科大使通知克里姆林宫，如果沃尔夫的提议是善意的，亚历山大会派出两名军官去瑞士，谈判在意大利的德军投降事宜。苏联政府要求派送三名高级官员到伯尔尼参加谈判，英国外交部认为这是一个合理要求，但五角大楼的联席会议却不这么认为。因为这是德国军队在英美前线提议投降，苏联人没有去的必要。美国外交官认可这种意见。驻莫斯科的美国大使W.埃夫里尔·哈里曼争辩说，如果是一支德国国防军军队在东部战线提出投降，苏联人绝不会让英国人或美国人出席谈判。哈里曼继续说，苏联人若来了伯尔尼，克里姆林宫的苏联官员会以为英美态度没那么强硬，那么斯大林可能会提出更多不合理的要求。美国国务院让哈里曼用婉转的外交辞令通知苏联政府，欢迎贵国的官员作为"观察员"出席在卡塞塔的最终和谈和投降文件签署仪式，如果能走到这一步的话，但没有必要出席在伯尔尼的初步洽谈。

苏联人非常愤慨——而英国外交部私下认为他们有权利生气。想到丘吉尔和罗斯福要在暗地里出卖他，斯大林的愤怒一触即发。斯大林担心，轴心国30多个师团在意大利的投诚，只会让艾森豪威尔的大军更迅速地前进，并让这些资本家侵占欧洲更多的领土；而苏联已经承受了2000多万人的死亡，只能步履艰难地在东部战线慢慢向前进军。斯大林强硬的外交部长维亚切斯拉夫·米哈伊洛维奇·莫洛托夫，要求盟军与沃尔夫"中断"谈判，但就连伦敦也认为那样不合理。

3月21日，莫洛托夫给英国外交部和美国国务院发了一封措辞严厉的电报，斥责说："两周以来，在苏联首当其冲抗击德国的背后，德国军事指挥部与英美司令部的双方代表一直在伯尔尼谈判。苏联政府对这种做法忍无可忍。"

莫洛托夫的措辞让伦敦错愕。首先，伯尔尼谈判根本没有开始。四天后，丘吉尔与艾森豪威尔商议时，后者对莫洛托夫对美国人不守诚信的指责大为光火，艾克对丘吉尔说，作为一名军事指挥官，他有权"接受自己前线敌军任何无条件的投降，从连队到整个军队"。丘吉尔写信给他的外交部长："如果由于敌军大举向西方投降，我们可以在斯大林之前到达易北河甚至更远的地方，我觉得我们不必心焦。"他决定"对于莫洛托夫无理取闹的电报，我们不必答复"，但苏联人并没有就此收声。

3月9日，沃尔夫一返回意大利境内就遇到了麻烦。在意大利海关，一封电报正在等着他。这封电报来自希姆莱的高层人物卡尔滕布鲁纳，他从意大利指挥部告密者处听说，沃尔夫偷偷潜入了瑞士。他说要在因斯布鲁克见见这位上将，沃尔夫谢绝了会面，回电报谎称他此行是为了用帕里交换德国战俘。卡尔滕布鲁纳当然没有听信他这一套，再次发电报命令沃尔夫终止接洽，因为他知道这个党卫军将军与杜勒斯的交往。卡尔滕布鲁纳声称，他和希姆莱"极其迫切结束战争"，他们不想让沃尔夫的和平试探扰乱他们。然而，此时杜勒斯似乎更愿意破坏希姆莱所要做的一切。3月14日，他给华盛顿拨打无线电话时（他知道德国人会监听，并可能向希特勒透露），告诉战略情报局总部：说准备进行一场最后的德国和平攻势，"就看希姆莱是否能说服希特勒了"。杜勒斯补充说，希姆莱正准备提供犹太人和其他集中营囚犯以换取有利条件的和平条款。

沃尔夫来到了维罗纳东北莱克阿罗的凯塞林指挥部，来说服"笑面虎阿尔伯特"参加和平谈判时，却得到了另一个糟糕的消息。帕里利后来把这个消息转达给了杜勒斯：凯塞林已经离开意大利，而且不会再回来了。希特勒将这位陆军元帅传唤到了柏林，并命他代替西线总司令伦德施泰特，元首已经对伦德施泰特失去了信任。在沃尔夫向西返回加尔达湖总部时，他的车还被一架美国战斗轰炸机击中。他让帕里利转交给杜勒斯一件烧坏了的军装和一个口信，说这位党卫军总指挥打算说服接替凯塞林的海因里希·冯·菲廷霍夫加入投降谈判，他与这位装甲将军是好友。菲廷霍夫为人刻板，膀大腰圆，留着短胡子和20世纪流行的中分头发，是威斯特伐利亚人，也是东欧和意大利战场的一位悍将。他是希特勒众多不参与政治的将领之一，一直听从柏林的命令持续作战，从未动过其他念头。杜勒斯情绪有点低落，3月13日发电给卡塞塔称"日出行动"遇到麻烦。但亚历山大抱着渺茫的乐观希望，依然决定把莱姆尼策和艾雷派到瑞士，他们假扮军士抵达了伯尔尼。

3月17日，帕里利回到瑞士，带来了"日出行动"复活的消息。沃尔夫一行将于3月19日清晨抵达瑞士边境，与杜勒斯和亚历山大的助手进行投降谈判。这次会议地址没有选在伯尔尼，杜勒斯选择了盖沃尼兹妹夫的一处私宅，就在瑞士与意大利边境北部的马焦雷湖畔的阿斯科纳，此地是这种秘密会议的理想场所。阿斯科纳庄园有树木、大山和湖水做屏障，可将闯入者拒之门外。里面有两座别墅，一座在湖畔，另一座在山腰，这样双方既可以分开，也可以在一起进行直接会谈。盖沃尼兹提前备好了食物和酒，并带来了孔武有力的武装警卫冒充游客。杜勒斯把早在伯尔尼待腻了的克洛弗也带了过来，他让魏贝尔善解人意的妻子带她在马焦雷湖上划船绕了一大圈来消遣。

3月19日，星期一的早晨晴空万里，阿尔卑斯山南面一派春暖花开的景象。好兆头，杜勒斯思忖着。沃尔夫和他的副官温纳上校与胡斯曼、魏贝尔、帕里利、齐默准时来到了湖畔别墅，他让多尔曼上校留在了总部，留意希姆莱或卡尔滕布鲁纳的任何通讯干预。莱姆尼策和艾雷留在了山间别墅，杜勒斯只身来到了湖畔别墅，一张古色古香的桌子几乎占据了客厅的整个空间，杜勒斯在桌前坐下，准备与沃尔夫谈判。

上将落座之后，开始大谈凯塞林的突然离去带来的问题，杜勒斯则敦促沃尔夫仔细谈谈后来的继任者。沃尔夫底气十足地说，菲廷霍夫是自己的老朋友，但他刚刚担任了意大利的德军总司令，一时半会儿不准备立即投降。沃尔夫说，要想说服他投降还需要一些时间。

杜勒斯认为沃尔夫没有那些时间，他也这样告诉了这位党卫军将军，如果德国人想投降，他们应该迅速行动。沃尔夫说，他独自没有权力去安排意大利的所有轴心国军队投降，在他所指挥的士兵中，实际上只有大约15000人是德国人，可以指望按照他的命令放下武器。其余的士兵是意大利人、俄罗斯人、塞尔维亚人、斯洛文尼亚人和捷克人，不是特别可靠。无论如何投降，沃尔夫都要做"说客"，说服德军将领"意识到继续打下去是无用的"。

他告诉杜勒斯，他计划开车到凯塞林西线的总部，确保得到他对意大利北部投降的支持，如果凯塞林继续坚持原计划，菲廷霍夫"就会更容易对付"。

杜勒斯提出了一个技术问题。帕里利虽是一个忠诚的信使，但现在事态进展迅速，双方需要一种比他往返穿越边境更快的消息传送方式。杜勒斯提议，在沃尔夫的总部安插一个战略情报局无线电操作员，德语完美，具备德国国防军士兵资格，带着无线设备发送和接收卡塞塔的盟军司令部的密码电报。沃尔夫表示同意，并答应保证此人的安全。

趁德国人用午餐的时间，杜勒斯开车到了山间别墅，向莱姆尼策和艾雷就早晨的会议做了概述，他们两位都倾向于沃尔夫应该前往德国，立即去见凯塞林。但他们都想和沃尔夫见面，审视他到底是什么样的性格，并用自己的眼光

"日出行动"   287

来判断他是否能努力实现这种显而易见的狡猾策略。不过艾雷有一个条件，他对杜勒斯说："我很愿意面见沃尔夫，和他讨论获取德国投降的方法，但你必须明白，我不会和党卫军将军握手。"

杜勒斯认为他可以不失礼仪打个擦边球，让盖沃尼兹带着两位盟军将领从厨房进入客厅，而杜勒斯领着沃尔夫从对面的露台进来。中间的大桌子会把两方隔开，所以身体接触根本不可能。但杜勒斯刚刚介绍完，沃尔夫就飞快地绕过大桌，从桌子和墙之间的缝隙里钻过来，抓住了艾雷的手，然后又抓住莱姆尼策的手，跟他们一一握手。英国人和美国人先是一愣，然后不情愿地接受了这一握手。

杜勒斯介绍两名高级军官的时候，只是说他们是他的"军事顾问"，既没有告诉沃尔夫他们的名字，也没有介绍他们的军衔，但这位党卫军上将一猜就知道他们是盟军的高级将领。莱姆尼策最先发言。他说，他意识到了凯塞林离开后沃尔夫所面临的问题，但沃尔夫作为一名军人，一定明白此类性质的任何行动，速度是个关键因素。他继续说，盟军只对无条件投降感兴趣。除非德国人同意这样的条款，否则来不来卡塞塔没有任何意义。"你认为凯塞林能给你提供多少支持？"莱姆尼策问道。

如果他的任务成功，凯塞林会告诉菲廷霍夫"继续"投降计划，沃尔夫会再回到上将在莱克阿罗的总部，带着德国西线最高指挥官背后的支持，安排投降。沃尔夫说："我不知道这需要多长时间，我不是先知。如果运气好的话，如果盟军轰炸机没有炸死我……"他顿了一下，会意地瞄了杜勒斯一眼，"可能五天内，或最多七天就能打个来回。"

盖沃尼兹建议道："如果机会恰当，凯塞林可能在西线也有投降的想法。"沃尔夫没做反应，但他脑海里也闪过同样的想法。杜勒斯、莱姆尼策和艾雷都很想知道，沃尔夫是否能在两个前线变出这个"魔法"。

次日，杜勒斯给多诺万就阿斯科纳会议发送了一份绝密电报，沃尔夫的代号是"批评家"，凯塞林的则是"皇帝"。杜勒斯预测成功希望不大，但"批评家""给人一种意志坚定的印象"，他这样写道。战略情报局局长立即把电报转发给了罗斯福和其他政府高级官员。艾雷认为沃尔夫"面目狡诈"，但在往卡塞塔发送了一个乐观的电报后，他和莱姆尼策都很受鼓舞，决定继续留在瑞士。七八天后，杜勒斯致电伦敦，称"越来越明显"，希特勒计划利用他在北意大利的军队来保卫他的高山游击队飞地——尽管这明显只是杜勒斯的一己之见，并没有任何具体的情报作支撑。如果沃尔夫成功地劝降了意大利北部的德国国防军，它可能会"击败"那个堡垒，他乐观地推测。

在杜勒斯给伦敦发电报时，他并没有意识到，除了"高山堡垒"是一个神话外，"日出行动"也面临着戛然而止的危险。3月23日，沃尔夫一路冒着盟军的狂轰滥炸，终于赶到了法兰克福北部巴特瑙海姆的凯塞林的西部总部。整个指挥部就像个疯人院，盟军就在九英里外，凯塞林忙得不可开交，沃尔夫设法占用了他一点私人时间，提出了他的劝降计划，但这位陆军元帅拒绝投降交出西线的兵力。他告诉沃尔夫，他现在周围都是一群"陌生"的新参谋，而其中许多人都是希姆莱的亲信，就算他有意投降，他也不相信他们会执行他的投降命令。沃尔夫感觉"皇帝"在自己的总部实际上是个囚犯。凯塞林也的确对沃尔夫说，他同意意大利的投降，沃尔夫可以告诉菲廷霍夫是他的授意，或者至少是他给沃尔夫的印象。

实际上，关于凯塞林到底能提供多少实际帮助，使沃尔夫能说服菲廷霍夫将军还不清楚。过于乐观的沃尔夫驱车向南来到了莱克阿罗总部，指示齐默给杜勒斯传信。尽管面临着"技术困难"，他仍希望能劝动菲廷霍夫，并于4月2日重返阿斯科纳，那时他会与"玻璃工匠"（菲廷霍夫的代号）或他的一名参谋同往。

但是首先，沃尔夫必须应约去柏林和海因里希·希姆莱会面。这名党卫队头目的猜疑早已经到了白热化的程度。虽然希姆莱不准备惩罚沃尔夫，但他的确责令他的意大利党卫军总指挥解释去瑞士到底做什么。沃尔夫直截了当地回答说，执行元首的秘密命令与盟军和谈。从未间断安插中间人打探杜勒斯秘密的希姆莱，知道希特勒极不可能下达这样的命令，但是他也不能完全确定。他批准沃尔夫返回意大利，并命令他不要再踏足瑞士半步。4月1日，星期日，复活节的早晨，希姆莱在萨尔茨堡附近的一个村庄里打电话给沃尔夫，告诉他"你的妻儿现在都在我的保护之下"。

星期日晚上，沃尔夫终于在莱克阿罗找到了菲廷霍夫，并告诉他凯塞林支持他投降。让沃尔夫惊讶的是，这位将军刚从意大利前线视察回来，同意"继续作战纯属胡闹"，但只要希特勒依然执政，他拒绝投降。菲廷霍夫在战地指挥官和士兵中探测到的消息，令他深信这些人仍然不接受失败的现实，如果他想现在投降，他担心他的军队不会跟随他。此时，沃尔夫发现，齐默之前答应杜勒斯星期一返回之事彻底泡汤。他确信忠于希姆莱的盖世太保密探在意大利时刻监视着他的一举一动，一步走错，这位党卫军上将知道，他和他的家人将死无葬身之地。当伯尔尼收到4月2日会议取消的消息时，莱姆尼策平静地说："没有看上去的那么糟糕。"但他错了。

"日出行动"也遭到外交方面的围攻。随着斯大林的情报部门继续给他发送杜勒斯与沃尔夫交流的报告，他如坐针毡。罗斯福认为不能对莫洛托夫3月21日的挑衅电报置之不理。三天后，让哈里曼给斯大林发了封密函，澄清其外交部长对"日出行动"的"误会"。罗斯福解释道，华盛顿和伦敦都忠实地通知了莫斯科，杜勒斯正在探索意大利北部德军投降的可能性，但该"调查"到目前为止，还没有导致"可胜任的德军高官"与亚历山大在卡塞塔总部举行会议，"讨论投降的细节"。罗斯福写道，如果要举行这样的会议，他将"很高兴"让斯大林的参谋出席，"但我不同意，因为莫洛托夫先生方面完全超出我理解的某种理由的反对，而暂停调查的可能性"。

3月24日的信开启了战争期间罗斯福与斯大林之间一场最激烈的交锋。五天后，苏联领导人回信声称：杜勒斯的谈判将让希特勒从意大利调兵对准苏联。德国人已经"利用谈判"把三个师团从北意大利转移到了东线。斯大林斥责道："这种情况正在激怒苏联的指挥官，并制造不信任的依据。"

并非如此，罗斯福在3月31日做出了回应，美国不会与德国进行"允许他们把意大利前线部队转移到其他地方"的谈判。关于斯大林提出的三个德军师团的转移，罗斯福指出，他们是在"日出行动"谈判开始之前就调走了。4月3

日,斯大林开始了另一番严厉抨击,信的开头他就这样居高临下地说:"就算假定你没有被充分告知",斯大林写道,他的将军们告诉他,"日出行动"的谈判已经导致了凯塞林同意打开他的西线,"并允许英美军队向东推进"换取和平谈判的让步。

斯大林的多次指控,震惊了白宫和五角大楼。愤怒至极的罗斯福次日回信,"令人震惊的观念居然传到了苏联政府"——说他会与德国人达成这样一个肮脏的交易。罗斯福愤然地指出:"如果就在我们胜利在望之际,在承受了生命、物质和财富的巨大损失后,让这种信仰缺失的不信任影响整个事业,这将是历史上的一大悲剧。恕我直言,对你的情报人员,无论是谁,对我和我那些值得信赖的下属的行为进行这种卑鄙的歪曲,我不能避免地怀着一种难以抑制的愤怒!"

斯大林收到这份痛斥的两天后,尽其可能地写了封貌似道歉的回信:"我从未怀疑过你的诚实和可靠。""日出行动"的公函交锋到此止住。

4月2日,帕里利来到了阿斯科纳,简要向杜勒斯、莱姆尼策和艾雷概述了希姆莱与菲廷霍夫的问题,并传达了沃尔夫的口信:至少需要"10天"。美国和英国将军们回到了卡塞塔,告诉亚历山大:"意大利北部的德国军队投降的机会堪忧。"杜勒斯怀疑,沃尔夫是在拖延时间,在等待盟军进军奥地利后创造足够的混乱,这样在他行动时,他的家人可以免遭报复。

然而,沃尔夫一直在不断地做菲廷霍夫的工作。到4月8日,他终于说服菲廷霍夫同意无条件投降,但将军提出了一个条件,投降要有"荣誉的军事条款",有些条款是象征性的,如盟军到来时,允许德国人立正,但其他条件卡塞塔严词拒绝。比如,保证菲廷霍夫的指挥部完好无损,让士兵返回德国而不是被带到英国或美国战俘营。此外,4月第二周,盟军在意大利北部的战局已经取得了决定性的优势,亚历山大的第八军团已经突破了阿金塔口到了费拉拉,而他的第五军团已经冲到了博洛尼亚西面的波河流域。对哈罗德爵士来说,和平协议已经不那么重要了。

沃尔夫的迟迟未"交付",杜勒斯早该放弃"日出行动"了,但他仍然对外交游戏如痴如醉，他的上司暂时没有阻止他中断游戏。他从亨利·海德的机构，借了一位很有价值、会讲德语的无线电操作员"小兵沃利"，并把他送到了党卫军总司令部。"小兵沃利"是瓦茨拉夫·赫拉德茨基的化名，26岁，个头矮小，不善言谈，是达豪集中营的捷克幸存者。他在齐默位于米兰的办公室装了一台无线电，可以让杜勒斯和沃尔夫即时通讯。4月10日，多诺万的一位助手请求罗斯福总统秘书格雷斯·塔利，设法特快专递给在佐治亚州温泉疗养院的总统一份备忘录，上面有杜勒斯的电报报告，称菲廷霍夫想以"军事荣誉"投降。塔利从不知罗斯福是否读了这份备忘录。

4月12日晚上，多诺万飞往巴黎，入住了里兹饭店赫尔曼·戈林曾经下榻的套房，准备次日早晨与凯西用早餐的时候，了解渗透德国行动的最新消息，随即开启紧张的会议行程安排。他午夜子时上床睡觉时，丝毫不知，白宫就在东部标准时间下午6点前，向新闻界发表了一份公告。次日早晨，当这个间谍头目正在浴室刮胡子的时候，一个助手冲了进来，带来了罗斯福逝世的消息。

凯西向多诺万做汇报时，看到他坐在套房的床边，耷拉着脑袋，喃喃自语："这是我听过的最可怕的消息。"罗斯福一直在保护他的间谍机构免受华盛顿强敌的攻击，多诺万对接任总统的哈里·杜鲁门所知甚少，不能指望他保护他的战略情报局，或支持他的战后中央情报局的计划。但这位间谍头目很快就恢复常态，专注地听着凯西描述他的或成功或失败的任务。

次日上午，4月14日，多诺万同样急切地聆听杜勒斯的汇报。杜勒斯来到里兹饭店，他一边喝着黑咖啡，吃着刚出炉的羊角面包，一边描述"日出行动"目前的搁浅，是因为菲廷霍夫"荣誉投降"中的许多条件不可能。多诺万告诉了杜勒斯，罗斯福与斯大林之间尖锐的信函往来。杜勒斯很惊讶，不知为何多诺万仍然对投降谈判的热情不减，并敦促他的伯尔尼站长尽其所能达成圆满的结局。当天深夜，在他们会议终于结束后，当杜勒斯穿过里兹饭店昏暗的走廊时，一个陌生人走近他，问他"110"在哪儿，杜勒斯着实吓了一跳，那是杜勒斯秘密文件上的密码，莫非他的身份暴露了？难道此人知晓他来里兹饭店的目的？在脱口而出"正是本人"之前，他突然清醒过来，原来这个人正在寻找他的房间,而他的房间号正好是"110"。回到伯尔尼,杜勒斯几乎再次受惊。齐默突然出现在卢加诺,带着沃尔夫亲笔写的三页长的吊唁信,表达他对罗斯福去世的"真诚和深深的同情"。

罗斯福告别人世的当天,丘吉尔给斯大林发函,希望"猜字游戏('日出行动')的误会就此结束"。显然,英国首相急于想把这个问题置之脑后。尽管他们并未准备结束谈判,但亚历山大的顾问们越来越怀疑沃尔夫只是在牵着杜勒斯的鼻子走。丘吉尔的外交部从未明白不让俄罗斯人参加早期谈判的意义,现在又开始担心斯大林插进来影响谈判的政治后果了。

由于"猜字游戏"("日出行动")没有"前途",丘吉尔的外交官认为,这是一个不必要的"痛点"。他同意了这个观点,并给新上任的美国总统发了一封"私人绝密"消息,建议终止谈判,不然斯大林又要在心里编织更多"阴谋"并提出新的不合理要求,"令我们无法容忍"。

沃尔夫并未意识到盟军方面日益增长的反对他的势头,还在继续游说菲廷霍夫和将军手下的其他高级官员参与投降。但"批评家"面前的障碍层出不穷。一天一名身穿便衣的神秘男子,突然出现在利古里亚的德军在热那亚的情报部——一个隶属于德国国防军的意大利法西斯部队,并声称他是英国上校,带来了亚历山大的口信:菲廷霍夫应该终止与杜勒斯的会谈,直接与英国谈判。这个人带来的消息令菲廷霍夫毛骨悚然,杜勒斯怀疑此人是苏联派来的奸细,目的是为了让将军认为全世界的人都知道他正在考虑投降。希姆莱再次把沃尔夫传唤到了柏林,这次4月18日之行,把他带到了元首地堡,让他亲自向希特勒解释。沃尔夫留下了一个"个人声明",无异于一封遗书类的东西,让帕里利把它交给杜勒斯保管。

凌晨4点,苏联红军对柏林发起了最后的总攻,穿过希特勒地下私人住所的走廊,沃尔夫被领进了一个作战会议室。元首的助手担心他们的领袖已接近神经崩溃。他弓腰驼背,晃晃悠悠地来了,憔悴不堪,眼睛布满血丝,右手不停地哆嗦。根据日后沃尔夫对杜勒斯的讲述,希特勒虽然很恼火但并无恶意,斥责沃尔夫对盟军的做法(卡尔滕布鲁纳早已经向他通告)是"对当局巨大的蔑视"。独裁者并没有指责沃尔夫在其背后的行径，相反他似乎有点嗔怒，说他的党卫军上将对意大利单一前线的和谈，可能会打乱他与盟军更宏伟的计划。

沃尔夫用满脸真诚的目光直视着希特勒，平静地总结了他在意大利的谈判，坚称他只是遵照元首2月6日下的探索与盟友接触的命令，而且说，他现在已经与丘吉尔和美国总统建立了直接联系，并问希特勒是否想利用这种联系。

希特勒说，他明白了。不过不知道他是否真的明白了，他问沃尔夫，意大利前线投降的条件是什么？无条件投降，上将回答。希特勒让他下午5点左右再来，他要打个盹，仔细考虑沃尔夫的所作所为。当沃尔夫再回来的时候，希特勒指示他，飞回意大利，"代我向菲廷霍夫问好"，拖住美国人，争取比无条件投降更好的条件，但在他下令之前，不要签署任何东西。希特勒相信他在柏林能坚持八周，在此期间，他丧心病狂的心里想着，西方同盟国与苏联之间要爆发战争，他可以隔岸观火。希特勒说："然后，哪方先接近我，我就跟哪方联手。反正跟哪方都一样。"4月20日，沃尔夫回到了他的总部，打开了一瓶香槟，与多尔曼和帕里利庆祝"自己的脑袋没有搬家"。

但沃尔夫并不知道，他也只能庆祝自己活下来，再无其他。就在当天，联席会议命令战略情报局终止"日出行动"。参谋长们在命令中指出，北意大利的德国人"无意投降"，会谈只是为了激怒苏联人。参谋长联席会议向亚历山大发出了同样的指示。怒火中烧的杜勒斯致电华盛顿，称他意识到"命令就是命令"，但在4月21日的两封长信中，他列出了他能想到的随之可能发生的所有问题。首先，"小兵沃利"还安插在沃尔夫的总部，杜勒斯现在不得不想办法安全地把这名战略情报局特工调回；其次，瑞士当局曾不遗余力地安排这些会谈，而杜勒斯不想就此中断而疏远他们；还有"日出行动"将彻底挫败未来的"高山堡垒"。他强调虽然与苏联合作很重要，但美国不应该放过因加快投降而挽救生命的机会。此外，杜勒斯预言道，如果北意大利的德国人不投降我们，他们就会向苏联人投降。他据理力争道："现在中断这个洽谈太早了，不差这么一两天。"多诺万了解他的下属有意探测关于命令的底线，于是给杜勒斯发报，希望他"严格遵守"联席会议的命令。杜勒斯答应他会遵守命令的。

4月23日，星期一，本来就难遵守命令的杜勒斯，此时更加纠结。沃尔夫终于连哄带吓地威胁菲廷霍夫接受了投降（虽然菲廷霍夫依然对大打折扣的条件抱有希望），就在当天越过了瑞士边境，来到了魏贝尔在卢塞恩的别墅。与他同来的还有他的副官温纳上校、陆军中校维克多·冯·施万尼茨——菲廷霍夫的一名高级参谋（祖母出生于美国，因此他能说一口流利的英语），随身携带着书面授权书，代表将军与沃尔夫一起在卡塞塔的投降文件中签字。当天早晨，魏贝尔打电话告诉了杜勒斯这一令人震惊的消息。

杜勒斯匆忙与盖沃尼兹赶到了卢塞恩。他向华盛顿保证不会与沃尔夫见面，去卢塞恩是要看看魏贝尔有没有从德国人那里捞到什么情报，好传达给战略情报局总部。很显然，杜勒斯在利用参谋长联席会议中他能找到的含糊之词，不让"日出行动"中途夭折。与此同时，亚历山大请求伦敦和华盛顿收回成命，并告诉杜勒斯"少安毋躁"。杜勒斯膝盖痛风再次发作，让他疼痛难忍，盖沃尼兹不得不找医生给他注射吗啡。星期一晚上，杜勒斯蜷缩着与魏贝尔、胡斯曼、帕里利在一起，告诉他们盟军已经停止了投降谈判。但是他让他们告诉德国人耐心等待。沃尔夫同意等上一两天。

但4月25日，星期三晚上，杜勒斯仍然不露面，这位党卫军将军回到了加尔达湖总部，留下了温纳全权处理，如果盟军接受自己的投降，由上校和施万尼茨将有关文件带回卡塞塔，他就交出党卫军部队。

杜勒斯向华盛顿发出多封电报，要求改变命令。时间似乎像凝固了一样，他只能干坐着等待消息。魏贝尔跟他抱怨说："我们的境地尴尬至极，如果我们不能妥善处理这些问题，我们将被世世代代的后人所耻笑。"到目前为止，投降的意大利德国军队数目已大大缩水。此时"日出行动"仍将拯救生命，但随着亚历山大迅猛的进攻，所拯救的生命将更多的是德国人，而不是英国和美国人。对杜勒斯来说，这是他在谈判中最让人沮丧的一点，随着联席会议一直保持沉默，他后来回忆道，一切"都将在无望的混乱中结束"。

1945年3月24日—6月28日
威廉·科尔比的挪威特别行动组执行"赖普行动"

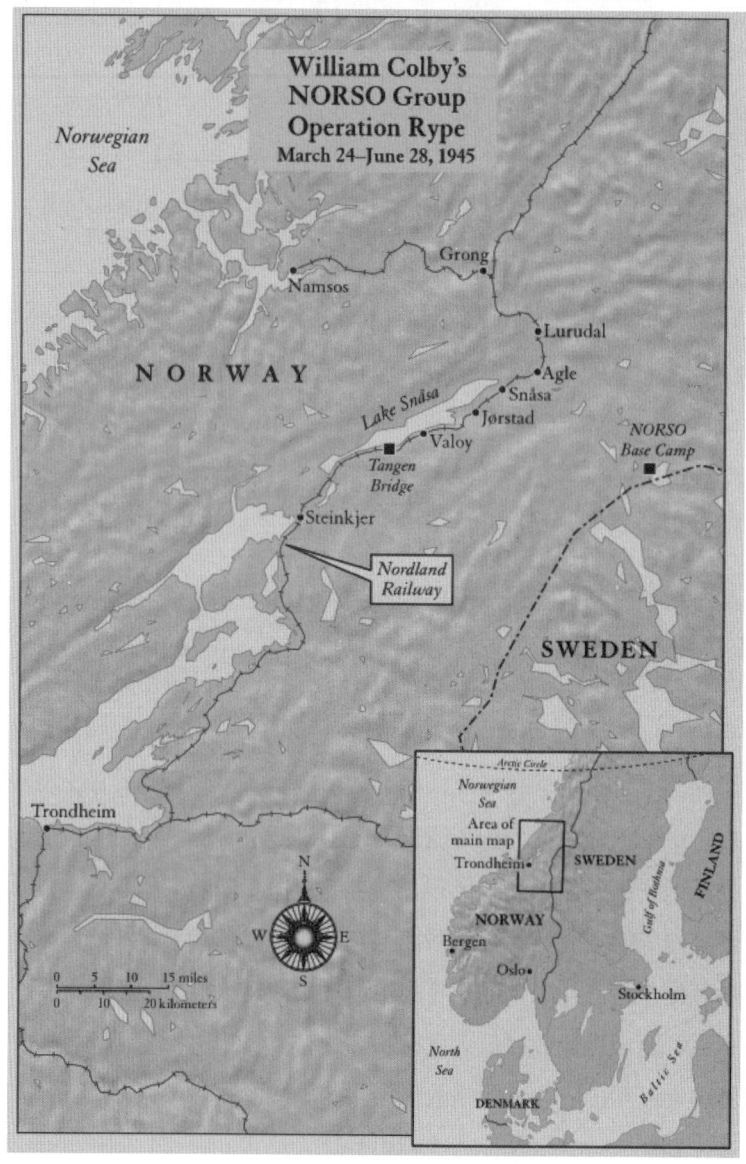

①Norso Group挪威特别行动组　Operation Rype赖普行动
②NORWAY挪威　SWEDEN瑞典　Namsos纳姆索斯　Grong格龙　Lurudal鲁洛达尔　Agle阿格尔　Snåsa斯纳萨　Jørstad乔斯塔德　Valoy瓦洛伊　Tangen Bridge唐恩大桥　Steinkjer斯泰恩谢尔　Nordland Railway诺尔兰铁路　NORSO Base Camp挪威军事基地
③Trondheim特隆赫姆　Bergen卑尔根　Oslo奥斯陆　Stockholm斯德哥尔摩

第二十三章

挪威之"赖普行动"

B-24"解放者"轰炸机冲向天空,威廉·科尔比紧张地蜷缩在硬背座椅上。飞机飞越苏格兰上空,穿过漆黑的险象丛生的北海,现在进入挪威领空,四个多小时的飞行让他和机舱里的其他三名突击队员都有点吃不消。尽管有那一层层的沉重装备和盖在他们每个人身上的抗风白大衣,但他们依然感觉又冷又遭罪。在科尔比旁边,还有三名斯堪的纳维亚美国士兵挤成一团:阿尔夫·保尔森、弗雷德·约翰逊、斯韦勒·安纳森。保尔森从小在北达科他州的农场长大,他的母亲是挪威人,一直训练他学习她的母语,今年30岁的他,是个天性善良的陆军下士,小学没毕业,花了五个月学了门手艺,所以他的战略情报局教练认为他不是做军官的材料。约翰逊是该团队唯一的医疗兵,20岁,和平时期做过仓库管理员,出生在布鲁克林,父母都是瑞典移民。安纳森,34岁,身强力壮,铁匠学徒,正式的受教育程度比保尔森还低,但跟他的战友一样,挪威语非常流利,执行任何任务都不在话下。此次到挪威一共动用了八架B-24轰炸机,机身里一共装了96个圆柱形容器,里面有炸药、食品、机枪、手枪、子弹、48副滑雪板、15套平底雪橇滑板、32个帆布背包和几套无线电,重达10吨。科尔比的皮箱里还捆了一部小柯达电影摄影机,用来录制他们的行动任务。

3月24日下午,八架"解放者"轰炸机带着科尔比和团队其他31名突击队员从哈灵顿机场起飞,在苏格兰北部的金洛斯皇家空军基地经停加油。当晚飞机离开马里湾后，飞行员可谓是历尽艰险。在挪威，自然风险比起德国的空防更加危险，这个国家的地形变化突兀，狭窄的山谷与高高的山峰相连，在其上空飞行实属不易，气象学家很难预测出恶劣的天气，领航员也没有什么可靠的地图来指导飞行。机翼上覆盖的冰雪压迫飞机下降，强烈的气流让飞机忽上忽下，感觉就跟乘过山车一样。这个国家到处冰雪覆盖（甚至在早春），而挪威人晚上熄灯后，让飞行员更难找到可引导他们的地标。英国和美国人伞降到挪威的成功率也就一半多点。

这一使命打动科尔比的地方是其独特性和他的突击队，这是美国军队第一次尝试在挪威执行滑雪和伞降联合行动。科尔比告诉他的手下，他们的任务直接来自艾森豪威尔的命令，就是把德国国防军围困在挪威，或者至少尽最大努力牵制那里的德国国防军。他们抵达的方式跟那些老维京一样（此次用的金属飞机而不是木船），如埃纳尔·伊莱亚森，心直口快的造船专家，出生于挪威，1931年定居埃利斯岛；列夫·奥伊斯塔德，技艺娴熟的滑雪家，德国入侵挪威的时候，他被困在一个挪威油轮上，后参加了美国陆军回国营救他的父母；克努特·安德瑞森，久经风霜的挪威商船组建的舰队海军上尉，委曲求全地做了名军衔很低的战略情报局无线电操作员；马蒂·莱维奥，移居到布鲁克林的芬兰汽车修理工，曾与俄罗斯人作战，盘算着杀死纳粹的唯一方法就是加入这个部队空降到挪威。

科尔比推测他们的"解放者"轰炸机，还有紧跟在后面的七架其他"解放者"轰炸机，飞越了挪威瑞典边界，飞越了荒凉的峡湾，飞越了极光辉映的茫茫雪山，经过了特隆赫姆市，来到了一个距北极圈大约150英里的地区。当时正是午夜时分，飞行员通过无线电对讲机告诉科尔比，他们现在在中立国瑞典上空，偏离航道25英里处，但他现在要向左倾斜，向下俯冲接近降落区。科尔比和三名突击队员，挂上了强制开伞拉绳钩。保尔森和安纳森帮助调度员打开了飞机降伞口的铰链夹板门。科尔比能看到划定两国界限的那修整过的树林，然后是冰雪覆盖的大湖。挪威人称自己这边的湖为杰夫斯琼，瑞典那边拼写为加瓦斯琼。一片片雪花穿过山口在大湖周围飞舞，一层淡淡的薄雾遮住了满月的亮光，但他还是从降伞口看到了坚硬冰面上排列成L形的四堆燃烧的篝火——这是地面接收委员会为他们设置降落区的信号。

"就是这儿。"他对着对讲机对飞行员迈克喊道。调度员推下去了十来个圆柱形容器，这四个人也随之从"解放者"轰炸机的降伞口跳了下去。

虽然戴着面罩，科尔比还是对刺骨的冷风流感到惊愕。今年欧洲经历了40年来最寒冷的冬天，虽然春天已经来临，但挪威上空的夜间气温仍在零下二十华氏度。代号为"赖普"（挪威人称之为"瑞培"）的任务（名称取自当地一种随着季节变换颜色的鸟）已经开始。

*

1944年12月，德国人的阿登高地反攻失败后，艾森豪威尔担心希特勒会把其挪威的大约31.5万名士兵、水手和航空兵调回德国，让盟军进攻德国难上加难。艾克的担心并非没有理由。1945年1月，柏林下令15万名身经百战，曾劫掠了挪威最北端的芬马克郡的高山滑雪部队迅速南下，开拔到德国重新部署。盟军情报机构推测，剩下的占领军，将留在挪威进行焦土策略作战，或者把这个国家变成一个战后堡垒，就如纳粹分子谎称的在奥地利和巴伐利亚建设战后堡垒一样。

1944年底，多诺万挪威特别行动组突击队终于接到了任务。艾森豪威尔想让他们，连同英国和挪威的游击队一起，通过捣毁向南行驶至挪威海口靠近国家中心地带的特隆赫姆的诺尔兰单轨铁路，封锁或减缓北方德军部队的撤离（尤其是芬马克郡的精锐部队）。特隆赫姆一度曾是挪威的首都，也被视为圣城，这里有加冕挪威国王的中世纪大教堂和守护神"圣徒"奥拉夫的圣殿，也是抵抗组织的温床，因为它拥有德国主要的潜艇和船舶基地。捣毁铁路线将迫使德国国防军要么穿过积雪皑皑的山路，要么走海路穿过西海岸，无论如何选择都容易受到盟军空军或海军的攻击。

盟军特种部队创建运输瓶颈的理想之地，就是在特隆赫姆以北挪威的中心狭长地带，它在北特伦德拉格郡的那段尤为狭窄。北特伦德拉格郡在石器时代就有农人定居，这里有浩渺无垠、人迹罕至的云杉林，绵延起伏的贫瘠山脉，山的西侧是挪威海，东侧与瑞典接壤，还有一些欧洲最好的鲑鱼河。这里的人大多聚集生活在沿海的渔村、内陆道路旁和诺尔兰铁路沿线，使用的是一种古斯堪的纳维亚方言，称为"特伦德斯克"，人口稀少，只有约10万人。

自1月起，奥斯陆的挪威抵抗军指挥部就开始在北特伦德拉格郡的森林和山脉建立了军事组织游击队基地，虽然保持遥远前哨的武器和食物补给很困难，但这个地区现在成了艾森豪威尔希望壮大的至关重要的游击战争地。挪威有三条主要铁路可供德军撤离，诺尔兰铁路是其中之一，它蜿蜒曲折经过北特伦德拉格郡的人烟稀少的山地，从南方特隆赫姆到达137英里外的北方村庄格龙，在此铁路线分成两叉：一支转向西面到沿海城市纳姆索斯，另一支继续北上到该国的其他地区。沿北特伦德拉格郡铁路段，铁轨需要经过急弯、陡峭的山坡，穿过无人看守的桥梁，并通过黑暗的隧道，是科尔比的突击队通过破坏让火车交通彻底瘫痪的完美之地。

*

1944年12月，科尔比已经把他的挪威特别行动组突击队迁到了多纳戈拉尔，在苏格兰中部冰雪覆盖的葛兰西的一个凄凉、潮湿、与世隔绝的城堡。这个宽敞的维多利亚时代的狩猎屋，被指定为P区，已经破旧不堪，除了食物比过去在密尔顿大厅更易消化外，这里基本没有任何便利设施。到1月份，科尔比认为有25人不堪此次挪威行动，于是狠心将他们淘汰，有的送回了陆军，有的送到了亚洲战场的战略情报局执行任务。对剩下的3名军官和50名士兵，他主要通过一个残酷的训练计划，训练他们在多纳戈拉尔周围负重滑雪和爬山。"不要玩什么特技表演！"科尔比在山坡上对他们嚷嚷道，"如果发现自己滑得太快，就坐在地上。一旦受伤，就要被队伍甩下。"这些孔武有力的斯堪的纳维亚男子汉发现，他们这个只有130磅体重的指挥官是个严格的监工，便给他起了绰号叫"瘦猴悍将"。科尔比不得不对他们严苛，按照他的评估，到1月底，随着苏格兰的积雪融化，对于团队需要进行的严峻的滑雪任务，这些人也只能做到勉强合格。

2月初，科尔比战略情报局的斯堪的纳维亚支队的上司汉斯·斯卡伯中校，驱车从伦敦牛津广场的办公室，长途跋涉来到了多纳戈拉尔城堡。他带来了好几个塞得满满的挎包，里面都是关于城镇和铁路站的文件和照片，特别是北特伦德拉格郡的诺尔兰铁路的每英里的铁轨文件和照片。斯卡伯，挪威裔美国人，有点不修边幅，陆军中的老派人物，敢于与英国特别行动处官员对着干，因为后者一直想把"赖普行动"困在英国，仍然痛恨美国插足干涉他们自以为是自己的地盘。

科尔比和斯卡伯来到了城堡的一个空房间，中校摊开了他带来的资料。美国和英国情报官员已经与挪威国家铁路局流亡的铁路官员进行了面谈，搜集了大量有关铁路系统轨道、机车和货车的情报，以确定可捣毁的地方。对于每一座重要的桥梁和隧道都搜集了蓝图。根据一份斯卡伯带来的战略情报局绝密报告估计，德军分队现在正以每天大约一个营或500人的速度，乘火车沿诺尔兰铁路途经北特伦德拉格郡撤离。科尔比和他的士兵要奉命瘫痪铁路服务，重点是诺尔兰轨道向南延伸从格龙车站到斯泰恩谢尔铁路段。斯泰恩谢尔是个古老的维京村落，有丰富的历史建筑，但在入侵挪威时都被德国空军轰炸机夷为了平地。

从福穆福斯村南至鲁洛达尔村是一个弯曲的路段，这段铁路有两个隧道，一条隧道名为罗伊拉隧道，据斯卡伯的工程师说，由于粗制滥造的混凝土结构，已经摇摇欲坠；另一条是斯瓦特佛桑的北面隧道，穿越山间的路段没有坚固的支撑，炸药很容易将其炸翻。斯卡伯告诉科尔比，要同时对它们进行袭击。之后，斯卡伯想让挪威特别行动组先侦察和炸毁天险一般的格拉纳河桥，因为此桥是火车向南行驶的必经之路。最后，在鲁洛达尔和斯纳萨湖南岸的小村落乔斯塔德之间捣毁铁路段上的不同点。

如果斯卡伯通过英国广播公司给科尔比发编码信息，他第一句话会这样说："亨利克找赖普。"除此之外，科尔比要严格执行命令，隐藏自己的队伍，不要与平民接触，因为他们当中可能混有纳粹线人。英国情报来源估计，德军在北特伦德拉格郡地区有几千名士兵，驻扎在各式各样的军营、碉堡、观察哨、无线电中继站、炮兵阵地、机枪巢里。每隔一英里就有大约由24名士兵组成的士兵排手扣扳机巡视铁道，其他士兵则驻扎在像格拉纳河桥一样的桥梁要道的警卫室里。斯卡伯的一名助手在驱车到多纳戈拉尔向科尔比传达任务的时候说，在积雪深达6英尺的地方滑雪，打游击战对付所有的鬼子，就"不是人干的活"。中校表示同意。

科尔比手下可用之人共53名，他从中挑选了35名滑雪最好的队员执行这个使命。他预定了9架飞机，每架飞机载4名突击队员。其他人将继续在多纳戈拉尔训练，然后在春季解冻时再加入行动，因为到时候滑雪就没有那么重要了。但从那时起，一切都乱套了。美国陆军航空队只能勉强提供八架飞机，科尔比不得不裁掉4人，缩减成32人。为了侦察目标，他还计划在主力团队到达之前派一个3人侦察队，并由他最出色的军官汤姆·萨瑟中尉率领。此人个头很高、偏瘦，挪威人，1940年来到了加利福尼亚，最终加入了赫尔营的第九十九步兵营任排长。萨瑟一直瞒着科尔比，在早期的跳伞中，他的背部脊椎有四处损伤，担心他不会让自己参加"赖普行动"。但2月至3月初，由于月圆时期的恶劣飞行天气，他的侦察任务被迫取消了。

紧接着，不知是英国、挪威，还是瑞典出现了安全漏洞，科尔比和斯卡伯始终不能确定漏洞到底在哪儿。挪威特工向伦敦发报，称德军巡逻队蜂拥而至，到原定的"赖普行动"跳伞降落区日夜巡逻。然后在伦敦出版的《自由挪威》报纸报道，德国人在福穆福斯至鲁洛达尔段的诺尔兰铁路沿线隧道和桥梁，另外部署了50名警卫，此处本来是突击队袭击的首要目标。这样，科尔比只得将降落区改到了杰夫斯琼湖面，福穆福斯至鲁洛达尔段的攻击目标只能放弃。所以，这个团队要先从格拉纳河桥下手。因为该桥周围的地形非常崎岖险峻，德国人要把维修设备运到攻击地，恢复被切断的诺尔兰线运行就需要更长的时间。但这也需要一流的滑雪手赶到桥上安装炸药，然后及时逃生。科尔比在多纳戈拉尔构建了一个格拉纳河桥的模型，让手下演练如何摧毁它。在"赖普行动"突击手3月24日登上轰炸机的前夜，留守后面的人在城堡为他们举行了一个热热闹闹的欢送派对。

*

就在科尔比和其他美国伞兵正在空中飘流准备伞降的时候，一大批游击队正在如火如荼地破坏公路和铁路交通,特工队在奥斯陆对铁路管理局发动了大规模的袭击。"赖普行动"是负责南北特伦德拉格郡特隆赫姆军事组织指挥部的15个破坏和间谍特派团中的一个行动计划。40个挪威伞兵已经伞降,负责攻击诺尔兰铁路线更北面的线路。在3月25日凌晨,当科尔比的靴子踏上杰夫斯琼湖面的时候,面对的那片狼藉可谓前所未有。

随着轰炸机的轰鸣声迅速消失,湖面变得死一般的寂静。科尔比收好他的降落伞,掏出手枪,然后透过地面雾光朝远处篝火信号走去。科尔比走近时,看到大约有六七名当地人站在篝火旁。他用蹩脚的挪威语说出之前约定好的暗号:"这个湖里的鱼好钓吗?"

正确的回答应该是:"是的,尤其是在冬天。"可是火边的一个人疑惑地看着他,回答说:"说实话,一点也不好钓。"就在科尔比举起他的45式手枪时,他的一个突击队员认出了挪威抵抗军的军官。科尔比意识到,这个接收方要么忘记了暗语,要么根本没有收到暗语。他放下了手枪,确定这些就是接头的人。

但只有15名科尔比的突击队员最终出现在篝火接头地点,有的是随他的飞机一起下来的,另外的人是从其他飞机上伞降的。不知道其他一半的兵力到底发生了什么状况,科尔比和他大大缩水的团队,开始寻找至少从他们那四架轰炸机上投下的装备。寻找过程不仅累人而且令人沮丧。一个圆柱形容器砸穿了冰湖面,掉到了水里;第二个圆柱形容器直接在空中裂开,毁坏了里面的东西;第三个和第四个圆柱形容器根本无影无踪。其余的圆柱形容器则散落在了36平方英里的森林和峡湾里。在其两年半伞兵生涯里,科尔比觉得这是他见过的最烂的一次空投。在一架飞机上,那个调度员(科尔比想着,他怎么也是受过训练的)只是抛出了圆柱形容器,而根本没有费心去挂上强制开伞拉绳。所以那些包裹落地时,降落伞根本没有打开,在某些地方,包裹直接钻入了15英尺深的积雪中。所幸的是还有唯一一个好消息:只有一人在伞降中受伤,扭伤了膝关节。此人是奥德伯格·斯蒂安森,之前是挪威渔民,1941年来到了新泽西,做了一名普通水手。

3月25日,棕榈主日,挪威特别行动组突击队所有的时间都花在寻找他们的装备上,并在雪中掩埋圆柱形容器。尽管地面的挪威人提供了马和雪橇,但这也是相当繁重的工作,每人身上要背83磅的重物。科尔比发现在英国装备站,有人偷了他手下包里的香烟、糖果和肥皂,让他更加火冒三丈。

其中一个团队的无线电得以幸存,虽然略有损坏,但还能用。博奇·朗厄兰,其中一个无线电操作员,团队中少数的挪威裔美国人之一,像科尔比一样瘦而结实,设法在星期日晚上启动了发报机给伦敦发报称:只有四架轰炸机上的16个人成功伞降到了降落区。电文中还说,他们的设备已经"七零八碎,而且大多都寻无下落"。他们需要找到其余的飞机、士兵和武器,不然这次行动将无法成功。次日,总部发来电报详述了本次灾难性的渗透行动。一架飞机在到达挪威海岸之前就发生了引擎故障,不得不返回苏格兰。在茫茫雪地上,另两架轰炸机飞行员找不到导航的地标,根本就没有找到杰夫斯琼湖进行伞降,带着人员和装备返回到了基地。还有一架飞机成功地把其突击队和圆柱形容器推下了飞机,但他们都落在了距离杰夫斯琼湖约40英里的瑞典,瑞典当局随即将他们扣押。总部承诺,尽快派遣四架飞机带着科尔比的剩余团队成员和所需物资再次空降。

第一周,挪威特别行动组突击队就一直在寻找和清点四处分散的装备。这四架飞机的损失可以容忍,科尔比需要其他飞机带来更多的武器和爆炸物,以便开展突击行动。在凛冽刺骨的户外睡了几个晚上后,他决定带着手下搬到杰夫斯琼湖畔一个温暖、干燥的农舍里。这家农场的主人艾尔弗雷德·安德霍桑,把家人疏散到了瑞典,然后回到挪威来做向导。下士保尔森的农场经验派上了用场,负责照料牲口棚里的奶牛和挤奶工作。一个当地拉普牧人也同意每周卖给科尔比一头驯鹿供团队食用。

格伦·法恩斯沃思——科尔比的副官之一,一个爆破专家,开始为炸毁格拉纳河桥拼凑炸药包。这个离群索居的湖畔农场是科尔比为这个工作能找到的安全大本营,周围的大部分山区没有人烟。即便如此,这里也很危险。总是有德国巡逻队不断巡回,特别是他们的无线电测向装置,可以定位他们的藏身之处。另外,随着复活节周末的临近,挪威人,包括敌对的吉斯林人,都绑好滑雪板到这里的山间做户外运动。在耶稣受难日，11名滑雪者度假队跌跌撞撞地来到了农舍，让突击队着实吓了一跳。科尔比的挪威向导，一直没有让他们接近里面的建筑物，所以他们从未见到这些美国人。

当天晚些时候，就在那些闯入者离开后，朗厄兰收到了总部的无线电信息：当晚有四架飞机带着另外16人和他们的装备，要在杰夫斯琼湖的东北角降落。科尔比和一个接头团队躲在湖边直到3月31日凌晨，然后点燃了篝火信号。有那么一刻，他们听到头顶上有轰炸机的声音，但高达8000英尺厚厚的云层，雨夹雪的风暴，低雾翻滚而来，让人根本看不到任何飞机。复活节早晨，朗厄兰从伦敦获得了令人沮丧的消息。恶劣的天气无法看到空投区的火光，迫使四架飞机的飞行员带着他们的货物返回了基地。一架飞机未能回到金洛斯，这架飞机两个引擎熄火，在苏格兰海岸北奥克尼群岛坠毁，造成7名机组成员和6名科尔比的突击队员牺牲。科尔比派出了一个挪威邮差到瑞典，那里的战略情报局曾有秘密储备物资。科尔比给他列了一个单子，希望他能带回些武器和食物，包括给当地向导的凤梨罐头以鼓舞士气，这些人有数年没有见到过这种水果了。同时，伦敦答应，再尝试一次到杰夫斯琼湖的空降。

然而，接下来的飞行架次也以失败告终。4月6日晚，四架飞机带着突击队员和装备准备从苏格兰起飞，但其中一架飞机因机械故障而停飞。再一次，科尔比的人在杰夫斯琼湖听到了上空的飞机噪声却没有降落伞。朗厄兰向总部报告，挪威特别行动组突击队听到了爆炸声，他们猜测来自他们营地以西约15英里的地方。伦敦回电，称飞行员因为恶劣的天气，无法找到降落区，你们队听到的很可能是一架飞机坠毁的声音，因为有架带着4名突击队员的飞机再也没回到苏格兰。

就战略情报局官员而言，失败的飞行架次和致命的航空事故积累已经达到了骇人听闻的地步。德国人一枪都没开，而科尔比已经损失了一半的兵力，6人牺牲，4人失踪。斯卡伯的斯堪的纳维亚分部的上司向多诺万汇报说，伞降的失败，"代表了我们空中活动历史上的一个悲惨篇章"。伦敦不失时机地横加指责，而且措辞强烈。一个战略情报局官员质问道，距离空降区几英里的偏差失误是司空见惯的，但是你们怎么可以偏差到另一个国家？他指的是到瑞典的伞降。斯卡伯愤怒地斥责说，一些飞机早已经不合格，要么就是他们美国机组人员根本不具备这个艰苦行动的资格。他曾恳求，使用更优秀的英国轰炸机和挪威机组人员，他们之前有向更北地带飞行过的经验。但他的请求遭到了拒绝。

伦敦决定不能再浪费更多的生命了。在空军找到适合此次任务的飞机和机组人员之前，不再给挪威特别行动组派遣飞机。科尔比只能利用现有的人力物力进行战斗。

4月8日，3名挪威抵抗组织特工加入了科尔比的大本营，他的游击队现在有26人。科尔比已经派出自己的首席侦察长汉斯·利尔默（Hans Liermo），该地区最好的猎手，去探测格拉纳河桥的情况。利尔默回来汇报说，那里有重兵把守，桥两端的警卫室和桥底下的河边，大约有20多人。附近斯纳萨村驻守有多达2000名德国人。更重要的问题是，滑雪板把靠近桥的雪壳撞裂了，一旦他们接近，就会惊动警卫。科尔比设计了一个类似美国西部片的计划来攻桥。在桥体结构以南相当一段距离外，让他的人劫持一辆北行去接德军部队的空列车。突击队将乘火车来到桥上，在警卫室停下，彻底制服那些毫无疑心的德国人。然后他的手下会把炸药放到桥上，回到火车上，炸掉桥，然后往南行驶到一个更有利的地方逃跑。最后，他们会放回那空列车，让它在断桥上坠入河中，造成一场混乱，使德国人永远无法修复。

伦敦同意他利用现有的人尝试这一大胆的破坏计划，但总部意识到科尔比的胜算不大。依然还在霍奇斯第一集团军的埃尔布里奇·科尔比，去伦敦旅行时拜访了战略情报局伦敦站。斯堪的纳维亚部的助理起初都不愿跟他谈论，虽然他通过了安全检查，并对了解其儿子的进展有浓厚兴趣，但他们最终同意就"赖普行动"目前的状况，给这位上校做了简短概述。埃尔布里奇离开格罗夫纳广场的时候，心中暗想，这次科尔比"凶多吉少"。

当科尔比空降到挪威时，德国占领军的士气已经一落千丈，盟军宣传的失败主义文学在德国队伍中广为流传。临时军事法庭不断增加，而且大批的德国国防军士兵走向刑场，2000名德国士兵被送到挪威的战俘营，卫兵对待他们比苏联战俘更严厉。尽管如此，纳粹军队在挪威仍然是一支致命的力量。就算扣除德国国防军的大撤离，一个战略情报局的情报报告估计，这个国家的"身强力壮的德国男性与身强力壮的挪威男性旗鼓相当，大约25万人"。这意味着德国人依然势均力敌，而且他们的武器装备更优良。奥拉夫王子秘密前往华盛顿，警告五角大楼官员，他的国家食品严重匮乏，德国士兵的存在让寻觅食品更加困难。在科尔比的人到达之前，纳粹和吉斯林的安全机构加大了恐怖活动，为粉碎抵抗组织进行了大规模逮捕和处决。监狱人满为患，科尔比的大本营北面的一个诺尔兰郡关押着6.8万名囚犯。纳粹开始了惨无人道的报复，游击队在北特伦德拉格郡袭击了一个为德军兵工厂提供原料的采矿设施后，党卫军处决了35名挪威平民，而且审讯的虐待性又上升到了新水平，醉酒的盖世太保暴徒大开杀戒，俘虏们连坦白的机会也没有。

更麻烦的是，挪威的卖国贼向盖世太保报信成风，以至于英国特别行动处应挪威最高指挥部的要求，组建了一个四人团队开始暗杀行动（代号为"麻鸦"，受训施行无声谋杀、毒药水的敢死队潜入了挪威，但从未进行任何攻击）。最臭名昭著的卖国贼就是亨利·林南和他的告密团伙，他们在南北特伦德拉格郡异常活跃，而这也正是科尔比的团队执行任务的地区。林南是个驼背的小个子，看上去病恹恹的，在德军入侵之前曾为挪威陆军开车，之后却成了向纳粹告密的积极分子。他的团伙帮助德国人逮捕了1000多名挪威人，枪决了约100人。

4月9日，科尔比和他的挪威特别行动组及挪威游击队共19人从大本营出发到格拉纳河桥。在那个月中，不同的抵抗组织策划了十几起铁路攻击。多诺万密切追踪着他们的消息，并将联席会议获得的最新成功突袭告诉了他们。到那座桥上的跋涉可谓是步履维艰，历时长达五天，行程40英里。每个人身负50磅重的背包，扛着步枪，轮流拖着三个船形雪橇和小型平底雪橇，每个里面装着60磅的炸药和物资。

第一天，他们滑雪的时候遭遇大暴雨，他们的制服成了冰布条，傍晚躲进了挪威山上那星星点点的夏日小屋。这个配备齐全的夏日猎场属于一个纳粹同情者。他们先烘干了衣服和装备，然后找出叛徒藏在他钢琴底板后面的白酒暖胃。

接下来的两天里，暴风雪铺天盖地肆虐而来，挪威向导劝科尔比最好待在这个夏日猎场，因为穿过山路太危险了。4月12日，星期四上午，科尔比无法忍受继续困在小屋里，再次命令士兵扣上滑雪板出发。尽管暴风雪稍有转小，那天的行动还是遇到了艰难险阻。冒着零下的气温，他们涉水淌过了冰冷的小溪，每过一次河，就要停下来弄干他们的滑雪板，因为如果太湿，滑雪时就会磕磕绊绊。这些人还得脱掉滑雪板，爬上冰雪覆盖、乱石丛生的伊姆斯道斯山。接下来，他们还要绕过平顶山南行，避开山顶上的德军观察哨，以免被发现。那天傍晚，他们找到了另一个废弃的小屋，一进去，大家全都横七竖八地倒下了。

次日下午，在历尽千辛万苦，滑雪穿过洛克特峡谷崎岖陡峭的地带后，科尔比让小组中大多数人留在格拉纳河附近的一个地点，自己带领着挪威向导和3名突击队员出发去侦察大桥。从远处透过望远镜望去，他数了数桥体两端的德军人数，并在桥南头发现了另一个机枪窝点。他坐在雪地上，观察了一会儿，一列火车不久就满载货物驶来。这座桥的防守比他想象的还严密，德军人数太多，他们寡不敌众。

科尔比此时意识到，他之前所设想的劫持一辆机车，用机枪扫射似乎不切实际。谁知道下一列火车何时才能开过来让他们劫持？经过对该地区又一天的侦察，他决定要攻击那个稍微小点的唐恩大桥，这座桥也在他的攻击目标之列，就在瓦洛伊村火车站的南面。那里没有人固定守卫，拿下那座桥会比格拉纳河桥更容易些，但也绝非易如反掌，敌军巡逻队经常经过。瓦洛伊村的北头有10名德国人，科尔比的侦察兵发现，他们对游击队破坏的警惕性很高。夜色漆黑，科尔比的队伍爬上了悬崖，那里有个长长的下坡直通铁轨。星期日凌晨4点30分，他们到达了唐恩大桥。科尔比和朗厄兰脱下滑雪板，小心翼翼地匍匐前进，仔细侦察桥的情况。天边闪烁着微弱的晨光，看来在他们周围安静的森林要迎来一个晴朗的日子。他们担心脚踩积雪的嘎吱嘎吱的声音远远就会被听到。站在一个小山上，俯瞰着环绕利特罗英根湖的铁轨，科尔比和朗厄兰发现了一座小房子，他们认为在攻击之前可以让大家先聚在这里。他们没看到小屋周围有滑雪痕迹，小屋像是空的。但当他们踮着脚靠近的时候，却听到里面有声音。突击队员拉开板机，踢开了门，看到一家人战战兢兢地蜷缩在一起，这家人是从北方芬马克郡的德国人魔爪下逃出来的。他们很友好，把德国巡逻队定期到唐恩大桥的最新消息告诉了科尔比。但科尔比还是让朗厄兰端着枪对准他们，自己走下斜坡去探测桥上的情况。依他所见，周围没有任何敌人的迹象。

朗厄兰发报让主力团队过来汇合。他们很快从山坡上跑了下来。科尔比安排了5人在北桥头附近，4人在南桥头站岗。萨瑟在山顶保留了4个突击队员作为后备军俯瞰，如果有敌人巡逻过来就随时反击（沿途，萨瑟的团队发现了另一个农舍，切断了里面的电话线，这样就算他们听到爆炸声，也无法与外界取得联系）。战士们各就各位做好了准备，爆破专家法恩斯沃思与其他4人，带着用来炸掉格拉纳河桥的80磅炸药冲上了大桥。

这些炸药足够将小小的唐恩大桥炸得片土无存。这座36英尺的桥体结构有四个工字形钢纵梁，每个长约40英尺，钢板厚度有1英寸。法恩斯沃思的人放好炸药，跑回到科尔比的位置。然后他们开始等待。科尔比希望在一辆南下的火车经过时引爆，这样德国人需要修复的地方就会更多。

但一直没有一辆火车出现。在早晨6点30分，科尔比命令法恩斯沃思引爆炸药。在寂静的晨光中，震耳欲聋的爆炸声在山间回荡，烟雾散去后，他能看到整座桥已经荡然无存。科尔比跑到残骸之处，把带有美国国旗的肩章放在了上面，通过这个告诉德国人谁是始作俑者，他希望这样做可避免当地百姓遭到报复。

此时，他们必须迅速行动起来。该地区的所有德国人都知道，游击队发动了袭击，他们肯定会大面积抓捕破坏者，并当场击毙他们。科尔比的团队收拾了滑雪板，赶紧爬上了面对利特罗英根湖的高山。在那里，他让大家狼吞虎咽地吃了早饭，休息了几个小时。这些人一整天既没吃什么东西，也没有睡觉。下午晚些时候，天空中一架侦察机的声音吵醒了他们。他们没有看到飞机，但推测是在寻找他们，所以这些人绑上雪橇，再次出发。科尔比知道德军一定会跟踪他们，为了蒙骗他们，他决定绕个大圈回到大本营。就是先到瑞典边境，然后抄近路绕回杰夫斯琼湖。此举非常明智，因为在爆炸后，敌人立即出动了三支滑雪巡逻队搜捕他们。

科尔比不久发现了其中一支巡逻队，10名德国人正从铁路边沿着他们的足迹跋涉而来。他的手下已经精疲力竭，无力挺身作战，而且这些德国人还可以轻易地呼叫该地区数百名士兵过来支援。挪威特别行动组和挪威游击队唯一的希望，就是一直保持在敌军的前方滑行。为了延缓敌人的追击，法恩斯沃思设法在绊索上安装了几磅的塑性炸药，埋在了他们经过的一个陡峭山坡的滑雪痕迹下，当德国国防军巡逻队队长向山下滑行时，炸药炸残了他。当敌军的另一个士兵也在一块崎岖不平的地段摔断腿之后，受挫的巡逻队终于放弃了追逐。但那时已经是4月16日，星期一，接近傍晚时分。经过长达两天的行动，而且是在科尔比见过的最恶劣的地形中穿梭，外加只休息了两小时多一点，所带的口粮已经吃完，他们的身体几乎要崩溃了。那天晚上10点左右，他们来到了山上的一间空着的小屋，他告诉大家可以在这里将就睡一晚，直到次日早晨。与此同时，科尔比给南下来迎接他们的挪威抵抗军军官发报，但军官却报告了一个骇人的消息：一支由德国和挪威纳粹人联合组成的巡逻队正在搜捕这些美国突击队员（抵抗军军官称，他们一共有25人，每个都是滑雪高手），现在就在科尔比的人酣睡的小屋几千码之外的山上。

他的游击队员刚刚睡了两个小时，科尔比就再次叫醒他们，并发出命令让他们继续出发。黎明前，这些饥寒交迫、周身无力的队员继续开始爬山。这次的山路有几英里长，而且有个45度角的急拐弯，是一座冰雪覆盖的大山，科尔比手上的地图显示此地为"糖顶山"，他们则把这个山戏称为"苯丙胺山"，因为几乎所有的人都不得不吞下刺激神经、提高精神的兴奋剂——苯丙胺，来支撑自己爬上山顶。破晓时分，他们站到了山的最高峰，摆脱了德国巡逻队的势力范围，这些敌军根本没有发现游击队在黑暗中爬上了山坡。他们凝望了一会儿10英里外的壮丽的瑞典，开始下山，下山的滑雪速度要快得多。在挪威边界，科尔比把他的团队放在了一个保留的地下营地，这些人在那里休息了一下，还吃了顿肉汁浇过的烤麋鹿。他们睡了16个小时，之后科尔比让他的手下继续待在这个藏身处调整两天。而他和朗厄兰以及两名挪威游击队员滑雪经过了最后的路段，到达了杰夫斯琼湖，好让他的无线电报务员向伦敦汇报此次成功的任务。

他一到达农场，喜讯就扑面而来。那些被误投到瑞典的突击队员，此时打扮得像挪威猎人一样正在等候他。在瑞典情报机构的帮助下，战略情报局的官员设法将他们从斯德哥尔摩以北的俘虏收容所救出来，并偷偷运到了挪威。现在他的挪威特别行动组和挪威斗士壮大到了34人，但是科尔比还是嫌他的人手不够。一个三口之家的挪威家庭也来到了大本营，为他的人烤面包，他付给他们100挪威克朗。他的一个下士从当地农民手中花400克朗买了一头奶牛，这样他们的牛奶就会更多一点。几天后，一个瑞典信使乘坐一辆装满炸药和食物的雪橇（包括他们要求的罐装凤梨）来到了这里。

科尔比意识到，敌人发现他们的营地只是个时间早晚的问题。众多的美国轰炸机在他们的上空飞行，试图空投增援物资，德国人肯定会怀疑，盟军突击队就潜伏在杰夫斯琼湖附近。挪威特别行动组摧毁了德军一座宝贵的桥梁，而且利用陷阱严重弄伤了一个士兵。为了报复诺尔兰铁路沿线的破坏，德国国家专员特尔波文决定处决1万挪威人。科尔比突袭的消息在农村之间迅速传开，挪威人纷纷来到大本营要求志愿加入战斗。科尔比知道，其中定有人会告诉德国人，他曾来过这个藏身处。令人遗憾的是，德国人修复切断铁路线只用了大约一个星期，而且诺尔兰铁路线一天两次的运行又恢复了正常。挪威特别行动组指挥官开始计划他的下一次攻击。

在诺尔兰铁路线上的斯纳萨湖边附近挪威古老的鲁洛达尔村庄处，有两英里的轨道，那是德国人的货运列车关键的一段。在科尔比离开英国前，他和斯卡伯一致认为，在南方30英里处多个点切断铁道，会让德国国防军像炸毁唐恩大桥一样头疼，因为维修人员不得不被派到很多难以触及的点，来重新连接铁路线。

4月25日，星期三上午，在朗厄兰和一个挪威向导的陪同下，科尔比来到一个雪堆上窥探。他身披白大衣作伪装，注视着从鲁洛达尔蜿蜒而去的铁轨。随着春天的解冻，气温仁慈地上升，但是为期两天滑雪跋涉到鲁洛达尔，依然让他的25人备受折磨。由于气温的升高，在湿漉漉的雪地滑雪31英里变得更加吃力。而他们还得绕过三个湖泊到鲁洛达尔，因为湖的冰面已经开始融化变软，带着重型装备在上面滑行太危险。

科尔比发现鲁洛达尔铁路沿线没有多少德国人。但是他知道，一旦听到爆炸，很多敌军都会迅速冲下来。根据他掌握的情报，鲁洛达尔有40名德国国防军士兵驻守，普鲁屯隧道和其他三个村庄附近则多达60名德军，而且在斯纳萨湖南面的2000名德国士兵，10分钟内就能赶到鲁洛达尔。

科尔比迅速在一张纸上勾勒了铁路沿线要攻击的点，然后与他的两个队友滑雪五英里，回到了斯乔尔斯尧豪处的一间空屋，他的其他手下就在那里安营。当晚，当一轮明月从地平线升起的时候，八组由三至四人组成的团队，依次分开从小屋滑雪出发，这样他们就可以同时到达六英里外那个两英里长的铁路段的指定点。每个队都携带30个铁路炸药包。在科尔比的小组中，有个挪威侦察兵，下士西韦特·温德赫，一个高大威猛的前布鲁克林区的服务员，也是被错误地空降到瑞典挪威特别行动组成员，浑身的力气有了用武之地。他除了扛着自己那份炸药外，还背着一把沉重的勃朗宁自动步枪，外加多余的弹药。

晚上11点30分，八个小分队到达了铁道边，气温又降到了华氏零度。一阵西风呼啸而过，但除此之外，还算是夜深人静，他们没有被发现。这些人像一队长长的合唱团一样向前移动，去安装炸药。他们只能交头接耳地悄悄说话，在每个连接13码长钢轨的鱼尾板的交替点放置两组炸药，这样，每支队伍都可以保证那30个炸药包，可以摧毁大约200码的铁路。他们动作很麻利，两个人往铁轨上捆绑炸药，第三人负责连接引爆系统。在他们出发之前，科尔比已吩咐他们，在晚上11点45分，他会准时往空中发射绿色信号弹指示他们引爆炸药。如果他们没有看到信号弹，他们要在五分钟后准时引爆。

每个小组都准时完成了任务，只有科尔比的小组例外。他之前没有发现隧道里有个警卫室，而且德国人就在里面。这个警卫室位于最北端，仅离他的小组的爆炸段30码，这就迫使他们慢慢操作，以防惊动敌军士兵。科尔比根本没有时间发射他的信号弹。11点50分，队员们准时引爆炸药包，铁道上的炸药一个接一个地快速炸开，震耳欲聋。

就像捅了马蜂窝一样，几英里外的德军对着天空漫无目的地开枪，黑色的天空被烟火点亮。担心附近警卫室里愤怒的德军会倾巢而出，科尔比命令温德赫在铁路对面架设起他的勃朗宁自动步枪，在他和他的挪威向导跑到他们的路段引爆时开枪掩护。这个过程只花了不到一两分钟的时间，但当科尔准备拉动最后一个延时引信并返回时，他惊恐地看到他的挪威向导就站在最后一节引信的旁边，而那引信10秒内就要爆炸。他对着挪威向导大喊，但是那个不懂英语的挪威人困惑地看着他，科尔比跑过去，扑向他，把他按倒在地。当科尔比趴在他的身上，就在这时，炸药爆炸了，碎钢片纷纷落在他们的头上。警卫室的德军开火了，但大多数子弹一阵乱飞，有一枪击中在他们附近，扬起的灰尘和石子击中了科尔比的前额。他和他的两名战友跳起来，使出浑身力气，在雪地里奔跑，离开了铁轨。

八个小组没费什么周折就到达了科尔比选定的完成任务后的集合点，这是另外一个在斯纳萨湖斯卡特内丝农场附近的空房子。他们快速列出了损坏情况。109个双料炸药包成功引爆，捣毁了218节轨道、约1.5英里的诺尔兰铁路线，但除了迅速吞下一杯热咖啡来保持清醒外，他们没有时间庆祝。科尔比和其他人可以听到敌人的巡逻队正在围合他们的噪声，他们穿上滑雪板，直接奔向35英里外的杰夫斯琼湖。

星期四下午4点，他们到达了大本营，途中除了用几分钟喘口气外，一刻也没有休息。科尔比发现，在回来的途中，上空没有纳粹德国空军侦察机，而另一场暴风雪掩盖了他们的滑雪痕迹，让后面搜捕他们的德国人无迹可寻，但回到他们的藏身地之后，他依然增加了周边的警卫，等待敌人的反应。然而，所收到的唯一回应来自一个友好的挪威特工，他汇报说，一个德国国防军军官告诉他，那些破坏了鲁洛达尔线路的恐怖分子是"一帮英勇善战足智多谋的团伙"。伦敦情报官员估计，4月份，德军的七个山地师会到达挪威南部，但他们被困在了那里，因为北海沿岸的地雷和盟军军舰，让他们几乎不可能从海上返回汉堡。德国国防军迫使俄罗斯苦役来修补鲁洛达尔的轨道，以便他们可以继续从陆地撤军，但这些囚犯根本没有好好维修，所以在袭击之后，铁路运营仍然故障重重。

4月底，潮湿的地面变得泥泞不堪，杰夫斯琼湖畔的生活也更加困苦不堪。随着越来越多的挪威志愿者断断续续地来到营地，挪威特别行动组突击队开始断粮了。一天他们意外发现了德军的一个秘密面粉仓库，还洗劫了不少法国香槟。每周供应给他们的驯鹿也停了下来，科尔比让他的一个手下冒险外出，射死了一只驯鹿，结果还花了130克朗的封口费，因为有个愤怒的牧人称那只动物是他的。此外，总部通知他们，近期没有更多来自瑞典或英国的物资送来。他们的体力消耗和损伤造成了一些伤亡。西韦特·温德赫，那个在捣毁鲁洛达尔铁路段时扛着勃朗宁自动步枪的人，因阑尾炎疼痛不已，不得不被捆绑到雪橇上，让一名自告奋勇的挪威人送到一家瑞典医院。科尔比失去了一个脚趾，而且中指指尖长了冻疮。

随着4月底的临近，挪威抵抗军最高司令部意识到中欧的德国投降也为期不远了，他们准备和平返回自己的故土。不过，挪威人害怕，德国国防军很可能要坚守下去。如果真的如此，他们明白盟军不会有多余的部队来到挪威。所以抵抗组织不想发动任何游击战，以免影响与德国占领军快速而安静地了结。5月1日，总部给科尔比发电，"鉴于紧张的德国局势"，他现在的任务是在铁路线制造"小型而频繁的攻击"，而不是"大规模"的袭击来激怒敌人。伦敦尤其希望科尔比放弃几周以来他向总部提出的宏伟计划。

这个计划就是所谓的"利耶内计划"，根据一个1000平方英里的伸入瑞典的突出部地区而命名，它位于杰夫斯琼湖大本营的东北面。利耶内每年在其众多的山中举行越野滑雪赛，这里只有五六个的村庄，零零星星地居住着2000多挪威人。有了来自瑞典武器的帮助，科尔比决定占领这个地区，并插上美国国旗，宣布利耶内已被盟军解放。这样挪威人就会蜂拥而至，建立一个独立的游击队飞地，独立于德国人之外。科尔比的计划在伦敦的斯堪的纳维亚部有一些支持者，但其中不包括斯卡伯、特种部队的其他人、盟国远征军最高统帅部的成员。他们认为，这个盛气凌人的年轻少校需要冷静下来。中立国瑞典此刻对同盟国的支持至关重要，他们不希望斯德哥尔摩政府陷入一种尴尬的境地：通过对利耶内提供大量的物资，而表现出在支持一个抗击德国的重要任务。德国国防军力量很强大，要想剿灭这个堡垒轻而易举，而且这样也会引发他们对利耶内挪威人的残酷报复,伦敦警告说。科尔比并不清楚,盟军最高统帅部正在与德军最高统帅部进行微妙的谈判,把德国国防军和平移交给挪威抵抗组织,而他的行动会让这些和谈告吹。伦敦发报给这位挪威特别行动组指挥官,"利耶内计划此刻不能执行有很明显的理由"。

科尔比却认为理由并不明显,仍继续论证自己的想法。他在5月2日回电说:如果德军真的投降,"我们还需要组织和准备一支游击队力量,更好地帮助解放挪威",对抗可能会抵抗的德国人和可能会发动内战的吉斯林的准军事力量。"利耶内可以轻松拿下,也可以轻松防御"。总部的回电是措辞严厉的命令:保持隐蔽,任何启动"利耶内计划"的企图都"会让你受到军事处分"。后来,科尔比在回忆录中承认:"司令部是正确的",他那"浮夸"的建议,会打乱"留在挪威的德国人投降的微妙程序"。

4月底,科尔比还发现了他的部下在4月7日凌晨听到的坠毁的轰炸机。4月26日,一名驯鹿牧人来到大本营,称他找到了飞机残骸,就在15英里以北的普拉克特约恩山西侧。三天后,暴风雪一过,科尔比带领一支巡逻队来到了现场,发现了大面积散落在地上的数百个"解放者"轰炸机碎片,物资圆柱形容器已经摔破,8名机组人员和4名突击队队员已经烧毁或只剩残缺不全的尸体。巡逻队有几个曾在瑞典被扣押的人辨认出,这个机组人员就是上次把他们错误空投的人员。他们显然冒着生命危险,决心用这次飞行来弥补上次的失败。通过飞机残骸的位置,科尔比推测,这架B-24轰炸机一直向西盘旋,想在杰夫斯琼湖降落,结果撞到了寸草不生的普拉克特约恩山顶,反弹到了山坡之下。

这里的冻土太硬,挖不了坟墓。科尔比命令他的手下,用在那里找到的降落伞包裹住他们的尸体,然后用石头盖在他们身上,堆成了一个俯瞰郎湖的小山丘。在小山丘上插上了一面小的美国国旗,他简短做了一下祷告,命令手下在墓地旁集体鸣枪三声。他还让一个突击队员拍下了这个简洁的仪式,把照片送给阵亡者的家属。

这支巡逻队回到了杰夫斯琼湖,科尔比依然提心吊胆,担心德国人很快会发现他们的藏身之地。

第二十四章

胜利

4月26日,星期四中午前不久,参谋长联席会议撤销了命令,通知多诺万让杜勒斯重新恢复"日出行动"。一个小时后,多诺万发了一份只可让杜勒斯一个人过目的绝密电报到伯尔尼,告诉他五角大楼要让他遵循精确的指示。多诺万告诉他的站长,瑞士的谈判到此终止,德国人必须"立刻"前往卡塞塔签署投降文件,"否则全盘协议取消"。苏联人收到通知让他们派代表到意大利的盟军司令部。多诺万警告杜勒斯,不可自作主张,"我们必须逐字地执行这些指令"。

杜勒斯刻不容缓地召集了那些德国人。当多诺万的电报到达时,沃尔夫的副官温纳少校和菲廷霍夫的高级参谋施万尼茨中校,已经跳上了一辆汽车,正行驶在从卢塞恩到意大利边境的道路上。到星期六,杜勒斯成功地拦截了两名军官,并发出了新的指示。他电告多诺万,已经安排好施万尼茨和温纳当天到亚历山大将军的总部,"全权"代表他们的老板签订投降协议,或至少杜勒斯希望他们有这个权利。他向多诺万保证:施万尼茨是一个"能胜任"的军官,温纳是一名"有影响力的人物",杜勒斯认为他可以算得上党卫军投降部分签章画押的"人物"。如果在关键时刻出现小故障,他们可以联系沃尔夫,身穿将军提供的党卫军制服的战略情报局人员——"小兵沃利",会坐镇沃尔夫的总部,用无线电跟卡塞塔联系。

亚历山大乘坐舒适的、设施完好的C-47军用运输机,赶赴日内瓦附近的法国阿讷西。星期六中午,飞机带上了施万尼茨和温纳从那里起飞,穿过暴雨到达了卡塞塔。杜勒斯仍然留在伯尔尼,因为以罗斯福私人代表身份做掩护的他,已经成为这一地区的名人,他担心盟军总部的战地记者可能会认出他,而泄露该行动的安全性。盖沃尼兹登上了那架军用运输机,担任翻译,并负责协调可能出现的任何问题。

盟军地中海总部坐落在卡塞塔一座雄伟壮观的城堡,曾是历代纳波利塔诺国王的居住地。城堡后面有座小山,大大小小的瀑布从山上倾泻而下,形成梯田式的池塘和喷泉;这里还装饰有巴洛克式雕像,以及18世纪的英国花园。刚过3点,一辆载着施万尼茨和温纳的车停在了门口,四周被铁丝网圈着,戒备森严。山顶上到处都是半圆拱形活动房屋和平顶房屋,从那里可以眺望那不勒斯湾和湛蓝的伊特鲁里亚海沿岸白色建筑的壮观景色。然而,树林上都紧紧地系着草绿色帆布,防止德国人看清他们的森林环境和盟军总部的位置。

下午6点整,首次正式会议在城堡大院的会议室举行,主持会议的是亚历山大的参谋长,陆军中将威廉·达西·摩根爵士,他那浓密的白胡子和背头银发很引人注目。在这个长长的会议桌一边,坐着莱姆尼策和艾雷(此时都穿着将军制服)以及其他三位盟军军官,威廉·盖沃尼兹爵士坐在一边翻译,施万尼茨和温纳坐在桌子的另一边。一名在罗马担任苏联联络官(兼格勒乌间谍)的苏联少将阿列克谢·帕夫洛维奇·基思连科,也来到了总部大院,但未被邀请参加首次会谈。

摩根省略了寒暄问候,只是简略地介绍了自己和坐在他旁边的高级军官,然后他要求两名德国军官,出示代表沃尔夫和菲廷霍夫投降授权给他们的证件。温纳从桌子对面递过一张纸,上面有很短的一句表示允许他代签的话,句子下面是沃尔夫的签名。施万尼茨中校在递过证据时,解释说他有一个条件,在菲廷霍夫赋予他的"指令的框架内",施万尼茨说,他有"全权"签署权,但在投降条款中可能"有某些主张不在"施万尼茨的"指示"范围内,而这些主张必须要向菲廷霍夫提及,让他直接决定。盖沃尼兹没有理睬施万尼茨的警告,虽然他不应该这么做。在菲廷霍夫给他的中校的指令中,有这样一条:他希望在投降书条例中写明，允许他的士兵返回德国，而不是去战俘营——这个无论如何盟军都不会接受。恰恰相反，摩根把三份20页长的带附录的《投降文书》推给了桌子对面的施万尼茨和温纳，告诉他们，他们有三个小时的时间来阅读这些文件，之后回来宣布他们是否接受投降。

  晚上9点，这些德国人回到了会议室。他们草草阅读了那冗长的文件，对那些冰冷而且丝毫不让步的措辞倍感震惊。基思连科和他的翻译参加了这次会议。施万尼茨和温纳花了几个小时就投降条款与摩根讨价还价，盖沃尼兹愿意做出小小的让步，比如在把他们送到战俘营之前，允许军官保留他们随身携带的武器，来维持秩序——但他坚决拒绝菲廷霍夫让他的军队返回德国的条件。这位英国将军能提供的最好的条件就是，在《投降文书》中附加上自己的个人陈述，虽然他无法做出任何承诺，他预计大部分的德国士兵将被关押在意大利附近，而不是被长期拘留在美国或其他更遥远的地点。

  从深夜到第二天凌晨，这些不满意的德国人，在他们的住所与盖沃尼兹对条款争论不休，而盖沃尼兹终于让他们选择接受了严苛的条款。他恼怒地说："难道你们还意识不到，每一分钟，你们在这里纠结文件中的措辞，就意味着更多的德国国防军士兵在意大利的死亡？"这意味着"进一步的破坏，对德国城市进一步的空袭，进一步的死亡"！温纳最终表示愿意签署。不久艾雷过来了，通知这些德国人，盟军不可能等到他们设法联系上菲廷霍夫，等他来批准这个投降书。疲惫的施万尼茨终于同意不经将军的最后点头签署文件。正式的投降时间定在格林威治时间5月2日中午。

  星期日下午2点，昏昏沉沉的施万尼茨和温纳被领进了附近的皇家夏宫舞厅，由于泛光灯都打开来录制这一事件，他们被照得只能眯着眼睛。除了地中海司令部高级官员、基思连科和他的翻译及盖沃尼兹外，还有一群美国和英国的报纸和电台记者，他们站在一张长长的、一尘不染的会议桌后面，桌上摆着七份投降文件（英文五份，德文二份）。媒体人答应，在5月2日下午之前，不对签署仪式进行任何文字或广播报道。

  摩根代表亚历山大签了字，然后温纳在文件上签了他的名字。施万尼茨在提笔之前，停顿了一下做出声明，不过更像是最后的喘息："我从冯·菲廷霍夫将军处得到授权，但有一定的限制。对超出这些限制的权利，我自己承担责任……我猜想我的总司令会赞成我的行动，但我不能绝对保证这一效果。"盖沃尼兹迅速瞥了一眼莱姆尼策。这会让施万尼茨的签字一文不值吗？摩根并不这么想。"我们接受这一点。"他点了点头，平静地说道。

*

亚历山大希望，德国人在5月2日上午通过军事频道广播投降命令，随后在德军士兵中散发传单，然后菲廷霍夫总部的先遣团手举白旗出现在盟军前线。这只是计划，但是哈罗德爵士不知道敌人会不会遵守这一计划，他们的指挥官会接受由两个中层的德国官员签订的条款吗？其中还有一人在最后一刻还脱口而出他可能没有签字权。杜勒斯也顾虑重重。

事实证明，这两个人的烦恼不是空穴来风。在这个时刻，任何事情都可能导致投降的事情脱轨。在签字仪式后，施万尼茨和温纳飞回伯尔尼，带着投降文书副本回去交给他们的上司，当他们正准备越过瑞士边境到意大利时，被瑞士当局扣留了，还是杜勒斯出面干预解了围。沃尔夫和菲廷霍夫收到投降文书后，与其他高级纳粹头目发生了争吵。

卡尔滕布鲁纳试图阻止这个投降，以便兜售他的和平建议。鉴于4月29日希特勒还在世，凯塞林也进行了干预，试图阻止菲廷霍夫的投降。为了给他们一个致命打击，当晚，美国战机轰炸了菲廷霍夫的总部。杜勒斯打电话给卡塞塔让其终止轰炸。

5月2日，星期三上午，多诺万通知杜鲁门，尽管"几经种种可能的变化"，当天的投降行动如期发生。希特勒于4月30日自杀，之后凯塞林再没有进行干预。星期二晚上，菲廷霍夫的总部开始通过无线电发布命令，让其部队第二天放下武器投降。随后，在星期三下午6点30分，亚历山大公开宣布停战。杜勒斯与他的伯尔尼员工开香槟庆祝。接下来，凯塞林发电给亚历山大，表达出将他的前线交给艾森豪威尔的意愿。"笑面虎阿尔伯特"显然也想"搭上这个顺风车"，杜勒斯发电报告诉多诺万。这位伯尔尼站长可谓是拨云见日，"日出行动"引发了其他前线的一连串的投降。

*

随着"日出行动"的展开，杜勒斯开始对付其他紧迫的问题。他得知，在7月20日刺杀行动之后，施陶芬伯格的家人得以幸存，盟军发现这家人还在世，同时也在集中营找到了很多显赫的囚犯。卡纳里斯没能活下来，这位支持暗杀的阿勃维尔海军上将，在弗洛森比尔格集中营遭受了野蛮的酷刑，并于1945年4月9日被处以绞刑。战后，杜勒斯到处搜寻卡纳里斯的日记，他知道日记中肯定包含了关于第三帝国的许多真知灼见，但他一直没有找到。

4月3日，弗里茨·科尔贝抵达伯尔尼。他的上司卡尔·里特尔，安排他开着一辆奔驰，将这位大使的情妇和她两岁的女儿，送到了他在巴伐利亚的家中安全度日。在把这娘俩放到南部的肯普滕镇南部后，科尔贝带着最后一批文件和照片乘火车西行来到了瑞士首都，这些资料记录了自3月中旬起德国的惨烈景象。他谈到，柏林政府和纳粹党间谍机构奉命开始焚烧所有的档案，而且德国铁路系统已经"彻底瘫痪"。柏林人变得热衷于听《美国之音》的广播，而且暗地里对盟军轰炸机将戈培尔的宣传部大楼夷为平地欢欣鼓舞。外交部消息人士说，苏联精英军队进入德国表现尚好，但缺乏训练的苏联士兵却烧杀抢掠。科尔贝最后递交的情报被评为盟军在战争期间最成功的间谍材料，尽管美国政府、赫尔姆斯等花了太长的时间才承认这位间谍的合法性和其情报的宝贵价值。

杜勒斯决定让科尔贝继续待在他绅士街的公寓做些琐碎工作，如编写一系列外交部中可以在战后德国政府任职的德国人名单，拜访德国驻伯尔尼大使，劝他停止焚烧揭露纳粹在瑞士金融控股的文件。

在最后一批情报中，科尔贝还带来了关于日本的消息，这对华盛顿可是"最香的饽饽"。科尔贝带来的外交报告中显示，日本士兵都隐藏在吕宋岛北部和缅甸南部的战壕中准备打持久战，但东京的领导人现在已大失民心。

或许是出于日益动荡的局势，5月初，杜勒斯开始收到来自日方的和平试探，在他的"日出行动"大获全胜之后，日本人认为他是一个理想的和谈渠道。第一个和平试探来自佩尔·雅各布森，他是杜勒斯的老友，也是巴塞尔国际清算银行杰出的瑞典经济顾问。他为两名在国际清算银行任职的日本官员做中间人，一个是北村小次郎，另一个是津吉吉村。第二个和平试探来自弗里德里希·哈克博士，一位德国海外游子，广泛游历了亚洲，是盖沃尼兹的朋友。他说他代表的是日本在伯尔尼的海军武官少校芳郎藤村。哈克说，藤村在国内有"良好的人脉"。夏末时节，杜勒斯分别会见了雅各布森和哈克。最重要的是，北村、吉村、藤村三人有个共同的愿望，无论任何和平协议，都要保留日本天皇作为君主立宪的地位。藤村向日本海军上级发送了20多条电报（其中许多被盟军的魔法系统截获和解码），敦促他们与杜勒斯展开和谈。在他的信息中透露了杜勒斯的外交实力以及有意达成协议的愿望。杜勒斯确信日本人想投降，但不知道东京的上层是否有人在意这些所谓的使者，在与这些"有名无权"人的会谈中，大多数时候，他只是静静坐在那里洗耳恭听。6月，他终于对哈克说，如果藤村对和谈是慎重严肃的，他应该让日本海军派全权高级官员，如海军上将等到瑞士开始和谈，但并没有高级官员前来。

从4月到5月初，杜勒斯搜罗了他能找到的关于第三帝国做垂死挣扎的种种迹象。对阿道夫·希特勒的个人宣誓，把那些军官束缚在了对独裁者的忠诚上，现在又是他们"顽固"却无用的抵抗理由，杜勒斯在无线电话中告诉华盛顿，但是他可以看到分裂无处不在。党内的大佬都纷纷逃离柏林，但希特勒禁止首都300万个倒霉居民的疏散，杜勒斯电告总部称。对杜勒斯来说，此时此刻，盟军对柏林昼夜不停地轰炸似乎是毫无意义的，只会让德国公民不愿意投降西方。艾森豪威尔希望封锁瑞士与德国的边境，并让杜勒斯报告潜入瑞士的纳粹。

4月20日，伯尔尼站长给华盛顿发报，自从元首掌权后，德国公使馆第一次未用飘扬纳粹党卐旗来庆祝他的生日。莫尔登给杜勒斯的报告称，关于希特勒的下落成了人们激烈争论的热门话题，说什么这位独裁者有一架防弹飞机，随时准备带他飞到中东或南美洲。杜勒斯在1月份推测，他可能撤离到巴伐利亚阿尔卑斯山脉，进行最后的背水一战。

4月底,杜勒斯和凯西都提交了来自线人的报告,希特勒现在正龟缩在元首地堡中。一个瑞士官员告诉杜勒斯,希特勒身患抑郁症,只在夜间工作。盟军进入慕尼黑后,多诺万命令杜勒斯和凯西,让他们的特工在市政局的档案记录中搜查有希特勒指纹的档案,以防这个独裁者在地堡中找个替身冒名顶替。

由于苏联军队的挺近,数百万难民大量涌入柏林,火车站的站台上"黑压压人山人海"(正如一份情报备忘录所描述的那样),凯西的特工已经很难用语言来描述柏林的苦难。他们报告说,面包和土豆的供应"荡然无存",食品引起的骚乱比比皆是;过度拥挤的医院缺乏"最简单的药物",饮用水严重缺乏,卫生设施根本不存在,致命的流感病毒正在迅速蔓延。4月20日,尽管苏联红军的炮弹已经到达市中心,炸毁了蒂尔加滕动物园的马厩,使得马匹在炮火中奔跑,但苏联想击败柏林也没么容易。武装党卫军指挥部命令,让成千上万疲劳的士兵、体弱多病的老人、勇敢的童子军与敌人决一死战。

在苏军攻到距元首地堡只有2.5英里的地方时,希特勒让他的一个医生备好了毒药,先在他最喜欢的德国牧羊犬身上做了一下实验,那只牧羊犬瞬间毙命。4月29日,他口述了最后的政治遗嘱,停止了希姆莱对同盟国的和平试探。希特勒与他的情妇埃娃·布劳恩举行了婚礼,从堡垒中召集了一名战战兢兢的市政府官员主持了结婚典礼。第二天下午,希特勒把埃娃领到他的秘密住处,他们双双吞下氰化物胶囊后,他用他的军用手枪朝自己的脑袋开了一枪。在苏联人找到他们夫妻烧焦的尸体后,多诺万命令杜勒斯,把战略情报局特工从抓获的党卫队牙医中得到的希特勒牙科病例送给苏联人,让他们判定尸体的真伪。

*

到4月底,挪威的抵抗组织和德国占领军有个共同的目标,那就是自我保护。关于希姆莱向西方提供和平建议的谣言席卷全国,让奥斯陆的街头充满了欢呼的示威者。由于不知道德国国防军会做出怎样的反应,抵抗军司令部立即对其百姓下发了一份简要的公告:"尊严、平和、纪律。"在伦敦的流亡政府在另一份无线电消息中忠告:"任何人不得通过不明智的行动威胁挪威的德国占领者有序撤离的可能性。"他们的占领者被吓得毛骨悚然。吉斯林对希姆莱和平提议的传闻感到担惊受怕,释放了政治犯,提出了过渡政府的想法,来"避免国家内战"。5月2日,德国国防军总司令弗朗茨·博胡米尔宣布无意结束占领:"我们将自豪而忠诚地继续我们在挪威的一如既往的警戒。"次日,希特勒指定的接班人海军元帅卡尔·邓尼茨,召集了博胡米尔、特尔波文和占领军将领到丹麦接受新的任务,让他们在奥斯陆散播谣言,称要交出挪威或将其作为全面和平协议的讨价还价的筹码。伦敦发出广播命令,让挪威的抵抗军和像科尔比团队一样的外国突击队保持冷静,不要采取任何激怒敌人的行动,同时要对试图发动战争的变节德国人保持警惕。在科尔比的小分队从普拉克特约恩山返回后,5月2日,总部唯恐避之不及的状况在"赖普行动"中发生了。

一个5人的德国巡逻队在山顶游逛,从山上俯瞰到了杰夫斯琼湖的农场,决定滑雪下来看个究竟,巡逻队的一名成员注意到农舍外面有几个人。在次日给伦敦所发的消息中以及后来更长的汇报和媒体的采访中,科尔比讲述了接下来所发生的事情:这5个德国人(4人手持手枪,1人手持步枪)"快速滑下山坡",包围了3名挪威特别行动组突击队员(全部手无寸铁)和他们的一个挪威向导卡利·贝尔,他碰巧有一支手枪,此时对准了闯入的敌人。

挪威特别行动组一名士兵马里纳斯·麦尔兰德军士,"冷静并故意告知(德国人),他们可以杀死他,但这里有足够的人可以拿获他们所有的人",科尔比如此向上级写道。就在这时,突击队员冲出了农舍,用汤普森冲锋枪瞄准了德国人。这时德国队长看到自己在这种僵局中没有优势,"说他愿意投降",但就在贝尔放下手枪时,这位德军中士开枪射中了他的肚子,那位德军中士的手枪卡住了,所以没有射出第二枪。按照科尔比的说法,"这5名德军,手中依然拿着武器,在开枪之前就被我的手下立即击毙了"。费雷德·约翰逊,科尔比的军医,给贝尔打了青霉素,并用雪橇把他送到了瑞典医院。

科尔比的报告迅速在战略情报局的指挥系统传开。但这个描述准确吗?数十年后,挪威调查人员发现5名德军可能并非死于枪战的证据。在由科勒·奥拉夫·索耶尔和弗里德里希·特拉法根2001年撰写的一份北特伦德拉格郡的游击战史料中，引用了贝尔的话，称他与那名德军中士有过轻度的扭打，就在这时，那名巡逻队队长的机枪走火伤着了他。农场里科尔比的人和挪威人倾巢而出，手持汤普森冲锋枪，很快就解除了5名德国人的武装。贝尔说，他自己则被约翰逊带到里面疗伤。就在这个军医给他包扎伤口时，他听到了外面的枪声。"这是我们的枪"，约翰逊对他说，贝尔这样引用道。德军士兵后来挖出了这5名士兵的尸体，他们对特拉法根说，每个人脖子上都有弹痕，表明他们是被处决而死。所有参与该事件的人都已不在人世，德国国防军或战略情报局没有关于这个版本的记录。索耶尔和特拉法根写道："对于所发生的事情，已经无法找到正确的描述。"当特拉法根就此事问起科尔比的时候，这位历史学家写道，科尔比只是告诉他"突击队士兵不收留囚犯"。

如果德军转败为胜的话，他们肯定会折磨和处决挪威特别行动组。科尔比担心会有更多的德军士兵迅速跟进这支巡逻队，拖着囚犯逃跑并非轻而易举，然而战争将在五天内结束，这些敌军士兵本可以被送到瑞典的。索耶尔和特拉法根写道，如果科尔比的确下达了对5名身穿德军制服士兵处决的命令，那显而易见，是违反了"国际战争行为准则"。斯卡伯怀疑科尔比没有讲出故事的全部，在战后，他给上司写了一份备忘录，建议"调阅德军五人巡逻队与我方'赖普行动'小组的遭遇"记录，但战略情报局没有任何关于开展这样一个调查的记录。

5月2日事件后，两组挪威游击队来到了杰夫斯琼湖大本营，警告说有更多的德国巡逻队在搜捕挪威特别行动组的人。科尔比现在力量壮大了，加上那两组挪威游击队，现在有45人，完全可以对抗德军，但此时面临着一个比德军更严峻的问题，人多粮少。伦敦发报说，此时此刻，补给是绝对不可能的，冰雪正在融化，北特伦德拉格郡变成了泥泞的沼泽，让运输更加困难。这个团队已经宰杀了3头牛吃（都付给了农场主安德霍桑钱），现在只能依赖一种难吃的粥勉强维持，而这也是安德霍桑的仓库中所剩无几的粮食。科尔比的侦察部队发现，全身污泥的德军排成灰灰的长队，穿过北特伦德拉格郡南行，每天还有三四趟火车载着德国国防军的装备向南行驶在诺尔兰铁路线上。5月4日，科尔比给伦敦发报说:"我们马上就断粮了。"他对总部似乎无视供给的请求越来越恼火。次日,他又发了一封电报给伦敦,提议他和朗厄兰带着白旗,滑雪到斯泰恩谢尔的德国驻地,跟他们谈判向盟军投降,这样可以让他们给他的团队开仓放粮。这次总部回复得特别快:"保持隐蔽,随时听候新的命令。你与敌人的任何未经授权的接触……会让你受到军事处分。"

*

5月初,威廉·凯西再次上路,游历荷兰、德国、捷克斯洛伐克的解放区。他寻找先于盟军前行的他的间谍队伍。有一次美苏对阵的时候,他还遇见了苏联红军军官。在参观解放了的慕尼黑时,他找到了"画家"特工队。弗卢尔和范·戴克把他带进了党卫军车库旁边的员工营房里,在一间狭小的房间里,从头到尾给他讲了他们的故事,直到深夜。凯西一直听得聚精会神。

5月1日的晚上,弗卢尔和范·戴克终于与到达慕尼黑第七集团军的美国情报人员取得了联系。他们呈上了自己编制的慕尼黑和巴伐利亚盖世太保军官的长长的名单,以及柏林在最后时刻让德国间谍转入地下的电报计划。凯西来的时候,他们正在帮助陆军反情报官员扫荡城市的盖世太保高级官员及其下属,以便以战争罪起诉他们。在60多名被逮捕的人中,有慕尼黑的盖世太保的执行秘书埃米尔·魏兰,此人曾向弗卢尔和范·戴克出卖了自己的同党。魏兰发现这两个特工没有信守承诺把他和家人一起送到南美洲,而是和其他战犯一起送到了战俘营。

*

5月2日,许多意大利德军步菲廷霍夫和沃尔夫的后尘选择了投降。同一天,柏林指挥官向苏联投降。5月4日,丹麦和荷兰占领军投降。艾森豪威尔在回忆录中回忆道:"'日出行动'的成功使德军在意大利北部同样处于绝望的境地。"5月6日,凯塞林第一次痛下决心,向雅各布森·德弗斯将军的第六集团军交出了自己的陆军G集团军。同一天,海军元帅邓尼茨下令德军最高统帅部的所有军队无条件投降。

5月7日,星期一,凌晨2点30分,因痛风再次发作而步履蹒跚的杜勒斯,挂着拐杖来到一个仪式现场，周围是盟军军官、战地记者、新闻摄影师，强烈的聚光灯在现场照射。这些人聚集在一个二楼的房间里，都站在大橡木桌周围，这个地方是巴黎东北古城兰斯的一个校舍，艾森豪威尔用来做了他的前方司令部。杜勒斯此次前来盟军最高统帅部总部，是为了向艾森豪威尔汇报战略情报局对德国的战后行动，而且应其参谋长沃尔特·比德尔·史密斯的邀请，来见证全体德军投降签字仪式。史密斯坐在桌子的一头，两边是盟军和苏联官员，面前放着几份有五个段落的《军事投降法案》。由一位在和平时期当过演员和剧院经理的英国上校在三天前匆匆写成的文本，基本上承袭了亚历山大用于意大利"日出行动"的投降文件。邓尼茨德国国防军的参谋长阿尔弗雷德·约德尔上将被派遣来签署投降书，他和其两名助手一分钟后到达现场，每个人都先立正，微微鞠了个躬。史密斯挥手，让他们坐在他对面的空座位上。签署仪式只用了10分钟的时间，德军投降将在5月9日凌晨生效。约德尔老泪纵横，被带到了艾森豪威尔的办公室，在那里盟军最高指挥官告诉这个德国人，"如果违反了投降条款，他本人要承担一切责任"。约德尔说他明白。

"你可以走了。"艾克说道。对待这名军官像打发一个二等兵一样。

第二天，赫尔姆斯开车从巴黎到兰斯与杜勒斯会合，一起向盟军最高统帅部就战略情报局将派遣到德国的特派团做汇报，那时赫尔姆斯对杜勒斯还不算了解。凯西在广播中听到丘吉尔宣布欧洲战争结束的消息时，还正在巴伐利亚西南的奥格斯堡游历，他给索菲亚和他的女儿伯纳黛特写道："既然已经取得了历史上最伟大的军事壮举，我充满了一种疯狂的欲望，想回到你们两个身边，从此再也不分离。"

5月8日，伯尔尼教堂的钟声持续了整整一天。德国大使馆的烟囱再也没有看到焚烧文件的滚滚烟雾，瑞士外交部团队来使馆里视察时，所有员工都干净利索地立正，并为他们奉上咖啡。5月8日，在一场狂风暴雨后，伦敦的街道上挤满了汽车、卡车、公共汽车，人们不停地在按喇叭以示庆祝。成千上万的人涌进议会广场和莱斯特广场载歌载舞，骑士桥上的哈洛德百货公司在外墙挂上条幅宣告"上帝拯救国王"，在格林公园和汉普特斯西斯公园，篝火映红了天空。当天晚上，整个城市的街道灯火通明，让那些"享受"黑暗的妓女们无法营生。之后，所有战斗人员都必须清楚并接受在欧洲和亚洲的战场中，死亡人数为6000万人。

除了在"日出行动"出场的德国人外，5月21日，盟军逮捕了伪装成一名陆军中士的希姆莱，两天之后他服毒自杀。卡尔滕布鲁纳在投降后散播消息说，他是"日出行动"谈判的背后操盘手，盟军并没有听信他的话，以战争罪处决了他。凯塞林因在意大利的战争罪行被判服刑五年。1947年9月，菲廷霍夫作为一名战俘被释放。杜勒斯一直试图保护沃尔夫，沃尔夫期待因为自己在"日出行动"的关键作用，可以免于过去战争罪行的起诉，然而公众的压力迫使沃尔夫接受审判，最终他被判入狱七年。

5月5日，杜勒斯和盖沃尼兹到卡塞塔参观，受到了英雄般的欢迎。多诺万和盟军高级军官纷纷发来贺电。多诺万的代表约翰·马格鲁德发电说，如果他们知道那个秘密会谈，成千上万对父母会因为"日出行动"在北意大利拯救的生命"而保佑你"。杜勒斯认为"日出行动"导致了100万德国士兵的投降，并预先阻止了在阿尔卑斯山的纳粹堡垒，是他战争期间最辉煌的成就。但是，一些在伯尔尼的杜勒斯的官员认为，"日出行动"不值得大加赞许。北意大利德军的投降只比整个德国军队投降提前了六天。堡垒策略只是个神话，北意大利放弃的轴心国军队也就只有50万人或更少，不是100万人。毋庸置疑，意大利的财产和艺术珍品免遭破坏，当时所拯救的生命可能有几百或几千，但他们大多是德国人的性命，因为亚历山大的军队伤亡要少得多。艾森豪威尔在回忆录中，称赞让战争早日终结的是亚历山大的"辉煌战役"而不是杜勒斯的谈判。但"日出行动"所彰显的是，一个在前线取得停战结果的秘密行动，已变得非常复杂而且充满外交陷阱。

杜勒斯与多诺万策划了一个战后的新闻战略，以确保他和战略情报局因"日出行动"而赢得公众褒奖，结果热情洋溢的新闻文章层出不穷，甚至《逼真漫画》也刊载了关于暗中投降的连环画。意大利政府为其骑士精神，授予杜勒斯"圣莫里斯和圣拉撒路大十字勋章"。在多诺万的请求下，杜勒斯最终获得了功绩勋章，这是他在"二战"期间当之无愧的公民奖。杜勒斯对于此奖章故作谦虚之态，却在幕后悄悄游说，确保战争部批准该奖章，并在表彰时将他的名字拼写正确。在兰斯的投降书签署之后，杜勒斯与盖沃尼兹休假一周，为战略情报局撰写"日出行动"的细节，让他们可以继续引领舆论的导向。这些谈判有助于提高杜勒斯作为秘密间谍的声誉，而且后来在他作为中央情报局局长后，这些谈判进一步增强了他通过"日出行动"一样的隐蔽行动改变历史进程的信心。从中央情报局退休后，杜勒斯写了一本关于秘密会谈的书，并与好莱坞合作拍摄了一部关于这个故事的电影。

杜勒斯对其在伯尔尼的其他成功并不羞于启齿。1947年，他又写了一本关于他与德国地下组织联手的书，他有理由为自己所取得的成就感到自豪。在战争期间，他的伯尔尼站成为多诺万最重要的情报站之一。杜勒斯被封锁在瑞士，而且很大程度上凭一己之力，为华盛顿打开了一扇第三帝国的窗口，通过德国外交部内部、阿勃维尔和抵抗运动为他提供资料。他所搜集的政治情报和经济情报在数量和质量上都首屈一指，而且随着时间的推移，他的军事情报也大有改善。当然，他也发过谣言和未经证实的情报电报，有时他还误判事态的发展。他所提供的情报对罗斯福及其高级顾问的政策决定几乎没有直接影响。然而，多诺万在白宫和内阁机构广泛散发了他的报告。杜勒斯在伯尔尼建立的是个微型中央情报局，揭露秘密，孵化心理战术方案，开展秘密行动，并对深远而广泛的主题提供分析，可谓是前无古人后无来者，无论是同事和对手都对他敬仰有加。军情六处的斯图尔特·孟席斯，一个对美国人尤其没有什么溢美之词的人，评判杜勒斯是盟军情报的"光之山"之钻石。

在德军投降后，凯西坐下来，写了一份冗长的备忘录来评估他的行动。总共有150多名特工从伦敦、法国、低地国家派往德国，执行了102项不同的任务。他承认，结果算不上太壮观，只有57项任务可视为成功，26项任务失败。截至7月底，凯西无法确定其余的任务是成是败。凯西认为，渗透德国"并不像人们想象的那么困难"，特工人员的伤亡（约36人）远低于他的预期。此外，他相信，除了情报之外，"还积累了大量副产品"。有几个团队，如梅尔在因斯布鲁克的团队，说服了德国指挥官投降；而另一些团队，如"画家"特工队，渗透到了盖世太保或帝国保安部，即使他们不能将情报发回，那些赶在盟军部队前面的特工队也能给先锋队提供战术情报，让他们了解前方的敌人，或者在夺取的城镇帮助他们识别当地的纳粹分子。在凯西看来，真正的问题是：就在他的特工大显身手的时候，欧洲战争结束了。凯西写道："要让一个秘密团队在三周到三个月的时间取得真正的成效，怎么也说不过去。如果这些行动提前两个月展开，将会取得实质性且显著的结果。"

赫尔姆斯对此并不信服，"我认为没起太大作用"。后来在问及他对凯西的行动看法时，他说："空降到那里的都是英勇的人……但如果说这对战争的结果有多大影响，那就太夸张了。"杜勒斯也相信，凯西最终产生的效果甚微。科尔比作为一名亲身感受伞降到敌对环境中的人，最有资格发表看法，他认为渗透到德国的间谍活动远比凯西所说的困难。在后来的生活中，凯西对其取得的成就进行了更加周全考虑，他所总结的成就只剩下"我们可能救了一些人"这一点了。

在伦敦接替布鲁斯的J. 罗素·福根建议为德国渗透行动授予凯西功绩勋章，海军却认为他所收到的美军青铜星章已经足够了。不过两个人都认为他们还是笑到了最后，一个法国的官员带着一个袋子拜访了福根的办公室，里面满满地装了五枚"法国英勇十字勋章"，让站长把这些奖章分发给战略情报局特工。福根瞄了一眼那个纸袋，转向正在房间里的凯西，问道："你觉得咱们要把另外三个给谁呢？"

*

5月8日，在挪威的博胡米尔奉邓尼茨之命交出了自己的军队。科尔比急于逃出他的大本营，为其饥饿的手下寻找食物。5月10日，他向总部报告说他们现在的口粮只能维持几天的生命了。科尔比在另一封给伦敦的电报中愤愤地抱怨："士气正在迅速下降。"

"兵强马壮"的盟军部队已经开始陆续抵达奥斯陆，被誉为"解放军"，而突击队员只能待在山间日渐消瘦。第二天，总部终于同意了科尔比的计划，让他的手下从大本营撤离，到斯纳萨去寻找食物，然后去更南面的斯泰恩谢尔让德国守军投降。

斯泰恩谢尔之旅又带来了新的危险。在德国投降后，挪威立即陷入了一个紧张、混乱、动荡的无政府状态。在卖国贼林南及其团伙在特隆赫姆被捕后，吉斯林和他的大多数高级部长也相继被抓获，许多的盖世太保、阿勃维尔和帝国保安部军官，如过街老鼠一样逃窜到了中立国瑞典。与此同时，25万德国士兵、飞行员、水手和党卫军部队全副武装人员留在挪威，根据一个盟军的情报报告，大多数人"行为端正"，但很多人都垂头丧气，间或还与抵抗力量之间发生零星的枪战。数以万计的德国国防军士兵都涌进北特伦德拉格郡奉命投降，但对于像挪威特别行动组这样的盟军小分队，他们会甘愿和平投降吗？科尔比担心这些人会做出傻事，让他的手下丧命。

值得庆幸的是，科尔比发现斯纳萨的德军指挥官很被动，村民喜气洋洋地欢迎他的到来，并给他那面黄肌瘦的手下奉上了食物。在斯泰恩谢尔的敌军驻地，敌人人数已经增加到了6000名。科尔比带着自己分队中两个最高大的突击队员，来到了德军军营的正门，其余的挪威特别行动组成员在远处打掩护，然而那个德国指挥官显得比科尔比更为紧张，心甘情愿地投降，更为主动的缴械行为随之而来。科尔比的团队被派往纳姆索斯的沿海小镇，那里有10000名德国国防军士兵。在一条狭窄的人行道上，几组德军与他的突击队擦肩而过，一脸的傲慢，而且五艘包围着那个港口的德国军舰船员还高呼"胜利！"对船只一无所知的科尔比，带着3名曾做过商船水手的突击队员，登上了那五艘军舰，假装专家进行视察，这种虚张声势的样子唬住了德国人，他们意识到自己输了战争，立即结束了那种挑衅行为。

在履行了几周枯燥的职业责任后，他们的工作由于挪威王室和流亡政府归来的盛大游行而中断。6月下旬，科尔比和他的挪威特别行动组突击队，预订了一架拥挤的客机，将他们载回了伦敦。顾不上憔悴和疲惫，科尔比来到格罗夫纳街冷冷清清的战略情报局伦敦站，渴求另一个任务，比如他曾提议到西班牙去动摇佛朗哥的法西斯政权。伦敦站没有理睬他的想法，而是命令他把挪威特别行动组的费用先算清，并写一份"赖普行动"的总结报告。在他能想象的最险恶的环境下执行任务，科尔比认为团队在延缓德军从挪威撤离中发挥了自己的作用，但是他的分队很小，只能发起两次捣毁诺尔兰铁路的袭击，而花在野外生存和避开德军的时间与敌军作战的时间不相上下。他争辩道，如果有了更大的力量，他可以发起持续的攻击，使铁路线"完全瘫痪"。科尔比如凯西一样，在从中央情报局退休后，对自己的成就进行了更严苛的审视，毕竟手下牺牲了10人。他对一个采访者说："我觉得我们对改变战争的进程所做甚微。"

但早在1945年7月，当他登上一艘装有飞机和美国兵的英国商船，前往纽约进行为期11天的航行时，威廉·科尔比可是洋溢着乐观和充满着爱国豪情。他写信给他的母亲说，他想去圣·保罗探望他的祖父，然后前往佛蒙特州"游泳"并追求"美国女孩"，再乘船前往亚洲，在那里与日本的战争仍在继续。"能回到美国是多么美妙啊"，他在信中说。在海外看到的国家越多，他认为，"美国的方方面面就越高大"。

evidence the five Germans might not have died in a shooto
quoted in a 2001 history of North Trøndelag's guerrilla oper
by Kåre Olav Solhjell and Friedrich Traphagen, as stating that
scuffle with the German sergeant when the patrol leader's mac
off, wounding him. Colby's men and Norwegians in the farm
out with their Tommy guns and soon disarmed the five Germ
to Berre, who was taken inside to be treated by Johanson. W
dressed his wound, Berre said he heard shots outside. "It's o
quoted Johanson as telling him. Other German soldiers who
buried bodies after the war told Traphagen each of them had
to the neck, indicating they had been executed. All those i

authorized contact by you with [the] enemy ... will
e disciplinary action."

it the road once more touring liberated territory
rmany, and Czechoslovakia. He hunted for his spy
verrun by the Allied advance and in one instance
officers at a point where the American and Soviet
t to liberated Munich, he tracked down the Painter
ck ushered him into their tiny cramped room in the
fo the SS garage and told him the story of their mis
end. Late into the night, Casey listened raptly.
1, the two agents had finally been able to reach
officers who had arrived in Munich with the 7th
r the long lists they had compiled of Gestapo offi-
varia along with last-minute plans Berlin had cabled
o go underground. When Casey arrived, Flour and
Army counterintelligence officers mop up the city's
and their underlings so they could be charged with
more than sixty arrested was Emil Weil, Munich's
tary, who betrayed his comrades to Flour and Van
he two agents recommended that he be sent not to
s family, as they promised, but instead to a prison
r criminals.

doctors test on his favorite German shepherd the
The dog died instantly. After dictating his last pol
pril 29 and firing Himmler for his peace feelers to
ied his longtime mistress, Eva Braun, rounding up
officer from the barricades to perform the ceremony.
itler led Eva to his private quarters where they swallow
d he put a bullet from his service pistol into his hea
overed the couple's charred corpses. Donovan ordere
ussians Hitler's dental records, which OSS officers ha
ptured SS dentist, so they could identify his body.

l of April, Norway's resisters and their German occup

第三部分　冷战

PART 3
COLDWAR

第二十五章

家

战后,凯西觉得自己像个君主一样游历欧洲,不仅有汽车和司机随时听他调遣,还有一架配备4名机组人员的飞机带他四处飞行,晚上还可以在战略情报局的城堡过夜。"还有数百人随时听候我的差遣,"他给索菲亚写道,"我可能再也不会做这样一个大腕或这么举足轻重的人物了。"六个星期以来,他在欧洲的城市间游来荡去,关闭设置在德国的渗透机构——这项工作比他预期的更耗费时间和精力。他需要与那些特工一个个算清账目。凯西想努力为像"医生"和"画家"特工队这样的珍贵团队争取奖金。凯西的情报采购主任乔治·普拉特,在4月底之前曾向他提出建议,必须对每一位返回的特工就其在战场上的表现"进行彻底的审讯";特工所发回的每封无线电报告以及他在行动后的会面,随着战略情报局进入纳粹德国,都必须与现在所了解的一一核实;每个间谍都要回到"他当时所生活的环境中"。这可是个烫手的山芋,可能要花费半年的时间,因为一些特工可能不想回去,如果强迫让他们回去,他们可能会"恶意"泄露秘密,普拉特警告说。凯西为那些想在战后定居美国的外国特工制定了规章制度,他不想把战略情报局变成一个移民机构。但凯西决定,任何外国特工在提交书面申请的时候,都可以注明他们曾在间谍机构工作过。

凯西也参与了盟军大规模情报工作,为被德国人送到集中营的特工人员做解释说明。正是这个原因,在慕尼黑停留期间,他去探访了"画家"特工队,他抽空乘车去了趟达豪这个古朴的村庄,那里有帝国最早的集中营,关押了20

多万名囚犯，其中30000多人死于囚禁。被俘的战略情报局和英国特别行动处特工和外国抵抗组织的战士曾在达豪集中营待过，他们在那里或饱受折磨，或被枪决，最后腐烂在那里。

在去参观一家之前为火药厂的集中营时，凯西的公文包中还放着盟军寻找集中营情报特工的报告。他漫步在院里，审查大约30000名徘徊在那里的面黄肌瘦的囚犯，检查了成堆的鞋子和衣服，他没有找到自己的特工在俘虏收容所的证据。他看见陆军的收尸队，处理像柴垛一样堆积在集中营的库房以及沿铁路轨道附近的39节车厢中成千上万具赤裸裸、腐烂的尸体。和被解放的集中营的美国兵一样，他对这种景象感到恶心且愤怒。

他之后写道："我永远也不会理解，为什么我们知道那么多关于德国及其军事机器的情况，却对集中营和大屠杀的规模知之甚少。"凯西没有意识到或选择忽视的是，多诺万的组织对所搜集的调查种族灭绝事件的报告没有什么兴趣，因为战略情报局的主要客户富兰克林·罗斯福觉得这类情报索然无味。离开达豪集中营的时候，凯西坚信，如果现在不阻止，纳粹的邪恶将会在某些地方继续。

回到伦敦后，凯西和他在战争中聚集起来的渗透德国的工作人员转移了注意力，他们决定必须在被征服的国家进行秘密情报行动。他认为杜勒斯会在战后领导战略情报局在德国的特派团，于是将伦敦可以发动战后情报行动的人员名单发给了他。杜勒斯给凯西发去了一份他和盖沃尼兹列出的40个"德国良民"的名单，如弗里茨·科尔贝和汉斯·吉泽菲乌斯等，他们曾帮助过瑞士的伯尔尼站长，现在可以为德国使命效力。例如，科尔贝可以帮助筛选柏林占领军缴获的外交部文件。凯西让赫尔姆斯管理"皇冠宝石"（后来对这些德国人的称谓）。伦敦站也恢复了招募计划，在盟军战俘营中招收愿意为战略情报局充当间谍的德国士兵。赫尔姆斯转发给了凯西一个秘密行动方案，代号为"双雄"，从在德国工业从业的2.5万名西班牙人中招募秘密特工。凯西和其他人一致同意，这些间谍的重要目标将针对苏联和德国的红军占领区，但他们决定不对这一任务形成文字。

多诺万提议，让凯西作为杜勒斯德国特派团的情报主管，但奇怪的是，凯西本人拒绝了。他说自己对德国"没有特殊的知识"，鉴于他刚刚足足花了六个月的时间来"考察"这个国家，这个借口有点匪夷所思。凯西告诉多诺万，他想回到美国，与家人团聚一小段时间，然后准备乘船去亚洲参加对日战争，可是他对日本所知更少。他请求离开的主要原因可能是，他认为在德国的战后职责不重要，而且他不想在杜勒斯的领导下任职，在战时两人已经成了竞争对手。7月初，凯西和福根乘坐多诺万的私人飞机去了华盛顿。这三个人在漫长的飞行中玩了金拉米纸牌游戏，并讨论了需要在远东开展的工作。

*

麦克安德鲁号帝国级商船把科尔比和其他美国兵放在了纽约城的码头。第二天，他乘火车到华盛顿，并在国会乡村俱乐部报到，此地已成为战略情报局官员从欧洲准备转移到亚洲的中转站。与挪威相比，F区的食物简直是山珍海味。上午7点30分才开始用早餐，每晚晚餐后的首轮电影的门票只需要15美分。多诺万还特批，将军们可以在俱乐部破旧的球场上打高尔夫球。

科尔比是战略情报局挪威特别行动组15名"精英"突击队员之一。情报局想派他到中国，引领中国本土部队在日军敌后执行破坏任务。但在接受命令之前，他必须接受国会乡村俱乐部心理医生的另一轮面试。他被宣布完全适合在亚洲工作。心理医生得出结论，科尔比"在杰德堡特工训练及在挪威的使命中，都是一名优秀的军官"。他的手下，其中一些在俱乐部等待重新分配，对他的耐力、领导能力和勇气都表示赞许。面试者在唯一的注意事项中提道：当被问到他对战略情报局的看法时，科尔比的态度是"总体上令人钦佩，但对高层职位人的无能略有微词"。

*

科尔比在乡村俱乐部放松的时候，凯西和福根正在与多诺万一起起草将战略情报局转为战后中央情报局的计划，按照该计划，新机构将继续由这位将军领导。然而，在这一点上，多诺万的华盛顿政敌，已经成功地将其变成了一场徒劳无益的运作。1945年2月，一份关于多诺万建立战后中央情报局秘密计划的资料被泄露，很可能是J. 埃德加·胡佛在背后搞鬼，虽然一直未经证实。疯狂的共和党麦考密克-帕特森报团得知消息后，发表了煽动性的报道，指责多诺万想建立一个盖世太保一样的组织。这种负面宣传足以让罗斯福打消这个念头。杜鲁门与多诺万不是一类人，而且不是特别喜欢那位华尔街的律师。他就任总统时，胡佛和五角大楼再次打得火热，不断给白宫提供战略情报局和局长个人生活中极具负面影响的信息。

8月6日和9日，美国分别在日本广岛和长崎投下了原子弹，六天后日本宣布投降。凯西觉得没有必要再去亚洲了，他也不想再继续留在战略情报局或者其继承机构（如果有的话），至少现在是这样想。他曾与美国和其他国家的有权有势的人混在一起，但他不属于那个阶层。他所取得的成就来自决心和本领，而不是与生俱来的权力。他希望有一天能成为美国国家安全领导层的一员。他打算步"野蛮比尔"多诺万的后尘白手起家，此人跟他一样，也曾是纽约州的爱尔兰天主教街头小子。他要回到纽约赚取大量财富，加入富豪精英之列，像多诺万一样从容地在商界与公共事业之间走动。他曾坦白地对一个至交说：他想发大财，再回到华盛顿时，可以"任意挥霍"。

8月31日，因轻度黄疸，凯西向战略情报局递交了辞呈。对他得意门生的决定，多诺万并不感到惊讶，但看到他的离开仍然很痛苦。他对聪明而有进取心的年轻人总是放手让他们去干，比如凯西。多诺万写信对他说："在艰难的时刻我们都各尽所能，唯有你挑起了一副最沉重的担子，而且出色地完成了任务。"凯西觉得自己像一个逃兵一样，就这样离开了这位长者。他发自内心地保证，只要多诺万和战略情报局需要，他会随时待命。多诺万经常让他放下华尔街的业务，到间谍世界做简短的探访。而对凯西，这也正中下怀。

*

日本投降后，科尔比离开了国会乡村俱乐部，在华盛顿找了间临时公寓。科尔比认为，无论和平时所保留的情报机构是怎样的，都可能不需要他在战争期间所磨炼的准军事技能了。他原可以像他父亲一样留在军队里。他奉命参加堪萨斯州利文沃斯堡的美国陆军指挥与参谋学院学习，然后返回锡尔堡炮兵团。但科尔比在常规军中感觉很不自在，而且他们的墨守成规和思维僵化不合他的口味。他决定秋季回到哥伦比亚大学法学院继续他的课程，然后做一名律师。

科尔比还决定娶芭芭拉·海因岑为妻。战争年代，两人都无暇思念对方。科尔比回到美国后，给不下五六个女孩打了电话。芭芭拉恰巧是唯一一个接电话的人，所以他和她又恢复了恋爱关系。麦克安德鲁号帝国级商船停靠在纽约的那一天晚上，她其实正好与一个西点军校的教官有个约会。1940年，她与科尔比相识，并不是一见钟情的那种。虽然如此，芭芭拉还是意识到并确信，他们在一起会很快乐。战争结束了，小伙子们回到美国开始求婚，她与她的闺蜜们对此很兴奋。科尔比也认为男人从前线归来都这么做，而且他也到了适婚的年龄，那就男婚女嫁。

不管出于什么原因，埃尔布里奇对这个联姻很满意。他一直羞于表扬他人，但这次他在给儿子的信中却使用了溢美之词。"在这个关键的时刻"，科尔比"勇于接受新的责任，并在未来艰苦的世界中继续获得新的幸福"。9月3日，芭芭拉的母亲宣布了女儿与战争英雄的订婚。12天后，这对新人在纽约的圣帕特里克大教堂举行了婚礼，当时科尔比回到美国才一个半月左右。在他抵达大教堂之前，科尔比在另一个天主教堂停留，在那里他忏悔了做伞兵时在欧洲休假的日子里所犯的罪孽。

小夫妻在哥伦比亚大学附近找到一间公寓，又小又窄，每月租金80美元。《退伍军人权利法案》中的钱支付了科尔比的学费和房租，现在只剩下一个月10美元的伙食费了。为了支付家庭的其他开销，芭芭拉继续担任自由撰稿人，现在正在报道位于奥尔巴尼的纽约州议会通过的关于利息法案的工业公报。科尔比不久通过了法律审查，他很少跟芭芭拉谈起战争中他所做的事情，她所知道的也就是在新闻报道中读到的内容。但她根据他后来收到的奖章推测，那一定是危险重重。因他在挪威特别行动组行动中的英勇表现，奥斯陆政府授予他"皇家圣奥拉夫大十字勋章"。9月28日，科尔比最后一次穿上军装，乘坐火车到华盛顿参加多诺万举行的告别仪式，并与战略情报局其他13个特工在仪式上接受老局长颁发的奖牌。此前，陆军曾为其在"赖普行动"中的"英勇表现"授予他美国银星勋章。

在那个闷热的星期五晚上，700多名战略情报局间谍、突击队员、研究分析师和总部的员工挤在海军山情报局总部附近滨江溜冰场，那里已改造成了办公空间。多诺万的华盛顿官僚政敌终于成功说服杜鲁门，在9月末解散了战略情报局，并将其职能分散到了五角大楼和国务院。八天前，多诺万还曾对杜鲁门签署的行政命令苦苦抗争，而此时聚集在溜冰场的员工个个垂头丧气。他的前面坐着一排排男男女女，就像亲戚参加葬礼仪式一样。将军对着他们讲道："我们开展了一项不同寻常的实验，而现在已经告终。这项实验是为了确定，一个由跨越种族、出身、能力、气质和才干组成的美国人团体，是否能面对并挑战历史悠久的训练有素的敌人。这个实验的成功取决于你们取得的成就和对你们成就的认可。"凯西在总部的一个朋友给他寄了一份告别演说稿。

演讲结束后，多诺万走到了列队等待领取奖章的特工们面前。科尔比身旁站的是一位在泰国日军敌后作战的间谍。科尔比上次见到多诺万大约是三年前，当时是为了参加杰德堡培训的一个简短面试。现在，将军显得白发苍苍，62岁的他也不见了当年的神勇。在给科尔比的胸口别银星勋章并表示祝贺的时候，多诺万顿了一下，仿佛陷入沉思，然后说道："奖章好漂亮，可却与我无缘。"此话不假，但他几乎赢得了各种其他奖章，包括全国最高的荣誉奖章。科尔比腼腆地说："先生，我相信它在您的荣誉勋章旁边肯定会很好看。"多诺万微微一笑，移到了下面一位。

就在战略情报局局长给其他人别奖章的时候，科尔比心潮澎湃。他突然想到，能活下来是多么的幸运。假如"解放者"轰炸机偏离的航线再多一点，把他空降到了蒙塔日的德军驻地，假如罗歇·巴尔代背叛了他，假如他在苏格兰海岸或挪威坠落的飞机上，假如在袭击诺尔兰铁路后德军的巡逻队抓住了他……他站在队伍中沉思着，他的战略情报局的经历也不过就是一个充满历险的插曲。

这种思想对他产生了巨大的影响。与其在欧洲战场作为一个传统军事机器的小螺丝钉,他宁愿在战场中一直是个"非常自由"的非传统特工,尽管有时会被伦敦束手束脚。他参加陆军时,还是个腼腆的年轻学生。而现在,在离开战略情报局的时候,他已经是个充满自信的人,知道自己可能面临的危险,拥有自己的"自由精神的陪伴",他后来写道。作为一个突击队员时,他有时会冲动,但说到底,他认为为战略情报局效力,让他懂得了仅有勇气和献身精神是不够的。"如果没有智慧的陪伴,它们会导致徒劳的、致命的浪费",他总结道。他在战略情报局的经历,也使他认识到个人自由和政治自由的重要性。他能在捍卫这些自由的战争中幸存下来这一事实,让他坚信,如果未来他继续为这样的自由而战,就一定会成功。

第二十六章

柏林

杜勒斯并不急于到投降的德国赴任。他先是休假一周，跟盖沃尼兹一起写"日出行动"报告，之后，他托玛丽·班克罗夫特照顾克洛弗和女儿琼，自己飞到华盛顿与多诺万会面，然后到纽约和沙利文-克伦威尔律师事务所与合作伙伴会面协商。旅途中，痛风一直在困扰着他。律师事务所从7月1日停发了他的工资，所以杜勒斯开始从战略情报局领取薪水，每月850美元。在德国工作期间，他把其中的一部分寄给了仍在伯尔尼的妻子克洛弗和女儿琼。

在他返回欧洲在伦敦逗留时，英国人把他奉为座上宾，让他享受了皇家待遇，带他私下拜会了丘吉尔，并为他举办了答谢晚宴。1945年7月6日，他把伯尔尼站和绅士街的公寓移交给了罗伯特·乔伊斯，一个耶鲁大学毕业的驻外事务处官员，曾在战略情报局参加巴尔干地区的行动。第二天，杜勒斯穿一件宽松无徽章的陆军军装，飞到了德国的威斯巴登。多诺万申请让他做一名职位与将军相同的文官，因为他现在从事的是将军级别的工作。他的特派团不仅要监督战略情报局在德国的情报工作，同时也要兼顾奥地利、捷克斯洛伐克和瑞士。五角大楼一直推诿，但还是同意了让他住在将军级别的住处。

杜勒斯依然还在竞争对手的监视之下。一个在多诺万背后建立的名叫"池塘"的军事间谍组织的间谍，向他们的领导约翰·格朗贝克汇报，称杜勒斯计划利用政府部门的飞机，每月三次去探望他在伯尔尼的家属。同时，战略情报局有流言说，多诺万把杜勒斯弄到威斯巴登是怕他碍手碍脚。如果是这样的话，这个计划将是白费心机。杜勒斯认为待在被纳粹搅得乱七八糟的德国并非长久之计。

他到达威斯巴登时，美国有300多万人的部队在欧洲，其中160万人在按照2月份雅尔塔会议中划分的地盘与苏联、英国和法国军队在德国占领区。缴枪投降的德国士兵大约有1100万人。暴力事件并没有在欧战胜利日终结。在5月8日投降后，大部分饱受战争蹂躏的欧洲地区陷入了无政府状态，机构被摧毁、政府流亡、边界解散、银行关闭、法律和秩序缺失。整个大陆的生活仿佛回到了中世纪，1700个苏联城市和乡镇被毁，三分之一的希腊森林消失，上千年的波兰建筑被一扫而光，德国只有2%的工业生产能力尚存，4000万人死去，其中2700万是苏联人，欧洲繁荣的地带现在人烟稀少。

在德国，600万人被杀，很多腐烂的尸体散乱在废墟中。欧洲成了战争孤儿的大陆，仅德国就有100多万名孤儿，这些无家可归的孩子像野兽一样游荡在犯罪团伙中。多达4000万人流离失所，其中在德国做苦役的劳工想方设法返回自己的祖国。而其他人，如德国人，被炮弹炸出了家门或被强行赶出了东欧社区。复仇之势如星火燎原，整个大陆内战和种族清洗此起彼伏，胜利者逮捕、殴打、奴役或谋杀被征服者。苏联红军对德国百姓的"野蛮行径"愈演愈烈，斯大林担心"反冲"，最后发出命令让他们适可而止。

连续三周，赫尔姆斯在巴黎为战后德国筛选战略情报局官员，选中了50人，他们德语跟他一样流利。然后在4月5日，他随着向前挺进的盟军搬到了卢森堡，在那里为这个特派团建立了临时总部，并用"经济分析部"的名称做幌子。6月1日，他飞往了威斯巴登南部的一个郊区比布列希，先遣队已经在汉高汽酒香槟厂建立了永久性总部。除了内衣和备用制服外，赫尔姆斯还在行李袋中塞满了他认为必要的救生物品，如医药、茶叶、糖果。

然而，这个总部住宿环境很舒适，酒品供应丰富。威斯巴登位于法兰克福西部的莱茵河上，是一座温泉城，曾经是布莱德雷第十二集团军的指挥所，有幸逃过了盟军的狂轰滥炸，很多设施完好无损，比如赌场和剧院以及热硫浴。这些设施曾经让帝国财源滚滚而来。在比布列希的郊区，到处都是设备完善的别墅和郁郁葱葱的花园，汉高汽酒香槟厂虽遭到轰炸，但窖藏丰富，而且还在继续生产气泡葡萄酒。赫尔姆斯征用了八所住宅（有的带着佣人）和工厂附近的一座公寓楼做员工宿舍。他与其他几个军官住在一幢别墅里，他们戏称为"角兔俱乐部"，因为别墅墙上挂满装裱过的动物战利品，其中的一个动物标本是在一只兔子头上安上了犄角。间谍办公室就设置在了香槟酒厂尚存的行政大楼里，安装了防盗门和铁丝网。战略情报局特工起初免费痛饮气泡酒，最终还是建立了一个"战云"军官俱乐部，一杯酒付给厂商10美分。

正如在瑞士所做的那样，杜勒斯在威斯巴登组织了一个全方位服务的间谍行动机构。他带来了间谍官员，让他们在整个德国招募外国线人，搜集情报；还从伦敦带来了像阿瑟·施莱辛格等研究分析师，对搜集的情报进行评估；安排反情报间谍渗透到苏联机构等；还有医疗、通讯和行政等全套支持团队。此时赫尔姆斯已经晋升为海军少校，担任间谍部副手，协助范·德·格拉赫特中校领导所谓的"生产部"。中校是名一丝不苟的美籍奥地利人，加入战略情报局前，曾是五角大楼的首席建筑设计师，在伦敦站曾管理荷兰的间谍行动。格拉赫特和赫尔姆斯迅速建立了"P分队"间谍前哨，分布在威斯巴登、柏林、不来梅、海德堡、卡塞尔、慕尼黑、纽伦堡以及英国和苏联占领区。

从伯尔尼来的人中，盖沃尼兹成了杜勒斯的政治心腹，就如在瑞士一样。7月20日刺杀行动失败后，吉泽菲乌斯一直仓皇逃窜，现在已经是鬓发斑白，负责帮助找寻德国其他几个同谋者来协助杜勒斯的工作。科尔贝因为在战时帮助过同盟国，在战后被他的政府列入了黑名单。7月底，战略情报局为他提供了一部汽车和一套柏林公寓，他现在是杜勒斯对苏联和德国共产党分子行动的卧底了。玛丽·班克罗夫特拒绝了杜勒斯请她加入柏林的邀请。伯尔尼站的工作已经耗尽了她的身心和情感。她回忆说："我再也不想听到'情报工作'这个字眼了。"

凯西拒绝任命后，杜勒斯找来了海军司令弗兰克·威斯纳担任他的情报主管，并督导格拉赫特和赫尔姆斯的间谍分队。威斯纳来自密西西比，粗壮结实，精力旺盛，在弗吉尼亚大学读书时就是田径高手，握拳时喜欢欣赏他那粗壮胳膊上的肌肉。后来他厌倦了在华尔街做律师，在珍珠港被偷袭六个月前参加了海军。在战略情报局，他对纳粹恨之入骨，对苏联也充满强烈的"道德"

义愤。因为在布加勒斯特驻扎期间,他亲眼目睹了1944年初苏联红军占领罗马尼亚时的"野蛮"战术。

威斯纳是个工作狂,不喜欢社交派对;对是非对错也泾渭分明,热衷于秘密行动。尤其是现在,对苏联人的厌恶与日俱增。赫尔姆斯觉得此人不可思议,他怎么可以在琢磨棘手的间谍问题时,把一只脚翘在办公桌的抽屉上,然后用双手的拇指和食指不停地在嘴边滑来滑去。他当时并不知道威斯纳可能患有躁郁症,这种精神病最后导致他在1965年自杀身亡。

杜勒斯很高兴威斯纳任其秘密情报处处长。凯西也认为他是担当此任的最佳人选。与杜勒斯不同,海军司令是一个高效而严苛的管理者,对管教那些懒虫从不手软。然而威斯纳与杜勒斯的关系并不亲密,后者喜欢出风头而前者喜欢低调行事。他反而对赫尔姆斯更亲近,认为他是可造之才。尽管这两人性格迥异,但一直保持着亲密的朋友关系,直到威斯纳去世。在香槟厂的早期岁月里,赫尔姆斯很善于在德国各地为特派团建立复杂的间谍机构。其绩效报告称,赫尔姆斯的德国知识广博、语言精通,"在激励同事信心方面"表现出了"卓越的平衡、判断才能"。在比布列希以及之后在柏林,他的大部分时间都用来清理纳粹犯罪和腐败的行径。同盟国列出了"立即拘捕"战犯的名单,赫尔姆斯搜集他们的罪证并寻找他们的下落。杜勒斯试图给那些在"日出行动"中,向他泄密并帮助他会谈的德国人提供保护,对其他嫌疑人他并不在乎。他将战略情报局在威斯巴登搜集的纳粹分子指控文件交给了纽伦堡检方(多诺万特别希望那些折磨和杀害他特工的人被绞死),并借给吉泽菲乌斯和科尔贝律师让他们对罪犯立案。

威斯巴登也成了少数美国收藏中心之一,里面用以投资的名画和珍贵艺术品有成千上万件,都是德国人从被征服国家的博物馆、犹太人或私人藏品中低价购买或抢劫的。1943年,罗斯福成立一个委员会来保护欧洲艺术。一年后,多诺万组织了一支艺术抢救分队来帮助罗斯福的"古迹卫士",并查访了艺术顾问,追踪被俘的纳粹首领,如戈林这样的帝国第一大盗的藏品。赫尔姆斯加入了这一不仅让战后德国汗颜的"狩猎行动"。在苏联占领的大部分国家,大多数被窃取的艺术品只是转了个手，从旧掠夺者转到了新掠夺者手中。美国商人购买了希特勒认为是堕落的廉价现代艺术品。一些手脚不干净的美国兵，偷窃了艺术品回国兜售。美国政府也曾动过将艺术作为战利品的念头，迫使德国人用他们窃取的或合法拥有的艺术品做战争赔款。

*

7月20日，杜勒斯飞到了柏林南部郊区的波茨坦。杜鲁门、斯大林、丘吉尔和克莱门特·阿特利（不久在丘吉尔大选失败后，接任英国首相）三天前就召开了波茨坦会议，位置就在仿都铎建筑风格的王储威廉的桑苏西宫。斯大林的意图是，在东欧建立一个苏联势力范围，同时把波兰和德国的大块地区弄成其军队控制的缓冲区，以防未来西部边境的入侵。他坚持该地区的政府要对苏联持续友好。在某种程度上，丘吉尔很同情"乔大叔"（斯大林），但杜鲁门与他的前任总统意见一致，认为惨遭战争蹂躏的国家有权民族自决。然而，这位新总统并无意施加太大压力，与苏联就德国东部和东欧开展另一场战争。

杜勒斯和多诺万一样，就美国对苏联做出的让步持批评态度，但他此次来波茨坦是另有他谋——日本人。杜勒斯把与杜鲁门在一起的罗斯福的战争部长亨利·史汀生拉到一旁，向他介绍了他在伯尔尼收到的日本和平试探。史汀生感谢这一情报并把他打发走了。有个消息他没告诉杜勒斯，在杜鲁门前来波茨坦会议的路上，新墨西哥州的科学家刚刚成功试验了一个核装置。当投射原子弹的消息传来时，杜勒斯正在柏林。他在想，如果日本的谈判代表更早些时候来找他，是否就可以避免广岛和长崎惨绝人寰的恐怖？他个人对这种错误表示唾弃。

波茨坦会议后紧接着便是"冷战"。斯大林对德国死灰复燃的担心，对东欧自由选举产生政府的偏见，外加他发自肺腑对美国动机的怀疑，让美国与他合作的任何可能性都那么遥远。柏林成了东西方新兴斗争中的一枚关键棋子。8月，杜勒斯、赫尔姆斯和赫尔姆斯率领的"P分队"间谍队将搬到前帝国首都。赫尔姆斯刚站稳脚跟就意识到，美国与苏联的秘密战争已经打响。他想参与其中，就如当年参与反纳粹一样。他来柏林的时候随身带了把32口径的左轮手枪、肩部枪套和头盔。只要上街，他就全副武装。在他野战军军装的口袋里，有个可随地驾驶陆军吉普车的许可证，以及盟国远征军最高统帅部下发的特别许可命令，所有美国军事警察不得干涉他的行动。但由于在柏林，苏联人想方设法给他的生活制造难题，所以他的文书基本没有什么用武之地。

5月7日德军在兰斯投降期间，盟军部队已经进发到德国1.64万平方英里的领土上，按照雅尔塔会议，这是战后苏联控制的区域。狡猾的苏联红军指挥官格奥尔基·朱可夫元帅，最终说服了美国和英国，同意7月4日从该占领区撤出，其交换条件是苏联从7月3日起让西方军队占领分配给他们的柏林的185平方英里。卢休斯·克莱将军，一个长鼻子的南方人，艾森豪威尔的副手和精明的政治参谋，后来对这个"协议"追悔莫及。斯大林和朱可夫为了让美国、英国和法国区域的大部分工业陷入瘫痪，直到7月12日才慢慢腾腾将苏联红军从西柏林撤出。

当杜勒斯和赫尔姆斯到达时，他们发现，这种拖延也让苏联有充裕的时间在柏林生活的方方面面强加共产党的控制。时钟已调整为苏联的时间，街道标志呼吁居民"向光荣的红军致敬"。之前流亡在莫斯科的德国共产党人一拨又一拨地赶回来，接管城市的行政管理。聪明的苏联人意识到在全世界众目睽睽之下，柏林此时尚不能公开变成共产主义，于是让"无恶意"的地方官僚主管市政机构，然后每个人下面安插一个德裔"莫斯科人"做副手主掌政权。有些线人还警告美国特派团，朱可夫还不失时机地打压了柏林的独立政党，并审查他们的报纸。没过多久，苏联占领区的宣传就已经无所不在，到处都是共产主义报纸、广播，苏联红军还对电影、表演艺术和学校课程进行严格控制。

赫尔姆斯时而开着吉普车，时而步行，重拾自己10年前居住的喧闹繁华城市的记忆。他发现记忆中的东西大多都不复存在。除了瓦砾女工敲砖清除杂物的声音，柏林寂静得瘆人。苏联大炮和7.5万吨的盟军炸弹，把城中150万所房屋炸成废墟，只剩下30万所房屋依然屹立，市中心缩成了一个11平方英里的石头堆。在8月沉闷的热浪中，他看到成千上万的分解尸体，横七竖八地散落在岩石间，或漂浮在被污水污染了的运河和湖泊中，繁殖了数不清的苍蝇和蚊子，散发出令人作呕的恶臭。城中80个消防站，只有20个还能正常运行。电力已经开始恢复，但由于主管道有3000处破裂，饮用水还需漫长等待。铁路、公共汽车、地铁交通基本不存在。地铁隧道已经被炸弹炸得千疮百孔。最后一个月的空袭炸毁了桥梁，让这个城市成了一个横七竖八的中世纪村落。街上唯一的交通工具，就是像赫尔姆斯所使用的军用车辆，即便如此，也很难开车通过堵塞的道路或堆满瓦砾的街道。他遇到的柏林人个个憔悴不堪、恐慌紧张、茫然失措，尚未从他们首都的战斗冲击中缓过神来。战前柏林有430万人，而现在只有230万人，而且大多是饥饿的妇女儿童、无家可归的老人、身穿破烂德军制服的可怜兮兮的青少年、从东方逃出来的苏联难民群。美国军队进城之后彻底震撼了，这里的百姓缺食物、缺药品、缺住所，现在大约以每天1000人的速度在死亡。

赫尔姆斯此时就位于维滕贝格广场附近的贝鲁特大街，他之前曾住过的公寓已经坍塌，瓦砾成堆。从一楼一个炸飞的窗户里，他能看见三条街区外，夷为平地的废墟上从四面八方扬起的尘土。令他诧异的是，他发现阿德隆饭店，那个他与记者们最爱光顾的酒吧却依然傲立。数枚炮弹炸烂了屋顶，宜居的空间被改造成了一家战地医院，苏联士兵用车运走了铜管乐器、布哈拉地毯和酒窖里6.5万瓶干红葡萄酒。

在西柏林美国占领区的六个行政区，只有百分之五的未被炸毁的房子里有家具。苏联士兵把其他的家具洗劫一空。美国军官接管了策伦多夫区达勒姆上层阶级带家具的住宅，这里是盟军炸弹没有波及的位置。他们让业主二选其一，要么24小时腾出，要么搬到佣人的住处，侍奉新的居住者。杜勒斯分配到了这样一座小别墅，位于达勒姆的伊姆道尔大街。赫尔姆斯和间谍团队，马上就壮大到了30多人，占据了一座带数层地下室的三层办公大楼，就在绿树成荫而宁静的福林韦格大街19号。7月20日刺杀案策划者之一，贝克将军，在领导德国总参谋部时曾把这里作为指挥部。

在其团队搬到福林韦格大楼之后，摆在赫尔姆斯眼前的问题是无处去购买他开店需要的东西。他为他的人列了个长长的单子，上面是需要空运过来的个人用品：香烟、糖果、巧克力、咖啡、白糖、整箱的战斗口粮、牙膏、牙刷、卫生纸和白酒。特别是白酒,"速送",他拍电报说。这个站点也迫切需要汽车轮胎、透明胶带以及做文书工作的秘书和速记员。间谍所用的物品必须"进口":可供他的德国特工在城中转悠的六辆自行车,拯救一个宝贵联络人性命的100毫克青霉素,以及可以物物交换的商品,如相机、手表和贿赂当地官员的女式长筒袜。然后还有安全房舍,这是间谍的至关重要的商品。炸成废墟的柏林,可供选择的房屋和公寓非常紧俏。

在福林韦格的每日例会上,以及每天在达勒姆别墅的早餐间,赫尔姆斯对杜勒斯有了更深的了解。兰斯投降期间,杜勒斯留给他的第一印象是,那种悠闲的男人味十足的"奇普斯先生"类型,胡子纹丝不乱,一副无框的椭圆形眼镜,烟斗从不离口,举止友善,而这种印象在柏林又得到了强化。赫尔姆斯还发现,杜勒斯超级活跃,即便约会需要等上几分钟,也要从公文包里拿出国际象棋不让自己闲着。他还是一个爱管闲事的人,"事无巨细,情报方面和其他种种",赫尔姆斯回忆说,而且还是一个苛刻的监工。他的早餐总是伴随着对海军少校的命令——"处理一下这个",而且通常都是去照顾他的"皇冠宝石"。很久以后,赫尔姆斯意识到,多诺万对他的判定是正确的,管理还真不是杜勒斯的强项。而杜勒斯对赫尔姆斯的看法是,他是美国版的盖沃尼兹:高大英俊,思维缜密,精于世故,所做的任何事都非常高效。

正如在伯尔尼一样,杜勒斯管理福林韦格基地的手法可谓是明目张胆。他的理由是,他怎么也不可能瞒住那些苏联人。他允许他的下属与当地专业人士、艺术家和商人自由地打成一片,发展联络人。他早期指派给威斯纳、赫尔姆斯和柏林特工的工作包括:帮助找回凯西失踪的间谍,如"铁锤"特工队的林德纳和安东·鲁,这两个人都被苏联人带走了;寻找7月20日刺杀案幸存者和他们的家属。他们发现,莫尔特克伯爵的遗孀和两个儿子在克莱稍庄园安然无恙。杜勒斯想成为塑造战后德国的关键人物。他的"皇冠宝石"名单上的人数不断扩大,赫尔姆斯和团队中的其他人,帮助他找回了更多的"好德国人"。他们既为美国人提供情报,又可形成未来德国政府的核心。然而,"皇冠宝石"的策略产生了喜忧参半的效果,这些人提供的情报质量良莠不齐。赫尔姆斯认为，杜勒斯一直没有成为他想要做的战后国王缔造者。赫尔姆斯后来说，美国军事指挥是早期的权力掮客，但最终"德国人对自己的事物大多都自作主张"。

赫尔姆斯在寻找"好德国人"的同时，并没有放过"坏德国人"。战略情报局对纳粹在法国的占领战术进行了秘密研究，将其经验和教训借鉴在盟军迁入后如何控制德国百姓上。杜勒斯派特工到全国搜寻其情报组织试图复燃的迹象。陆军策反特工推出了代码为"火车嘟嘟""苗圃"和"摸彩袋"的行动，来搜寻那些乘火车、躲在村庄里或藏在外国船只上的德国颠覆分子。除了个别蓄意毁坏公共财物的、在墙上涂鸦的、抢劫美国兵的、愤怒的希特勒青年团的狂热分子外，特工们没有抓住几个德国颠覆分子。在投降后，德国人都很温顺——对任何穿美国制服的人都表现得"奴性十足"，一份战略情报局报告中轻蔑地描述道。据另一份绝密的战略情报局报告称，杜勒斯的反间谍人员发现，阿勃维尔和帝国保安部的官员并不想建立一个敌对的秘密机构，而是极力讨好巴结美国人。把情报网交给他们，"免得让我们和苏联人掺和在一起"。

即便如此，杜勒斯的特派团动用了巨大力量，铲除了德国政府和商业界中1200名纳粹党员。一年内，美国和英国已经拘留13.65万名纳粹分子。苏联人在他们的辖区调查出了50万名纳粹分子。苏联、美国和英国占领者最终失去了粉碎纳粹的兴趣。小职员或与纳粹党联系不密切的德国人很容易被围捕，而那些大人物则带着钱逃之夭夭了。盟军法庭淹没在积压的案件中，试图将无辜者与应受惩罚的人分开。根据一个陆军史料记载，美国人也很快意识到，如果他们把纳粹分子都从政府中赶出去，那么"在下一代人长大之前"，就只剩下老头来管理混乱的德国了。

如同占领区的其他美国机构一样，杜勒斯的特派团不得不解雇几个干粗活的德国百姓，即使他的特工发现他们有纳粹历史背景。杜勒斯后来抱怨说："如果没有一些纳粹党员，铁路都不能正常运行。"赫尔姆斯表示赞同。

起初，领导整个驻柏林美国使团的克莱将军，心存能与苏联人合作的希望，所以紧紧控制着杜勒斯的间谍活动，以免破坏与他们之间的关系。虽然多诺万从未幻想,苏联会是战后的强敌,但他还是想窥探这个国家,如同监视任何外国一样。这个战略情报局局长刚开始也认为,华盛顿能与莫斯科合作,杜勒斯也有这种想法。在同盟国占领初期,柏林是个"流体"都市,每个军队能够在其他占领区自由活动。

战略情报局官员可以在酒吧喝上几杯,与外国情报官打成一片,包括苏联的情报人员(朱可夫命令他的人须有一名高级官员掺杂其中,多听少说)。杜勒斯利用这种自由去苏联占领区的机会,爬岩、漫步到被遗弃的元首地堡,在那里他淘回了一些文件和药品给他的研究分析师。赫尔姆斯潜入了残存的帝国总理府附近,在宴会厅地板上散落的碎片中,找到了希特勒餐具中的四个盘子。在之前,他捡回了几个元首的私人文具,给他的儿子丹尼斯写了张动人的字条,所用的纸张是晒黄了的,在角上还有卐和纳粹鹰的浮雕印刷:"这张卡片曾属于一个一度控制欧洲的人——就在刚刚过去的三年前,那时你刚刚出生。今天他已不在人世,他的记忆被人鄙视,他的国家成了废墟。"

不久苏联人就开始对克莱、杜勒斯和美国在柏林前哨的其他人感到不满。苏联开始越来越挑剔,抱怨美国飞机在他们的占领区为美国占领区供应物资;干扰美国陆军坟墓登记队进入德国东部寻找美国阵亡军人,并在首都架起路障,禁止其他三大国进入苏军占领区。用四种语言标示边界的路标迅速在各地拔地而起。与此同时,苏联特工继续潜入西柏林,绑架被视为威胁的德国持不同政见者。为了保护易受伤害的公民,英国卫队发现苏联绑架者之后就一顿"暴打",并将他们丢到东区。而美国军警则经常直接干掉他们。苏联的宣传也开始针对美国。塔斯社发表了一篇文章,声称美国官员对清除自己占领区的纳粹不感兴趣。德国共产党人出版了一本恶毒的反罗斯福的书,有一章名为《民主独裁者罗斯福》。苏联作家最终把目标对准了杜勒斯,说他在第二次世界大战期间在伯尔尼对德国和美国的金融家讨好献媚。杜勒斯觉得大部分对他的人身攻击很逗趣,但盟军领导人忧心忡忡,担心从各种渠道喷出的反美言论,如苏联操纵的柏林广播,开始动摇德国的民心。

尽管华盛顿没有正式指定其为首要目标,但监视苏联人迅速成为杜勒斯使团和美国军方的安全人员在德国的优先事项。军方特工搜集了纳粹缴获的有关苏联特工的数百页文件,并送到五角大楼进行分析。在威斯巴登的保险柜里,威斯纳有一个秘密的名单,上面有他为在苏联占领区的特工列出的50多项"情报目标":从编写关于在东德的苏联高级官员的详细档案,到计算在德国的每个红军分队的实力,再到测量苏联红军士兵所穿的靴子与制服的质量。

当杜勒斯和赫尔姆斯抵达柏林时,一封从战略情报局总部发来的电报正在等着他们,上面指示,要开始着手搜集那些负责东德使命的苏联军官的名字和军衔、他们所遵循的直通莫斯科的指挥系统和他们对美国人隐瞒的占领区内的补给站、飞机和机场的位置。赫尔姆斯和其他官员开始从劳工煽动者,以及在东德他们找到的格鲁吉亚和立陶宛分离主义分子中招募线人。杜勒斯推出了"鱼子酱计划",渗透到维也纳的苏联情报部门。"鱼子酱计划"每月用约1万奥地利先令支付给8名苏联线人和23名奥地利线人。

对苏联间谍活动的各种军人装备都得自给自足。好在杜勒斯的反间谍特工在缴获的党卫队商店中有所收获。另外,他们还得到了两货车的印刷设备、苏联的假身份证件、带有苏联红军高级官员签名的橡皮图章、苏联城镇的电话簿,所有这一切都对美国间谍创造虚构故事大有用途。纳粹有一本训练他们特工的防苏联教化手册,美国人将其翻译过来,用于训练其特派团的特工。赫尔姆斯还收到了空运来的特工服装,以及带隐秘夹层的箱子和公文包,让他们存放盗窃的文件。德国特派团的一个造假单位也很快开始自己印制身份证,让特工们可以在苏联占领区通过安全检查点,但结果好坏参半,苏联卫兵不久就成了识别伪造文件的专家。

赫尔姆斯对其战后早期的间谍工作开放而务实。在被洗劫的柏林,他花少量的钱就可以收买到线人。他会把一些小钱推给他的特工说:"拿这个去试试。"他根本不幻想这些零用钱会带来惊人的秘密。当被问及他认为一个小坠子饰品是否会收买成功时,他常常说:"我不知道,不过试试就知道了。"像杜勒斯一样,他在任何可能的地方寻找告密者,把网撒向了那些在纳粹肃清运动中幸存下来的德国反对党成员。威斯纳试着讨好德国的罗马教廷大使,来交换花边新闻。赫尔姆斯和其他官员试图安排一个代号"山毛榉坚果"的非官方天主教特使,让他把在苏联占领区听到的消息传给他们。虽然这个行动没有成功,但他们至少尝试过了。

随着交付苏联占领区情报的压力越来越大,赫尔姆斯发动了对苏联倒戈者的大"搜捕",以便让他们充当间谍。他发现了一个相当丰富的人才库。在柏林,大约有1000名东躲西藏身穿百姓服装的苏联红军逃兵,还有几千名纳粹抓获的苏联战俘或苦役,而这些人现在都失去了苏联人民内务委员会的信任。克莱之前曾答应苏联指挥官,他会将其士兵所发现的所有逃兵和罪犯交给他们,刚开始他还想出点难题,但最终心软了。与赫尔姆斯共事的罗尔夫·金斯利回忆说:"我们想找的是有用的人,不是那些一无所知的普通苏联士兵。"

在威斯巴登,施莱辛格对特派团雇佣前纳粹情报官监测苏联迟疑不决。但杜勒斯、赫尔姆斯和陆军策反官员却态度坚定。他们大力开展招募旧敌来反对"新敌"的行动。苏联人释放了一名代号为"锯齿"的德国反间谍官员,他有十几名阿勃维尔同事可为其所用。在一封绝密文件中,有个名为芭芭拉·居特勒的女人,之前曾是阿勃维尔海军情报部技术分析师,她现在在苏联占领区做一名报社记者,不断为赫尔姆斯分队提供工作中获得的情报。杜勒斯找到了一位曾协助沃尔夫"日出行动"和谈的党卫军助手,他表示愿意合作。陆军特工也单独招募了莱因哈德·盖伦少将,他原本是阿勃维尔一名高官,因其对东线悲观的报告惹怒了希特勒,现在急于为美国人重建他的老间谍网络。战略情报局接管了盖伦的行动后,杜勒斯和赫尔姆斯与这个狡猾的将军达成了合作的共识。但赫尔姆斯最终为此感到后悔。苏联机构对盖伦组织进行了大肆渲染,称其为西德情报机构的起源,是翻版的纳粹机构,而这并不算歪曲事实。苏联特工可轻而易举地渗透到这个间谍圈,而这个间谍圈为美国提供的报告常常是捏造的。

在早期的几个月中,战略情报局特派团给华盛顿的报告描绘了一幅惨淡悲壮的画面,称苏联军队和情报机关在接管东德和东欧后是多么的惨无人道。杜勒斯的人搜集了数十名德国人的档案,这些人是苏联人挑选的温顺派,让其担当高级官员,为政府工作。他们报告了苏联人民内务委员会控制柏林警察部门的动向，以及朱可夫在其占领区重开了六所大学，优先录取共产党分子的情况。鉴于苏军许多士兵被饿死或在纳粹战俘营中被枪决，苏联人认为，他们有权同样残忍地对待德国国防军俘虏。所有同盟国都憎恨德国人所进行的这场丑陋战争。

然而，赫尔姆斯和特派团其他官员发现，莫斯科报复的规模及"玩世不恭"的态度令人吃惊！他们提交了大量有关的报告。成千上万的德国士兵和平民被火车运送到苏联的劳工营。苏联人还把十万多名军事和政治犯塞到了重新开放的纳粹集中营，粗暴地对待他们。杜勒斯的特派团报告称，在勃兰登堡旧的萨克森豪森–奥拉宁堡集中营，许多德国的男女老少穿着纳粹原来下发的条纹衣服，由于"饥饿和疾病"而死亡的人，每天达150人。与此同时，苏联还招募或强征了德国情报官员，用来训练他们对控制东欧有用的盖世太保技能。

东德和西德双方阵营都宣称自己有权获得德国经济和科学资源。赫尔姆斯和特派团的其他官员还密切关注到，苏联人用他们的苏联宽轨距替换了德国轨道，以便让他们的火车拖着长长的货车厢，把捣毁的工业企业的机器设备和库存食品运送到苏联国内。那些实在拖不走的，就给当地的苏联军队。马格德堡的工厂开始为苏联红军生产坦克零件。据战略情报局报告称，苏联海军上将还下令，将那里的重型配件用于潜艇发动机。杜勒斯的特派团还发现，法国官员在他们的占领区像苏联人在东区一样大肆掠夺。如果当地官员不及时为法国遭受重创的经济上交食物、燃料和工厂设备，就直接把他们扔进监狱。英国也为希腊等保护国运送工厂设备。

与此同时，美国人争分夺秒地瓜分帝国技术这块蛋糕，向华盛顿空运了将近1500吨的研究资料。赫尔姆斯和特派团的其他官员也加入了"回形针行动"，这是由五角大楼和国务院发起的大规模行动——将大约1000名参与火箭、航空、航天医学和大规模杀伤性武器项目的德国科学家及技术人员"招募"到美国。"回形针行动"对很多祖辈都是纳粹血统的科学家照单全收，完全无视成千上万在其工厂做苦役而劳累致死的无辜之人，以及那些在令人毛骨悚然的实验中像小白鼠一样被杀害的人。

*

杜勒斯、威斯纳和赫尔姆斯也奉绝密命令来窥探他们的盟友。这三个人制订了监视英国和法国的计划，就如同英国和法国帮助战略情报局监视苏联人一样。比如，在英国占领区的线人，不停向美国人发送英国计划重启矿山，并下令德国警察当局开枪击毙抢劫者的情报。范·德·格拉赫特为威斯纳的分队组建了一个代码为"金三角"的分队，在法国占领区建立了一个间谍网络。据一份秘密备忘录称，在"玛丽埃塔计划"中，杜勒斯的人给在法国情报机构工作的奥地利官员配备了一个捷克秘书，让华盛顿"随时了解他们的活动"。从告密者中获得的情报包括：在法国占领区，德国政府贪污有增无减，法国官员在大量往他们的占领区囤积美国和英国迫切需要的原材料，法国情报部的间谍跟美国人一样，也花钱雇用了原阿勃维尔的官员。

*

杜勒斯和赫尔姆斯抵达柏林后，发现苏联的情报行动已经甩了他们好几条街。由伊凡·亚历山大·谢罗夫将军运营的苏联人民内务委员会和苏联国家安全委员会，分别设在原纳粹培训中心和东柏林卡尔斯霍斯特小区附近的一家医院，对东区采用了"高压"战术统治。除了在美国占领区众多市政机构所安插的效忠分子外，苏联人民内务委员会还在柏林西区招募了大批线人，向他们汇报情报。

在接下来的三个月，克莱发现想要取代所有共产党官员根本不可能，而杜勒斯的人则希望尽可能多地找出社区告密者，并鼓动他们倒戈。杜勒斯的手下从一个变节的线人口中得知，到9月份，苏联间谍机构现在首要的任务已经不是搜捕纳粹分子，而是针对美国人和英国人。苏联间谍和反间谍机构对战略情报局的了解远比多诺万的间谍对他们的了解要多得多，但现在他们开始更深入地挖掘。

杜勒斯的特派团报告说，苏联间谍在9月期间，接近美国兵及其指挥官的行动呈上升趋势。不久，苏联人民内务委员会最喜欢玩弄的骗局就被识破了：他们招募了一个前阿勃维尔官员进入美国占领区，说服杜勒斯的特派团，他是被迫为苏联人工作的，现在想当美国人的间谍。苏联人在必要时不惜动粗，有时候对他们认定的美国线人不惜绑架和殴打。早些时候，赫尔姆斯的柏林局征用了办公室可以动用的所有人员，包括让秘书假扮妓女，保证执行跟踪任务的特工不被尾随。

到10月中旬，杜勒斯的特派团有64名反间谍特工，分布在柏林和其他五六个德国城市，对抗苏联间谍的渗透。这项工作费时费力，尤为困难的是：苏联机构比纳粹的部门还多，纪律也更严明，很难突破，另外杜勒斯的人没几个会讲俄语。他的反情报官员在柏林的夜总会安插了线人，命令他们张开耳朵窃听情报，而有些被苏联人民内务委员会送到西柏林的间谍，根本不想为他们的雇主工作，瞬间倒戈。

间谍与间谍之间的游戏变得更加斗智斗勇。原帝国保安部官员海因岑·克鲁尔是赫尔姆斯柏林局的一个"捕鸟猎犬"，负责寻找渗透到苏联的阿勃维尔和盖世太保官员。有一天，克鲁尔偶然碰到了一个老朋友汉斯·凯姆海茨，后者是苏联人民内务委员会的一个"捕鸟猎犬"，但他使用的是一种完全不同的捕捉猎物手法。身为律师的凯姆海茨，邀请一些情报界的老朋友到他在东柏林的办公室。在一阵友好的寒暄聊天之后，苏联人民内务委员会的官员会尾随这些目标，在他们即将离开苏联占领区之前逮捕他们。克鲁尔也在凯姆海茨需要接近的名单之列，但两人并未在东柏林而是在西柏林会面。克鲁尔带着赫尔姆斯的一个反间谍官员一起参加了会谈，此人鼓动凯姆海茨倒戈，并让他为美国人提供苏联人民内务委员会操纵者所感兴趣的目标。一份秘密备忘录解释说，为了让苏联人开心而且不起疑心，赫尔姆斯的柏林局给了凯姆海茨一个"被苏联人利用的"阿勃维尔或盖世太保的"临时小人物"。

截至9月底，杜勒斯的整个德国特派团已经有280多名情报官、反情报特工、研究分析师、档案员和秘书。9月份，该特派团在实地的线人向他们递交了1000多份报告，情报的质量也有所改善。随着时间的推移，对苏联人的关注也在增加。对于在柏林基地的赫尔姆斯和其他人，这份工作很累人，每晚都要奋战到深夜。他们在基地工作很卖命，玩得也很"嗨"。他们开派对彻夜豪饮直到凌晨，醉醺醺的特工在柏林空荡荡的街道开着吉普车赛车。许多人找德国女人做女朋友，或者做情妇。赫尔姆斯有点循规蹈矩，不欣赏那些欺骗自己妻子的官员，但是与其他人的关系很好。

尽管在早期，指挥官试图抑制美国兵与曾经的敌人深交，但还是大约有14000名美国士兵把德国新娘带回了家，还有更多的人日日享受与德国女人的一夜情。德国女人的境地非常绝望不堪，不惜为了一块巧克力出卖自己的身体，而占领军的性病率一路飙升。

10月1日上午10点钟，军事运输飞机载着彼得·西谢尔和他的德国牧羊犬雷克斯，在柏林中南部的滕伯尔霍夫机场降落。西谢尔帮助他的牧羊犬走下飞机舷梯，然后取回自己的行李。他看到赫尔姆斯站在停机坪，旁边停着一辆别克汽车，还有一名陆军司机。在把行李放入汽车后备箱后，雷克斯跟司机坐到了前座上，西谢尔和赫尔姆斯坐上后座，汽车先往市中心驶去，然后向西，来到了柏林基地所在的策伦多夫区。西谢尔沿路发现了一个奇怪的景象，他看到"瓦砾女工"在清理废墟，而且她们当中许多人脚上穿着高跟鞋，头上蒙着围巾。他心中暗想，也许她们没有别的可穿的吧。

赫尔姆斯用法语跟他交流，好让司机听不懂他在说什么。西谢尔的法语很流利，而且跟赫尔姆斯一样，也精通德语。西谢尔出身于一个富裕的德国葡萄酒商人家庭，这家人早先移民到美国，躲过了纳粹恐怖袭击。在珍珠港被偷袭后，西谢尔应征入伍，被编入了陆军医疗队，没过多久，就被战略情报局盯上，最终设法将他安排到了反攻法国南部的第七集团军间谍分队做财务。法国战役后，西谢尔为亨利·海德管理德国特工，然后又为德国特派团海德堡前哨配备人员，这时赫尔姆斯将他召到柏林，再次发挥他在财务方面的专长。

赫尔姆斯说："彼得，你知道吗？这个为我们开车的二等兵比你和我的钱都多，而且很可能这些钱就是过去几周在柏林赚的。"帝国的首都已经变得无法无天了。那些流离失所者团伙、无家可归的儿童、原来的战俘、获得自由的苦役和在柏林晃悠的外国士兵等趁火打劫、小偷小摸、骚扰袭击，已经泛滥到传染病的级别。醉酒的苏联红军战士的抢劫愈演愈烈，苏联军事警察已经开始下令，将他们就地枪决。克莱将军对美国大兵偷窃、抢劫和谋杀的程度倍感震惊。一句流行语开始在市民中广为流传："美国人就是裤子笔挺的苏联人。"

赫尔姆斯的人怀疑，是苏军身着美军军装搞了些街头攻击，以让德国人对西方国家产生反感。

　　黑市管理彻底失控。摆满违禁酒类、药品、尼龙、手表、相机、汽油，甚至军用汽车的摊位，从烧毁的德国国会一直到勃兰登堡门，再到蒂尔加滕动物园。由于黑市商家对在绝望中挣扎的德国人兜售高价的美国香烟、肥皂、口香糖、咖啡，从最底层的美国士兵到军官都在享受着美好的生活。这正是赫尔姆斯把西谢尔调到柏林的原因，杜绝自己的间谍局沾染丑闻。

　　9月20日，在慕尼黑机场，陆军刑事调查人员当场抓捕了两名战略情报局官员，一位是在城中负责第三集团军战略情报局分队的古斯塔夫·缪勒上尉；另一位是赫尔姆斯柏林"P分队"的一员安德鲁·亨泽尔。在他们的行李中，发现了缪勒从瑞士带来的138只手表。这两人试图自圆其说脱离困境，声称他们的手表是用于间谍行动的，但陆军调查人员非常确信，这两人计划在柏林黑市销售。这样既违反了军事条例，也违反了瑞士出口法。由于当地货币一文不值，"P分队"（后来改称"彼得"分队）利用20多种物物交换品，来支付德国告密者或贿赂苏联官员以获取情报，从钢笔到刀片，再到果酱不等。亨泽尔和其他成员手中，有成袋的来路不明的现金来购买这些物品。但"彼得"分队并不需要这么多手表。

　　亨泽尔，1930年加入美国国籍，出生于德国，父母都是苏联人。因为讲一口流利的俄语而被杜勒斯的特派团重用，此刻正要被调回美国。但在他离开慕尼黑之前，他设法溜出去了几天，见了缪勒拿到了手表。缪勒是他的老朋友，也入了美国国籍，其父母是瑞士人。缪勒经常把战略情报局给的现金和大量的个人资金混在一起随身携带，去瑞士走亲访友。亨泽尔跟缪勒在慕尼黑本没有业务往来，缪勒不属于柏林队成员。但刘易斯·杜普斯，一个荣获了不少奖章的陆军少校，在"彼得"分队是亨泽尔的上司，也是个粗心大意的老板，批准了这次旅行。威斯纳听闻抓捕的消息后，完全清楚没有什么间谍任务让这两人一起行动，而且他也没有批准带进来138只手表。他的情报生产队队长范·德·格拉赫特也没有做过这类批示。范·德·格拉赫特的副手赫尔姆斯感觉自己像个傻瓜被耍了一样。在赫尔姆斯办公桌对面成堆的文件中，有来自"彼得"分队的杜普斯不寻常的现金要求，比如贿赂苏联人用的12000卢布。他要求杜普斯提供更详细的资金账目往来，但从来没有感觉到自己的分队正在进行金融诈骗。

由于案件的复杂性，在法庭上证明有罪是很困难的。调查人员发现，几乎不可能理清战略情报局的资金与这两个官员的个人现金。但很显然，缪勒从瑞士走私手表，然后以高价卖给亨泽尔，而亨泽尔先供给杜普斯合法间谍行动需要的数目，然后把剩余的再抬价卖给其他客户。杜普斯在铁证如山的情况下，依然为亨泽尔见不得光的事情辩护，恰巧证明他越权批准了"彼得"分队物物交换的非法交易。他也太过轻信亨泽尔了。

杜勒斯刚开始认为，这两名军官的黑市销售只不过是个"小小不言"的弊端。当然，与柏林巨大的非法贸易相比，138只手表不值一提。10月12日，他电告华盛顿，对此事轻描淡写："有些拥有良好作战记录和欧洲战争胜利军功的人，有滋生道德和其他问题的倾向。"但他很快就发现，亨泽尔-缪勒案只是冰山一角。许多"彼得"分队的官员，携带着物物交换品和现金自由自在地漫游在柏林，并通过他们的贸易工具赚得金钵满满。军中愤怒的上司提出让陆军审计他的特派团，杜勒斯成功地避开了这一要求，并请求对亨泽尔-缪勒案件进行内部调查。杜普斯受到了谴责，战略情报局委员会将亨泽尔和缪勒送上临时军事法庭审判。后来两人被允许悄悄地退出情报局。杜勒斯也因对自己的特派团管理松懈遭受了一些指责（尽管从未落实），这个缺点从伯尔尼就一直伴随着他。一向细致入微的赫尔姆斯也有责任，他自己居然愚蠢地轻信杜普斯再三保证的分队的金融交易是合法的。

杜勒斯和赫尔姆斯想尽快铲除腐败官员，现在这个任务落在了西谢尔的肩上，在驱车向策伦多夫总部驶去的路上，赫尔姆斯解释说。这位23岁的陆军上尉几乎立刻意识到，他要啃的可是块硬骨头。午餐过后，赫尔姆斯把他介绍给了"彼得"分队的成员，西谢尔与另一位陆军上尉一起落座，并被告知他来做西谢尔的副手。这位军官满脸羡慕地看着西谢尔戴在手腕上的手表。这位上尉对他说，如果他的新上司想把它卖到柏林黑市上，很轻松就能拿到1000美元。西谢尔立马着手处理丑闻。

*

对德国特派团的管理者来说，这种黑市可耻丑闻的时机来得真不是时候。"冷战"正在升温，战略情报局正在关闭。9月末，杜鲁门下令关闭多诺万的机构，并撤销了将军的局长职务，即刻生效。这绝对让赫尔姆斯感到措手不及。多诺万立即向杜勒斯和世界各地的其他分站站长发电报，告知他们，到10月1日为止，美国陆军部名为战略服务部的新机构将接管他们的间谍工作。该部门将由曾是多诺万副手的约翰·马格鲁德准将率领。此人谨小慎微，瘦弱不堪，神经兮兮，双手总是抖个不停。他担心"战争部接管的艺术家"很快就会针对马格鲁德，并清算战略情报局。然而，这位准将却打算在"冷战"期间，尽可能地多保留旧的机构。他请求杜勒斯、威斯纳、赫尔姆斯留任德国，继续从事针对苏联的间谍活动。但由于预算削减，他们不得不用少于原战略情报局四分之一的情报员和研究分析师进行秘密斗争，这些人只能勉强维持他们对苏联的优先目标。

杜勒斯整合了行动。关闭了像不来梅和皮尔森这样的几个德国城市的"P分队"，解雇了几个间谍任务中没有什么价值的特工，如法国占领区"金三角"计划等几个计划被取消。值得注意的是，至少在10月份，特工提交给华盛顿的报告数量和质量只是略有下降。但是预算的削减和五角大楼的调动，很快就给德国特派团带来了一场浩劫。杜勒斯发现几乎不可能策划未来的行动，他现在是有职无权，被"挂"了起来。马格鲁德不能保证给这60名特工永久的工作，对在德国留下的人员也无法提供支持。他只能在一封电报中向杜勒斯保证，如果这些男男女女能再坚持三个月，他会"优先考虑雇佣"他们。他希望去杜鲁门政府组织的一个永久性间谍机构任职，但这几乎没有什么工作保障。赫尔姆斯和其他人担心，他们在情报机构看不到未来。杜勒斯认为，要将这60人留到12月都困难重重。如果将这个新的战略服务部视为养家糊口的手段，战争结束后许多人只能回家，或飘荡到其他政府机构。陆军在德国的情报机构，如"秃鹰"队，开始拉拢杜勒斯的官员和秘书，答应可以给他们工作，并在杜勒斯所支付的薪水上翻二三倍。

工作效率很快一落千丈。苏联人民内务委员会和苏联国家安全委员会依然斗志昂扬。战略服务部派到德国的一个稽查队，在11月第一周向华盛顿报告："几乎没有任何一个反间谍性质的行动在德国展开。"这个稽查队总结道，杜勒斯的特派团"很明显是战后'回家'心理中最糟糕的牺牲品"。

最重要的人才流失就是杜勒斯本人。10月10日，他离开了德国，告诉马格鲁德，他将在12月第一周辞去间谍机构的工作。一如往常，杜勒斯保留了自己环球旅行的风格。在回到美国之前，他在那不勒斯、阿尔及尔和卡萨布兰卡稍做停留拜访了他的朋友，之后才到华盛顿与政府结算他的账目。杜勒斯思忖着，也许某天会建立一个永久性的中央情报局，但他觉得近期绝无可能。他想回到他的律师事务所，或许写一本关于他近四年间谍生涯的书。他返回到了伯尔尼，与妻子克洛弗、孩子们和他的妹妹埃莉诺一起过圣诞节。杜勒斯对他在德国的时光很少记挂在心，但他很想念瑞士。他暗想，他在那里的战时服役可能是他一生中最美好的时光。

赫尔姆斯和其他在德国的很多管理者对杜勒斯都心怀怨恨。他们很不欣赏他的做法，战略情报局刚刚关闭，他就如此迫不及待地抽身，让事情每况愈下。赫尔姆斯现在成了柏林间谍基地的一把手，终于在机构中走出了他人的阴影。但是自从杜勒斯离开后，基地杂乱无章，毫无目标。他重组了已经被裁减的分队，让其情报机构和反间谍职能再次开始行使。此时此刻的赫尔姆斯，对柏林的了解远比他手下的官员多得多，他利索地处理办公桌上来来去去的文件。他头脑清醒而且十分关注间谍任务，所下达的指示明确清晰，期望他的下属能准确无误地实施。如果他们没有做到，他也会发发脾气。同时他对留在福林韦格大街总部的颓废官员也关怀备至，在他的公寓里设感恩节晚宴招待他们，团队士气大有改善。他的战略服务部的上级为其冷静果断的做法深表赞叹，特别是在所谓"新冷战"的第一线。他们看到这位海军少校以一种不动声色的方式赢得了尊敬。

在他的监管下，这个任务过重的基地还意外地发生了一件历史趣闻。赫尔姆斯有个充满活力的员工弗雷德里克·斯塔尔德,出生于瑞士,精通三种语言,找到了在希特勒地堡值班的护士埃尔娜·弗莱格尔。在漫长的会谈中,他记录下了她所观察到的元首临终前最后的日子。

埃尔娜对斯塔尔德说:直到最后几天,希特勒一直在食用特殊饮食,都是荷兰进口的新鲜蔬菜,而且总是独自一人进餐。他非常疼爱戈培尔的孩子,让他们在为他预备的唯一的浴缸里沐浴。这位独裁者不需要医疗护理,但是他鬓发斑白,看上去比实际年龄要老20岁。"他总是不停地颤抖,步履维艰的样子,身体右侧仍然因为那场刺杀而脆弱不堪",然而他仍然可以"完全凭自己的个性风采"成为整个房间的中心,而且"直到最后,任何事情也无法逃过他的双眼"。当她和其他人得知元首打算娶埃娃·布劳恩的时候,他们知道末日将近。她说,如果希特勒觉得第三帝国会持续,他绝对不会娶他的情妇,她是那样"一个完全淡淡无味的女人"。

4月30日午夜后不久,埃尔娜以及其他在地堡里的大约30人,被领进了希特勒的住处。她说,现在"像个大家庭。他跟每个人握手,一位助手在他耳边低语,告诉他那些他不认识的秘书和清洁女工的名字"。在希特勒自杀后,一名党卫队上尉从地堡的车库里取出汽油,在外面的花园里焚烧了希特勒的尸体。埃尔娜回忆说:"我们被告知,我们不再受誓言的约束,每个人都可以选择自己的命运。"她一直待在地堡里,直到苏联人的到来。

12月11日,赫尔姆斯终于离开了德国。他渴望回到自己的家里,他也厌烦了柏林的工作。柏林迎来了一个寒冷而残酷的冬天,在为数不多依然矗立的房屋中,没有燃料来取暖,圣诞节的餐桌上也没有食物可摆放。167名柏林人因熬不过那寒冷的冬季,选择自杀。

赫尔姆斯与威斯纳搭乘同一班飞机飞回美国,行程18小时,威斯纳还要转机到华盛顿。一到家,赫尔姆斯就收到了一封军用信函,感谢他"在世界上最伟大的海军"服役,这非常讽刺滑稽——因为他从未踏上过任何船,而且也无意如此做。1946年1月,他从海军退伍。他也对重返《印第安纳波利斯星报》毫无兴趣,虽然那里的高管们急切地盼望他的归去。事实上,他还想继续做一名间谍。

第二十七章

中情局局长

艾伦·杜勒斯发现在沙利文-克伦威尔事务所的工作油水很大,但是乏味得令人抓狂。他的兴趣仍然停留在刚刚过去的"二战"和与苏联的新战争上。他依然与之前的老间谍朋友弗兰克·威斯纳等打得火热,一起共进午餐,徜徉在长久的回忆之中。他还参加了战后联谊会,与多诺万、战略情报局的退伍老兵和法国抵抗组织的特工共忆过去的时光。7月20日,密谋刺杀希特勒一事一直萦绕在杜勒斯的脑海。每年的这一天,他都跟吉泽菲乌斯等其他幸存者举行周年纪念,而且持续体恤在那些事件中遇难者的家属。他准备著书立说,盖沃尼兹开始帮他搜集《"哗变者"和瓦尔基里行动》一书的有关资料。杜勒斯手头资料相当丰富,但他本人的文采平平,他的手稿需要大量的编辑。

尽管他一直与多诺万保持着友好关系,但战后两人开始渐行渐远。1947年,多诺万曾游说国会授权杜鲁门成立中央情报局,杜勒斯的确就此事帮了他一把。新的中央情报局(以下简称中情局)在许多方面,都体现了多诺万对战后间谍组织的设想,同时还雇用了许多战略情报局的老员工。杜勒斯一家却劳燕分飞。克洛弗继承了父母的遗产,经济独立,手头阔绰,越来越支持荣格学说,心思离丈夫越来越远。杜勒斯与艾伦·梅西也更加疏远。这个年轻人在朝鲜战争中头部受伤,大脑衰竭,而且一直没有恢复。直到此时,这位父亲才为艾伦·梅西的创伤性脑损伤感到痛心疾首,对儿子表现出了些许同情。杜勒斯最后向他的女儿琼保证,此后要做一个无微不至的父亲和外祖父,但她表示怀疑。

1947年，玛丽·班克罗夫特和让·鲁芬纳特离婚。她继续与杜勒斯保持着频繁的书信往来。她把自己写的书寄给他，也给他的写作提建议，家中有人故去时发吊唁信，在电视上看到他出现时表示祝贺。他们的情人关系早已结束。杜勒斯称玛丽是"老朋友"，她现在的确是他的朋友，而且也是克洛弗的朋友。1947年，沃利·卡斯特巴尔科抵达纽约与杜勒斯重续旧情，但也只是露水鸳鸯。胡佛的特工们怀疑杜勒斯伙同多诺万向媒体泄露了联邦调查局的负面消息，仍继续搜集其情妇的信息和他的家庭生活状况。

*

威廉·凯西不减当年向德国渗透特工时的干劲，兴致勃勃地开始了发财之路。他作为风险资本家撰写避税指南，又在媒体、房地产和金融领域投资，赚取了几百万美元。他购置了位于长岛罗斯林港村的维多利亚海湾豪宅美诺尔，学会了打高尔夫球，那是联络生意的主要活动项目。他成了"战略情报局老兵俱乐部"的主席，该组织意在为他的战友们谋求战后福利。凯西偶尔也会与多诺万共进晚餐，还将美国研究院针对美国安全所做的报告送给他，两人就世界时事通过长长的信函交换彼此的看法。正如多诺万年轻时候一样，凯西在财富积累的过程中，也渴望得到美国外交政策行家的认可。最初，也就是1967年，他首次试图加入美国对外关系委员会时被拒之门外，吃了个闭门羹。

政治——强硬的反共派——对凯西至关重要。西谢尔认为这位老友对苏联太过偏执，但凯西在战略情报局找到了多诺万等盟友。他跟多诺万将军一道组织了"苏联自由之美国友好协会"，帮助东欧人逃离共产主义阵营。在凯西支持的商业企业中，他欣然见到：亨利·勒涅里（Henry Regnery）所经营的一家保守党人的出版社，打破了他所认为的自由党精英对图书行业的垄断。

*

理查德·赫尔姆斯有一间相当朴素的办公室，就位于海军山Q大楼的1249室，离他之前工作的战略情报局总部不远。战略服务部已经接管了"克里姆林宫"，一组立于林肯纪念堂前的倒影池两旁、摇摇欲坠的建筑群，冬天透风漏气，夏天炎热窒息。该机构的高级官员为能说服精明强干的前海军军官坚定信仰，守在这个随时可能会被杜鲁门关闭的组织而颇感欣慰。赫尔姆斯的年薪是7070美元，而且很快就涨到了8179.5美元。33岁的他是战略服务部最年轻的处长，负责监督大约260个实地特工和总部助手，在欧洲中部和斯堪的纳维亚的广大地区，开展针对苏联的行动。他偶尔会顺道前往沙利文－克伦威尔律师事务所的办公室，向他的老上司汇报机构有关"冷战"的新闻。有时他写信给杜勒斯，验证那些自称在战争中为杜勒斯工作的德国人是否属实。同样地，杜勒斯也把曾在战略情报局内工作的人的名字告诉他，以备战略服务部所用。

茱莉亚为全家找了所房子，在华盛顿特区北部郊区马里兰州的切维蔡斯。夫妻二人现在很喜欢他们所进入的这个近乎亲密无间的间谍世界。这里的男男女女都从事秘密工作，因为禁止与未经安全检查的外人交往，他们的社交圈也仅限于彼此之间。这对夫妇对从事这项服务的其他官员们也很感兴趣。比如，布朗森·特威迪，曾在麦迪逊大道《普林斯顿人日报》做过短暂无聊的广告工作后，回到间谍队伍，现在跟赫尔姆斯一起拼车上班；德斯蒙德·菲茨杰拉德，亚洲情报专家，赫尔姆斯的网球搭档；詹姆斯·杰西·安格尔顿，曾是多诺万的罗马特工，现在是本机构中赫尔姆斯得意的间谍助手。赫尔姆斯的家变成了一个优雅绅士的聚会之地。聚会上，安格尔顿设计了一个复杂的用动作表演的字谜游戏，来测试他们的大脑，但喝过几轮鸡尾酒过后，个个晕晕乎乎的，没人能表演出T. S. 艾略特的诗句，如："泥土中的大蒜和蓝宝石，凝结成层状的轴状树。"

*

威廉·科尔比婚后九个月，芭芭拉·科尔比生下了一个男孩，起名为约翰。他是这个家庭中的长子，下面还有四个弟妹。卡尔，出生于1951年，中间名为布鲁斯，取自其父亲在法国行动的代号。科尔比是个慈父，但与孩子们的实际接触甚少，因为他总是外出执行很多秘密任务。

偶尔，他会飞到路易斯安那州与卡米耶·勒隆追忆过往。战后，勒隆选择了在美国定居。科尔比曾带家人数次去欧洲度假，还带着他们到蒙塔日，找寻

"布鲁斯"特工队伞降的地方,并且在第二天,带他们到当时躲避德国人的沟渠溜达。

从哥伦比亚大学法学院毕业后,他加入了多诺万开在纽约的律师事务所。他曾一度在西装翻领上别着美国银星勋章,直到酒吧有人说了一句挑衅的话:"不错嘛,还有个军官有优良表现勋章。"从此,他再也没有佩戴过。战后,多诺万让科尔比与他雇佣的年轻律师们一起帮助企业客户,同时,在其寻求外交政策和情报上的利益时,让他兼做自己的副官。这位将军偶尔也邀请科尔比和芭芭拉,和他一起观赏哥伦比亚大学的橄榄球赛。该大学也是多诺万的母校。

但科尔比认为,让他做一名赚取金钱的企业律师太痛苦了。而且,这个律师事务所的主要合作伙伴是个保守的共和党人,而他则是一名自由派民主党人(参与杜鲁门连任竞选活动)。1949年,科尔比迁至华盛顿,重拾他对劳工法的兴趣,做了全国劳资关系委员会的律师。在他收拾办公桌离开时,多诺万对他说:"别忘了纽约的这帮老伙计。"尽管存在政治上的分歧,将军对这位前突击队员还是充满了钦佩,对他美丽的妻子也很仰慕。

*

1948年,艾伦·杜勒斯作为一个忠实的共和党人,为纽约州长托马斯·杜威的竞选呐喊助威,但却与哈里·杜鲁门建立了亲密的关系。这位总统还批准了他的"功绩勋章",甚至试探他是否有意出任大使。鉴于政治上的异端,福斯特劝艾伦不要接受任何这样的任命。

但艾伦依然对国际事务怀有渴望,与人合写了一份关于新中情局成长期所遇问题的关键报告给杜鲁门。1950年,他接受了负责管理中情局秘密行动的邀请,不久就成了美国中央情报局的二把手,局长是沃尔特·比德尔·史密斯将军,第二次世界大战期间艾森豪威尔总统手下骁勇善战的参谋长。两人之间难免有各种冲突。杜勒斯不习惯做任何人的下属,他完全按自己认为合适的方式打理该机构的间谍活动。多诺万就秘密行动发表看法;杜勒斯通常会以公函简单地回复一句"已铭记在心"。史密斯希望当他走进房间时,中情局官员都跟他之前的军事下属一样起身立正,而且他逐渐对杜勒斯神秘的天性产生怀疑,并断定这位副手"不是较差的管理者,而是对管理一窍不通"。

理查德·赫尔姆斯对职业谋划一向深思熟虑,又顺应内心的呼唤。战后继续从事间谍工作的决定是正确而明智的,他在年轻的中情局很快脱颖而出。1951年初,开始监督该机构的情报搜集行动。之后不到两年,他又再次得到提升,成为行动部部长,参与针对苏联等敌对国家的情报搜集和执行世界范围内的秘密行动。

*

1950年秋,每天早晨,当"拼车"将他放在市中心时,科尔比开始步行。但他并不朝着独立大道的美国国家劳资关系委员会总部走去,而是沿着倒影池旁摇摇欲坠的营房前行。战时曾派他指挥挪威分队的杰拉尔德·米勒,如今加入了中情局。科尔比搬到了华盛顿后,就打电话给他的这位战略情报局的战友,在两人共进午餐时,米勒试探性地问他是否有意继续从事秘密工作。但科尔比对他的劳工律师工作的新鲜劲儿还没过去,于是推辞了。一年之后,他给米勒打回电话,接受邀请。美国国家劳资关系委员会的工作枯燥乏味,科尔比渴望重返"新冷战",做一名先锋战士。在回忆录中,科尔比写道,在换工作之前,他曾与芭芭拉商量此事。但芭芭拉的回忆却并非如此。她说自己是从一个拼车人的口中得知丈夫加入了中情局。那人告诉她,一天早晨,科尔比下车后,没有进入美国国家劳资关系委员会,而是从那里走开了。当天晚上,她才向他追问此事。

科尔比成为这个大众认为群星荟萃、富有神秘色彩又充满爱国主义情怀的机构中的一员。那里的男男女女很多都来自一流的名牌大学,大都跟他一样聪明、热情,而且大多数人都主张政治自由。科尔比从不认为自己是一个情报"狂热"分子——他蔑视像赫尔姆斯那样工作和生活都是与同一帮人来往的与世隔绝的情报官——但是到他家的宾客不久就变成了中情局官员,而不是那些只知道他在某个政府部门工作的邻居。

科尔比想跟第二次世界大战时期一样,"向着炮火前进",他想去负责朝鲜战争中的军事行动。但不久就心灰意冷,因为机构决定将他送回斯堪的纳维亚两年，去组织游击队，以备苏联入侵西欧后在敌后作战。他在斯德哥尔摩大使馆的政治专员工作只是一个幌子。虽然他对芭芭拉一直隐瞒自己的真实工作，但她作为外交官员的妻子做得无可挑剔。科尔比现在练就了一种本领，总是表现得老气横秋而且无足轻重，就连餐厅服务员也不会多看他几眼。他利用家庭假期伪装到乡下，将中情局的无线电分发给游击队。1953年，他离开此地时，还在怀疑自己所建立的留守网络是否有机会起到作用，因为苏联人袭击的可能性显然不大。

*

1953年，艾森豪威尔就任总统时，他让比特尔·史密斯做副国务卿来盯紧他的新任国务卿约翰·福斯特·杜勒斯。艾伦·杜勒斯认为自己是理所当然的中情局局长的继承人，而不是得益于裙带关系。但事实上，福斯特在新当选的总统面前为弟弟美言的作用甚大。参议院对杜勒斯任中情局局长的批准，让中情局官员们齐声欢呼，《纽约时报》也将他誉为"恰当的人选"。但史密斯反对杜勒斯取代他，认为杜勒斯对秘密行动的热情会给艾森豪威尔带来麻烦。曾动用他人去说服艾克任命自己为中情局局长的多诺万，向朋友们预言，他的这位伯尔尼站站长会把现在的中情局搞砸。

杜勒斯管理中情局的手法一如既往，就跟在战略情报局伯尔尼站一样。他在海军山旧的战略情报局总部设置了办公室，把那里弄得跟绅士街23号一样，各种各样的门供人进进出出，还有数个等候室，这样可以将前来拜访的人，特别是隐藏很深的间谍，彼此隔开。

杜勒斯还是伊恩·弗莱明的詹姆斯·邦德系列小说迷，他希望中情局跟伯尔尼站一样引人注目。他将自己家中的电话和地址列在了电话簿上，并在海军山的正门挂上牌子，广而告之这是中情局总部。他还振振有词地说，城里所有出租车司机都知道这是间谍机构，何必要保密呢？

杜勒斯相信，如同他在瑞士的想法一样，情报是美国外交政策的重要一环，而且他那种建立联系人的网络深度，那种广阔的视野以及他在反对纳粹主义的战争中所表现的果敢，会在对抗共产主义的新战争中所向披靡。他依然将间谍工作视为毕生的追求，并配合在暗中与他一样的"江湖中人"一起不断实践、完善该事业，甚至为了更高尚的事业不惜歪曲伦理或钻法律的空子。他让副手对每个主要任务各司其职，以使自己好脱身去涉猎他感兴趣的秘密行动，并忽略他觉得乏味的秘密行动。如同在伯尔尼一样，他对中情局的所有细节掌握精准，甚至关注到了痴迷的程度，如果官员赴约晚了哪怕是几分钟，他也会横加指责。然而，他手下大多数特工，都对他敬仰有加。同当时在伯尔尼的线人们一样，他们都因杜勒斯身穿休闲装、嘴叼烟斗的亲切感而着迷。他对刚从战地回来的间谍总是敞开大门，让他们在向各自主管汇报之前，先向他汇报。中情局航空摄影专家亚瑟·伦达尔回忆说，杜勒斯在中情局任职期间，他一直都是"大案负责人"。

尽管在与其特工交换战争故事时，杜勒斯从不谈论多诺万，但他的行动做派在许多方面都反映了将军的风格。跟多诺万一样，杜勒斯对管理中情局的内部运作不感兴趣，但他这种绕过中层管理人员直接与特工会面，或直接给底层分析师打电话的做法让管理者很恼火。杜勒斯在培养与国会成员和新闻界人士的情感方面，同多诺万将军一样老练，他也会在外派官员到达海外站之前，记住他们和其妻子的名字，让那些官员们感觉自己是局长的老朋友。他与将军都希望通过展开秘密行动做个"玩家"，尽管他很尊重福斯特作为高级官员对美国外交政策的作用。他经常在世界各地巡游，那种做派俨然跟国务卿一样。杜勒斯、赫尔姆斯都跟多诺万一样，对"黑暗邪恶的艺术"感兴趣，比如对不知情的对象进行迷幻药测试等。曾在战争中密谋杀害希特勒的杜勒斯，并没有为在和平时期针对敌对领导人做出这样的事情而感到良心不安。在艾森豪威尔的鼓励下，杜勒斯曾命手下人去刺杀了刚果领袖帕特里斯·卢蒙巴和古巴领导人菲德尔·卡斯特罗。

杜勒斯出任中情局局长六个月后，登上了《时代》杂志的封面，并被誉为"美国新现象"。艾森豪威尔对他的间谍头目很满意，首次安排他出席国家安全委员会每周在内阁会议室进行的例会，还让他就世界发展做快速简报。杜勒斯发表了各种轶事的简明报告来抓住总统的兴趣。他把对苏联情报的渗透和隐蔽行动作为首要任务。他担心苏联的核武器工厂已经日益壮大，到了足以与美国展开全面战争的地步，而且这势必将毁灭两个国家。不仅如此，他还看到苏联执意通过其他政治或经济手段称霸世界，他希望中情局的战士们能在各个角落与苏维埃帝国和共产主义作战。他给一位战略情报局朋友写道："整个共产主义运动太重要而且太危险，不容忽视。"他认为，美国年轻人应该从高中时就开始了解其本质。凯西成了他的一个捐赠者，同意把钱投入一个私人基金会，帮助经济拮据的间谍供养其子女接受大学教育。

赫尔姆斯每天开着一辆破旧的普利茅斯汽车去上班，兢兢业业地长时间地投入到杜勒斯针对苏联的监督行动中——结果有好有坏。在他们成功招募的间谍中，有一个苏联情报局官员彼得·谢苗诺维奇·波波夫。六年间，他一直在泄露苏联军事机密，为五角大楼节省了数亿美元的武器研究经费。安格尔顿从以色列情报局搞到了一份情报，是苏联共产党总书记尼基塔·赫鲁晓夫1956年在全国代表大会上谴责斯大林的发言稿。如同当年对待齐亚诺伯爵的日记一样，杜勒斯将此稿透露给了新闻媒体。

但是，渗透到共产主义阵营的跨国界行动大多以失败告终，杜勒斯最终停止了在那里建立抵抗力量的计划。此前，他的特工们成功地挖通了一条进入东柏林的隧道来窃听苏联的电话。事后才得知，苏联人早已经从英国军情六处的奸细那里得知了此事的始末，最终也验证了中情局从电话中搜集的各种情报并无价值。

杜勒斯就任中情局局长最初的几个月，有一天，赫尔姆斯走进了他的办公室，拿着需要他阅读和签署的发往海外站的电报。杜勒斯对内容稍加修改后签了名，示意准备起身离开的赫尔姆斯留下。那个早晨有些忙碌，但与杜勒斯在柏林共过事的赫尔姆斯并不觉得诧异，知道马上会开始即兴的头脑风暴。杜勒斯开口道："谈谈未来。"他顿了一下，看了看对方的反应，接着说道："咱们机构的未来。"中情局有两个使命：第一，搜集情报，预防另一个让人惊慌的珍珠港被偷袭事件发生；第二，开展秘密行动，暗中影响海外事件的进程。他认为，外国情报搜集项目进展很不错。但在他担任局长期间，中情局要将重点放在第二个使命上。另外,要进行战时他就兴趣浓厚的事情,即在美国政府不出面的情况下,通过秘密行动塑造外交事务。他还特别强调了一点,艾森豪威尔的白宫对"隐蔽行动的各个方面都有强烈的兴趣"。杜勒斯希望他的秘密部门参与,尤其是赫尔姆斯,虽然他没有直接告诉他要立即开始实施这一计划。赫尔姆斯已经成了老练的情报搜集官员,而他对隐蔽行动的价值一直持某种怀疑态度。

没过多久,赫尔姆斯就看到了杜勒斯要把中情局带入的"轨道":中情局组织了推翻伊朗总理穆罕默德·摩萨台和危地马拉总统哈科沃·阿本斯·古斯曼的政变。白宫认为这两位领导人触动了美国的政治和商业利益。科尔比已经成为杜勒斯新战争中冉冉升起的一颗新星,在斯堪的纳维亚之后,他被委以更多重任。从1953年到1958年,他在罗马管理中情局最大的秘密政治行动,每年暗中把高达3000万美元的资金输送到意大利的民主党派手中,意图防止共产党在全国大选中获胜。威廉·科尔比和芭芭拉的公寓就安置在罗马竞技场附近,在罗马生活的五年是他们最幸福的时光,也就是意大利人常说的"美好印象"。多诺万特意去拜访了他们,并与他们共进星期日午餐。

科尔比完全清楚,中情局干扰他国的政治事务是严重违法的。但根据中情局推测,莫斯科每年要向意大利共产党输送5000万美元,他认为自己机构的干预也合乎道德常理。赫尔姆斯对案头的其他秘密行动项目进行了冷处理,对这些"高风险"的权力角逐将信将疑,而事后证明他的谨慎非常明智。中情局在伊朗力挺的亲西派穆罕默德·礼萨·巴列维居然是个暴君,最终在1979年被什叶派领导的革命赶下了台;在危地马拉,阿本斯的倒台迎来了几十年残酷的军事统治;在意大利,那些秘密输送的资金对华盛顿或莫斯科都收效甚微。在1958年意大利各党派大选中,总票数——包括百分之二十二的共产党的份额,与1953年的得票率变化甚微。

赫尔姆斯早期的抵触,对机构其他人已经是公开的秘密,在杜勒斯身边热衷于秘密行动的同事中,他更像个局外人。赫尔姆斯还在同事中以优柔寡断而著称。1958年秋天的某个中午,他与杜勒斯在办公室吃三明治,间谍头目告诉他的柏林才子，他不会被提升为计划处副处长，虽然这是一个平淡无奇的头衔，却是杜勒斯手下的头号位子，负责监督中情局海外所有秘密情报搜集和隐秘行动。杜勒斯最终选择了理查德·比塞尔，很大程度上是因为他成功地参与研制了U-2侦察机项目。比塞尔是一位才华横溢的耶鲁经济学家，同时也是秘密行动的忠实信徒，但对秘密工作的复杂性和危险性的认识却非常幼稚。赫尔姆斯一直忍辱负重。在很长时间后，最终杜勒斯向他承认，比塞尔是一个糟糕的选择，同时验证了赫尔姆斯的先见之明。

杜勒斯在"二战"期间所表现出的行政缺陷，在艾森豪威尔总统第二任期更加暴露无遗。1960年，67岁的杜勒斯已经体力渐衰，在庞大的中情局组织中，已经无法做到事无巨细。比塞尔率先用U-2高空侦察机进行了高空飞行侦察，但艾森豪威尔和心不在焉的杜勒斯，却让他在苏联上空执行了太多的飞行架次来拍摄其战略武器基地。1960年5月，苏联击落了这架飞机，捕获飞行员弗朗西斯·加里·鲍尔斯，迫使艾森豪威尔尴尬地承认了其政府最初公开否认的侦察行动。然而杜勒斯最大的错误发生在大约11个月后，约1300名古巴流亡者登陆西海岸的科奇诺斯湾，也就是众所周知的"猪猡湾"或"猪湾事件"。当比塞尔发动这场灾难的时候，杜勒斯正在波多黎各发表演说。第二天，他满面惊恐地看着卡斯特罗的国防军，在海滩上扫荡那些几乎手无寸铁的入侵者。在对这次惨败追责的记者招待会上，约翰·肯尼迪总统引用了他所认同的一句古语："胜者有一百个父亲，而失败者是个孤儿"。这位新上任的总统可能有所不知，这句话是出自杜勒斯在第二次世界大战中缴获的《齐亚诺日记》。

走廊中可以听到同事们的窃窃私语，如果赫尔姆斯担任计划处副处长的话，"猪湾事件"也许可以幸免，也许吧。中情局一位历史学家指出，本来白宫还想迫使中情局做点什么来推翻菲德尔·卡斯特罗。显而易见，赫尔姆斯绝不会发动一个像比塞尔所制造的"那种规格又那么拙劣的"秘密行动。时隔不久，总统于1961年8月解除了杜勒斯中情局局长的职务。杜勒斯在其任职的最后数月中，负责监督永久性总部大楼的建设，建造地址就在华盛顿外弗吉尼亚州兰利140英亩的农田里，这在当时也算是一个很重要的差事，因为据说肯尼迪曾对其助手说，他想把中情局撕个"稀巴烂"。

*

科尔比认为，"猪湾事件"的惨败，看起来像是他在挪威炸毁格拉纳河桥的流产计划的放大版本。如果杜勒斯肯花时间像科尔比一样去侦察其目标，对局长大人来说，也就是与专家商议，他本可以挽救他的工作。在巡游世界的路上，在越南，科尔比对此有了深刻的观察，杜勒斯大大忽视了日益增长的越南共产党的"叛乱"。1959年，中情局将科尔比派到越南的理由是他法语流利（法语是殖民者强加给这个国家的语言），以及孩提时代在中国度过的三年，让他应付西贡站的工作绰绰有余。但事实并非如此。科尔比同成千上万的美国人一样奔赴了越南，胸怀高尚的理想，但对这一异域文化茫然无知。越南就如"二战"一样，让科尔比伤痕累累。这个他热爱的国家后来成了他的负担。

他以正确的方式开启了他的情报任务，带着家人一起游览农村，并在西贡政府中培养人脉。科尔比很快就得出结论，美国政府以常规军事战略平息共产主义"叛乱"要误入歧途。1960年，在他晋升西贡站站长的时候，他认为得到了实现想法的机会。在一个代号为"老虎行动"的计划中，他将南越的特工渗透到了共产主义的北越。他意识到真正的对抗赛是在乡下的农村阶层，于是设计了一个"战略村计划"，就是将村民集中到数千民兵保卫的飞地，周围设置铁丝网、竹桩、护城河来切断共产党领导的南越游击队。但"老虎行动"没有成功。胡志明的北方间谍轻而易举地就杀死了科尔比的大多数间谍，或把那些存活下来的人变成双料间谍来对付南越。"战略村计划"也同样失败，西贡政府管理不善，共产党叛乱分子能轻松渗透。

科尔比严重低估了南越游击队的能力，以及无意为村民们提供更好未来的西贡统治十分腐败。他跟南越总统吴庭艳和其胞弟吴廷瑈走得越来越近，而吴廷瑈是该政府13个安全机构的头目。吴庭艳是一个性情古怪的殖民时代的傀儡，不得民心。而吴廷瑈还是个诡计多端的鸦片瘾君子，对阿道夫·希特勒崇拜有加，而科尔比却对之置若罔闻。他站中的其他中情局官员对越南局势很悲观，对吴庭艳更是批判有加。科尔比勉强允许他们把电报发回总部，但在他的月度报告中，他总是交付一个积极的"故事"。此刻考虑到他是最有前途的中情局官员之一，1962年夏，他被调回华盛顿，就任中情局远东部副主任。科尔比离开越南时，对未来非常乐观，对自己的成就也引以为豪。16个月之后，他受到严重打压。肯尼迪政府对一位南越将军的政变开了绿灯，吴庭艳和吴廷瑈被暗杀身亡。科尔比的信念是，这兄弟俩是唯一能够从不可撼动的共产党手中挽救这个国家的人。科尔比后来坚持认为，吴庭艳的倒台是"越南战争中最糟糕的错误"。他请求芭芭拉在弥撒中为兄弟俩祈祷。

*

1966年，理查德·赫尔姆斯接管了中情局，该机构现有大约二万名员工和十亿美元的预算，他在中情局电报往来中使用的笔名是弗莱切·M."骑士"。"猪湾事件"灾难后，比塞尔被解雇，赫尔姆斯取代他作了计划处副处长，负责"猫鼬行动"——肯尼迪兄弟所鼓动的"丑陋"计划，该计划试图通过政变和起义来消除卡斯特罗，但以失败告终。当林登·贝恩斯·约翰逊就任总统后，1965年任命得克萨斯州的政治亲信海军上将威廉·雷伯尔尼（William Raborn）为中情局局长，同时任命赫尔姆斯作其副手，来弥补这位海军上将对情报事务和对外事务的无知。科尔比期望能接替赫尔姆斯做三把手，作为秘密机构的处长。科尔比现在领导的远东部，有中情局四分之一的秘密特工在越南、老挝、泰国、印度尼西亚、菲律宾、新加坡、日本、韩国、中国大陆和台湾地区执行任务。赫尔姆斯对他说：现在还不是时候，"会有你表现的时候"。赫尔姆斯与科尔比的关系已经日趋复杂，他们住的地方相隔不远，共同坚守战略情报局的传统，从不轻易流露自己的情感。两个人彼此尊重，对待对方彬彬有礼，但他们的私人关系从来都不亲近。赫尔姆斯最终还是推举科尔比，使其得以升迁，但不是出于私情，而是他的确很有才干。一直以来，赫尔姆斯都是以情报为导向的思想家和规划师，而科尔比是以准军事化为导向的行动者。

有一点赫尔姆斯跟杜勒斯很像，在战后也很少跟亲朋好友提及多诺万。但大家都可以看到，那位长者与战略情报局的经历，对赫尔姆斯此时运营中情局有相当大的影响。一位中情局历史学家说，他不像杜勒斯把脚翘在桌子上，喜欢与间谍在一起闲扯。高级助手们"要想了解他，就得努力工作"。他总是今日事今日毕，对任务要求也很苛刻。他通常在下午7点下班之前，案头工作全部处理完毕，他希望别人也能同样高效。与杜勒斯不同，赫尔姆斯为人低调，但在私下里也同多诺万一样迎合记者，并善于讨好国会议员。然而，他对安全细节很反感，看到卫兵徘徊在他左右会让他很不耐烦，因为一个好的情报员应该不显山露水。

赫尔姆斯继任局长时，没有杜勒斯当年重塑中情局的宏愿。约翰逊曾经告诉他，让他在机构中"洗牌整顿"，但是赫尔姆斯却不知从何下手。他认为这个组织现在这样运转得相当顺利。他那"袖手旁观"的方式最终惹得下属牢骚满腹，他们认为前战略情报局的"老伙计俱乐部"的确需要整顿一番。

虽然他自称要与间谍"老伙计"们保持距离，免得让人以为他做局长后，会有所偏向，但赫尔姆斯的确有点厚此薄彼。原战略情报局官员的子女加入了中情局，他把他们从会议中拉出来，在他的17楼或办公室给他们举行特别的欢迎仪式。他对在海外惹事的老兵总是心怀不忍，舍不得辞退他们，想方设法在总部给他们找份差事。他允许多诺万在战略情报局最喜爱的人——安格尔顿作为中情局高级反间谍官员疯狂行事，扰乱合法的情报工作，仅因为安格尔顿担心他们之中可能藏有苏联奸细。

赫尔姆斯的强项，如在战后的柏林一样，是管理而非创新。为了避免中情局成为新闻的头版头条，他命令在海外进行秘密行动的部门负责人要确保安全，并停止那些可能暴露的危险行动。在杜勒斯领导下可以自由冒险的站长们，现在被告知要谨慎行事。赫尔姆斯的确增加了海外间谍数量，为免受美国大使馆的管控，让其冒充商人而不是外交官加以深层掩护。他的手下培训了70多万名外国军队和警察官员来对抗共产主义。但是除此之外，如果赫尔姆斯真的有什么首要任务的话，那就是在他的监护之下，没有任何意外发生。

但是，1968年初，林登·贝恩斯·约翰逊给他的"惊喜"让他对科尔比极为不满。在国家安全小组星期二的白宫午餐中，约翰逊冷不防地告诉赫尔姆斯，他想让科尔比脱离中情局，作为"民事行动与革命发展支持计划"的二把手，在南越的农村百姓中赢得"另一场战争"。前中情局分析师和约翰逊白宫的悍将，"喷气发动机鲍勃"罗伯特·科默，是"民事行动与革命发展支持计划"的负责人，该组织在他的管理下，制订了全美国反暴动和动乱的平息计划。赫尔姆斯怀疑科尔比在他背后对任命做了手脚，因为科尔比渴望重返越南，认为"民事行动与革命发展支持计划"会将美国拉入农村战略的正确轨道。

虽然有这样或那样的磕磕绊绊，但在约翰逊总统任职的最后一年，赫尔姆斯达到了其事业的巅峰。尽管那年苏联出兵捷克斯洛伐克让中情局措手不及。但1967年，机构的分析师预测以色列不出两个星期就会赢得对阿拉伯人的战争。"以阿冲突"只持续了六天，这为赫尔姆斯在约翰逊的内部圈子赢得了一席之地。

但赫尔姆斯的个人生活却纷争不断。1967年春，他决定结束与茱莉亚的婚姻。她是个机智但有些刻薄的女人，她的亲戚觉得她过于霸道，他的中情局同事注意到多年来，她对聚会越来越疏远。茱莉亚有权不满意，因为赫尔姆斯在间谍事业中花去了大量时间，而无暇陪伴她。由于赫尔姆斯工作的秘密性，他生活中很大一部分如大墙一样横亘在夫妻之间，令她十分痛苦。他承认他们的疏远"可能"是他的错。

在4月某个星期二午餐后，他溜进了总统办公室，问约翰逊，他的离婚计划是否会给总统造成"任何政治麻烦"，约翰逊说："对我没有任何问题。"然后让他的间谍头目告退，好享受他的午觉。一年前，在黎巴嫩大使馆吃饭的时候，赫尔姆斯身边坐的是辛西娅·麦凯尔维，一个红头发的英国农家姑娘，在"二战"时期曾作为一名"英国皇家海军妇女服务队"成员为船只到港口做向导。现在嫁给了一名有名望的苏格兰外科医生，但他却不爱惜她。

这位间谍头目和这位英国社交名媛一见如故，在整个宴会中聊个不停。两人之后又在乔治敦圈的晚宴中多次相遇。赫尔姆斯似乎对辛西娅所说的每句话都饶有兴致。在餐桌上，能找到一位对他秘密工作之外话题感兴趣的人，令他感觉很放松。辛西娅40岁出头，经过精心打扮的脸蛋很漂亮。不久他们相爱了。离婚后，迪克（赫尔姆斯小名）与辛西娅于1968年12月结婚。他们在切维蔡斯北边的艾琳街找到了一套公寓。没几个月，外国政府间谍没费周折就找到了这对新婚夫妇的地址，并在同一栋大楼租了公寓。

理查德·尼克松总统依然留任赫尔姆斯为自己的中情局局长，尽管这位共和党总统几乎不加掩饰地对该机构及其间谍头目流露蔑视。尼克松自1960年起就对中情局怀恨在心，当时他怀疑，中情局的杜勒斯和自由派偷偷窃取了民主党情报，帮助了肯尼迪的竞选。赫尔姆斯发现尼克松在任副总统期间是个好学的人，但却完全缺乏魅力。他对新总统如对旧总统一样表现了绝对的忠诚，有时候甚至愚忠。在林登·贝恩斯·约翰逊的授意下，他发动了"混沌行动"来调查新兴的反战运动，以确定是否是共产党赞助或影响了运动。赫尔姆斯在尼克松上任后继续了这一计划，但他的官员没有发现共产党有任何明显的参与证据。他后来承认"混沌计划"违反了中情局的禁止刺探美国人的章程。

威廉·凯西在大发横财之后，兴趣转向了共和党的政治。1960年，他出任尼克松的义务顾问。1966年，在纽约国会竞选中，凯西未能赢得席位。1968年，当尼克松再次竞选总统时，他为尼克松筹措资金，并为竞选活动撰写简短的书籍。于是，他进入了总统当选人的"视野"。凯西迫切地期望可以赢得担任内阁职位或外交大使的奖赏，但尼克松所能提供的最好报酬就是让赫尔姆斯在中情局做他的下手。凯西喜欢赫尔姆斯，但认为他是个情报官僚。凯西认为，在战略情报局曾是自己下属的人手下工作有失体面，他闷闷不乐地回到纽约，继续做生意。

1971年，尼克松终于又给凯西提供了一份工作：证券交易委员会主席，他十分乐意接受。参议院民主党人抱怨说，一个过去曾被起诉违反证券法的风险资本家，怎么有资格监管华尔街？但凯西的行动却让持怀疑态度的人大吃一惊，他用其在欧洲间谍工作中的热情应对商业监管。两年后，尼克松又再次奖励他，升迁他为副国务卿，负责经济事务，然而结果证明，这不是什么好的奖励。1973年，亨利·基辛格出任国务卿，成了凯西的直接上司，但他似乎对国际经济没什么兴趣，将他晾在了一边。一年后，凯西摆脱了基辛格，成了美国进出口银行的总裁。在进出口银行的海外差旅中,他喜欢与来自欧洲战场的同事共进晚餐,重温旧时间谍生涯的冒险经历。

*

1968年3月,科尔比加入了科默的"民事行动与革命发展支持计划"团队。因为该项目是军方与美国国际开发署联手制定的计划,科尔比不得不暂时离开中情局另领工资。他坚信"民事行动与革命发展支持计划"能在"战略村计划"跌倒的地方爬起来,他投身其中,负责监督向南越村民分发50万件武器的工作。但是旧戏重演:各省及西贡政府腐败猖獗。吴庭艳倒台后,一支军队的将领阮文绍继任南越总统。科尔比所能做的就是把渎职的案例交给阮文绍,但他既不关注也不阻止。在到达西贡八个月后,科尔比接替了科默成了"民事行动与革命发展支持计划"的负责人,并被赋予大使头衔。年仅48岁的他,在越南成了"另一场战争"的将军,有一架直升机和专用飞机任其调遣。

在他担任最高职位时,科尔比能随口说出一连串统计数据来证明"民事行动与革命发展支持计划"的成功,而且把这个消息透露给了西贡的美国记者。该计划确实已经在南越农村中初现成效,但国务院官员和兰利的中情局分析师认为这微不足道。赫尔姆斯开始留意越战,虽然并非全局,但他倾向于悲观主义者。后来,在他的回忆录中,他把越南描述为"整整十年的噩梦"。作为中情局局长,他邀请威廉姆斯学院的大学生到他的办公室来讨论越战。他在反对美国介入的争论中大获全胜,但那只是因为他有大量的分析数据可支持他的论点,并非他是一个激情澎湃的辩论者。他的儿子丹尼斯、他的侄子盖茨·霍恩,时不时打电话跟他讲述大学校园里愈演愈烈的躁动。赫尔姆斯对这些汇报很感兴趣,但对盖茨说,跟总统讲这些无用,尼克松对他的观点不感兴趣。

在科尔比离开芭芭拉到越南的三年后,两人之间的关系开始紧张。她留守华盛顿,独自一人应付缓慢形成的家庭危机。他们的大女儿凯瑟琳,生于1949年,在少女时期患有癫痫,20岁出头又得了抑郁症和神经性厌食症。由于她的病情不见好转,1971年6月,科尔比返回了华盛顿。对他来说,由于他在越南的服役,美国的首都成了一个充满敌意的城市。在公共场合人们讥讽他,早晨恐吓电话打到他家，把全家从梦中惊醒。他在国会作证时，遭到反战示威者的激烈质问。和平运动视美国政府对越南的支持为一个最讨厌的计划，而科尔比则被视为战犯。

针对南越游击队的暗杀和绑架事件，科尔比说服阮文绍以"凤凰计划"登上舞台，这是一项以一种越南神鸟命名的平叛计划，既定目标就是抓获南越游击队间谍，并利用他们提供的情报，捣毁共产党在农村建立的基层组织。科尔比回到西贡时，对此大力支持。但"凤凰计划"的主要成员是5000名中情局训练的"省侦察队"特工（其中许多人都是罪犯或南越军队的逃兵），他们把暗杀当作辅助手段。在国会作证时，科尔比最终承认，20000多名共产党领导的南越游击队员在"凤凰计划"中被击毙。他坚持说，大多数人死于合法的作战行动，但很明显在这个数字中，包括许多被"省侦察队"处决的越南共产党成员以及无辜的南越农民。中情局和"民事行动与革命发展支持计划"的官员发现，"凤凰计划"实施中，受害者的耳朵、鼻子，甚至头被砍掉。可以理解，该计划让越南共产党游击队安静了些时日，但并没有使之完全消失。正如他初次游历越南时一样，科尔比再次误解了这个国家的真正冲突。无论是吴庭艳、阮文绍还是他们之后继任的军阀总统，南越政府的不民主和腐败都无法逆转，而且无论是常规或非常规战，都无法在对北越的战争中取得胜利。

在他回到华盛顿近两年后，憔悴不堪的凯瑟琳，因身体内部器官机能停止而去世。她的精神病医生认为她本来有所好转，但那勇敢而害羞的、像她母亲一样长着满头红发的凯瑟琳，最终死于饮食失调。芭芭拉彻底崩溃了。家中的其他孩子，第一次也是最后一次看到，他们那一向内敛的父亲消沉痛哭。

*

1972年11月，尼克松辞掉了理查德·赫尔姆斯。一直以来，他就对这个傲慢而低效的情报机构心怀不满，这里有不少东海岸精英，但为他提供的报告不是无用就是有失偏颇。尼克松想要"中情局来一个真正的改组"，而他对赫尔姆斯早已丧失信心，认为他无法担当此任。赫尔姆斯认为，他之所以被解雇，是因为他拒绝让中情局代人受过，因为就在六个月前，有人非法闯入了水门综合大厦的民主党总部。

他的第一直觉总是按总统的命令行事，赫尔姆斯在某种程度上一直是很配合的。他的中情局官员提供了一名入室行窃者——曾在中情局任职的E. 霍华德·亨特，他曾闯入贝弗利山庄丹尼尔·艾尔斯伯格的心理医生办公室。分析师已经准备好了艾尔斯伯格的心理档案，此人曾对新闻媒体泄露了五角大楼关于越南的文件。迫于白宫的压力，赫尔姆斯让他的副手去平息联邦调查局对水门事件的调查，借口是他们破坏了中情局的行动。当尼克松的幕僚希望，让他用中情局基金来支付窃贼封口费时，赫尔姆斯开始举棋不定。总统任命赫尔姆斯为驻伊朗大使，以示安慰。但在这个插曲中，他的狭隘心理展现得淋漓尽致，迫使赫尔姆斯早日离开中情局，放弃退休金收入。

白宫通过一份无线电报通知他，他将被美国行政管理和预算局的副局长詹姆斯·施莱辛格所取代，此人曾为尼克松撰写了关于改革中情局和其他情报机构的绝密报告。在兰利最后的日子里，赫尔姆斯销毁了他偷偷录下的办公室敏感谈话的磁带，以及有关中情局药物测试项目的记录。他趾高气扬地离开了中情局，对该机构有争议的记录没有半点羞愧。当他离开时，中情局的员工挤满了大门的走廊，而且许多人黯然神伤。

在其2月7日就任伊朗大使的审议听证会上，赫尔姆斯在美国参议院外交关系委员会的宣誓上撒了谎。当委员会成员问他，中情局是否曾为萨尔瓦多·阿连德的对手提供资金，并试图推翻智利政府时，他回答说没有。事实上，自1964年以来，在白宫的授意下，美国中央情报局一直对智利选举注入大量资金，以防止阿连德当选总统。1970年，当这位"马克思主义的候选人"在首轮普选中获得胜出选票时，尼克松曾下令让秘密政治战升级，中情局曾企图（尽管没有成功）煽动军事政变，阻止阿连德在智利国会第二轮投票赢得多数选票。赫尔姆斯与辛西娅飞往德黑兰，深信自己没有犯伪证罪。他断定听证会上的大多数参议员都无权聆听真相，即使他们有安全许可。尼克松也曾对他下令，禁止与白宫特定小组和中情局以外的任何人，谈论该机构支持智利军事政变的消息。赫尔姆斯争辩道，其所作所为是为保护中情局的秘密及美国国家安全，不构成犯罪，他只是在恪守本职工作。

1973年9月11日，也就是在赫尔姆斯抵达德黑兰五个月后，依然是中情局秘密行动目标的阿连德，选择了在其总统府自杀，而不愿落入策划政变的智利将军们手中。

*

施莱辛格在职场冷酷无情，但在家中却是一位充满柔情的养鸟爱好者，他在中情局上任的第一天就意图进行大洗盘。仅仅几个月，他炒掉了约1500名官员，解雇的大多都是秘密服务的人员。科尔比之前因上司的无能而气愤地离开了战略情报局，现在却鼓动施莱辛格任命他为计划处副处长（不久改名为行动处）。他的理由是作为一个内部成员，他最清楚如何肃清该机构的朽木。科尔比和中情局许多人一致同意，首先要清除那些废物。最终，施莱辛格引发了众怒，卫兵不得不看守他的肖像，以防被污损，后来肖像被挂在了总部的走廊里。中情局的老手和退休人员如赫尔姆斯，对科尔比的厌恶有过之而无不及。他们没想到曾经是队友的人，居然将他们出卖给了一个"外人"。

施莱辛格一向脾气暴虐，此次更是雷霆之怒。因为报纸报道说，中情局为"水门夜贼"提供了私闯艾尔斯伯格心理医生办公室的工具。施莱辛格原本有意解雇更多的人，科尔比极力相劝，并同意了他的另一个要求，中情局所有雇员都可以到管理部门，汇报他们在过去见证的任何可疑活动。这才有了一份长达693页的报告，后来被称为"中情局家丑"案，其中收录了几乎所有中情局的肮脏伎俩，如"混沌行动"、窃听美国新闻记者、邮件拦截、使用精神控制药物、暗杀阴谋等。奇怪的是，所列出的名目比科尔比预期的破坏性要小得多。科尔比向国会委员会监督中情局的高级成员做了内容简报并承诺这种胡作非为不会重演后，大多数人同意"家丑不可外扬"。对施莱辛格和科尔比居然允许编写这样可恶的文件，赫尔姆感到义愤填膺。他认为，这是前所未有的安全漏洞。

在"中情局家丑"案后不久，尼克松把施莱辛格调到了国防部任部长，就"水门事件"而改组其内阁。当尼克松提名他为中情局局长时，科尔比感到又惊又喜。他认为，总统根本算不上了解他。但事实上，尼克松对科尔比所知甚多。在凯瑟琳病逝的时候，他还亲笔给他写了封吊唁信。他认为国会将批准对科尔比的任命，因为他是个安全、无政治立场的无名小卒，白宫可以控制，而不会像赫尔姆斯后期那样无法掌控。

参议院以压倒多数投票批准了他的提名，虽然华盛顿影射他的海报铺天盖地，上面描绘了一个与科尔比酷似的人，在一圈叠加的"黑桃A"上，声称要"缉拿"在"凤凰计划"中的谋杀者。他家中的骚扰电话又开始响个不停，有一个人坚持不懈地打电话，但只在电话中喘着粗气，科尔比让电话公司追踪到了他的名字和电话号码。当这位喘着粗气的人再打电话时，科尔比直呼其名，那人喘了口气，挂了电话，从此再也没打来电话。科尔比猜，他一定是吓坏了，担心中情局的攻击队不会放过他。

战略情报局的经历对科尔比的影响巨大，他喜欢在马里兰州的贝塞斯达闲荡，居家时总是戴着"二战"时期那个破旧的松松垮垮的迷彩帽。他的长子约翰说，这是"他一生中一个重要阶段"，对其如何管理中情局有着显著的影响。约翰补充道，虽然他的父亲很快就证明他从来不会盲从。

科尔比就任中情局局长后，总是故作普通人姿态。他开着自己的车去上班，与员工在食堂吃饭；把年轻分析师叫到办公室称赞他们的报告，然后对如何改进他们的工作给出建议；在日程中抽出时间，听取员工的投诉。他提拔了更多的妇女和非洲裔美国人出任高官。随着情报搜集技术的进步，科尔比认为，人类间谍应是"贡献者，而不是独角戏演员"。然而，他在世界各地增加了从苏联代表团中招募线人的数量，提高了其行动处产出的情报质量，并要求对分析师向"消费者"提供的报告实行更好的包装。年轻官员赞赏这种变化，许多年长的官员却表示不满，怨声载道，说科尔比固执且一意孤行。他让高级工作人员进行民意调查，将情报报告以每日分类报纸版式分发，以便高层官员可以一目了然，并找出他们的兴趣点。虽然这个想法遭到了反对，但他还是不顾阻挠推出了这一计划，这个国家情报"日报"出版物的发行量大约在60份。部队中的敌人，甚至一些盟友都认为，科尔比有点爱指手画脚，卖弄学问，冷酷无情，令人费解。曾有人言：一个"奇怪的家伙，特立独行"。

1974年12月22日，《纽约时报》披露了"混沌行动"，以及中情局对数以千计的美国公民的邮件拦截和监控，由此引发了一场政治风暴。理查德·尼克松引咎辞职后，杰拉尔德·福特继任总统，在一次私人午餐中，他脱口对《纽约时报》的编辑说，中情局曾密谋暗杀事件，对政治风暴起到了推波助澜的作用。福特任命他的副总统纳尔逊·洛克菲勒，担任"蓝丝带总统委员会"主席，负责调查公众所担心的这个机构是否是个流氓机构。国会也不再满足于让"家丑"高高挂起在兰利的架子上了。调查委员会由两名民主党人主持，一位是爱达荷州参议员弗兰克·丘奇，另一位是纽约众议员奥蒂斯·帕克，他们要求科尔比交出报告及其他文件，并为调查委员会作证。科尔比愿意配合，他希望通过说服委员会同意安全规则来引开他们的请求，让中情局的重要秘密不至于流入国会山。

　　数月以来，科尔比日夜操劳。白天在国会上作证，晚上打理中情局。对于像暗杀等敏感的话题，他耐心地向委员会解释，中情局到底做了什么，没做什么。在被拉到证人席之前，他去拜访了一个杰德堡老战友兼古典学者伯纳德·诺克斯，去试探他对自己的看法。白宫认为他们的中情局局长已经失控，兰利的老朋友们依然对赫尔姆斯效忠，并对科尔比让国会插手他们认为有关总统的情报的行为怒不可遏。

　　赫尔姆斯认为，科尔比的合作与见证是背叛中情局以及美国的行为。一天，芭芭拉接到电话，一位殡仪人员告诉她，一个身份不明者打电话通知他，科尔比不日归天，她的家人可能需要殡仪馆的服务。科尔比很强势，而且在欧洲的战斗之旅让他内心无比强大，有勇气和决心不在任何人面前退缩。但私下里，这种诽谤，尤其是中情局同事的中伤，深深刺痛了他。

　　关于他为什么面对国会可以如此坦率的依据不胜枚举。批评者指责他是一个随性的童子军，一个在忏悔室被误导的耶稣会信徒。有些战略情报局老兵将之追溯到在"二战"期间，作为一个准军事突击队员，他已经被训练得适应了嘈杂的行动。科尔比从来不会像赫尔姆斯一样，做个对秘密守口如瓶的情报搜集者。科尔比总是在上衣胸前口袋里塞上一本袖珍《宪法》，在其回忆录中表达更崇高的动机。他认为，中情局是民主体制一个不可分割的组成部分，需要制约与平衡。他的职责是向公众——那些在越南战争和"水门事件"中经历创伤的人，通过犹抱琵琶半遮面地透露一些秘密，说明设立情报机构仍有其价值。

然而，科尔比让家丑外扬的真正原因，更多的是出于法律上的息事宁人，他对作为律师的儿子保罗坦白说。作为一名律师，科尔比知道，如果在一个反托拉斯案件中，他不做出真诚的努力去遵守法庭秩序，一个愤怒的法官就会收去客户办公室的一切。在这场"僵局"中，法官就是国会。科尔比有必要说服这个机构，通过真诚的努力，出示委员会在他们的发现中所需要的东西。自始至终，他都试图用适当的文字来上交材料，以便让中情局处于最有利的地位。

反之，如果他不再对行政特权毕恭毕敬，国会将通过一系列的法庭传票，用车拉走所有的秘密。他思量着，赫尔姆斯永远搞不懂这一点。事实证明，科尔比这种权衡利弊的、依法行事的方法是正确的。如果他百般阻挠，中情局有可能已经分崩离析。而与之相反，国会对中情局进行了更严格的监督，但最终得出的结论是，一个强有力的情报机构仍然符合国家利益。

科尔比的做法到死都没有得到凯西的认同，他在远处惊恐地看着"丑闻"被揭露。当一个朋友向他指出，在一个国会议员向科尔比提出问题时，科尔比在宣誓下只好如实回答。凯西冷冷地回应："他可以不必听懂那个问题。"考虑到他会成为1976年总统竞选的负累，1975年11月2日，福特总统将科尔比革职。1976年1月30日，在把他的继任者乔治·赫伯特·沃克·布什，介绍给兰利总部礼堂聚集的中情局职工后，科尔比溜到了游客停车场他那辆年代久远的别克云雀车上。在他离开后，走廊里的部分员工还鼓掌欢送。

*

在委员会的调查中，几乎每一个与罪行有关的中情局文件中，都有赫尔姆斯的名字。他先后从德黑兰飞回华盛顿达16次，作证100小时以上。他一边躲避在他看来哗众取宠的问题，一边怒火中烧，那些虚伪的议员故意假装不知道总统如何利用中情局对抗危险的世界。

但他内心对自己一度指点过的科尔比尤其厌恶。国会并不是唯一一个要求获得中情局丑闻的政府机构，司法部也希望能看上一眼。迫于兰利职工的压力，科尔比勉强向司法部交出中情局智利行动的档案，让他们调查赫尔姆斯是否在国会作证时犯了伪证罪。1977年11月，赫尔姆斯最终接受不抗辩认罪，承认没有在国会面前"充分、完整、准确地"作证。联邦法官当面羞辱他，判他缓刑两年并缴纳2000美元的罚金。他依然表现得傲视一切，在离开华盛顿一家法院时，还对记者说："我并不以此为耻。"退休的中情局官员们凑钱替他交了罚款。

中情局由此分裂。赫尔姆斯的拥护者认为科尔比是叛徒，而大多数年轻一代的官员，虽然只占少数，相信科尔比做的事是正确的。1981年，"战略情报局老兵俱乐部"在纽约华尔道夫酒店举行了宴会，在晚宴前的鸡尾酒会上，两者的分歧彰显无遗。宴会厅里都是"二战"时期的间谍和现任中情局军官，赫尔姆斯和他的支持者在一边，而亲科尔比的团体在另一边。在华盛顿一家麦克阿瑟酒水店，科尔比的儿子约翰在车里看见，他父亲走进一家商店，正好碰到赫尔姆斯抱着一箱酒迎面而来，擦肩而过的时候，两人什么也没说，只是冷淡地互相点了点头。父亲回到车上的时候，约翰探询地看着他。科尔比说："什么也别问，开车回家。"

威廉·凯西被罗纳德·里根的为人热情、脚步稳健和人缘魅力而迷惑，但是里根的浅薄和善变刚开始也令他震惊。像其他里根班子里的工作人员一样，凯西越来越欣赏这个人，而且坚定地认为，这位前二流演员兼加利福尼亚州州长，比人们认为的要更加高明。1980年2月，在新罕布什尔初选之夜后，凯西接手了里根麻烦重重的总统竞选活动，结果一路好转。秋天，在里根大败现任总统民主党人吉米·卡特后，凯西被誉为这场胜利的设计师，他期望成为国务卿或国防部长作为回报。

但南希·里根万万没想到，凯西衣着如此邋遢，而且餐桌礼仪也不讲究，他觉得凯西的形象无法做美国最高外交官。前尼克松和福特总统的参谋长、退休将军亚历山大·黑格，在国务院内部很有人脉关系，做国务卿比较合适；而卡斯珀·温伯格，是里根在加利福尼亚的参谋团成员（而凯西不是），将就任国防部长。里根请凯西做中情局局长,但凯西不冷不热的态度令总统很惊讶。不过凯西很快就想通了,他先是咨询了战略情报局的朋友,自己又深谋远虑,最后觉得该机构对于促进里根强硬的反共的议程是个理想的高位。

大多数曾在多诺万手下任职的军官,都对凯西去中情局感到兴高采烈。即使是自由派的阿瑟·施莱辛格也很高兴看他掌舵中情局。施莱辛格说,凯西来自多诺万的情报搜集行列,而不是在战后中情局制造了很多麻烦的准军事部队。但有些战略情报局老兵对这种选择感到不安。科尔比和赫尔姆斯担心,凯西在兰利会成为一个我行我素的人。

在凯西顺利通过参议院确认后,赫尔姆斯开始造访他的办公室,在中情局外的餐馆同他吃午餐。他认为机构中还有些遗留的问题,并为他提出建议,向凯西推荐应该雇佣的战略情报局的老兵,表现得像是这位新局长思想的决策咨询人。凯西对他以前的战略情报局助手很有好感,他设法让里根为赫尔姆斯颁发国家安全奖章,多诺万和杜勒斯都曾被授予过这一奖章。科尔比也写信,建议凯西如何组织中情局间谍来面对未来的威胁,并在信中寄去了他撰写的有关情报的文章,凯西没有理睬那个邮件,从未邀请科尔比到他的办公室或与他一起吃午饭。

凯西一辈子都没变,总是给别人留下非常糟糕的第一印象,这次去兰利总部也不例外。67岁的他,人高马大、驼背、双下巴,秃顶上飘舞着缕缕白发;他每套西装都价格不菲,但看上去都皱皱巴巴的,就好像穿着睡过觉一样;他用回形针剔牙,开会的时候,一个劲咬着他的丝绸领带尖。局里的官员,特别是年轻的军官,起初都很嫌弃他,把他当成曾从事非正当买卖的政治黑客,之所以爬上局长位子是因为里根欠他一个人情。

不久,他们就意识到:他们的新老板思维相当敏捷、嗜书如命,案头总是同时放着好几本书;他会使用"情报语言",在其战略情报局的岁月积累了丰富的管理间谍行动的经验,管理效果丝毫不逊于兰利的专业人士;对于中情局现行业务,他会以无限的热情查漏补缺迎头赶上。他的活力很快激励了他的员工,让他们想为他努力工作,而这正是凯西所期望的。

正如在战时伦敦的下属所发现的一样,凯西作为上司能激励别人,但同时也让人困惑。工作日和周末,他花大把的时间在办公室。最初,大多是阅读中情局关于国家和案件的档案以便工作迎头赶上。高级助手为了效仿他,被迫放弃他们的周末。像多诺万一样,他做事决断,事后对所做的决定也不推卸责任。他要求快速交付任务,并期望员工知道他想要什么,而认为不必浪费时间告诉他们他想要什么。就如将军一样,他下放权力但同时又微观管理,让人们更加沮丧。他发出的只有更多的工作,而无赞美之声。

凯西在他七楼办公室墙上挂了两张照片,一张是罗纳德·里根,另一张是"野蛮比尔"多诺万。没过多久,他还委托别人给多诺万塑像,将其放置在中情局的门厅,他对这位长者十分尊敬。凯西觉得自己在用将军的套路管理中情局,他总是大门敞开,广开言路,哪怕是一些古怪的想法。他痛恨官僚主义,总是绕过指挥系统,去下面的办公室探头探脑;他深感自豪,就如多诺万在战略情报局一样,拥有庞大的博士阵容在兰利工作,对企业专家、智囊团和各类大学注入的新思想唾手可得。同多诺万一样,他喜欢去他的海外站参观,不仅为了鼓舞士气,了解在实地为他工作的官员,同时也为了逃避华盛顿的政治战争。每次巡游归来,他总是给里根交付生动的旅行报告,就像多诺万对罗斯福所做的那样。

然而,凯西与里根总统的关系就如多诺万跟罗斯福一样的复杂。虽然他在内阁得到了职位,也在白宫旁边的行政办公楼为自己经营了一间办公室,但与里根的私交并不深。他尽最大努力拉拢南希,但在白宫社交场合,他很少受邀。他从不公开诋毁里根,但他知道总统兴趣狭窄,注意力有限,对外交政策也只有初步的了解。里根有点耳背,在会议上经常听不懂凯西在说什么,因为他总是咕咕哝哝。有朋友怀疑,这位中情局局长在进行敏感行动时,当不想让里根和国会弄明白时,会打开"干扰器"。

但凯西在其他方面并没有仿效他的导师。不像多诺万,他鄙视华盛顿的联合报道组,对国会流露的蔑视是将军无论如何也做不到的,而且习惯性地把监察委员会成员称为"这些混蛋"。记者们变得充满敌意,议员们则以同样的方法表示轻蔑,参议院情报委员会主席、保守派共和党人巴里·戈德华特,称凯西为"吧嗒嘴"。作为美国研究院经验丰富的分析师和作家,凯西成了一个苛刻的编辑,大刀阔斧对中情局给行政官员的报告进行修改,以便直接切中主题。局里的分析师不久就开始抱怨:凯西越俎代庖,欺负他们,歪曲报告以符合他强硬的意识形态,而且将有独立思想的专家赶出了组织。

凯西接手中情局时,就相信共产主义会威胁美国的利益,就如同"二战"期间的纳粹主义一样危险。他打算利用他的机构发起对苏联的"战争",就像多诺万当年对付轴心国一样。他认为,正如战略情报局曾帮助在纳粹占领的欧洲开展抵抗运动一样,中情局现在也应加大对外国政府或游击队反共的援助力度。凯西对其官员说,越战、"水门事件"、丘奇委员会事件之后,百无聊赖的日子已经结束,他打算对组织进行整顿和重建,战略情报局以往"打擦边球"和一切皆"可为"的文化在他的监管下会在兰利再现,中情局的秘密行动将击退苏联和共产主义在世界各地的"进攻"。某些更圆滑的高级官员警告他,试图开展秘密行动对抗苏联是痴心妄想,凯西没有理睬他们的警告,中央情报局的预算一跃升至30亿美元。确信他的行动处已经过于松散和自得,他决定重组,为战略情报局同心协力的人群腾出空间。他跃跃欲试,准备在阿富汗、萨尔瓦多和波兰等地发动反共秘密战斗,他下令中情局要赢得这场战争,不会因为僵局或缓和政策就善罢甘休。

对凯西来说,尼加拉瓜(他总是称其"尼加瓦瓦")是个关键,可率先测试反对分子如何击败这个国家的马克思桑地诺政权,就如"二战"中游击队战胜纳粹占领者一样。但他的行动最终搞垮了一位美国总统。里根批准了凯西提出的一个在洪都拉斯和哥斯达黎加建立秘密营地的计划,训练数千名"反叛军",用中情局的数万美元推翻马那瓜政府。正如多诺万在战略情报局一样,凯西也绕过中情局的正规渠道,让秘密行动的积极分子直接向他汇报。国会非常担心出现另一个越南,最终停止进一步给中情局援助"反叛军"秘密行动的资金拨款。凯西受白宫安排,背着立法者偷偷从友好政府沙特阿拉伯、文莱等收集资金,保持反政府游击队不受影响。该任务的特工头目是奥利弗·诺斯

（Oliver North），一位好胜心强，在国家安全委员会工作的海军中校，凯西把他视为一个桀骜不驯的儿子。

这位从多诺万手下脱颖而出的年轻海军官员，现在作为中情局局长深陷麻烦。他显然违反了国会指令，向第三国家筹集资金用于反政府武装。在伊朗，他陷入泥潭难以自拔。里根一直困扰于黎巴嫩的美国人被伊朗支持的什叶派"宗教极端分子"绑架的事件。凯西发现一名美国人，美国中央情报局的贝鲁特站站长威廉·巴克利，惨遭的酷刑和谋杀令人发指，不亚于"二战"期间纳粹对他的战略情报局特工的处决。里根曾承诺不会"向恐怖分子妥协"，批准了凯西、诺斯和他的白宫国家安全顾问罗伯特·麦克法兰提出向伊朗出售"陶"式反坦克导弹和猎鹰防空飞弹来拯救贝鲁特人质的要求。中东经纪人安排了中间一系列的周转。里根还下令凯西，不要按法律要求向国会报告与此有关的暗箱操作，凯西当然乐得卖个人情。

1986年夏，中央情报局高级官员认为，为人质兜售武器而不告知国会，对机构无异于"自杀"。赫尔姆斯还根据经验之谈，在早些时候对凯西说："你唯一不能告诉国会的，就是一开始就不应该从事的行动。"凯西对这个技巧并没有上心，也不顾这样一个事实：那就是这些大胆进取的伊朗人释放了两名人质，但抓了更多人质来取代他们，以保证武器的流动。在他看来，这次行动仅仅是一场大型国际比赛中的小比赛，失败的代价也就只有几百枚导弹及其零部件。他完全忽视了所付出的更大代价，那就是国会与公众的信任，大多数美国人在得知这笔交易时都很反感。

这个事接下来还包括一个"诺斯孵化"的方案，将贩卖给伊朗的军火以高价出手，把赢得的数百万美元利润转移给反政府叛军。接替麦克法兰担任国家安全顾问的海军上将约翰·波因德克斯特（John Poindexter），声称他批准了资金的转移，但从未知会里根总统。整个卑鄙的勾当不可避免地在新闻报道中蔓延。紧接着，11月25日，司法部长埃德温·米斯站到了公众面前，撼动了罗纳德·里根政权。

米斯对媒体透露，伊朗武器销售利润多达3000万美元，可能都支持了反政府叛军。里根宣布诺斯已被革职，而波因德克斯特也已辞职。后来诺斯作证，凯西知道伊朗的军火利润给了反政府叛军，而且对此非常热衷。调查该丑闻的国会委员会相信中校，但是关于凯西实际参与资金转移的证据还不明确。即使诺斯没有把他列入交易的那一部分，凯西所参与的其他部分，连同他为掩盖此事而向国会上报的谎言，都足以让他面临刑事指控，他对拖垮里根总统的任职显然难辞其咎。他差点也经历了20世纪60年代到70年代的黑暗岁月，信誓旦旦要重建的中情局毁于一旦。"伊朗门事件"对他所希望的遗产也是不可磨灭的玷污。

艾伦·杜勒斯、理查德·赫尔姆斯、威廉·科尔比和威廉·凯西对阿道夫·希特勒展开的"影子战争"远比这个最伟大时代的画像所描绘的更加"肮脏"。间谍活动与破坏活动总是如此。然而不容否认，他们的战斗确实有不被人看到的远见和高贵性。这四个人都顽强地、机智地、英勇地战斗过。他们在战胜暴政和压迫中做出了超越自我的奉献。他们回到美国，满怀希望，在战略情报局的经历早已深入骨髓，他们决心以反纳粹的方式来对抗共产主义。但悲剧的是，在欧洲的枪炮声沉寂之后，他们每个人在"冷战"中的结局都很"悲惨"。杜勒斯终结于古巴海岸的沼泽海滩；赫尔姆斯在法庭上为避免重罪证词达成了认罪协议；科尔比被自己机构的很多人视为贱民；凯西成了一个被指责和嘲笑的对象。四个人的下场都很悲凉。

尾声

艾伦·杜勒斯去世前一个多月，格罗·冯·舒尔策-盖沃尼兹给他写了一封感人肺腑的信，说昨天晚上，梦见了与战友在伯尔尼的日子，非常清晰而真实。这位德国人写道："我生命中最重要的岁月，是那段神佑且与您愉快合作的日子，此生难忘。"

杜勒斯离开中情局后，大部分时间都在格罗的帮助下著书立说，也经常出现在电视屏幕上（在许多访谈中，为自己在"猪湾事件"中的行为辩解），还时不时出国旅行。1962年，他去越南拜访了科尔比。杜勒斯曾设想成为一名资深政治家，就情报问题提供意见。但在他辞职后，中央情报局和肯尼迪政府从未召唤过他。约翰逊仍有意再次重用杜勒斯，把他安排在沃伦委员会调查肯尼迪暗杀事件，还派他到密西西比州，以示政府打算追捕杀害三个民权工作者的凶手的决心。但由于身体状况每况愈下，1968年3月，杜勒斯回到了兰利总部，在大厦的大堂，他参加了赫尔姆斯为他制作的浅浮雕半身像揭幕仪式。起初他对雕像的姿势十分在意，担心雕塑家无法雕刻出他的神韵。但这位艺术家很有才，杜勒斯对雕像也很满意。

1969年1月29日，他因肺炎病故。彼时，艾力克·塞瓦赖德在哥伦比亚广播公司晚间新闻中，称赞艾伦·杜勒斯是"兼具美国老派品格和独创思想之人，比任何人都堪当美国政府新历程的开创者"。葬礼那天，赫尔姆斯虽身患重感冒，仍陪同克洛弗穿过乔治敦基督教长老会教堂的走廊来到了棺材前。之后，他飞回了瑞士——在那里，他认识了荣格，精神上得到了觉醒——再次整理自己的思绪。赫尔姆斯一直都陪着杜勒斯的家人。后来，在1974年，他又参加了克洛弗的葬礼，与琼在一起并安慰她节哀顺变。

威廉·凯西到死也没有机会在"伊朗门事件"的丑闻中为自己辩解。1986年12月11日,赫尔姆斯与他一起在费城参加了罗伯特·C. 埃姆斯成就表彰宴会。此人曾是中情局的一名分析师,1983年在美国驻贝鲁特大使馆的恐怖袭击中被炸死。凯西邀请赫尔姆斯,同他一起搭乘中情局的飞机回华盛顿。飞行途中,凯西举着鸡尾酒杯颤颤悠悠,令赫尔姆斯很是惊诧。当晚,回到家后,赫尔姆斯双手抱头缩在卧室的台阶上,对辛西娅说:"凯西有点不对劲!"她很少见到丈夫如此激动。

次日,赫尔姆斯给凯西的副手罗伯特·盖茨打电话,并告诉他,让他尽快将自己的老板从兰利带去看医生。盖茨早就得知凯西身体欠佳,此前凯西的保安人员曾向他汇报,局长可能在家中摔倒了或撞到家具上了。12月15日早晨,凯西准备去参议院参加另一轮累人的作证之前,中情局医生刚给他量完血压,凯西突发癫痫瘫倒在地,医护人员用担架把他抬了出来。经乔治敦大学医院的神经学研究小组会诊断定,凯西患有脑癌,外科医生切除了部分可手术的肿瘤之后,1月6日,凯西才从重症监护病房转移到了一间私人病房,但他的脑疾并未治愈。大约20多天后,凯西辞去了局长职务。索菲亚眼含泪水,在他给里根的辞职信上签了字,因为他已经无力提笔。

3月27日,她把凯西接回了美诺尔家中。5月6日,凯西在长岛的一家医院与世长辞。直到凯西盖棺时,外界对他的争论仍一直不断。在他家附近的圣玛丽天主教教堂为其举行葬礼时,主持弥撒的主教在布道中谴责了美国支持反政府叛军一事,惹怒了在座的亲朋好友。

离开中情局后,威廉·科尔比加入了一家律师事务所。他写了两本回忆录,讲述了作为一个顾问周游世界,并且一直涉猎情报事务的种种经历。他依然坚定捍卫在越南的行动,并代表该国对从海上逃出的难民进行游说。科尔比也从事了大量的自由派事业,例如,支持冻结核武器,停止美国和苏联之间的核军备竞赛,反对里根的星球大战导弹防御系统计划,并支持使用大麻的合法化。

他对芭芭拉的感情越来越淡漠。正如赫尔姆斯和茱莉亚一样,中央情报局的间谍工作也让科尔比的婚姻付出了代价。因为科尔比无法在妻子面前谈论自己的工作，而且常常离家在外，让芭芭拉独自面对凯瑟琳日益严重的病症，这对夫妇最后也分道扬镳了。芭芭拉对家庭和天主教投入了太多的精力，而科尔比却觉得无法与妻子进行心灵沟通。在第二次去越南的旅程中，他迷上了西贡的一个已婚埃及妇女，但他并未有任何行动。1982年，他爱上了萨莉·谢尔顿，一位富布莱特学者，前国务院外交官，曾与他在一个国际商业咨询公司共事。1983年5月，当科尔比要求离婚时，芭芭拉又惊又恨，他居然对中情局比对自己还忠诚。分手后，她通过自己的努力在乔治敦大学获得了人文学硕士学位。1984年11月，科尔比与萨莉在威尼斯结婚。婚后，他厌烦了罗马教廷的保守政策，不再定期参加天主教会的仪式。

1996年4月27日，星期六晚上，在马里兰州尼尔桑德夫妇的柯布耐克别墅里，科尔比独自享用着一盘贻贝、一杯红酒。像他一样到这里度周末的人，通常会在星期日晚上离开。所以日暮时分，好奇的邻居们发现科尔比那运动型多用途汽车仍然停在28号车道上时，就顺路过去拜访他。他们发现他家门没锁，晚餐的盘子放在水槽中，酒杯还在桌上，他的收音机和电脑都开着，独木舟却不见了。在25英里外的岩石点，一位居民发现那独木舟底朝上翻着。5月6日，户外探索者终于发现，科尔比的尸体漂浮在附近沼泽的杂草中。关于这个前间谍头目死亡的内幕，外界的猜测层出不穷，诸如他遭到了外国间谍，抑或是有仇必报的中央情报局官员的暗杀；因在越南战争中的作用，科尔比感到内疚或是因凯瑟琳之死悲痛欲绝而自杀身亡。但验尸结论无疑是最世俗却也是最准确的解释，事实是酒足饭饱之后的科尔比兴致勃勃地准备兜上一圈，结果突发中风或心脏病，从独木舟上掉进冰冷的水中，因低温溺水而亡。科尔比被葬在了阿灵顿国家公墓，就在他母亲和父亲的坟墓旁边。葬礼之后，萨莉说，她收到了十来封署名中情局官员的信件，称科尔比是"咎由自取"。

在被定罪后，理查德·赫尔姆斯拒绝接受法院使他名誉扫地的判决，自己组建了一个国际咨询机构，在股票市场大展手脚，他继续与辛西娅周游世界，并成为一个华盛顿网球和鸡尾酒圈子里的常客。为了与好事的记者保持安全的距离，他劝告辛西娅也远离记者，他自己对在中央情报局和战略情报局服务的内容也一直闭口不提。直到柏林墙倒塌，"冷战"结束后，他才开始撰写自传透露其中的秘史。之后，他还主持晚宴，与前克格勃官员交换故事。

1993年，他得知自己患了多发性骨髓瘤，一种产生抗体的浆细胞肿瘤。他让辛西娅不要把他患病的事情告诉朋友和其他家人，天性使然，他不喜欢别人缠着他追问自己的健康状况。在接下来的八年里，他继续过着充满活力的生活，与辛西娅一起去更遥远的地方旅游，如俄罗斯东部和北极圈。在生命的最后一年里，他的病情严重恶化，辛西娅最终不得不请一位护士来照顾他。2002年10月23日，他在家中去世，享年89岁。

在赫尔姆斯的葬礼上，当时的美国中央情报局局长乔治·特尼特盛赞他为"地地道道的美国情报官"。华盛顿的保守派率领着送葬队，将他的骨灰埋在了阿灵顿国家公墓，这标志着最后一个"门徒"也告别了世界。

1

艾伦·韦尔什·杜勒斯生于长老会牧师之家，患有先天性马蹄内翻足，父母找外科医生给他做了矫正手术。少年艾伦聪明、早熟，很小就对外交事务兴趣甚浓，八岁撰写了《布尔战争》一书。

2

理查德·麦加拉·赫尔姆斯的母亲家族是显赫的银行世家。1929年，理查德的父亲举家移居欧洲，少年赫尔姆斯在瑞士贵族学校萝实学院学习了法语和德语。赫尔姆斯后来称，他的早期教育将他培训成了一名间谍。

3

威廉·伊根·科尔比的祖上要追溯到1630年马萨诸塞湾殖民登陆到塞勒姆的定居者。作为一个陆军军官的儿子，科尔比随家庭频繁地搬迁，这为他打开了一扇通往世界的窗口。1929年，全家被委派到中国天津时，九岁的科尔比试穿了当地的服装。

4

威廉·约瑟夫·凯西出生时体重惊人，达14磅，出身于纽约的爱尔兰天主教徒家庭。他早年的家庭生活一直围绕在教会与民主政治之间。他从小是个孜孜不倦的读书人，想用自己认为合适的方式自我教育，在课堂上自作聪明，惹恼过他的修女老师。

5

杜勒斯作为一个年轻的国务院外交官学习了情报工作的基本知识，在第一次世界大战期间，他被派驻瑞士从事间谍活动，并在停战后作为土耳其特使搜集有关俄罗斯的情报。

6

凯西就读于布朗克斯的福特汉姆大学，是家中第一个大学生。他的成绩在大四时有显著提高，还加入了辩论队。凯西为论据汇编事实的能力给他的教官留下了深刻的印象。但他讲话时有些叽里咕噜。

7

8

科尔比在普林斯顿大学就读期间就参加了后备军官训练班，他追随父亲的脚步，毕业后于1941年8月，被委任为陆军少尉。在日本偷袭珍珠港后，他迫不及待地要参加战斗。在体检中，说服了军医忽略他较差的视力让他从军做了一名伞兵。

凯西大学毕业后，获得了法律学位，他对社会工作不再痴迷，最终成了美国研究院华盛顿预算专家，该研究院是大量炮制建议生产企业如何签订国防合同报告的智库集团。但在珍珠港被偷袭事件后，凯西想投笔从戎，为战争做更多努力。

9

作为威廉姆斯学院的佼佼者，赫尔姆斯毕业后投身了新闻而非法律行业，在20世纪30年代中期，成为合众社柏林站初出茅庐的记者。上面照片是纳粹德国发给他的记者证。赫尔姆斯最大的独家新闻，是同几个记者一道与阿道夫·希特勒共进午餐，希特勒给他留下了决意发动战争的印象。

398　　　　　　　　　　　　　　　　　　　　　　　　　　多诺万的门徒

10

珍珠港被偷袭事件六个月前，富兰克林·罗斯福任命"野蛮比尔"多诺万组建最终被称为战略情报局的间谍机构。多诺万是"一战"时期的英雄，华尔街共和党顶级律师和间谍大师。监视轴心国的战略情报局，是美国中央情报局的前身，也是杜勒斯、赫尔姆斯、科尔比和凯西学习成为秘密勇士的所在。

11

杜勒斯起初不愿加入多诺万的情报局，最终在珍珠港被偷袭后，与战略情报局签约，并在纽约创建了卫星办事处，在纽约流亡者社区挖掘情报潜能。他获得了华盛顿总部的工作证，但很少待在那里。相反，他让多诺万把他调到了中立国瑞士，在那里他组建了监视纳粹的伯尔尼站。

12

杜勒斯被封锁在瑞士，而且很大程度上凭一己之力，让其战略情报局伯尔尼站成为多诺万"二战"期间最重要的分站之一。杜勒斯成功地招募了第三帝国的特务头目，他们为他提供了丰富的纳粹政治、经济和军事情报。

13

在伯尔尼站为杜勒斯效力的先锋特工格罗·冯·舒尔策-盖沃尼兹（左），是位英俊潇洒的国际金融家，魏玛共和国议员之子。盖沃尼兹成了杜勒斯珍贵的敲门砖，把杜勒斯介绍给了德国情报机构和德国抵抗运动的联系人。

14

杜勒斯的外交得意之作之一，就是秘密地安排了一个代号为"日出行动"的德军在北意大利的投降。但由于双方的延误，直到1945年5月2日才签署了投降协定，而六天之后，德国全军投降。照片中有盖沃尼兹（左二）及参与"日出行动"的德国将领、意大利德军副统帅汉斯·勒廷格将军（Hans Roettinger）（左一），意大利德军总司令海因里希·冯·菲廷霍夫（左三），意大利德国武装党卫军统帅卡尔·沃尔夫将军（右一）。

15

左图：急于投入战斗的科尔比，加入了战略情报局一个代号为"杰德堡"的秘密项目，在诺曼底登陆日后，组成三人团队伞降到法国敌后。这些团队组织了法国抵抗组织对德国人的袭击。这些杰德堡特工受训于伦敦北部彼得伯勒的一家乡间庄园——密尔顿大厅。

16

右图：科尔比空降到法国的三人团队代号为"布鲁斯"。团队领导人为帅气的法国陆军中尉卡米耶·勒隆，在战时和战后都是科尔比的挚友。

17

下图：战略情报局大力组织了援助法国抵抗组织的活动，不仅伞降了杰德堡团队，而且还有数以吨计的武器和物资，如图中空投所示。抵抗组织骚扰了德国国防军，但从未构成对纳粹占领军的战略威胁。

18

德国人对法国抵抗组织的袭击进行了残酷而野蛮的报复,对俘获的游击队员和杰德堡突击队员进行折磨和处决,彻底摧毁了法国村庄。如上图所示,法国游击队让德国战俘挖出惨遭纳粹杀害的抵抗组织特工被肢解的尸体,以便让他们得到适当的军事葬礼。

19

纳粹在法国经营了残酷而高效的反间谍机构来渗透到法国抵抗组织的小分队。胡戈·布莱谢尔是德国军事情报机构——阿勃维尔的一名顶级间谍捕手,他曾招募与科尔比合作的巴黎东南部抵抗组织网络的奸细。

多诺万的门徒

20

与妻子索菲亚以及他们的女儿伯纳黛特在一起的凯西，渴望尽早挣脱美国研究院，参加战斗。起初，海军认为他不是做军官的料，但最后海军机构还是任命他为海军中尉，并把他在美国研究院的经验应用到造船项目中。

21

凯西很快厌倦了海军采购工作，极力游说战略情报局雇佣他。多诺万的高级顾问对他的管理技巧赞不绝口，于是派他到伦敦管理战略情报局各站点的文书工作流程。不久凯西就涉足了几乎该站所组织的所有秘密行动。此图是凯西（最左）与两名其他军官在维多利亚女王纪念碑和白金汉宫前。

22

在凯西抵达伦敦一年后，多诺万任命他为欧洲秘密情报处处长，负责组织战略情报局特工渗透德国的任务。为了发动艰难的间谍计划，凯西喜欢到前线游历，并拜访执行任务返回的特工，不过他通常都是身穿不搭调的战斗服前来。

23

结束法国杰德堡行动后,科尔比率领一个突击队进入挪威,负责炸毁德国占领者使用的铁路线关键路段。这一代码为"赖普行动"的任务非常危险而艰巨,科尔比的手下不仅要抗击纳粹,还要抗击丝毫不亚于纳粹的挪威严冬。图中是挪威解放后,身经百战而面容憔悴的科尔比(右二),与另一名突击队员和挪威军官。

24

对于参与到科尔比挪威特别行动组的飞行员来说,飞行条件简直是梦魇般的恶劣。由于在冬天寒冷的天气中迷失方向,执行飞行任务的飞机有一半要么坠毁,要么不得不返回基地。在飞机失事现场,科尔比为在飞机坠毁中遇难的4名突击队员和8名飞行员举行军人葬礼。

25

珍珠港事件后，赫尔姆斯加入了海军，并被分配到了纽约办事处，策划大西洋美国船只可以避开德国潜艇的航线。一个朋友曾找他加入战略情报局，但他没有同意。然而，八个月后，情报局让海军将他重新分配到华盛顿总部，以便他所掌握的德国知识以及流利的德语可以为情报行动所用。

26

在华盛顿战略情报局总部作为一名职员从事规划和监督情报行动近一年半后，随着盟军对第三帝国的最后总攻，1945年1月，赫尔姆斯（右）来到了伦敦，在凯西手下工作，帮助将战略情报局特工渗透到德国。

27

此图是赫尔姆斯在战争区头戴钢盔身穿夹克的照片。他认为，就有用的情报而言，凯西渗透特工到德国行动建树颇微。在战争接近尾声的最后月，他从该计划抽身，开始筹划德国战败后，在德国占领区的战略情报局情报特派团。

28

纳粹德国投降后，杜勒斯（右）领导了被占领德国的战略情报局特派团。照片中与他在一起的是海军指挥官弗兰克·威斯纳，他是骁勇的秘密情报处处长，后来成为中央情报局初期的传奇。除了追捕战争罪犯和可能转入地下的纳粹颠覆者外，杜勒斯的特派团开始刺探迅速成为美国新对头的苏联的情报。

29

右图是赫尔姆斯（右一）与杜勒斯（正中）和其他战略情报局官员的合影。赫尔姆斯成为柏林基地战略情报局的重要成员，负责针对苏联人的间谍活动。最终负责柏林基地的赫尔姆斯发现，天性快活、烟斗不离口的杜勒斯超级活跃，对工作严苛，而且"事无巨细都要插手"。

30

作为中情局局长的杜勒斯（右），相信隐蔽行动是美国外交政策的一个重要部分，一如他在战略情报局伯尔尼站一样管理中情局，沉浸在他感兴趣的秘密计划中，而忽略那些他觉得乏味的秘密行动。战后，凯西（左）先是作为风险资本家发家致富，之后才重返政府部门。

31

杜勒斯在作为战略情报局伯尔尼站站长时所暴露的行政管理缺陷，在其打理中情局时再次表现出来。杜勒斯最大的错误是1961年4月由中情局领导的入侵古巴的"猪湾事件"。菲德尔·卡斯特罗的军队轻而易举地扫荡了在海滩登陆的1300名古巴流亡者。四个月后，杜勒斯因这一行动被约翰·肯尼迪革职。11月29日，在杜勒斯离职的前一天，肯尼迪来到了位于弗吉尼亚州兰利的中情局新总部，为杜勒斯颁发国家安全奖章作为遮羞布。

32

接受林登·贝恩斯·约翰逊总统中情局局长任命的赫尔姆斯（最右），在国家安全顾问核心集团赢得了一个席位。理查德·尼克松总统继续留任赫尔姆斯为中情局局长，但丝毫不掩饰自己对该机构及其特务头目的蔑视。

33

1967年春，赫尔姆斯与第一任妻子茱莉亚渐行渐远，赫尔姆斯决定结束这段婚姻。由于赫尔姆斯工作的秘密性，他生活中很大一部分如大墙一样横亘在夫妻之间，令茱莉亚十分痛苦。1968年12月，赫尔姆斯与在外交晚宴中遇见的英国社交名媛辛西娅·麦凯尔维（图左）结婚。

34

"二战"结束后,科尔比获得了法律学位,先在威廉·多诺万的纽约律师事务所短期任职,后加入了华盛顿的美国国家劳资关系委员会。但他想要战斗在"新冷战"的前线,于1950年加入了中情局,而且官运一路亨通。到1953年底,他负责杜勒斯最大的秘密政治行动计划,防止共产党人在意大利全国大选中获胜。受人敬仰的多诺万到罗马拜访了科尔比及其家人。

35

作为中情局局长,科尔比因为移交国会调查委员会"中情局家丑"报告,并坦率地对有争议的行动作证而成了中情局许多人眼中的贱民。"家丑"报告记录了中情局在20世纪50年代、60年代和70年代的肮脏伎俩。杰拉尔德·福特考虑到他会成为1976年总统竞选的拖累,于1975年11月辞退了科尔比。

409

36

威廉·凯西作为中情局局长,与罗纳德·里根在白宫总统办公室交换意见。因为凯西说话叽里咕噜,而里根有些耳背,所以里根经常很难理解凯西的汇报。"伊朗门事件"丑闻玷污了凯西的传统形象,并威胁了里根的总统地位。

37

38

在1983年战略情报局老兵晚宴上,威廉·凯西发言,赫尔姆斯位于图中左侧,背景是"野蛮比尔"多诺万标志性的照片。对凯西、赫尔姆斯、杜勒斯和科尔比而言,他们在多诺万的战略情报局的效力对他们的生活产生了巨大而深远的影响。

威廉·凯西坐在中央情报局弗吉尼亚州兰利总部前拍照,在他的办公室里悬挂着两张照片,一张是罗纳德·里根,另一张是威廉·多诺万。

410　　　　　　　　　　　　　　　　　　　　　　　　　　　多诺万的门徒

鸣谢

在写完一本关于第二次世界大战期间美国战略情报局局长威廉·约瑟夫·多诺万将军的书之后,我一直在寻觅另一个主题,但这个搜寻过程坎坷且令人沮丧。一个传记作者很难再找到一个比"野蛮比尔"多诺万更引人入胜、更富有争议、更多姿多彩的人物了,因为鲜有人能与之媲美。后来,美国国家档案馆战略情报局顶级研究专家拉里·麦克唐纳(Larry MacDonald)在我创作《美国中情局教父》时,曾指导我查阅了储存在马里兰大学帕克分校中成千上万的档案与记录。他建议,我的下一本书应该写曾在多诺万手下效力后又分别担任中情局局长的四个人,他们分别是艾伦·杜勒斯、理查德·赫尔姆斯、威廉·科尔比和威廉·凯西。谢谢你,拉里。是你将我扶上马,又送我踏入另一个征程,挖掘出如多诺万一样丰富多彩的四个人物。

一路走来,我得到了很多人的帮助。克里斯廷·达尔(Kristine Dahl),我的作品代理人、好友、值得信赖的顾问,她立刻认识到这个故事大有潜力。如同对待我以前的作品一样,她认为塑造"门徒"的概念其价值不可估量。我特别幸运,艾丽斯·梅休(Alice Mayhew)是西蒙与舒斯特出版公司的编辑。感谢她明智的忠告,她对稿件娴熟而亲切的处理,以及她对这个项目的热情,这些都是我最珍视的无价之宝。我很荣幸能成为她麾下的作者。助理编辑斯图尔特·罗伯茨(Stuart Roberts)在大刀阔斧地将手稿修改成出版物的过程中,也给我提供了非常重要的帮助。文字编辑费雷德·蔡斯(Fred Chase)一丝不苟地审读了我的文稿,并进行了推敲润色。

《多诺万的门徒》还得益于杜勒斯、赫尔姆斯、科尔比和凯西所写的透露内情的回忆录,以及所有与这四人相关的传记,这些传记的作者包括彼得·格罗斯(Peter Grose)、詹姆斯·斯罗德(James Srodes)、伦纳德·莫斯理（Leonard Mosley）、托马斯·鲍尔斯（Thomas Powers）、约翰·普拉多斯（John Prados）、兰德尔·B. 伍兹（Randall B. Woods）和约瑟夫·E. 帕西科（Joseph E. Persico）。其中所记与战略情报局相关的大量重要的历史记录，为我在美国和海外搜集的数以万计的政府文件提供了指导资料：两卷《战略情报局战争报告》，这是一套记录多诺万机构极其翔实的官方历史；约瑟夫·帕西科的《洞穿第三帝国》一书中，按编年顺序记载了战略情报局渗透德国的行动；由科林·比万（Colin Beavan）、威尔·欧文（Will Irwin）中校（已退役）和罗杰·福特（Roger Ford）所记录的杰德堡特工们；布莱德雷·F. 史密斯（Bradley F. Smith）和埃琳娜·阿加罗西（Elena Agarossi）所著的《日出行动》；卢卡斯·德拉特（Lucas Delattre）所著的《第三帝国心脏里的间谍》，以编年体形式细数了艾伦·杜勒斯的特工弗里茨·科尔贝（Fritz Kolbe）的事迹；尼尔·H. 彼得森（Neal H. Petersen）的《战时杜勒斯情报报告》，可谓是杜勒斯战略情报局伯尔尼站的电报汇编大全。

我也很感激这四位人物的家庭成员们的欣然合作：琼·杜勒斯·塔利，盖茨·霍恩，辛西娅·赫尔姆斯，丹尼斯·赫尔姆斯，阿尔伯塔·赫尔姆斯，盖茨·麦加拉·赫尔姆斯，芭芭拉·科尔比，卡尔·科尔比，克里斯汀·科尔比·吉劳德，约翰·科尔比，保罗·科尔比，萨莉·谢尔顿·科尔比，伯纳黛特·凯西·史密斯，欧文·史密斯。他们都忍受了我数小时的采访、无数的电子邮件以及后续问题的电话。他们还从自己的私人珍藏中为我提供了宝贵的信件、文件、纪念品。此外，这四人的许多亲人朋友和战略情报局、中央情报局以及行政管理的同事，还与我分享了宝贵的见解。

长达两年的时间中，我把美国和英国的档案馆和图书馆当成了自己的家。我之所以能在浩瀚的国家档案馆资料中如此顺手地检索资料，要归功于在研究多诺万的相关资料期间，拉里·麦克唐纳的指导，以及约翰·泰勒（John Taylor）（战略情报局档案主任）在去世前所给的提示（为了学会如何从战略情报局繁杂的档案系统中检索资料，我花了大约三个月的时间去学习）。在研究"门徒"期间，马里兰大学帕克分校国家档案资料部负责人蒂莫西·嫩宁格

（Timothy Nenninger），也给了我很多金玉良言，还亲切地与我一同吃午餐。保罗·布朗（Paul Brown）是整理档案馆馆藏的德国"二战"记录方面的专家，他兴致勃勃地帮我寻找德国国防军、德国外交部、盖世太保、帝国保安部等与我笔下四个主人公相关的文件。

另外，普林斯顿大学图书馆的善本特藏部的工作人员，还帮我费力地阅读了上百箱艾伦·杜勒斯和威廉·科尔比的文件。哥伦比亚大学口述历史研究室的工作人员，为我提供了十多名杜勒斯的朋友或同事的口述回忆。乔治敦大学特藏部的尼古拉斯·谢茨（Nicholas Scheetz）和斯科特·泰勒，在我查阅理查德·赫尔姆斯、辛西娅·赫尔姆斯和其他认识赫尔姆斯的人的文件时，为我提供了极大的帮助。斯坦福大学胡佛研究所图书档案馆的工作人员卡罗尔·利敦汉姆（Carol Leadenham），在我搜索馆藏的与威廉·凯西相关的以及其他战略情报局文件时，给予了极大的帮助。美国国会图书馆手稿部的工作人员，帮我发掘了有关四个人物的大量信函和文件，有的来自官员，有的来自他们的同事。威斯康星历史学会的格雷戈里·史密斯（Gregory Smith），帮我检索了赫尔姆斯战前在柏林的两位新闻同事的文件。圣刘易斯国家人事文件中心为我提供了赫尔姆斯和凯西的海军人事档案。根据《信息自由法》，美国联邦调查局发布了500多页关于艾伦·杜勒斯的档案。国家密码博物馆工作人员给了我一段引人入胜的文物之旅，还将大卫·卡恩藏馆中的一个重要的面试报告交给了我。富兰克林·D. 罗斯福总统图书馆、哈里·S. 杜鲁门总统图书馆、德怀特·D. 艾森豪威尔总统图书馆、美国陆军军事历史研究所、国家安全档案馆、特拉华大学图书馆特藏馆等都有与本书相关的重要资料。

其他作家还慷慨地与我分享了他们著作中的研究成果。我就瑞克·阿特金森（Rick Atkinson）所著的《解放三部曲》精彩的第三部《最后之刀光剑影》中描绘的欧洲战役，给他发了很多询问的信息，他都不厌其烦地一一为我解答。埃里克·拉森（Erik Larson）将其研究《野兽花园》相关资料时发现的有关理查德·赫尔姆斯在战前柏林做记者的线索发给了我。撰写了一流威廉·凯西传记的作家约瑟夫·佩尔西科（Joseph Persico），指点我去纽约州立大学奥尔巴尼分校档案馆查看他的论文,其中有他对赫尔姆斯的重要采访笔记(那里彬彬有礼的工作人员很快帮我把箱子拿了出来)。撰写杰德堡特工历史的威尔·欧文也给我提供了相当有益的建议。

西姆·斯迈利(Sim Smiley)慷慨大方地和我分享了威廉·凯西撰写"二战"回忆录时,她为他所做的研究资料。战略情报局协会主席查尔斯·平克(Charles Pinck),帮我查出了这四个人的亲人和"二战"时期的战友。西布莉·库利(Sibley Cooley),为我提供了2008年他采访卡米耶·勒隆的一个视频。我同样对挪威陆军特种作战部队的奥勒·克里斯蒂安·埃马乌斯(Ole Christian Emaus)少校感激不尽,他为我研究威廉·科尔比的挪威特别行动组提供了重要线索,并帮助我翻译了有关该任务的重要的挪威历史。

在英国,位于丘园的国家档案馆管理人员和工作人员给予了我巨大的帮助。他们不厌其烦地从特别行动处和安全机构的记录中,帮我寻找与杜勒斯、科尔比和凯西有关的重要文献和战争日记。历史学家史蒂文·基帕克斯(Steven Kippax)将他档案中成千上万的英国"二战"文件与我分享,并给了我伦敦英国特别行动处和美国战略情报局的地址,还为我引荐其他英国军事研究人员。在他提供的宝贵的联系人中有克莱夫·巴西特(Clive Bassett),他花了两天时间,带我参观了杰德堡特工的训练基地彼得伯勒和北安普敦附近的哈灵顿机场,那里是突击队员到法国执行任务的起飞地。克莱夫还为我专程安排了哈灵顿"提包客"秘密战争博物馆之旅,其档案中有非常宝贵的研究材料。我要感谢菲利普·内勒-莱兰爵士(Philip Naylor-Leyland),他让我游览密尔顿大厅庄园,这里曾是杰德堡特工的训练基地。庄园管理处的威廉·克雷文(William Craven),带我参观了建筑设施和训练场地,并向我提供了他对密尔顿大厅历史的研究成果。我在英国访问档案馆和"二战"遗址期间,就留宿在我的儿子德鲁(Drew)和儿媳艾玛·沃勒(Emma Waller)位于伦敦南部的家中。艾玛还帮助我辨认我找到的老照片上一些重要的伦敦地标。

在研究期间,我搜集了大量的外国文件。我要感谢萨拜因·布里奇斯(Sabine Bridges),他为我翻译了德文的军事信息、外交部资料和情报报告;

米歇尔·马吉尔（Michele Magill），他帮我翻译了法文的艾伦·杜勒斯的学校成绩单；弗拉基米尔·比连金（Vladimir Bilenkin），他帮我翻译了我积攒的苏联红军的电报。

军事历史学家格哈德·温伯格（Gerhard Weinberg）、蒂姆·嫩宁格（Tim Nenninger）、瑞克·阿特金森，以及情报历史学家迈克尔·华纳（Michael Warner）、大卫·罗巴格（David Robarge）尽职尽责地阅读我的初稿，并对书稿提出了重要的修改建议。我对他们感激不尽。我也要特别感谢杰夫（Jeff）和约翰娜·曼（Johanna Mann）对排版清样的校对。当然，书中的结论和任何错误都属于我本人。

最后我要说，如果不是我妻子朱迪给我鼓励和建议，为我编辑，并给予了我惊人的耐心和关爱，我不可能着手创作并完成这本书。她在我们家中的一楼照看孙子、孙女，而我在三楼心无旁骛地撰写书稿，偶尔她提醒我要放松放松头脑，下楼帮忙看看孩子们。在此，特将此书献给我们家新添的三个孙子、孙女。

照片版权

1. 普林斯顿大学图书馆
2. 乔治城大学图书馆
3. 萨莉·谢尔顿·科尔比藏品
4. 伯纳黛特·凯西·史密斯藏品
5. 普林斯顿大学图书馆
6. 伯纳黛特·凯西·史密斯藏品
7. 美国中央情报局的照片
8. 伯纳黛特·凯西·史密斯藏品
9. 乔治敦大学图书馆
10. 美国国家档案馆
11. 普林斯顿大学图书馆
12. 美国中央情报局照片
13. 美国国家档案馆
14. 美国国家档案馆
15. 美国陆军照片
16. 伊冯·勒隆·波尔德隆藏品
17. 美国国家档案馆
18. 美国国家档案馆
19. 美国国家档案馆
20. 伯纳黛特·凯西·史密斯藏品
21. 伯纳黛特·凯西·史密斯藏品
22. 伯纳黛特·凯西·史密斯藏品
23. 美国陆军照片
24. 美国陆军照片
25. 盖茨·霍恩藏品
26. 美国中央情报局照片
27. 美国中央情报局照片
28. 弗兰克·G. 威斯纳藏品
29. 美国中央情报局照片
30. 伯纳黛特·凯西·史密斯藏品
31. 约翰·F. 肯尼迪总统图书馆
32. 美国中央情报局照片
33. 盖茨·霍恩藏品
34. 科尔比家庭藏品
35. 美国白宫照片
36. 美国中央情报局照片
37. 伯纳黛特·凯西·史密斯藏品
38. 美国中央情报局照片